1980年69岁的父亲

父亲在北京南小街寓所，1953年。

写自传那年的父亲

距桂林20公里的雁山公园，是父亲最喜欢的去处，这里原是他的母校广西师专。如今，背景上的水榭已装修得不成样子。1981年12月摄。

拍这张照片时，父亲大约三十七八岁，任云南文山地委书记、边防区司令员；左为父亲警卫员吴能宽，1950年摄于文山。

右一为母亲，左一是警卫员吴能宽，中间一位可能也是父亲在罗平时的警卫员，摄于昆明西山龙门石窟1950年6月。

父亲与教授们在七星公园合影，后排左起：冯振、何承聪、刘庆仙、外语系刘××（名字待考）、王延青、张云莹、唐肇华、郑显通，前排左起梁唐晋、父亲，1957年。

左起：母亲的养母张光媛、母亲的祖母、姐姐张世经、生母张光槐。大约拍摄于母亲出生前2–3年，约为1925年。

养母张光槐与母亲姐妹俩，看上去，母亲两岁左右，她的生母已经去世。

在一机部当司长的父亲与母亲合影，背后那个人是我们的奶奶胡翠云，1954年父亲把她从广西接到北京。

这是父母刚到北京照的，大哥三五大概刚满一周岁。

刚到师院就职的父亲手里抱着小肃和三五在王城独秀峰下留影，1957年摄。

三五（中）、小肃、小山三兄弟在我们家的大门前，1958年。

刚就任广西师院党委书记的父亲抱着弟弟小山和小肃（右），1958年摄于桂林家中。

父亲和小山、超英，1959年。

这张1966年的全家福摄于师院独秀峰下的寓所二楼阳台，记不得当时为何要拍这张照片，凝重的气氛主要表现在我们几个孩子的脸上。

读高中的超英与父母摄于师院北区寓所，1974年。

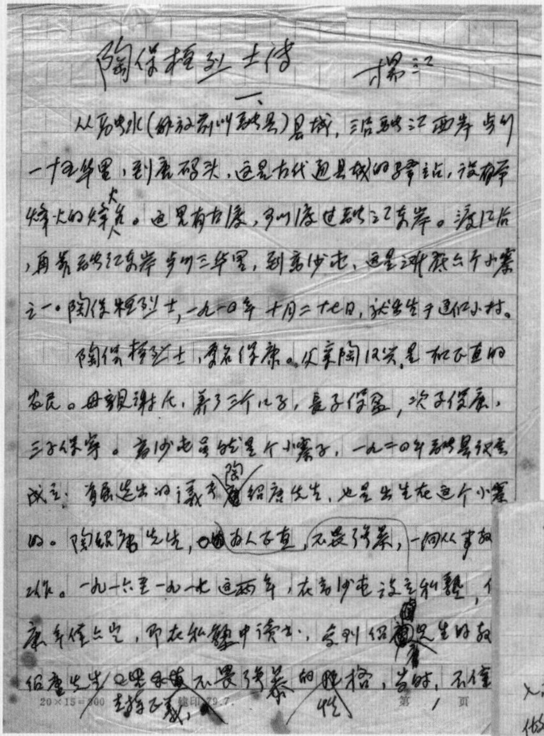

《陶保桓烈士传》手稿

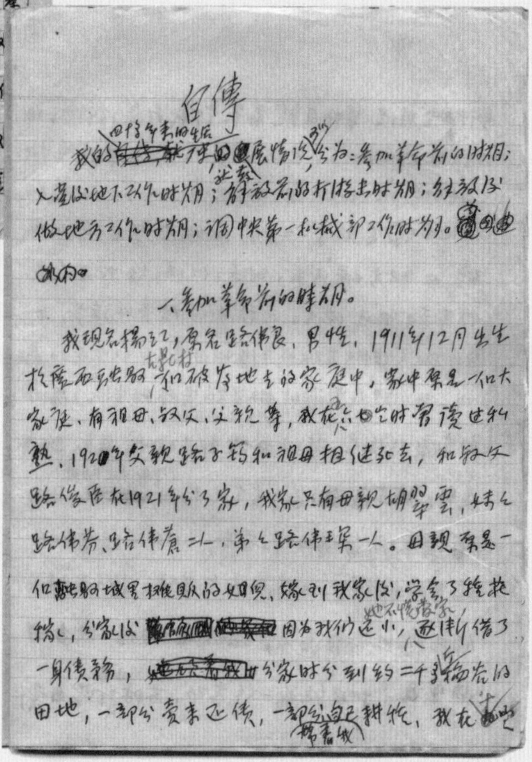

自传手稿

在叠彩山上看到的桂林全景，父亲摄于1957年。

那时候漓江很热闹繁忙，在桂林解放桥上可以看到壮观的渔船场面和远处的象鼻山，父亲摄于1957年。

南園生

路伟良（杨江）图文存

路伟良（杨江）著

广西师范大学出版社
GUANGXI NORMAL UNIVERSITY PRESS
·桂林·

图书在版编目（CIP）数据

南国生：路伟良（杨江）图文存 / 路伟良著.
桂林：广西师范大学出版社，2012.5
ISBN 978-7-5495-0742-9

Ⅰ. 南… Ⅱ. 路… Ⅲ. 路伟良（1911~1991）—
纪念文集 Ⅳ. K825.46-53

中国版本图书馆 CIP 数据核字（2011）第 243568 号

广西师范大学出版社出版发行
（广西桂林市中华路 22 号　邮政编码：541001
网址：http://www.bbtpress.com）
出版人：何林夏
全国新华书店经销
桂林广大印务有限责任公司印刷
（广西桂林市临桂县金山路 168 号　邮政编码：541100）
开本：889 mm × 1 194 mm　1/16
印张：21 $\frac{20}{24}$　字数：493 千字
2012 年 5 月第 1 版　2012 年 5 月第 1 次印刷
印数：0 001~4 000 册　定价：48.00 元

生生死死此謂永恆
來來去去此謂不朽
你是我的前緣
我是你的後續
我們在你我之間來去
生命在你我之間永存

目　录

并不遥远的记忆

◦代序◦

父亲是1991年5月初的一天下午，从桂林一所很少人知道的军队疗养院那间宽大的病室里走的，生命的归宿地与他过去的军人身份挺相符。

父亲一生里有过几种截然不同的身份：25岁—35岁，他做过国民党桂系军校的教官、国民中学的校长，但隐蔽的身份是中共地下党员、支部书记。35岁—41岁时，他已不必潜伏在敌人眼皮子底下，而是解放军在云南的一支正规游击队里，拥有自己心爱的美式卡宾枪的司令员。直到1954年，当上一机部司长的父亲，才上缴了那支随身多年的勃朗宁小手枪，军人情结似乎也到此为止。后来，他从北京调回广西，身份是一所大学的党委书记，搞教育、搞运动成了父亲后半辈子的专业。不过，在伴随我们成长的许多个周末里，父亲也会技痒难耐，他带着我们几个小兵到郊外打鸟，枪也换过好几种：小口径、猎枪、气枪。“文革”初起，红卫兵给他戴了一顶奇怪的帽子：“打鸟书记”。

后来，当我开始翻检那一大箱“文革”后退还父亲的档案材料时，我发现，尽管父亲的身份几十年中发生过很大转换，但他骨子里似乎更认同他那个时代的文学青年本色。这个秘密注释就藏在一册绛红色的64开日记本的扉页上，落笔时间是1949年11月16日：

在……中国人民可以子孙万代享……幸福了。纬！将来我们……飞的计划吧，在西子湖……的江南，渡着我们写作……

这个被38岁的父亲称作“纬”的昆明姑娘叫张世纬，时年21岁，是父亲任司令员的那支部队里的一名教导员，毕业于著名的昆华女中，后来成了我们的母亲。

早年就读广西师专时，父亲就是墙报、校刊和《民国日报》富有激情的投稿人。1986年父亲在南宁养病，我随侍身边。一天，我在广西图书馆查到一篇署名“芦苇”，发表在1935年4月24、25日《出路》副刊上的文章，75岁的父亲依稀记得，这正是他当年常用的笔名之一。在父亲的一篇回忆大学时代的文章中，我知道，那个发表苗山乡村调查的“芦苇”，一年之后（指1936年6月1日爆发的“两广事变”），同样是在南宁，又成了《广西学生军宣言》的几位起草人之一……

父亲走了以后很长的一段时间，墙壁上的镜框——那是父亲1957年离开北京回广西前的照片——是母亲为他在家中留下的位置。每次回家看望母亲，我们都会沐浴在父亲的目光下。有时，与墙上的父亲默默对视，那一刻，我感觉目光穿透了时空。但我分明意识到，假如父亲仍与我们生活在同一时空，这种交流似乎要平淡许多。

也许这是一种精神世界的交流，是一种血液遗传里包含的沟通，是一种动物性很强的嗅觉，也是一种情感上的审视和仰望，却似乎仅仅在家族成员缺席的情况下才被诱发出来。

其实，我们兄妹四人，在孩提到成年的记忆中，母亲的身影倒是一直伴随左右。至今已属于50后、60后的小同学之间那些亲密无猜的日子里，最让人记忆的场景，莫过于寒暑假时家中叽叽喳喳的学习小组了。那时，总是母亲替我们张罗，嘘寒问暖，遇到保姆煮了红薯，包了饺子，乃至那几瓮泡菜缸又腌出酸萝卜、莴笋、蒜苗、辣椒什么的，母亲会把云南人殷情待客的本领发挥到极致。导致许多年后，我们的同学仍能大谈在“杨书记家”吃的经历……不过，每逢这种场面发生时，似乎父亲总不在场，即便在，留给我们印象大多模糊不清。父亲来去匆匆，秘书有时跟着进家门，见我们在后院打闹，最多是秘书过来与母亲打个招呼。如果哪一次父亲也走到我们围坐的小圆桌,同学们便怯生生地站起来,说一声:“杨伯伯好”或“叔叔好”就噤声了。

父亲谨言少语,但我们并不害怕他。有时候,大哥三五和弟弟小山缠着他,要求带他们到郊外打鸟,并且坚持自己扣动扳机,这时候,父亲便会露出慈祥而得意的笑容,伸出手来摸摸他们的小脑袋,用夹杂着普通话的桂林腔说道:“礼拜天我带你们去鸟山……”所以,我们很小的时候,就知道许多鸟类的名字,如肥硕的斑鸠、敏捷的鹞鹰、傻乎乎的“包鸟”、谨慎的白鹭、小不点的绿豆鸟、狡猾的麻雀、孤傲的老鹰等等。只有小妹超英从不参与这种“血腥”的活动。

好多年了,家里总是放着一两支那种漆成深枣红色的小口径步枪,我们爱看父亲擦枪的样子,并且第一次弄懂了“来复线”为何是螺旋状的。小口径子弹装在一种特制的纸盒里,打开抽屉式的盒,蜂巢似的小格里排列着黄铜和铅做的枪弹,令人禁不住屏住呼吸……

每当父亲带着我们,骑着那辆北京带来的东德产倒闸自行车,兴高采烈地奔赴郊外,钻进当时人迹不多的树林子,要不了多久,就会发现目标。把标尺缺口与准星连成一线,指向枝头跳跃的斑鸠或小绒球似的绿豆鸟,指向水田里觅食的白鹭或独秀峰上孤独的老鹰时,我们的心脏就怦怦乱跳……最揪心的还是那“啪”的一声,如同拍巴掌似的枪响——现在想起来还对那些无辜的生灵心有内疚。但当时最令我们兴奋与困惑的便是“应声倒下”这种画面,因为我始终闹不懂:一粒小小的子弹何以能让数十米开外的猎物瞬间栽倒?

另一个与父亲记忆有关的场景是游泳。

尽管长大以后对父亲的“栽培”记忆犹新,按照顺序,最先是学会游泳,其次是骑单车和打鸟,然后是照相。上小学,我们已懂得摆弄相机,初中时更是自己放大照片了。遗憾的是,除了上述几项生存本领,我不记得父亲是否要求过我们练习书法或阅读某一本书。

对于游泳,生长在南方的父亲天生就喜好,并且似乎从小就把游泳视为洗澡的最高形式,也就是说,游泳的目的是锻炼身体。“锻炼”两个字,也许是我们听到的父亲说得最多的一个词。我们非常乐意跟父亲到漓江里游泳,那清澈见底的江水,铺满鹅卵石的沙滩,自由自在的嬉闹正是我们童年的乐趣也!

父亲游泳的姿势并不好看，是那种蛙泳和“狗刨式”混合在一起的泳姿。我们四个，大约在7岁以前就在他手中学会了“狗刨式”。后来念小学的时候，听到还有同学不会游泳，脸上便会流露出小大人般的神情。

当我们已能单独在漓江最宽的地方游几个来回后，便不爱跟在父亲背后当“尾巴”了。一次，父亲领着我和几个邻居的孩子去游泳。那天，父亲兴致很高，提出要带我们从叠彩山顺水游到象鼻山对岸的訾家洲，总有三五里地吧。没问题！我们把衣裤装在大塑料袋里捆好，就下水了。父亲游泳的时候，总在腰上系一根绳子，那一头拴一个救生圈，让我们轮流躺在救生圈上，手脚懒洋洋地打着水，听凭父亲拖着走。这一次，开始还好，不一会我们就腻了，于是决定游到河滩上，看大人用鱼枪在浅水处打鱼。玩着玩着，冷不丁想起父亲的衣裤还在我们手上！我赶紧换了衣服，一溜小跑去给父亲送衣服。没料想，我在大街上碰见了父亲，但见他短裤、赤脚、手里拿着救生圈，满不在乎地在人群中穿行……就这样，穿衣儿子和半裸父亲，一起回了家。

“文革”之前，我们四兄妹还小，大哥14岁，小妹刚8岁，所以我们对父亲和母亲的历史一无所知，那时候似乎也没人想关心大人的故事。“文革”最初给我的印象是既热闹又兴奋。师院校园里贴满批判父亲的大字报后，我们曾躲在人缝中偷偷观看，“走资派”这个词还好理解，我们小学生也在批。可是对于“叛徒、特务”之类的语言，在我心中引起的是懵懵懂懂的害怕、羞耻和震惊，但我一直无法把那些可怕的词汇同真实的父亲联系在一起。上初中后，一天学校要开批判会，批斗对象是我们的中学校长（后来我才知道他也曾是中共地下党），我的班主任——一位可敬的女老师——特意吩咐我：下午的批判会你就不用参加了。当时，我并不明白她的用意，然而那个场景却一直悄悄留在记忆中……后来，我一直把这些体验视为自己对人、社会和历史的初识。

由于我是子女中唯一没有去插队的人，所以在十年“文革”中，我有更多机会待在父母身边，对他们过去的故事也多了一些了解，也就多了些想了解父辈的念头。“文革”后期，父亲可以到省里面治病了，我陪他住在干部疗养院，与他那些老同学、老战友朝夕相处，这时候，我开始留心父亲那一代人的故事。他们大多都有忘我、坚韧、单纯、意气风发的青年时代，经过一次次严酷、多变、屈辱的岁月历练和身份转换，迎来了他们病痛缠身、羸弱、失忆的晚年光景，在这些阅历丰富、身份复杂的老头儿、老太太身上，究竟又是哪些生活细节和场景引导了各自的历史轨迹？

当我下决心面对父亲那些遗稿的时候，最初的想法是全部使用原稿，即使是“文革”中那些充斥着大量自诬之词的“检查”、“请罪”、“检讨”也不改一字。然后根据文稿内容、年代分列出几个阶段，类似编年体，便于阅读起来方便，再配上同一时期的照片和几篇附录的回忆文章，集成一部档案、史料性较强的文存集。

父亲的遗稿大致可以分为4类，一是解放初期所写的自传性质的履历，以及家庭通信、日记。二是“文革”中所写的大量检查，其中又包括“反右整风”、“教育革命”、“贯彻高教60条”、“学九评”、“五反”、“四清”等历次政治运动的检查，“文革”初期处理各类事件的经过、接受劳动改造时的思想汇报等。三是“文革”中和之后所写的各种外调证明材料，内容涉及很广。四是改革开放以后，父亲和一些老同志对诸如“广西师专”、“广西地方建设干校”、“云南滇桂黔边纵”等较大的历史事件所写的专题回忆文章。由于绝大部分都是手稿，我只能从中选择重要、不重复者，第一步录入电脑，筛选后，第二步再设法在必要之处作出注释。大约从2000年起，我一直在断断续续地做这些工作。

老照片是父亲留给我们的一份难得的珍贵遗产。家里有一只旧式皮箱，木壳外面蒙着一层浅棕色皮革，里面装的是我们家全部“细软”，那些被父母（主要是父亲）视为宝贝的东西。有父亲在滇桂黔边打游击时用过的德国听诊器、带消毒盒的注射器、一支特大号朱红色的派克金笔（父亲走后，母亲把这几件东西捐给云南罗平县），一沓沓保存完好的发票、凭据。“文革”中，又藏入数百枚毛主席像章（后来居然老老实实上交了组织）。剩下的空间就是三大本老装帧的相片册、未装册的照片以及装在铝罐里的十数卷底片。

父亲曾对我讲过他第一次使用相机的经历。1935年寒假期间，父亲和师专同学陶保桓“乔装做小商人模样，挑着一担油篓，里面装一点简单的行李”进入大苗山(即广西融水县境内的元宝山)做乡村调查。他们用于调查的科学仪器中,除了海拔表和温度表外,还有一台当时十分罕见的镜箱式干版照相机。父亲回忆,进山日久,由于“苗人以为不但照了他的像,在照相以外,还要收了他的灵魂,所以每当我们拿镜箱的同伴出现,一对对的苗女就像鸭群一样的向别处走去……”突然一天苗人传出话来,让他们去老寨为苗王拍照,这一说可把两个学生吓得不轻,去则生死未卜,不去则苗山不可久留矣。于是,他们只好改道它山。至于那次苗山照片是否刊载,下落如何,父亲早已忘却,只留下署名“芦苇”的《从苗山中出来》一文而已。据我了解,到大苗山做田野调查,在广西他们可能是开创者,用影像记录大苗山,更是首开先河。

父亲保存的一份填写于1952年5月13日的《党员干部履历表》(当时父亲已担任云南武定地委书记半年),末页的“自我鉴定”是一篇长达4页的《反贪污反浪费反官僚主义的检讨》,这篇检讨在谈到1950年5月他担任文山地委书记兼边防区司令员、政委以后,渐渐思想起了变化:“自己睡的一床在打游击时打恶霸得来的鸭绒被还嫌不暖,要买两磅丝棉来添,过去我是懂得摄影的,也花了一百八十万钱买起摄影机来了……”这番话对我的意义在于,父亲最迟是在1950年5月以后,拥有了自己的相机,而我们几个陆续来到新社会红旗下的孩子,也有了早期的影像记录。留在父亲那只皮箱里的一张1952年9月20日开具的“昆明晓东街公平拍卖行”的发票又表明,原来那台“一百八十万钱”买的相机由于不可知的原因失去了,这一天买的是一百二十五万元(折合新币125元)的二手相机:德国蔡斯,这台相机和它的作品如今依然健在。

2003年,借一次在北京拍片的机会,我在国家图书馆查到《机械工业》杂志1955年第10期刊登的一篇《对大量生产类型工厂工作的意见》(署名“第一机械工业部工作组”)的文章,这是一篇对一机部所属大型国企现代化生产的现状、问题和改进意见的调查报告。查找这篇文章的念头来自父亲保存的一张“稿酬支付单”,签发日期为1955年5月16日,按千字5元标准,稿费125元。我相信父亲是文章主笔,但让人难以相信的是,父亲是怎样飞快地做到了从打仗到搞经济的思维转换?1963年,是父亲供职的广西师范学院(即今广西师范大学)十年校庆,父亲撰写了《十年历程》这篇文章,单就文章的专业和写作水准看,恐难比肩写工业那一篇,这或许是类型和时代的文风所致,但令我吃惊的仍然是父亲从搞经济到搞教育的身份置换速度。也许,这就是那一代革命者型的知识分子所共有的"党叫干啥叫干啥"的认知特征。

时断时续地抄录父亲手稿,已故的父亲偶尔会在我眼前出现,而这张曾经与我们在一张桌上吃饭的面孔,与家中墙壁上挂着的那幅照片一样,无论是《陶保桓烈士传》里的父亲(那是少年的父亲),还是《板桥日记》里的父亲(当时他是司令员),或是《我在广西师院几年工作的初步检查》里的父亲(当时父亲是"走资派"),父亲的脸似乎脱离了岁月的桎梏被定格了,永远是坚忍又温和的样子。与父亲如此交流,这在我的记忆中还是第一次。在这个过程中,其实我一直在问自己:我为什么要这样做?父亲生前并未有此嘱托啊?事实上,按照父亲那一代人对历史的理解,自己在那段革命历史中顶多起到了"执行"上级党组织正确指示的作用,而他们自己不过是小人物而已。难道,这本书是供后人查找史料时看的?那么,它的历史价值又在哪里?如此的话,我把它们原封不动地印成铅字是否就行了?

总之,阅读父亲的文字——或者说了解父亲的经历——是一个不断让我忌妒和惊叹的过程,又是一个令我颇沮丧过程。这是因为,我越来越相信,我们不再会有这种经历,以后很多代都不会有。也许,恰是这种稀缺、不可重复让我又充满信心。其次,由于父亲长期养成的实录性叙述方法,使我在阅读时常常被带入那些历史事件的场景中,触摸那陌生的一切,体会父亲的所为。

也许是出于习惯,我常常不自觉地在想象中重建父亲曾经出入其间的历史场景,我不知道这样做有没有实际的意义。一张老照片可以很容易恢复一个历史场景,一段文字或多或少也可以恢复亲历者所经历的故事细节。

父亲的"历史问题",从"文革"开始就被揪住不放,帽子一个比一个大,从"走资派"、"保皇派"到"叛徒"、"特务"、"历史反革命"。我们小时候便知道,划为"人民内部矛盾"尚属"可以改造好的子女",如果父亲真是敌我矛盾,我们就成了"狗崽子"。可是那时候我们并不知道,父亲的历史究竟出了什么问题?

终于有一天,我们三兄弟被叫到造反派的办公室谈话,那间办公室正是父亲做党委书记时的办公室，这一场景一直留在我的记忆中，当时我11岁。造反派头头说，你们父亲被查出严重的历史问题，定案后就是敌我矛盾，并让我们表态，今后怎样同父亲划清界限。

大哥说："这个问题以后总会搞清楚的。"

我说："我不懂历史。"

比我小2岁的弟弟说了一句勇敢的话："我不相信。"

这段对话曾在好多年里反复被我咀嚼，我不断责备自己：当时我为什么说不出更强硬的话？

1973年底（让我们表态的几年后），当时父亲正在校办工厂运送氧气钢瓶，专案组把定案材料交父亲过目，并要求写出意见。这是自1966年被打倒后父亲第一次阅读组织上对自己的"判决"，他当时写下11点意见的草稿保留了下来。1975年对父亲的处分是"留党察看两年，行政工资由十级降为十二级"，1979年复查后撤销1975年的处分改为"党内严重警告"，1982年再改为"免予处分"。直到1984年在处理"文革"遗留问题时，才"彻底平反，恢复名誉"。

后来，我终于懂得父亲当年的"历史问题"其实是"脱党"（即"脱离"或"失掉"党组织关系的简称）问题，在战争年代这是极为严重的问题，这种麻烦事，父亲碰上了三次。前两次，危险近在咫尺。

第一次是1937年，父亲在桂林开完地下党会议，刚刚返回南宁，尚未回到他工作的民团干校，就突发"王公度案"，桂系清洗内部"托派"的同时，在全省搜捕中共党员。与父亲同在桂林开会的陶保桓（父亲的同乡、同学且同入苗山考察者，但直到桂林开会之前，两人并不知道对方是党员）即被捕后牺牲。组织上命父亲立即经宾阳撤往左、右江根据地，父亲到宾阳后才发现，地下党交通站已被破坏，情急中，他只好潜回老家融水躲避。以后的空白就是"脱党"时间。

新中国成立后父亲从北京调广西后才得知，陶保桓牺牲前，双手双足已遭酷刑折断，而与他有关系的每一人均未暴露。也就是说，在1937年父亲26岁的时候，如果宾阳地下交通站未遭破坏，父亲顺利进入左、右江根据地，他后来走过的一定是另外一条路。而如果陶保桓被捕后没有挺过严刑拷打，那么，父亲恐怕也就不会有后来了。

第二次是1942年，那一年桂林发生了轰动一时的“七九事件”，由于中共南委叛徒的出卖，广西地下党组织遭到严重破坏，省工委副书记苏曼、组织部长罗文坤（苏曼夫人）、交通员张海萍三人，为保守党的机密集体自杀身亡。苏、罗、张被捕后曾被当作诱饵放回他们所在的桂林逸仙中学，准备抓捕前来联系的人。第三天晨，苏、罗、张被发现已在宿舍内自缢身亡。后来，地下党内部传达的通报是：苏曼担心罗、张两女同志恐难承受敌人严刑逼供，三人议决用牺牲保住组织机密。当时，父亲因先后担任桂林两所学校的地下党支部书记，与苏曼、张海萍均有秘密联系，这些足以证明，由于战友的献身，当年31岁的父亲又一次与死神擦肩而过。事件后，地下党纷纷撤离桂林，而父亲因未暴露身份而继续潜伏，直到一年后，组织上对他重新审查，并派人接上关系。

第三次发生在1946年，当时父亲的公开身份是广西全州中学校长，由于内战已开，桂系与中共对立，地下党派人通知父亲择机撤出广西，怎样撤？自己想办法也。父亲的办法是，先到重庆朋友所在的学校谋职过渡，以避免引起广西的注意，然后再辗转到香港，与组织接上关系。新中国成立后审干时父亲才知道，通知他撤离广西的人后已牺牲，在香港为他恢复关系的地下党领导人也在新中国成立前病逝，这段“脱党”的空白缺少直接的证人。

这些“脱党”情节，显然成了父亲个人历史中政治纯洁程度的伤疤。我想，父亲内心深处对那些伤疤一定保持着适当的警惕性，比如，他保存了1952年从云南调入北京之前，第一次审干时填写的履历表副本，1957年他调回广西前一机部对他作出的审查结论，以及1956年写的《自传》初稿等等，这些手稿凡涉及那三次“脱党”的，包括集体加入国民党、三青团的问题，必不厌其烦，记录在案，坦诚面对组织，不可谓不由衷。

关于“文革”前和“文革”初期这两部分的手稿，都是当年的检查认罪材料，语言风格是经历过那个“急风暴雨”时代的人十分熟悉的，之所以要把它们原汁原味地留下来，恰恰是因为这是历史原物，同样的文字用不同的组词造句习惯、不同的情绪和心态写成文章，便保留了时代情状和历史现场的信息。为了让更多的读者能够在阅读的时候不至于太费劲，我尽可能地作出注释和说明。

以我过去和现在对父亲的了解，他的本意也许并不愿意让研究者以外的后人看到这些文字，在他还活着并且还有预期心愿的时候，他一定不相信二十年后，人们已经在用正常的眼光和心态，来看待那些扭曲的前辈和扭曲的历史。

杨三五

杨小肃（执笔）

杨小山

杨超英

2012年2月1日于桂林

父亲遗稿中，自传类有几件。其中一件《我的简历》，完稿日期为 1967 年 7 月 5 日，是“文革”中他遭受红卫兵批判时写下的。而下面这篇《自转》，则写于 1956 年 9 月 6 日，当时，正是建国后的第二次干部审查，他在一机部劳动工资司司长任上。从体例和绝大部分内容上看，《我的简历》似乎是在《自传》的基础上增删而成。

我觉得，《自传》的成稿的时间较早(45 岁所写)，虽然也有不少时间上的记忆错误，但他历史上几处大的事件，如几次脱党，集体加入国民党、三青团，到重庆国民党中央训练团受训的问题等，均如实记入。“文革”中，父亲被党组织审查，纠结之处即这些陈年旧账，且早有审查结论，而竟至于长期蒙冤，耗尽心力。辑录此稿时，以《自传》为基础，凡未写或略写的部分，参照《我的简历》补入。对于几处年代记忆上的疏漏，也经核对相关资料后作了注释。

父亲原名路伟良，广西融水县路氏，“杨江”是父亲做地下工作时使用的化名，最早大概从 1946 年底他在广东增城、从化打游击时就使用，兹后居然终生未改。关于父亲的路氏家族，我和弟弟小山曾于 1973 年在融水县古鼎村老屋拓得《融水路氏宗祠碑》一方，路氏的籍贯和来历，碑文中是这样说的：“吾族之隶籍于融也，肇于有明成化时，由楚之靖州徙来，分为二支，长鸡村，季居古鼎，阅再传古鼎，又分一支，就业思管，至今分三处，亲属统计数百家……”

撰述此碑的老前辈路顺德，父亲那辈的人都称他“顺德公”(1777—1862)，字应侯，号松坡。此老好像还有“署理融县正堂，钦加同知衔赐进士出身”的官衔和身份。父亲曾告诉我，他小时候，老屋大门上还挂过进士的牌匾。但是族人最得意的事情，还是清道光编撰的《融水县志》便是我们“顺德公”的总纂。我后来还查到，《壮族药学概述》一书里，路顺德被列为广西明清时代的壮族名医，说他是

“清朝举人，精晓医学，著有《治蛊新编》”。另说他“尚著有《人境录》、《捕蝗法》、《团练纪略》、《治蛊新方》、《存存堂文稿》、《尺五轩诗稿》等”，可惜我一本都没有找到。

好些父亲的学生、战友都说起过他的“医生”业余爱好。1946 年，他在全州中学当校长的时候，随身总带着药品、注射器什么的，学生、老师感冒发烧，父亲便会免费为他们诊治。去云南罗盘区开辟根据地的时候，他更是化装成医生前往的。伍方叔叔的遗作《杨江与罗盘区》中，写到父亲在 1949 年 8 月的一天亲自抢救溺水的罗平县委书记朱希敏的场景：“杨江闻讯提着药箱赶到，用听诊器反复听诊，打强心针，抬到板桥小学时，他一直守候在旁，直到最后才十分惋惜沉痛地向大家宣布：已经救不过来了……”看来，父亲这些在半个世纪以前很前卫的医技，多少是有点“家传”的。

自 传

我的四十多年来的生活历史就发展情况说可以分为：参加革命前的时期；入党后地下工作时期；解放前的打游击时期；解放后做地方工作时期；调中央第一机械部工作时期。

一、参加革命前的时期

我现名杨江，原名路伟良，男性，1911年12月出生于广西融县古鼎村一个破落地主的家庭中，家中原是一个大家庭，有祖父、叔父、父亲等。[①]

在我五岁以前，父亲因和别人做生意赔本，卖了家中田地，家道中落。叔父原来在外边读书，也停学回家。我八岁时，父亲在桂林被人杀掉，祖母亦相继死去，那时是叔父当家。后来，民国十年变

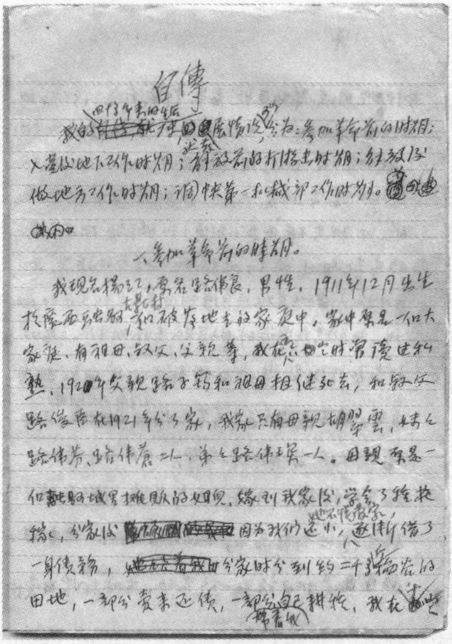

自传手稿

① 父亲《我的简历》原文有："我在家时叫路家元，读书时名字叫路伟良。……祖父早死，有祖母、父亲、母亲、叔父、婶母、姑姑。父亲路子均，叔父路俊臣，姑姑路雪英，母亲胡翠云。"

乱，我家及附房子都给烧光，家庭就没落下来了。我九岁时，母亲与叔父分家，分家时，我家分得五亩田地。当时，我家有母亲胡翠云、大妹路伟芬、弟弟路伟深、妹妹路伟苍和我五人。

我在五六岁时曾读过私塾。1920 年父亲路子筠和祖母相继死去，母亲和叔父路俊臣在 1921 年分了家。

母亲原是融县城里一个摊贩的女儿，嫁到我父亲家后，学会了种庄稼。分家后，因为我们还小，她不懂管家，逐渐借了一身债务；分家时分到约二千多斤稻谷的田地，一部分卖来还债，一部分带着我们自己耕种。我在十岁到十一岁时，帮助母亲看牛、割草、打柴、种地。因为种庄稼不够吃，母亲还兼做米贩来维持生活。（融县是三天一个街期，做米贩的人，在前一个街期向地主赊买稻谷一二百斤，把稻谷运回后，到水碾处把谷碾成米，到第二个街期把米卖去，将谷款归还地主。这样加工转卖的结果，每百斤稻谷，做米贩的可得到白米 3 斤到 5 斤的利。）

当时的家庭情况是，弟妹都还幼小，母亲孤身只影，每年青黄不接时（阴历四、五、六月），只有借债度日。每借 100 斤稻谷，七、八月新谷登场，还债要 50 斤稻谷的利钱。这样逐年借债，越借负担越重，债主随时逼人。

我十三岁时，曾有一段时间砍柴卖给地主李集成、路鼎勋，每天能砍柴三四十斤，卖得十多个铜板，生活是很苦的，每天两稀一干是家常便饭。这时，我的姑姑路雪英已嫁给融水镇罗家的地主兼

写自传那年的父亲

商人罗国吁，姑姑拿她丈夫剥削得来的钱帮助我读书，我也把家中的田卖掉几亩，这样，我便在融县小学读了两年书。这两年，家中原有的田已卖得差不多了，母亲逐步转到带着弟妹做米贩，兼种一点庄稼，长期靠借债来解决生活上的困难，家庭已下降到贫农的水平。

我和母亲一起去劳动，有时我也打柴卖给地主，生活是很困难的。姑姑从小就喜欢我，用丈夫剥削得来的钱供给我伙食，送我到融县城里小学去读书。这样，在1923—1925年[①]，我在融县小学读到毕业。毕业后无钱升学，到本县少数民族地区林洞的林安初小去教了一年书，[②]后来又转到融县小学当了一年文书。

这两年内，看到小学时的同学都升学了，自己很羡慕，很想读书，于是又和姑姑商量，得到她的帮助，变卖分家后余下的一些田地，并再借了一些债（不少封建关系的亲友愿意继续借债给我，是他们看到我读书时聪明伶俐，考试时成绩好，且年纪很小，认为有出息。当时有一个大地主李集成答应把女儿嫁给我，送我读到大学毕业，结果我拒绝了），这样我念了融县中学。

我1928—1930年在融县中学读到毕业。因为我是在困难的环境中勉强挣扎得到读书机会，在初中时代，我拼命地读书，读的是旧小说、剑侠小说，最后读五四时代的作品，有一些科学与民主的知识。

融县是一个邻近贵州的偏僻县份，地主统治是主要的，大革命时代群众没有动过，只有红军曾经北部深山少数民族地区过境，对旧社会还没有大的震动。因此，我在初中时尚未接触到革命理论。初中毕业后，我1930年仍然到浮石小学去当教员。

1932年，路璋约我去投考广西师范专科学校，我连路费也没有，经过路璋的帮助，向一个富农借了二十元钱作路费，到桂林投考，侥幸考进了广西师专学校。考取后，因病休学一年，1933年暑假后，我才到师专这个公费学校去读书。于是，我就凭着公费于1932年到1934年在师专读了三年书。

---

① 父亲入融县小学读书的时间应是1926或1927年，父亲1976年写的《陶保桓烈士传》中有“1926年，北帝楼融县小学开办……”，以此存注。

② 父亲《我的简历》此处有：“每年教书得毫银十元。”

这时，家中仍是母亲带着弟妹做米贩，种点园地、旱地，勉强维持生活。欠的一身债，始终没有办法还清。

广西师专读书和反托派斗争

广西师范专科学校，于1932年创办，[①]我原考进师专第一届，后因病休学一年，于1933年秋季入师专第二届读书。

师专是广西军阀与蒋介石对立，想利用进步势力为广西培养干部、巩固军阀统治的一个矛盾产物。师专筹备人唐现之是国家主义派的，他先搞来好些国家主义派的教师；以后校长杨东莼[②]则聘来许多革命教师，如薛暮桥、朱克靖[③]、杨潮、夏征农等。杨东莼并且购买当时公开出版的大批马列主义的书籍，办了一个丰富的图书馆。师专首先的斗争是打击唐现之等国家主义派，把唐现之赶走。我是在唐现之走后才入师专的，我之接受马列主义思想是从师专开始。

我一进学校，就受到进步书刊的吸引，拼命往图书馆钻，如饥似渴地读了有关社会进化史、政治经济学、辩证唯物论、唯物史观等方面的书籍。批判了中小学时所受三民主义的影响，批判了五四时的胡适思想，批判了陶行知的教育救国论，在思想认识上打开了一个新的世界。

第一学期主要是读书，提高思想认识。薛暮桥指导我们假期回农村，进行农村经济调查，了解农村阶级状况。第二学期，唐现之被赶走，除了继续读书之外，听过旅行家田曙岚来师专介绍他在江西苏维埃区的见闻情况，还参加学校进步话剧演出活动，演的是苏联作者写的反帝剧《怒吼罢中国》，导演是沈西苓

① 据《新桂系史》第一卷：广西省立师范专科学校，于1932年夏创立，校址在桂林良丰西林公园内。招生对象是高中或中等师范毕业，或有相等学历而在小学服务两年以上的男女青年。从1932年至1936年，师专一至四届招生6个班，乡师一至二届招生3个班，合共9个班、400人左右。毕业后由省政府分配到各县，做教育行政人员或中等学校教师。

② 杨东莼（1900—1979），湖南醴陵人，1920年参与组织北京大学马克思学说研究会，1923年加入中共。1932—1933年任广西师范专科学校校长。建国后，历任广西大学校长、华中师范学院院长、国务院副秘书长、中央文史研究馆馆长、民进中央副主席等职。

③ 朱克靖（1895—1947），湖南醴陵人，1922年加入中共，1923年到莫斯科东方大学学习，1925年任国民革命军第三军党代表兼政治部主任并参加北伐，1927年参加南昌起义。1932—1933年以“朱笃一”之名任广西师专教务主任。1947年10月在南京被国民党杀害。

和官亦民。

但是，师专的好景不长，我读了一年多，杨东莼被逼走，广西军阀认为师专学生都是共产党，派了一个带手枪的校长罗而芬来整顿。当时，学生中的进步力量已逐渐成长，罗聘来的无能教师被学生问得哑口无言，这是我第一次接触到的斗争。

师专后来又换上一个托派校长郭任吾，郭来后，拉拢一些落后学生搞托派，聘来一些托派教师；教务主任陈此生是一个进步人士，经过他也聘了许多进步老师，如邓初民、施复亮、马哲民等等。这时，学生中激起一个反托派的斗争。我在反托派斗争中，和陶保桓、郭英布等，是师专二届学生中的骨干分子之一。当时，广西地下党还未在师专学生中建立组织，我们的反托派斗争是在当时的进步老师杨潮等指导下进行的。

当时，杨潮，笔名叫羊枣[①]，专写国际问题文章，发表在《世界知识》及其他报刊上。在师专，他是教理科的；他原是铁路上的工程师，抗日战争爆发前，牺牲于福建国民党狱中。在他的领导下，陶保桓在学生中组织反帝反法西斯同盟，他从英文杂志中翻译中共中央六大决议给我们传阅。当时，夏征农也参加这一运动。(夏征农离校后到上海办文艺刊物，曾与我们有一定联系。抗战爆发后就无联系了。以后听说在新四军工作，解放后在山东，以后当华东局宣传部长。)

在学生中，我们与托派斗争是很激烈的，每个班、级，都存在着两派斗争。我们被称为史大林派，第二届我们的主要骨干有陶保桓、郭英布、蒋汝志和我共四五人。师专第三届有李芦炭(李殷丹)、路璠、熊兆祥(江萍秋)、蒙谷、莫一凡、蒙贤徵等。

在杨潮领导下，由陶保桓负责在学生中组织反帝反法西斯同盟，当时在史派同学中有一定发展。陶保桓活动能力很强，一面在师专活动，一面在桂林女

---

① 羊枣(1900—1946)，原名杨廉政，后定名杨潮，写作译著时多署"羊枣"。湖北沔阳县(今仙桃市)人。1933年，经周扬介绍入党。1935年和夏征农一起在广西师专任教。1942年，羊枣在桂林七星岩写作《论太平洋大战》和《太平洋暴风雨》而名声大震。1945年羊枣等29位文化人在福建永安被捕，1946年1月11日，羊枣死于杭州狱中。

中女生易凤英、滕齐等人中活动。这是 1934 年下半年到 1935 年的情况。

入党和参加广西学生军

1934 年底，毛主席领导红军二万五千里长征，经过广西恭城、灌阳、全县，对我们的同学影响很大。我们同学中郭英布[①]首先参加了中国共产党，以后由郭英布介绍我也参加了中国共产党。参加党时，在马克思像前宣誓：愿为实现共产主义而奋斗到底。我于 1935 年 6 月在广西南宁入党，候补期三个月，1935 年 9 月转正。[②]

参加党后，首先是学习支部工作纲要，进行党的初步教育。组织上给我们的任务是宣传抗日救国，加强反托派斗争的领导，在斗争中将经过斗争考验的一些坚定骨干分子逐步吸收入党。在 1935 年下半年到 1936 年初，我们在师专的活动，基本上是执行这一任务。

在师专读书几年，我思想上、政治上发生了一个根本的变化：过去对旧社会根本没有认识，只觉得家庭受苦，对旧社会有一种朴素的不满情绪。到师专读书后，认识到人类社会最后都要走上共产主义社会，中国社会当前的性质是半封建、半殖民地社会，经过革命，将来也要走上共产主义社会，对当前广西社会上的种种黑暗，极为不满。从学校反托派斗争开始，一种推翻旧社会的革命热情与决心，使我终于参加中国共产党的组织，在党领导下闹革命。

---

① 郭英布(1915—1939)，广西融县潭头乡人，师专第二届学生，毕业后，参与建立广西武鸣县第一个中共地下组织——武鸣中学支部。1939 年，因患肺病在柳州国民革命军医院去世。(广西师范大学革命英烈校友材料)

② 关于父亲的入党时间，后来父亲在不少回忆文章和谈话中也曾多次确认过，不是 1935 年，应该是 1936 年 9 月。父亲自己用来佐证的一个日期是广西省府从南宁迁到桂林的时间：1936 年 10 月。他说：我不应是 1936 年 10 月以后入党的，因为我清楚记得，我和郭英布在南宁共和路宣誓入党是在省会迁到桂林之前几个月。第二，我入党的时间要早于 1936 年 9 月，因为当时我已是民团干校地下党总支书记了。"文革"期间，从 1973 年一1983 年的多次审查中，我不知道是为什么，组织部门一直宣称父亲入党时间(即参加革命时间)从"1936 年 11 月经广西地下党贵县代表会议批准加入中国共产党算起"，对父亲的每次申诉视而不见。而 1984 年 7 月 18 日，广西区党委下发"为杨江同志彻底平反，恢复名誉"的文件中，只说"推倒强加给杨江同志的种种罪名和一切诬蔑不实之词"，"入党时间"问题只字不提，仿佛问题就不曾发生过似的。可不是，不就两个月吗！

参加党后，我的革命热情、革命劲头是很足的，但是，如何在中国这个半封建半殖民地的社会中闹革命，还是认识不清。看到红军经过，觉得这种做法很好，到处去散播革命的种子，到处去点燃革命的火种，总希望红军留在广西干起来。但红军经过广西西北部后到贵州去了，从流散下来的红军战士那里我才了解到红军是北上抗日的。当时我还不懂得武装斗争对中国革命的重大意义。

总之，在师专读书几年，参加了反托派斗争的革命活动，开阔了我生命史上一个新的纪元，促进我思想认识上发生了一个根本的变化，促进我参加中国共产党，使我开始走上一条崭新的革命的道路。

1936年上半年，广西桂系军阀与蒋介石发生矛盾，李、白匪帮准备发动一个抗日运动来和蒋介石对抗，以求得自己的生存。五月在酝酿，李、白匪帮提出组织广西学生军的号召，要求师专学生带头参加广西学生军。[①] 当时，师专全校学生都响应这个号召，全体参加学生军，并由桂林出发，到南宁集中。六月一日在南宁开群众大会，听了白匪崇禧讲话宣布广西抗日后，广西学生军在南宁发表一个成立宣言。随后，组织广西学生军第一批抗日宣传队，分别到广西边境县份进行抗日宣传去了。

李、白匪帮组织广西学生军参加他们所发动的抗日运动，目的是和蒋介石发生冲突时，保持他们的军阀地盘。自"九·一八"事变后，我党一贯主张抗日救国，我们参加广西学生军，主要是在抗日活动中，在青年学生中，扩大我党的影响与力量。未参加学生军以前，在师专学生内部，是经过讨论得到统一意见后而全体参加的。当时，托派也同样参加，他们也企图发展他们的力量。

到南宁后，在起草学生军成立宣言问题上，我们与托派学生、国民党省党部书记长黄钧达之间是有争论的，黄钧达要求我们起草的宣言，要按他的意见，我们要求按我们的意见起草，后来一直闹到白匪崇禧那里，结果仍按我们的意见

① 1936年6月27日，由广西学生抗日救国联合会和广西师专学生发起组织的"中华民国国民革命军广西抗日救国学生军"（史称广西第一届学生军）在南宁成立。是日，举行了由两万多学生参加的成立大会暨誓师典礼。学生军编为一个大队，共约三百人，下分三个中队，十个小队，到湘桂边、粤桂边和黔桂边等地从事抗日宣传。有四十余所中等学校在校师生，在此前后被派往各县农村宣传"抗日反蒋"。9月，"两广事变"结束，学生军即行复员。（参见《广西通志·大事记》）

起草，托派则支持黄钧达的意见。起草宣言我和郭英布都参加，农康也参加。宣言的内容主要是谈抗日救国形势，我们组织广西学生军参加抗日的意义，号召青年学生参加广西学生军，参加抗日救国活动等等。宣言发表后，由广西学生军分别自行组成若干抗日宣传队，分赴广西各边境县份进行宣传。

我和蒙贤徵带了一个宣传队到灌阳、文市一带宣传。为了在抗日宣传时继续与托派进行斗争，各宣传队都适当配备我们方面的骨干。这个工作是由陶保桓、郭英布来搞，保证各队都散布有我们的力量。

我们宣传队出发不久，大概不到一个月时间，李、白匪帮所发动的广西“六一”抗日运动[①]，由于广东省派人来调停，蒋介石与桂系军阀的矛盾和平解决，不至于动武，我们宣传队就奉命调回南宁了。

参加此次广西学生军的有广西师专二、三届及乡师全部学生，有南宁高中、南宁初中的学生，有各地中学的部分学生。第一批出发到广西边境宣传的主要是师专、乡师的学生，各地中学部分学生和南宁高、初中学生陆续参加，使广西学生军扩大到千人左右。我们第一批宣传队，李、白匪帮没派政工人员领导，纯由我们自主。但以后扩大的广西学生军，李、白匪帮就逐步派出政工人员进行训练以及直接领导了。

我党党员参加广西学生军，对学生军中进步力量的发展起了重大的作用。据后来了解，在学生军中我党与托派的斗争是长期存在的，在学生军这个阵地中，不是我党去占领就是托派去占领，凡是学生军中我党力量强的单位，对于进步力量的发展是起了极为重要作用的。

在广西“六一”抗日运动后，我们师专第二届学生因为毕业期限到了，所以都调回南宁，等待反动政府分配工作。师专第三届学生及高中、初中学生，仍然参加学生军一段时间。在这段时间内，李、白匪帮曾由白崇禧的外甥谢和庚在学生军中组织锄奸团进行训练，训练后分赴各边县工作，他们在1936年冬季才

① 据《新桂系史》第一卷：1936年6月1日，李宗仁、白崇禧和广东陈济棠打出抗日救国旗号，反对蒋介石的不抵抗政策，组织西南联军，出兵入湘，当时称为“六一运动”（即“两广事变”）。7月，陈济棠因部下被蒋介石收买而下台，事变中心转移到广西，李宗仁、白崇禧抓住“抗日”的旗子不放，与蒋介石周旋。9月，蒋介石与桂系妥协。

复学。

在师专的三年学习，不论接受马列主义思想教育还是与托派的实践斗争，对我都是第一次革命锻炼，我转向中国共产主义运动，这是一个转折点。

这时，我的家庭更破落一些了。弟弟伟琛也靠姑母帮助读了一年中学即当了小学教员；妹妹伟芬靠一个舅母帮助读了两年小学后也去当小学教员，家中还剩下母亲和小的妹妹伟苍在做米贩，兼种一点庄稼度日。

以后，我在广西搞地下工作时期，伟芬和伟苍都跟我的一些进步朋友路璠、黄吉士等工作，伟芬曾入党，以后脱党；伟苍跟路璠跑了不少地区但没有入党。在我离开广西前两年左右，伟芬已和北流的麦一进结婚，嫁到北流县。小的妹妹在我离开广西时，已和母亲离开融县，到北流伟芬处搭食。

麦一进是北流一个大地主的儿子，据说曾到陕北公学念过书，回广西后参加我党，后被捕自首，以后在家中搞生意，和一些进步同志有一定联系。解放后广西土改，据我母亲谈，农民只斗他母亲，还给他当中学校长。土改时据一些党员同志说，他的校长职位已被撤职，现在广西桂平中学当图书管理员，伟芬在北流小学当教员。两个妹妹过去虽然走上倾向进步的道路，但后来都经不起严格的锻炼，而落到去当地主的太太了。

弟弟伟琛却走的另一条路。他和融县的一个大地主雷淡云的女儿结了婚，靠他岳父的帮助在伪政府机关做一些会计员、仓管员之类的小职员。解放前后四五年的时间内，我因没有和家中通讯，对家中变化的详细情况不够了解。据解放后同村的前宜山地委副书记路璠给我

奶奶胡翠云1954年刚到北京时的样子，她旁边的小男孩是表哥路西，是父亲二妹路伟苍的儿子

的信，知道伟琛在广西解放后，因与其岳父雷淡云的儿子雷俊猷等参与土匪暴动，在镇反时被镇压。

当时，我得到伟琛被镇压的消息后，曾写信给路璠，说明我完全相信人民政府对伟琛的正确处理。因为据我了解，伟琛的思想是落后的，他同他岳父的儿子走到一条反动的道路上去是完全可能的。

我自 1946 年调出广西后，到现在为止，还未与融县家里通过信。到北京后，在 1954 年已把母亲从北流接来一起住了。

二、地下工作时期

入党后在广西搞地下工作 11 年。这 11 年中，抗战前一段，是在南宁民团干部学校工作。抗战期间以及广西沦陷，我是在象县中学、桂林地方建设干校、省训团、贺县中学工作。胜利后是在桂林师范、全州中学工作。

民团干校

1936 下半年，我被分配到南宁广西民团干校[①]工作。民团干校是一所新办的学校，伪省主席黄旭初任校长，卢象荣任教育长，下设军训处、政训处，处内有指导员和教官。我当教官，是专门教书的。这所学校校址在西乡塘，学生有千多人，分大队、中队，有教职员 300 余人。

当时，广西正创办民团，招收高小、初中学生来培养为民团干部。训练内容是三分政治，七分军事。主要是军事训练，政治训练是三民主义、三自政策、基层政治、基层文化等等。

在广西“六一”抗日运动后的南宁，进步的文化活动是比较活跃的。当时，救国会的杜君慧（她主编妇女杂志，现在北京一个中学当校长，共产党员）曾到过南宁活动，在进步人士的座谈会上介绍过上海抗日救亡运动的情况。南宁的进步文化人也搞过一些文艺活动和座谈会，南宁官办刊物有《南方杂志》，这是

① 1935 年，广西省当局将省立国民基础学校与八个民团区的干部训练大队合并，定名为“广西民团干部学校”，以对全省十多万基层民团干部进行培训与补训。

一批留俄托派学生办的。我党当时既在李、白匪帮的公教人员中活动，也在学生中活动，重点放在学生运动方面。

我初入民团干校时，党内担任总支书记。在这个学校有外省同志的一个支部，这个支部以方舆严为主。有本省同志一个支部，有师专一、二届地下党员潘伯津、潘伯秀、李祖如、陈业堃等。两个支部之间，只有直的关系，没有横的关系。当时，我们的任务是在学生中宣传我党抗日救国政策，介绍学生阅读进步书刊，秘密发展地下党员。

广西民团干校是属于地下党军事部门领导的，当时，直接领导我的是刘敦安①同志，他直接指挥我们的活动。（刘敦安同志在抗日战争时期，在安徽为伪省主席李品仙所杀害。）我们也参加南宁市的一般进步文化活动，如座谈会、读书会等活动。我们在校内工作，主要放在星期日对进步学生进行个别活动，因平时校内整个活动由军训部门控制很严。

1937 年初，我在党内调省军事部门担任联络工作。联络工作是极端秘密进行的。一方面，与各地有关人员约定各种秘密通讯、交通符号，并收获有关秘密文件；另一方面，要在南宁搞一些房子，经常准备接待本省和上级来的同志。我曾经接待过香港西南特委派到左、右江韦高振同志处去搞武装斗争的一位同志，也接待过左、右江地下武装来南宁与军事部门接头的同志，并与来接头的同志约定各种秘密联系符号，用各种办法寄走秘密文件等等。

总之，这种工作是一种十分秘密的工作，只有我和刘敦安两人知道，别人都不给知道。这段时间，我开始学习地下党秘密交通工作。

我们的工作，在校内鼓吹团结抗战，一致对外，发展师专学生中一部分优秀分子入党，团结教育学生中的进步分子。在校外，我兼干省军团联络事务，接待安置香港南方特委派来的同志，接待左、右江地下武装来南宁的同志。在这个

① 刘敦安(1908—1943)，广西博白人，1932 年入广西师专第一届读书，1936 年 1 月在香港加入中共。同年夏在广西民团干校当教员，任干校中共支部书记。11 月，任中共广西省军团书记，领导南宁军校、民团干校及左右江游击队的党组织工作。1938 年随桂系部队赴安徽抗日前线，任桂系第二十一集团军少校，为中共地下党组织负责人。1943 年 9 月因身份暴露，在立煌县(今金寨县)被捕，12 月牺牲。

工作上，我开始学习地下交通联络、携带文件等秘密工作技术。

这个时期，现在还生存下来的同志，有广西的陈岸同志、教育部民族教育司司长方舆严同志。

“王公度案”

1937年7月左右，当时正是全国抗战爆发，李、白匪帮正准备离开广西到南京做官，广西发生“王公度案件”[①]。

王公度原是留俄学生中的托派分子，李、白、黄匪帮在占据了广西这块地盘以后，就重用王公度来为广西反动军队搞政训工作，后来又利用王公度为李、白、黄匪帮训练民团干部，王公度是桂系军阀第四集团军总政训处少将处长。所以，托派在广西各方面都有了很大的发展。抗战爆发，李、白匪帮急于外出做官，借口王公度企图在广西搞暴乱，即把王公度及其主要骨干谢苍生、区渭文等杀掉，这就是广西的“王公度案”。在王公度案发生的同时，李、白匪帮亦大捕我党同志，我党一部分同志如崔真吾、陶保桓等在王公度案时光荣牺牲了。

我在“王公度案”发生前，正从南宁到桂林参加地下党会议，商量如何发动群众参加抗战问题。当时，开会的地点是桂林桂西路一家裁缝店的楼上，参加开会的有陈岸、徐经武、陶保桓和我共四五个人，开了两个晚上就结束了。我回到南宁，第二天，即有柳州来的同志说，陶保桓在柳州中学被捕了。同时，也知道南宁已有些同志被捕，如麦世法（麦世法同志是师专一届学生，共产党员，抗战期间在安徽与刘敦安一起，被伪安徽省主席李品仙所杀害）、蒋汝志等。后来听说桂林也大捕人。当时，我暂在南宁住下，没有到民团干校去。经过组织上研究决定，我立即撤出南宁，到宾阳通过地下党组织送我到万岗去。

于是，我当天就步行离开南宁，到了宾阳，按约定的关系到一家铺子去找一

① 王公度，广西永福人，1920年广西法专毕业，1926年由李宗仁资助到莫斯科中山大学深造。毕业后回广西工作，是新桂系留俄派的核心人物。王公度确实为新桂系效过忠，出过力。由于桂系内部两派之争等原因，在抗战爆发后不久的8月30日突然将王公度逮捕，9月14日，李宗仁就匆忙批准杀掉王公度，同时被害的还有在桂林的陶保桓，在南宁的谢苍生、区渭文、崔真吾和韦干。

个同志。这家铺子就说:没有这个人。当时,宾阳亦在捕人。我因找不到组织关系,不能久留,就决定暂时回我家乡融县躲避。这是1937年八月间的事。我在家乡躲避一月,到1937年到9月下旬,国民党公布了中国共产党中央为宣布两党合作的宣言,及蒋介石承认中共合法地位的谈话后,我1937年底,才到象县中学去工作。

当时,我已基本上接触马列主义,开始在党领导下作一些革命的工作。当时水平是很低的,对于如何在中国这个旧社会中搞革命,还是异常模糊的。例如,在西安事变时,当时广西地下党员是主张杀蒋介石的,经传达中央指示后才改变态度。在这一段时期的末期,大约在抗战前夕,因为广西发生王公度案,李白匪帮一面打击托派,同时也大捕我党同志。当时,我奉派到左、右江万冈去,经过宾阳才能接上组织关系,由地下组织护送到万冈。但到宾阳时,找不到地下组织接头人(现今陈岸同志证明,组织已被破坏),接不上头,因看到当时形势很紧张,我就跑回融县家乡躲避,没有想尽一切办法到万冈去。此事已在1952年云南省委审干时提出检查,并有陈岸同志证明,兹不另述。

象县中学

抗战开始,国共合作,我到象县中学教书。象县中学原是师专一届同学张镇国当校长。我以前的爱人袁秀文(1948年已死)[①]在他那里教书,他也欢迎我去。在象县中学教书期间,陈岸同志来找我,接上了组织关系。

---

① 袁秀文,父亲的第一位妻子,我们对她知道得非常少。我曾问过父亲:你们是在哪里结的婚?父亲告诉我是在桂林,当时还在《广西日报》(大概就是广西出版的《民国日报》)上登了结婚启事,婚礼就是买了一点糖果糕点,请朋友们来聚会乐乐。婚礼的时间应该是在1936年底,因为1936年9月以后,父亲师专毕业分配到南宁民团干校,当时南宁还是首府,11月,首府迁到桂林。直到1937年8月"王公度案"发生,这将近一年的时间,虽然父亲在地下党省军团做秘密联络员,但显然仍是一段相对安稳的时光。袁秀文与父亲是师专同学,年龄应该相仿。我只知道袁秀文是位小个子姑娘,很瘦。婚后,父亲还带妻子回老家融水去了一次。据老家的亲戚回忆,当时大家都期待着这位新媳妇,可见面一看,多少有点失望:怎么这么瘦弱?还有一点病快快的模样。1937年,父亲和袁秀文一同在象县国民中学教书,据来宾党史记载,当时,袁秀文和父亲都是地下党员,他们当年的一位学生韦纯束,即后来的广西壮族自治区主席。

在象县中学工作，正处于抗战初期。我们在学校的主要任务，是对学生进行抗战教育，进行救亡宣传，介绍学生阅读进步书刊。1938 年 5 月，毛主席《论持久战》发表，我们就用毛主席的指示武装青年学生，使他们获得对抗战的正确认识。后来，校长张镇国被地方反动势力压迫而辞职，派了一个反动校长钟伯华来接任。我在象县中学搞一些进步活动，被密报反动政府，把我免职。在 1939 年初，我便离开象县中学了。

在象县中学时期，组织上和我个别联系的是陈岸同志。

广西地方建设干校

抗战初期，前师专校长杨东莼来广西办地方建设干校[①]，这个学校是训练抗战时期的乡镇长干部的，校长是伪省府主席黄旭初，教育长是杨东莼。这个学校转着手中、小学生进行训练。抗战初期，进步文化人云集桂林，杨东莼办这个学校是聘请了许多进步人士去讲课的，也集中了不少外省的地下党员和本省的地下党员在该校工作。在广西来说，这是一个比较进步的学校。

我 1939 年由于杨东莼的保荐，进了这个学校工作。进学校初期，是在第一大队工作。在第一大队的学生训练快要结束的时候，杨东莼奉命在学生中和小组指导员中，搞集体加入国民党、三青团活动，他本人表示带头集体参加国民党、三青团。我们当时在建设干校工作的地下党员，将杨东莼的企图向上级组织反映，经上级党委批准，我们集体参加国民党、三青团。解放后审干时，经陈岸同志证明，才知道当时是经南方局批准的。

① 《新桂系史》第二卷：1939 年初，桂系当局决定创办“广西地方建设干部学校”，对县以下的干部进行短期培养和训练。校长由广西省政府主席黄旭初兼任，杨东莼任教育长，校务实际由杨东莼主持。校址设在桂林市东北郊的天圣山和白面山一带。干校的干部来源绝大部分是通过八路军桂林办事处介绍和杨东莼本人的关系聘请来的。当时，应邀到校做专题报告的有，著名记者范长江，著名民主人士刘清扬、方振武，著名作家夏衍、戏剧家田汉，国际问题专家盛成，叶剑英将军，日本反战作家鹿地亘，著名学者胡愈之、张志让，经济学家千家驹等 40 余人次。由于干校拥有一大批民主人士和进步青年为教学骨干力量，干校形成一个坚强的进步集体，培养出许多适应抗战需要的干部，在社会上产生了很好的影响，被认为是抗战期间的一所新型学校。

在建设干校工作时期，我们的任务，主要是对受训学生进行抗战教育，当时主要以毛主席的《论持久战》为教材，也有时事教育、三民主义、中国现代史等课程，教材是比较进步的。因为训练时期短，每期七八个月，在学生中发展党员是不多的。学生中有不少是地下党员，如一大队的区镇(前百色地委书记，现情况不明)、三大队学生中有莫矜(区统战部副部长)、周廷扬(区统战部工作)、邱如岳(区文化局秘书长)等都是，建设干校当时是起了训练进步青年的作用的。

在建设干校近三年的工作，和国民党派来的特务是有斗争的。如当时教抗战歌曲的白勇就是一个中统特务，国民党省党部派去一个区党部书记刘毅，则是一个广西的特务。他们总想在学校中刺探我党情报。但由于我地下党活动非常秘密，外省党员和本省党员根本没有组织关系，支部分得很小，支部之间根本没有联系，采取单线领导的原则。而且，每期都搞集体参加国民党、三青团，有着一层伪装，加上教师和小组指导员中的进步力量比较强，一有坏人即能发现。因此，在建设干校时期，我们地下党活动还没有遭到破坏。

当时，和我有组织关系的有张海鳌，张镇道(共产党员，1948 年在广东北江打游击时为独立团团长，在琶江战役时英勇牺牲)，黄骏如(当时当过我的支书)，粟稔(现暨南大学东南亚研究所副所长，前南宁专区专员)，苏曼(当时桂林地下党负责人之一)等同志。

苏曼那时从延安回广西，曾在建设干校开办过训练班，传达过毛主席武装斗争、统一战线、党的建设三大法宝的指示。是在野外进行了两次传达，参加者有张海鳌、黄骏如、粟稔和我四人。

我在第三大队工作时，党内曾有过一次要我们地下党员重新登记的事。记得，这件事是因为“王公度事件”后，上级认为我广西地下党组织与托派有混淆不清的地方，故需重新登记。凡有托派嫌疑的地下党员，要在重新登记时清洗出去。我当时是支书，我们支部同志都是师专学生，老早就和托派斗争过，界限分得很清楚，所以当时大家都给重新登记了，后来我将情况向苏曼汇报，我们支部党员的重新登记就得到上级的批准了。

我在地方建设干校工作，开始时在第一大队当小组指导员，后来带一部分师生到桂南战地服务团工作两个多月[①]，以后调到第三大队当小组指导员兼办公室主任。

在近三年的时期内，在"皖南事变"以前，地方建设干校是兴旺时期。"皖南事变"后，建设干校是衰落时期。因为1941年"皖南事变"后，白匪崇禧反动面目大暴露，这个进步学校便没有存在的条件了。当时，杨东莼辞职到香港去了，外省的进步人士纷纷离校，一部分到重庆，一部分到新四军去，建设干校由张健甫当代理教育长办理后事。1941年下半年，建设干校停办。所有留校工作人员，一部分由伪省政府分配转入伪省训团工作，大部分工作人员，转到平桂、柳州、梧州、百色四个训练班去工作。

这个时期共同工作的同志有：现在上海工商局局长蔡北华、前东北局党校校长叶方、现广东省委秘书长张海涛、前潮汕专区文教科长黄骏如（现名黄贻嘉）等，直接有组织关系的是张海涛、黄骏如。

桂林地方建设干校结束，广西办省训练团。当时是皖南事变以后，广西关系恶化，文化人离开广西，杨东莼也走了。地干校的干部，外省的离开广西，本省的部分转入省训团，一部分转入各区训练班。我是由于杨东莼等推荐转入省训练团去的。

伪省训团的工作以及"七九事件"

1942年，我到伪省训练团工作。伪省训团是一个反动的训练机关，伪省主席黄旭初任团长，卢象荣当教育长，卢走后是战犯倪仲涛当教育长。教育长下设训导处、教务处、军训大队。训练对象是伪县政府科长、科员及部分伪县长。这是仿蒋介石伪中央训练团的办法来进行训练的。每期训练时间一个月，共四周。主要是黄旭初四次训话，业务课是由伪省政府各厅派人来讲，政治课是由国民党省党部书记长刘士衡来讲，每期还搞集体参加国民党、三青团活动。这

① 1939年12月至次年2月，国民党军与日军在桂南（昆仑关）一带进行决战。桂南会战期间，以中共党员为骨干的南宁、玉林等地的战工团、广西学生军、广西地方建设干部学校战地服务团和各地军民合作站，在作战的前沿地带和敌军后方发动组织群众破坏公路，坚壁清野，运送粮食弹药，救护伤员，慰劳军队，开展抗日游击活动，有力地支援了前线，配合了正规部队作战。

种训练，不仅训练内容是反动的，就是训练对象也都是伪政府的爪牙。

我们有几个地下党员在伪省训团工作，都认为，这种环境仅仅是暂时隐蔽，不能继续下去的。当时支书黄骏如，党员有宋玉田、潘伯秀等，黄走后我任支书。

我当时在训导处当训练股长，每周主要安排一下小组讨论，讨论内容主要是黄旭初的报告。我因为当股长，按规定伪省训团的股长以上的人员，一律要经过伪中央训练团训练才算合格。那时，组织上要我争取做黄旭初的干部，于是，在这段时间内，我经组织批准到重庆伪中央训练团廿四期受训一月，受训回来已将受训经过向组织上作了详细汇报。

我受训回来后，桂林发生“七九事件”①，我党桂林地下党负责人苏曼、罗文坤、张海萍三人自杀。当时，据地下党传达是：苏曼、罗文坤、张海萍为广西特务发现后，被监视起来，苏曼考虑到和他一同被监视的两个女同志经受不起敌人的折磨，他们决定集体上吊自杀，以免进一步泄漏组织关系。这就是我所知道的“七九事件”的情况。

桂林“七九事件”后，许多和他们有关系的同志都相继离开广西。首先是黄骏如，他决定回到广东去了，其次是宋玉田、潘伯秀。宋玉田到贵州去，潘伯秀回乡下教小学。剩下我一个人在伪省训团，我因为到过伪中央训练团受过训，在“七九事件”中我的关系没有暴露过。后来，经过汤有雁向伪教育厅厅长黄朴心推荐，我就到贺县中学当校长去了。

① 据《新桂系史》：1942年5月16日，中共南方工作委员会组织部长郭潜抵达桂林，住在广西省工委外部交通员梁耀宝家中，在梁家会见了广西省工委书记钱兴、副书记苏曼等省工委负责人。5月26日，郭在广东韶关被捕叛变，南方工委机关被破坏。6月中旬，中共广西省工委获知南委情况后立即确定应变措施。7月8日，国民党特务首先秘密逮捕梁耀宝，梁随即叛变，供出所知党员名单。9日，广西当局开始全面捕人，广西省工委副书记苏曼、省工委组织部长罗文坤（苏曼夫人）、中共南委驻广西特别交通员张海萍等七人被捕。苏曼、罗文坤、张海萍为了保护党的机密，在敌人的威逼利诱和酷刑面前，毫不动摇，13日凌晨，在派人向党组织报讯后，集体自缢牺牲。至9月1日止，有30余名中共党员在桂林、灵川、临桂等地被捕，广西省工委和桂林市委遭到严重破坏。

贺县中学、桂林师范和全州中学

当时，省教育厅是黄朴心当厅长，他是政学系的人物，广西贺县人。当时贺县中学办得不好，他要求物色一个能干的人去办好贺中，我经过汤有雁——师专同学，大革命时脱党，脱党后倾向进步——的介绍，在1943年下半年到贺县中学当校长。

由于"七九"事件后，苏曼、罗文坤、张海萍自杀，伪省训团的地下党员分别离开，当时，我始终在伪省训团工作，但组织上没有人来联系，我的组织关系也暂时中断，直到我去贺县中学后，吴赞之同志(现在南宁市委工作)到贺县中学和我取得联系，经过上级审查以后，继续接上组织关系。

我到贺县中学后，陆续请了一批进步教师到贺中，如陈贞娴、萧敏颂、曹国智、何明、冯娱修、吴帆波等来校教书。1944年桂林沦陷，贺县中学处于敌后了。但贺县八步有平乐专员公署，专员李新俊，他是李济深的旧部，李济深正酝酿在梧州、八步一带搞武装。当时，由桂林疏散到八步的，有民主同盟的一些人，如陈此生、陈劭先、莫乃群、梁漱溟等，他们在昭平办《广西日报》(昭平版)，也在积极活动。我党也在平乐专区内搞农民组织工作。组织上当时给我的任务是，不暴露自己的身份，逐步设法向伪政府搞一些枪支自卫，必要时，听组织上指挥，组织学生搞武装斗争。

由于敌人始终未到贺县，我也没有暴露过。学校在情况紧张时，停课一下，在平静时又复课教书。由于有进步教师在学校教课，地方反动势力把我看成眼中钉一样，他们几次发动学生在校内闹风潮，但由于黄朴心的关系以及地方进步力量的支持，他们没有得逞。

在贺县中学时期，处在沦陷区的形势下，我们在学校的任务，是对学生进行抗战必胜的教育，稳定敌后人心，做必要的准备，以便在敌人到达后发动武装斗争和敌人对抗。但日寇始终没有到过周围县份，贺县也没有沦陷，一直搞到日寇投降，抗战胜利。

当时组织上和我联系的是吴赞之，吴赞之是我们融县人。以后另派一个同志来，这个同志记不起名字了。粟稔当时在家，也和我联系过。组织上和我都是个别联系。在校工作的地下党员有陈贞娴、冯娱修(粟稔的爱人),她们和我都没有组织联系,我的组织关系,她们也不知道。

1945年下半年,我辞了贺县中学校长职务,到桂林师范学校教书半年。汤有雁任桂林师范学校校长,在学生中我党势力占绝大优势,学生们阅读进步书刊,研究抗战胜利后的实际问题,十分活跃。

在教师中,地下党员有张镇道、陶保恒、毛恣观和我四个人。开始时,没有建立支部,和学生也没有联系。后来,钱兴同志和我联系,他指定张镇道当支书,建立教工中地下党支部,逐渐与学生中党员建立联系,这时,我已离开桂师了。

我在桂师工作时间只一个学期,在桂师工作时,通过汤有雁的关系继续得到黄朴心的保荐,1946年,我就到全州中学当校长去了。

全州中学是一个反动势力控制比较强的学校,有伪专员陈恩元及蒋综逊等反动势力,充当学校反动教师的后台,校内又有赵经武、赵钦武兄弟是中统特务。我初去时,即受到反动势力的抵制,后来终于坚持进去了,安排了一些进步教师去教书,如王松(现云南新华报记者,共产党员)、李仲良(云南宁洱地委宣传部工作,共产党员)等,反动势力又发动学生来排挤王松等进步教师离校,斗争是比较复杂的。

当时,组织上和我联系的是陆翔和张镇道同志。1946年下半年,张镇道同志通知我,组织上要我考虑,如广西无可靠后台作依靠,即坚决撤出广西。我研究的结果,认为我在广西当了两次校长,主要是靠汤有雁向黄朴心推荐的。此外,我还到伪中央训练团受训过。除此之外,并无什么靠山可以依靠。而且,我和黄朴心的关系,只是一般关系,他想利用我来办好学校,作为他升官的工具而已。

考虑的结果,决定坚决执行组织上的决定,马上离开广西。当时正有朋友在重庆乡村建设学院工作,经过他们的介绍,我在1946年7月左右,便辞了全州中学校长职务,到重庆乡建学院去了。

我到香港后才知道是广西省委书记钱兴同志经过张镇道(也是1946年从广西撤退到广东打游击,他是一个主力团团长,在攻笆江时牺牲)通知我的。

重庆乡建学院

重庆乡村建设学院是晏阳初靠美元来办的一个学校。这个学校的教务主任叶德光是一个进步人士(叶德光留美后，在解放后由美国回国，在我外交部工作。叶德光及其爱人都擅长英语，是否党员不清楚，因我和他只有到乡建学院时有过一面之识)。因此，他聘请了一批进步人士在那里教书。正因为他办得比较进步，我到乡建学院不久，晏阳初借故把他送到美国去留学，另派人来接替他的工作。在欢送叶德光去留美的欢送会开过不久，乡建学院学生正掀起一个反饥饿、反内战、反迫害的学生运动。反动政府即派来大批军警，对进步学生与进步教师进行大逮捕。①

当时，我到学校只有一个月左右，与学生、教师接触不多，我的职务是讲师兼注册主任。后来，因许多进步教师与进步学生被捕，我即和进步教师的爱人及留校学生再组织起来，搞营救被捕师生的活动。那时，在学校搞营救运动的主要负责人是刘天行的爱人俞淑清。当时，晏阳初已新派一个教务主任来了，此人姓屈，什么名字记不清了，我被推选为留校师生代表之一去和他谈判。当时，我们要求立即无条件释放被捕师生，他答应同重庆警备司令部交涉。

后来，由此人担保，当局释放了乡建学院被捕的一部分教授、讲师及部分进步学生。我的朋友刘天行、徐坚等被释放后，马上搭飞机到香港。我亦被学校辞退。当营救运动得到一定效果后，我就和刘天行的爱人俞淑清等一道离开重庆，经广州到香港。到香港后，通过粟捻介绍和钱兴同志见面，接上了关系。

我在乡建学院只搞了三个月的工作。在乡建学院时期，和香港的粟稔同志有个别通讯联系。在乡建学院和刘天行、俞淑清夫妇有过工作关系，刘、俞都是

① 据《1946—1949重庆青年运动大事记》载：1947年5月30日，重大、女师院、乡建院等校代表，成立"重庆市学生反内战反饥饿反迫害联合会"，决定响应华北学生提出的"全国学生反内战日"活动，于6月2日总罢课一天。6月1日，国民党重庆当局派出大批军警宪特，包围各大中院校，逮捕各院校学生100余人，并逮捕新闻、教育、文化、出版、工商等各界进步人士，共计270余人。6月9日，重大、女师院等13所院校学生代表，向国民党重庆行辕请愿，要求立即释放被捕同学和爱国人士。在全市人民声援下，被捕学生和进步人士大部分陆继获释。

共产党员，现在广东茂名县工作，刘任文教局长，俞任卫生局长。

在十一年的广西地下工作时期，我对于如何在中国这块土地上搞革命还是不甚了了。广西地下党大革命以后的工作一直是浮在青年学生中，只在抗战时期才有一部分转到农民中去。因为没有先进的革命根据地为基础，斗争就没有力量。我在城市中工作，对长期隐蔽、蓄积力量、以待时机的方针有所体会，但对武装斗争这一主要的方面，由于缺乏实践知识，实在了解不多，对于如何利用敌人矛盾，发展我们的革命力量，如何逐步把敌人的统治推翻，我在广西地下工作十一年，这个问题是没有解决的。

三、解放前的打游击时期

我在1946年末到达香港，经过粟稔关系马上找到钱兴[①]同志，才知道撤退广西是钱兴同志通过张镇道转告我的。我将辞退全州校长职务后到重庆乡建学院工作情况，以及由重庆乡建学院撤退到香港的情况向他汇报。他听了汇报表示，很快即可由组织上分配我工作。不久，组织上即派杨德华同志来和我谈工作，准备派我到李济深在广州附近两个叛变的保警中队中去工作，并指示我如何去搞武装斗争。当时，我对武装斗争一窍不通，既然组织上决定，我坚决去干。杨德华同志并指定宋玉田同志和我一同去工作。

在香港和到李济深部队工作

1946年底，南方局派我和宋玉田到李济深的叛变部队去工作。当时，李济深正想搞他的武装，他在广东的旧军人中是有一定威信的。我以李济深的部下的名义出现，被派到他已经叛变的两个保警中队中工作。

这时，全国形势是：蒋介石反动政府对解放区的重点进攻被我自卫战争所粉碎，我正举行全国性反攻，我以主力打到外线去，将战争引向国民党区域。在

---

① 钱兴(1909—1948)出生于广东怀集县诗洞凤南村，原名发年，号发瑞。1933年，钱兴就读中山大学法学院政治系。1936年夏加入了中国共产党，担任中共中大支部书记。1937年4月调任中共厦门市工委书记，1948年11月，钱兴在中共粤桂湘边区工委副书记兼边区部队副政委任上光荣牺牲。

外线大量歼敌，彻底破坏国民党将战争继续引向解放区，进一步破坏和消耗解放区的人力、物力，使我不能持久的反革命战略方针。李济深是国民党内蒋介石的反对派，他和我们搞统一战线。同时，李济深也希望搞自己的武装，这次，搞两个保警中队的叛变，就是搞自己武装的尝试。

我和宋玉田被派到这两个叛变的保警中队后，主要是在广东增城、从化、四会、花县一带打游击。当时，这四个县的具体情况是：这四个县的山区都有我们的游击队，这四个县的县城、小城镇及平坝地区为国民党占领，有反动的地主武装。我们这支部队，就在背靠山区、面临小城镇的半山区的地带打游击。

这支游击队曾经开仓济贫，也当过政治土匪，也曾占领过河道中某一地段作为据点收交通税，也扫过四会一个乡公所，曾被地主武装袭击过几次。打了半年游击，没有条件搞根据地，主要是流寇式的四处流窜。所以，这支部队维持生活也不容易。领导这支部队的是国民党起义的旧军官，他们虽然倾向进步，但也经不起这种艰苦的游击生活。最后，经过做工作，这支部队从上到下，都愿意改编入我党所领导的增、龙、从、博游击队去，这件事曾得到南方局口头的嘉奖。后来，留宋玉田在这支部队工作，我便到香港。李济深搞自己武装的尝试，开始幻灭了。

经过十个多月打游击的实践锻炼，我接触到打游击、作部队工作、做群众工作等许许多多的武装斗争中的实际问题。从我们游击队所建立的根据地中，我初步懂得武装斗争与建立根据地的重大意义。打了十个多月游击，对我这个知识分子的党员来说，有着极为深刻的教育意义，使我开始懂得在中国这块土地上搞革命，离开武装斗争是不可能搞好的，离开农民是不可能搞好的。

在结束了李济深两个叛变保警中队工作后，我在香港还参加了一次南方局举办的训练班，在这个训练班学习了一个月。这个训练班主要是总结广东搞武装斗争的经验，学习了毛主席古田会议决议，强调武装斗争的重要性，号召大搞武装斗争，迎接全国胜利。这个训练班给我的教育也是极为深刻的。

在云南打游击

1948 年，我由南方局派到云南去工作，当时指定的任务是：在云南发动游击战争，一面在屏边、金屏搞据点，一面在罗平搞据点，目的在于扩大黔、桂、滇边界的罗平的据点，与广西的一支队配合，建立与扩大黔桂滇三省边区的根据地，以迎接南下大军。

当时，因为云南地下党是华中局领导，云南原有地下党组织情况如何，尚未清楚。我带了三个同志去，我当组长，一个是罗培元，一个是杨炳南。我们是以云南建民学校的校长刘宝煊的关系去的，因刘到香港请求组织上领导，党派我们同他一路去。

我们一到云南，即先了解刘宝煊、方仲伯的昆明建民中学情况，进而了解建水建民中学情况，并与刘宝煊约定到云南元江、石屏一带了解情况。

据我们初步了解，建民中学有我云南地下党组织，云南南部元江、石屏一带我地下党与土司李和才武装有一定关系，我云南地下党正在那一带活动。因此，即派罗培元回香港汇报，要求打通与云南地下党关系，以便全力开展工作。那时，云南地下党也正搞武装斗争，朱家壁已搞起了五六百人的武装，卢汉正在派兵围剿他这支初起的部队，朱家壁那时还是孤军作战。

1948 年 4 月，原由长江局领导的云南地下党统一归华南分局领导，我们的组织关系已转到云南。当时，华南分局(原南方局改称华南分局)指示，把朱家壁这支部队调到中越边境河阳去集训。同时，要云南各地下党做好准备，朱家壁回云南后即大搞武装斗争。1948 年 5 月，我被分配到罗平地下党去做二支队副司令员。

罗平和钟山乡

我到罗平以后了解的情况：罗平地下党是有一些群众基础的，主要基础在钟山乡，这是罗平的东路。罗平西路、北路，也有一些党员，群众基础弱，主要是恶霸陈寿颐、念金阶等统治。罗平南路主要是恶霸统治，我无基础。朱家壁部队到罗平时，曾带起我党党员掌握了一些武装。朱家壁部队一走，这些部队也散了。

罗平负责同志是刘清，当时，他在钟山乡训练干部，武装还没有搞起来。在滇工委及边委的领导下，我们依靠原有的罗平的廿多个地下党员，先在罗平钟山乡搞起。罗平虽有几十个党员，但思想上都没有武装起来。于是，我和刘清初步结束钟山乡训练班，把干部分配到各地工作，即到板桥和罗平附近办短期训练班，在训练班中大讲形势，大讲武装斗争及其具体搞法，要求大家做好一切准备，大搞武装斗争来迎接全国胜利。

办完训练班，根据钟山乡的群众要求，我们发动一个减租运动，在农民中组织了贫农团来领导这一斗争，不少地方搞了武装减租斗争，打下了地主威风，建立了贫农团的威信，为钟山乡这个根据地扎下了坚实的群众基础。

这时，罗平邻县陆良，云南大学学生党员杨守笃，搞起了又一支四五百人的武装部队，在罗平外围与敌周旋，后与罗平城内地下党配合，扫掉伪罗平县政府，转入钟山乡休整。钟山乡根据地的革命群众，热情慰问部队，给部队以很大的教育。

我们和杨守笃部队共同商量决定：为着分散敌人注意，为着进一步发展武装斗争，杨守笃率领原来的部队出击师宗，我第二支队正式成立，以钟山乡武装为骨干，首先建立一个主力团，向罗平北部出击。把武装斗争扩大到罗平以外的师宗、平彝、兴义等县去。

这时，我在广东学到的东西，大部分已施展出来了，有关建军、搞根据地这一套都在搞着。但因水平不高，而且缺乏总结提高，工作是不够深入的。但是面临全国解放前夕，虽然我们主观上存在许多缺点，而工作的进展是比较迅速的。

这时，我率领第二支队刚组织起来的一个主力团到罗平北区活动，打掉土

这条行走着游击队行列的街道，可能在罗平县城，时间大约是罗平解放初期的1949年底或1950年初，可惜照片下方树枝搭建的彩门上的字没拍上。

这是罗盘地委书记刘清的夫人甘庭芳阿姨送给母亲(母亲在游击队里的小名叫元宝)的照片,背面写着:送给元宝孃孃,甘强小侄。1950,8,15

霸念金阶,把罗平北区我党领导下的武装发动起来,建立罗平北区独立游击大队。杨守笃部队到师宗后,把师宗伪县政府打掉,建立师宗游击大队。二支队在扫荡罗平北区发动北区武装斗争后,即回罗平板桥镇休整。不久,仍由我率领原主力团出击平彝,发动平彝武装斗争,建立平彝十八连山游击大队。这时,罗平地委①,由原来的罗平一县,逐步扩大到平彝及师宗两个县,并在这三个县内建立自己的武装部队,并随着建立了人民政权。

这时,朱家壁部队由河阳回国,滇桂黔边区纵队庄田司令员、李明政委率领几个主力团,经过广南、邱北转入罗平,在罗平举行会师大会。我二支队奉命改为滇桂黔边纵所属的第三支队,林杰为第一支队,杨守笃为第二支队。②

罗平会师以后,卢汉派一个旅来围剿我们,边纵主力部队转入广南,一部主力插入云南中部去发展武装斗争,一部分主力转入滇东北去发动武装斗争。敌人一个旅专压罗平,在罗平县城外围,我打垮敌一个连。敌专打钟山乡,我在龙上天一役给敌杀伤后,转入分散游击活动。由于我主力部队四面出击,敌人这个旅在罗平各地被我杀伤后就很快撤退了。敌撤退后,我武装力量大大地发展了。

① 1948年9月,中共香港分局委派杨萍(杨德华)到云南了解武装斗争情况,经云南省工委书记郑伯克安排到罗平后,杨萍与刘清、杨江商定成立了罗盘地委。书记刘清,副书记杨江。罗盘地委领导云南的罗平、师宗、平彝、高良特区,贵州的盘县、普安、晴隆、兴义、兴仁、安龙、贞丰,广西的西林、隆林等县。

② 1949年5月,罗盘区指挥部(1949年2月成立,指挥员杨江,政委刘清)所辖云南人民讨蒋自救军第二支队整编为桂滇黔边纵队第三支队(罗盘支队),司令员杨江,政委刘清。第三支队下辖两个团和一个警卫大队,共4300余人。

照片背后父亲写着:文山的孩子们,1950年摄。

边纵第三支队以板桥镇集钟山乡为基础,建立了两个主力团。在师宗,以师宗游击大队为基础,建立师宗游击团。在平彝,以十八连山游击大队为基础,建立平彝游击团。以钟山乡部分武装配合兴义武装,在贵州兴义建立了兴义游击团。派一个游击大队向贵县、盘县挺进,全歼敌一个保安连,发展为贵县、盘县游击团。

这时,罗盘地委的活动范围,除云南的罗平、师宗、平彝三个县外,已扩大到贵州的兴义、兴仁、安龙、盘县、普安、晴隆,以及广西的西林、西隆了。边纵第三支队已扩大有两个主力团和四个游击团了。

1950年初,南下大军进入贵州,先头部队进驻云南沾益,我们在贵州兴义与二野四兵团会师。以后,云南伪省主席卢汉接受我之条件,云南和平解放。①

我在罗盘区工作一直到1949年末。云南宣布和平解放,在滇工委并于边

① 1949年11月15日人民解放军解放贵阳;1949年12月9日,前国民党云南省政府主席龙云在昆明起义。

委后，我曾任滇桂黔候补边委。此段时期在一起工作的有刘清（现第二机械部基本建设局长），上级领导是郑伯克（前云南省委组织部长）、庄田（南京高级步校校长）、李明（现广东省委组织部长）等。

四、解放后做地方工作时期

1950年6月，我被派任云南文山地委书记兼军分区司令员。当时是解放初期，到文山后，首先进行剿匪工作，土匪搞完后，接着是发动群众，开展反霸减租退押斗争，随着开展全国的镇反运动。

在文山地委

初到文山地委，有土匪二万余人，剿了将近半年，大部平定。调整各县县委书记，地富出生的地方党员一律调党校学习，改派由人民解放军选拔出来的、工农出身的党员为县委书记，进而发动农民搞减租退押反霸运动。

接着搞镇反运动，对反革命骨干分子进行镇压。当时，全区尚有少数匪首潜居少数民族地区未全部歼灭，后从广西窜来千余土匪，文山区土匪复起。经过端正执行民族政策，团结少数民族，孤立土匪后，在两三个月的短时期内，全部肃清了全区土匪，为土改做好了准备工作。

这时，我才真正体会到在党的领导下，根据党的政策充分发动群众，组织革命队伍，有计划、有步骤地消灭敌人，逐步改革旧的社会，这是党夺取政权后公开领导人民革命的大运动，这

父亲在文山地委办公室里，左边这位不知叫什么名字，1950年摄。

这个场面可能是父亲拍摄的文山土改时的会场，1950 年左右。

一伟大的革命运动正在全国各地蓬勃发展。以后，部队及地方团结了少数民族，歼灭土匪。一个多月的时间，就把从广西、贵州最后流窜过来的五千多国民党残匪剿灭。

这种有计划、有步骤地领导人民群众去改造整个旧社会的做法，对我这个搞地下工作的党员，对我们习惯了一种工作方法的同志，是一个极重要的锻炼。在这一次锻炼里，我在执行政策中，主要在于对云南民族地区这一特点没有认真地掌握。因此，在初到一年的剿匪工作上，虽把土匪搞完，但遇到的阻力甚大。后来，广西与贵州再窜来五千残匪，准备逃往越南，本地的残匪又猖獗起来。

经过省委和滇南工委指示后，才从上而下地系统检查了文山区对民族政策执行的情况，并集中了部队与地方干部认真对民族政策进行学习，然后依靠部队为骨干进行艰难的工作，把少数民族团结工作搞好，使土匪孤立，在一个多月的时间内，把再次猖獗起来的土匪消灭了。

从这次执行民族政策的偏差中，我深深地感觉到，指挥一个运动的进展，必须实事求是从实际出发，事先按不同条件的地区进行试点，找出规律，然后铺开，稳扎稳打，进展才快。绝不能主观主义，自以为是。

我是知识分子出身，过去十几年来还未意识到主观主义的思想方法成为革命之害，这是思想上还未入党的缘故。这次读毛主席的整风指示，提出主观主

中共文山区第一次党代会1950年10月12日摄。照片上第三排右起第一位像是父亲，可是作为地委书记他为何要坐在边上呢？原因也许是：为了保证照片质量，他要亲自操作相机的自拍。

另一张照片也是父亲拍的，拍摄的场面可能是同一个会场。

照片背写有:1950 年摄于云南昆明黑龙潭。母亲在《板桥日记》里记有 1950 年 6 月曾回过一次家，这张照片可以肯定就是那段时间里拍的。

左三刘清、左四父亲，摄于昆明海埂的滇池边上，大约一星期后他们就离开云南前往北京了。(1952 年 10 月摄)

义是共产党的大敌，才使我大吃一惊，这里也可以表现出我在搞地下工作时期的觉悟水平不是很高，因为向来还未接触到思想方法问题。经过这次执行民族政策的自我检查，思想觉悟水平才有所提高，历史上成绩的包袱才卸下，隐伏着的自满骄傲情绪才得到克服。

这一段工作证明人郑伯克，直接领导的是滇南工委刘有光(前四兵团十三军政委)与十三军军长周希汉同志。

在武定地委

1951年12月，我被派到武定地委任地委书记。当时，武定正开始搞土改试点。接受文山的工作教训，我已决心从这一场尖锐的阶级斗争中，逐步克服主观主义的思想方法，认真对自己的思想方法进行改造，锻炼自己。

武定土改，先从平坝汉人区开始，再向山区民族杂居区发展。我们采取分批试点、分批铺开的做法。地委掌握几个重点，取得系统经验，在总结提高干部思想政策水平的基础上，分批铺开。由于武定离省委很近，交通方便，有事都向省委请示报告，及时得到省委的正确指示，所以少走弯路。尤其在民族杂居区的土改能正常进行，这是与省委的正确领导分不开的。

母亲(左三)在武定地委院里。

前排右三蹲着的是父亲，看来他不太放心为他们拍照的同事。(1952 年摄)

在土改时，我抓紧依靠贫农，依靠群众，在提高群众觉悟的基础上，使群众能根据党的政策来组成农民的革命队伍，去分化孤立打倒敌人。

我学习着客观冷静地分析农村中的阶级形势，依靠贫农，团结中农，结成农民中一支革命队伍来发动斗争，一步一步把斗争引导向深入。我学习着摸试点规律，根据试点规律来布置斗争，根据点的铺开经验来丰富试点的经验。对于这些，都有一定程度的收获。在武定搞土改时，也搞三反运动，详情在我的三反检查中，不另述了。

这一段工作的证明人，有前云南省委组织部长郑伯克，现云南省委第二书记于一川，及武定地委副书记李天柱。

调北京工作

1952年10月，我奉调北京工作。来北京前，曾由云南省委组织部直接对历史审查，我曾写了我在广西工作中几个历史问题的事实和检讨，审查结论是同意检讨意见，但历史上的几件事应取得有关同志的证明。到北京以后，这几件事的证明人都写了证明，列入了档案。关于历史上的问题，详见审干时我写的材料。

在第一机械部

1952年11月①，我在北京中央第一机械部任劳动工资司副司长，后任司长。主管工资、劳保福利、劳动计划等工作。对工业工作，当时我是一无所知的。机械工业十分复杂，有重型机器、机床、动力机器、电器、汽车、船舶、通用机器、量具刃具、机车车辆，所生产的产品多种多样，工人有几百个工种，在生产情况方面是异常复杂的。在工资方面，工厂分布在全国各地，生产水平各地区不同，各地区工资情况也各有不同，一旦建立新厂，人员从各方面调来，各种不同的工资待遇凑合在一起，各种矛盾也交织在一起，经常会影响团结，影响生产。

到第一机械部后，我一切从头学起，先学工资政策，再学生产情况，再了解工资具体情况，然后才逐步联系实际去解决日常具体问题。在第一机械部工作五年，我大半时间是下厂学习的。在五年工作中，大调整过一次工资，稍事改善一下工资制度。[补录]

在第一机械部工作时期，我学习了工业建设方面不少知识，觉得一个国家的社会主义工业建设，比之农业建设复杂得多。一切近代科学技术知识，首先就在工业中加以运用，工业水平和科学技术水平是密切联系着的，我深感自己各方面的知识都十分缺乏。

同时，我也感到我们党是非常伟大的，我们的社会主义制度是十分优越的。

---

① 1952年8月7日，中央人民政府的17次会议通过《关于调整中央人民政府机构的决定》，成立第一机械工业部，黄敬任部长；第二机械工业部，赵尔陆任部长。

在这个半殖民地半封建的破烂摊子的基础上，在短短七八年时间内，迅速地把我国社会主义工业化的基础树立起来，就第一机械部和第二机械部来说，已能制造飞机、轮船、火车、汽车，以及各种机器、各种武器，这是我从来没有梦想得到的。当时，我只有下决心学习！学习！再学习！迅速学会掌握工资、生产方面的必要知识，以便在促进机械工业进一步发展的过程中尽自己一点力量。

[补录]据父亲1971年1月20日《关于云南、北京的补充交代》(30页)："……初到第一机械部时，我当副司长，分工抓安全、卫生、福利，司长杨天放抓工资。以后，我当劳资司司长，就由我抓第一机械部工资工作了。我在第一机械部头三年，主要是学习了解第一机械部所属企业的生产活动，了解全国工资情况，了解全国各企业的安全、福利、卫生情况，并学习苏修一套工资制度，处理新建工厂一些工资问题。后两年，是全国调整工资，建立第一机械部工人工资标准、工程技术人员工资标准，并准备在第一机械部各企业建立奖励及计件工资制度。"

我在历史上未被捕、未自首、未被俘，其他关于失掉组织关系及组织上批准集体加入国民党三青团事，详见档案材料中，兹均不赘述。

以上历史的顺序大致如上述，但具体年月，因年代久，有些记不大准确了。同时由于年代久远，只能大体上写出一个轮廓，缺乏应有的分析，只能作为一个朴素的自传而已。

1956年9月6日于北京第一机械部

父亲在北京南小街寓所(1953 年)。

这是父母刚到北京照的，大哥三五大概刚满一周岁。

这张也在刘清家，父亲抱着小肃，后排左边是母亲，右边是刘清夫人甘庭芳阿姨，三个男孩是刘家的，母亲前面是三五。(1956 年)

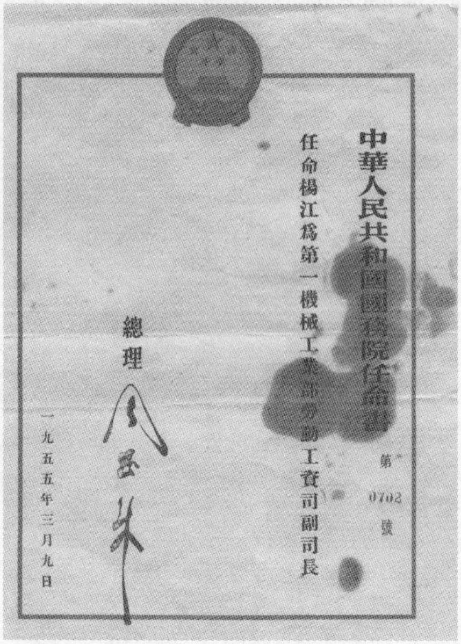
中華人民共和國國務院任命書

第 0702 號

任命楊江爲第一機械工業部勞動工資司副司長

總理 周恩來

一九五五年三月九日

父亲副司长任命书 1955 年 3 月

中華人民共和國國務院

任 命 書

父亲担任一机部劳动工资司司长的派司(正面)1955 年 11 月

父亲会经常拍些风光照,这里选了几幅北京标志性景点

1953 年 3 月斯大林逝世时的天安门

父亲保存的信件中，有一封陈岸伯伯1961年8月23日写给他的信，信中专门提出为陶保桓做传的事情："……你同他一起为党工作，且是同学又是同乡，希望你负责起草，我和路璠、炉炭等参加些意见。虽则你工作很忙，为表扬他你会感到有光荣的权利的。"再看父亲保存的陶保桓烈士遗照，背面写有："陶保桓同志遗像，大女陶玉梅，杨江1962年1月10日"。可见，早在1961年，父亲收到陈伯伯信后，即着手搜集资料，为陶氏写传做准备了。

此文根据父亲的两篇文章缀合而成。一篇为《陶保桓烈士传》，原文仅存稿纸16页，亦无法确定写作时间。一篇为《陶保桓烈士的情况》，似乎专为某部门写的材料，全文保存完整。今以两篇文章的前、后两部分缀合成为一篇，以了却父亲纪念挚友的遗愿。

1990年6月，融水苗族自治县在县城为陶保桓筑碑，请父亲题诗。这首《忆保桓同志》诗跋云："我与桓哥少年相识，人有同志之亲，交有同窗之谊，家有同乡之好。传播真理，救民水火，从容面敌，慷慨赴死，大义凛然，我敬桓哥。今闻融水县为桓哥立碑成，回首往事，忆我桓哥。"

诗云："故园遥想忆当年，国破山河起狼烟。相思江畔明真理，碧云湖上识斧镰。同察民苦访苗寨，独斥凶顽感地天。铁旗有幸护忠骨，清清融水慰君前。"

《陶保桓烈士传》里特别提到的父亲与陶保桓在师专读书期间，曾进入苗山做社会调查，"准备通过调查取得资料，来研究当时少数民族社会的阶级状况，作为我们学习革命理论，运用于解剖少数民族地区阶级社会的一种尝试"。后来，父亲发表的《从苗山中出来》，陶氏发表《融县罗城苗山拾零》(摘录)，现均附录于后。

◦ 陶保桓烈士传 ◦

一

从融水(解放前叫融县)县城,沿融江西岸步行十五华里,到唐码头,这是古代通县城的驿站,设有举烽火的烽火台。这里有古渡,可以渡过融江东岸。渡江后,再靠融江东岸步行三华里,到高沙屯,这是滩底六个小寨之一。陶保桓烈士,1910 年 10 月 27 日,就出生于这个小村。

陶保桓烈士,原名保康。父亲陶汉兴,是一个正直的农民。母亲谢氏,养了三个儿子,长子保盈,次子保康,三子保宁。高沙屯虽然是个小寨子,1920 年融县议会成立,首届选出的议长陶绍唐先生,也是出生在这个小寨的。陶绍唐先生,不畏强暴,为人正直,一向从事教育工作。1916 至 1917 这两年,在高沙屯设立私塾,保康年仅六岁,即在私塾中读书,受到绍唐先生的教导。绍唐先生主持正义、不畏强暴的性格,当时不仅影响高沙这个小屯,而影响到滩底周围的村寨,威信扩大到融县县城附近的乡村。因此,在 1920 年融县议会成立时,绍唐先生被选为议长。保康的父亲深受绍唐先生的影响,为人正直,1921 年,被选为高沙屯防盗班长,1922 年防盗时,英勇牺牲。以后,滩底人民每年在清明节为他扫墓以纪念,直到解放才停止。当时,保康仅十二岁,后三年,兄保盈不幸因病逝世,保康在家和弟弟保宁,依靠母亲耕田度日,生活艰辛。

1926 年,北帝楼融县小学开办,陶绍唐议长到校任语文教员。这时,保康到该校念书,我亦在北帝楼县小求学。这样,我就和保康在北帝楼小学同学两年。

北帝楼小学地处在融县县城的北面,远离市区,环境幽静。楼前南面一块观平展展的广场,是学校的操场,和融县中学接近;北面是两丈余高的城墙,与

《陶保桓烈士传》手稿

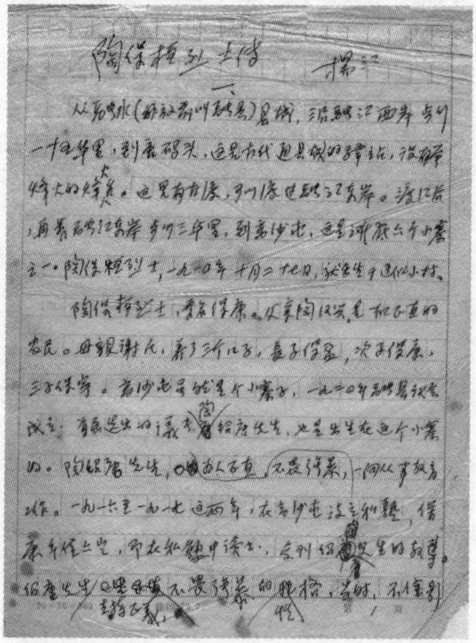
陶保桓烈士传

城外的荒郊隔绝。沿着多年留下的城墙裂缝，有一条小路，可以爬上爬下，这是学生任意出城的一条捷径。北帝楼的西面，在城墙内，与翠竹丛丛、果树茂密的粟家园为邻。北帝楼的东面，登东城一望，远见着滚滚东来、浪涛汹涌的融江，气象万千！

北帝楼小学就设在这古庙里边，一个清净优雅的读书环境，来自融县县城和各乡的年轻小伙子，就聚首在这里，寻求新的知识。保康在我们这一群高小学生中，喜欢读书，也喜欢结交朋友。入学几个月，我们全班同学，都成为他的好友。他年纪不大，就乐于帮助朋友。1926 年，滩底初种沙田柚，他送我三棵树苗。1974 年，我回到阔别三十多年的家乡，保康烈士就义也有三十七周年了，保康送我的一株沙田柚，在我家后园里已结果累累，这象征着我们的革命友谊，万古长青。

保康天资聪颖，勤奋好学，每次考试总是名列前茅。那时，高耸的城墙内外，平坦碧绿的球场上，小东门的融江边，到处都有他和同学们的足迹，他是同学中最活跃的一员。我们在北帝楼小学读书还不到一年，当年旧历七月十四日，我们的老师陶绍唐先生，融县的陶议长，在家被刺客行刺身死，我和保康都到滩底高沙村吊唁。

当我们从县城步行到唐码头的时候，保康抢先到渡船上，把船工的桨拿过来，说：“大伯，让我把船划涡河去！”船上大伯说：“好啊！你放心划吧！”我看到，健壮的保康，把桨倒划两下，将船摇离了岸，然后，挺起腰板，顺着水势，一桨一桨地把船摇到了对岸。船中的大伯，带着喜悦的表情，望着这个热爱劳动、乐于助人的可爱的小孩。过江以后，我才知道，保康不但懂水性，而且摇船的本领也好，他从小参加劳动，对劳动人民有深厚的感情。

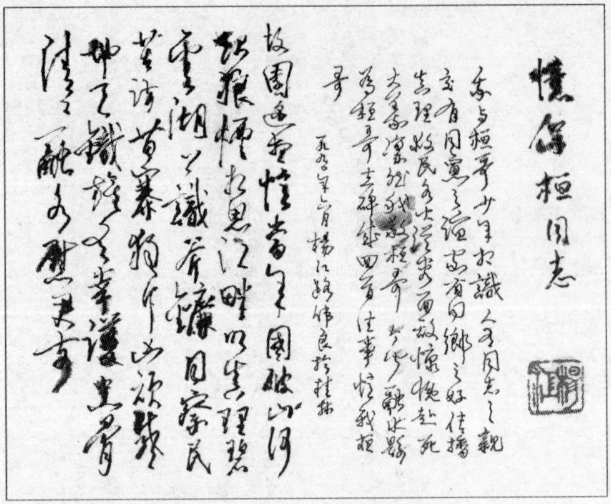

《忆保桓同志》诗，此稿由曾苦练过硬笔书法的弟弟小山誊抄后，转交融水县。(1990 年 6 月)

那时，融县县城周围各乡，都愤于陶议长坚持正义被人谋杀，大批人士从四面八方涌到滩底高沙屯，掀起大规模的灵前吊唁活动，对旧社会的邪恶势力表示强烈的抗议。这事情，虽然经过几十年，但在我的印象中还是十分深刻的。这也是我第一次到达保康的家乡滩底高沙屯。

1927 年底，我们在北帝楼小学毕业了，我因为没钱继续升学，靠小学同学何汉谋的介绍，到大苗山林洞林安小学去教书。保康家境贫寒，原打算辍学，后来得到陶三公和亲友，特别是保康岳父的大力帮助，考入桂林省立三中读书，我们也就分别了。

保康到桂林省立三中读书的前一年，正是 1927 年，也是黄同仇这个刽子手在桂林疯狂逮捕和残酷镇压共产党员与革命群众[1]，实行白色恐怖的一年。保康 1928 年考入省立桂林三中，那时是黄公健当校长，只能在文化知识方面得到一定的提高，在政治思想方面，那里是白色恐怖下一片黑暗。

他 1930 年毕业，那时和受唐现之先生影响下的学生接近，接触到陶行知先生的“教育救国论”学说，后来倾向于新办的“晓庄学校”[2]。从桂林三中毕业后，

① 1927 年“四·一二”事变，蒋介石在上海发动“清党”，对共产党人和国民党左派人士进行大搜捕、大屠杀。4 月下旬，以黄同仇、蒋冠南为首的国民党桂林区清党委员会，也先后逮捕了共产党员李征凤、苏鸿基和国民党左派人士裴邦焘等 60 余人。

② 1926 年 12 月，陶行知在南京和平门外燕子矶附近一个叫晓庄的村落创办了“晓庄师范学校”，学校的培养目标为：1. 农夫的身手；2. 科学的头脑；3. 改造社会的精神。1927 年 3 月 15 日开学，董事长蔡元培，校长陶行知。学校贯彻陶行知“生活教育”的思想：“社会即学校”。

他转到融县浮石小学教书，后来转到融县小学教书。这一批在融县小学工作的同仁，都是唐现之先生的高足，无怪乎本着陶行知先生的理论，学着搬用晓庄小学那一套，据说是很新，然而实在是行不通的办法。

那时，融县有陶保恒（保宁）和路璋两个人，已在师专第一届读了一年书，他们给保康带来新的信息：桂林有一个公费学校，名叫“广西师专”，她敞开大门，欢迎一切穷苦而有志的青年。

广西师专第二届要招生了，保康虽然有真才实学，虽然愿意抛弃小学教员的职位，但投考师专要有高中毕业文凭才准报考。保康头脑灵活，认为何妨借用保恒的高中毕业文凭，把“恒”字改为“桓”字，岂不有了投考资格了。于是，他积极备考，以初中优秀学生的成绩与高中毕业生比赛，居然，给他以陶保桓的名字，考进这个公费学校了。

二

广西师专的校址，设在桂林良丰的“雁山别墅”，这里原是清朝唐子实创建的名园。后来为岑春煊所得，岑以后捐给公家，改名“西林公园”。这里山清水秀，风景秀丽，是十分美好的读书环境。

我是师专一届学生[①]，因患伤寒病休学一年，入师专复学时，是在第二届，恰好同保桓在一起，我们从小学分手后，经过曲折的道路，在师专第二届又相聚在一块了。

我们一入校，就受到第一届老同学和革命老师的热烈欢迎。他们热情地为我们安排生活、住所，他们诚恳地介绍学校的情况。他们在生活、学习、生产劳

① 据《百年潮》曹裕文《李任仁与白崇禧》：1932 年 1 月 27 日，时任广西教育厅长的李任仁在广西省府第 26 次委员会上，提议创办广西师范专科学校并获准。白崇禧决定当年拨 12 万元，作为开办费，另外每年拨 9 万元作为经费。另据魏华龄《民革领导人物传——李任仁》：1932 年 10 月 12 日，李任仁做了《在广西师范专科学校第一届学生开学暨校长就职典礼会上的讲话》……可知，父亲是那天参加开学典礼、聆听李任仁讲话的学生之一。不知何时又因何故，父亲显然与李任仁有较密切关系，1957 年父亲就职于广西师范学院（其前身即广西师专），始终关心李任仁亲属的生活，曾安排李的儿子李达希之妻子到学校图书馆工作。

距桂林 20 公里的雁山公园，是父亲最喜欢的去处，这里原是他的母校广西师专。如今，背景上的水榭已装修得不成样子。（1981 年 12 月摄）

动，以及纪律方面，都为新来的同学起了模范的带头作用。[①]

师专这个学校，给我们鲜明印象的是：那些优美而玲珑的雁山别墅。一进西林公园大门，就有一块小操场（后来改为剧场了），操场的北侧是汽车房，接着是教工宿舍。宿舍的东面，有一条不见水源头的、从北面流向南面的两三丈宽的小溪，溪边遍植绿叶成荫的桂花树，溪的两岸有石板路相通，一直到西林公园的北端。那是雁山别墅的正门。大门上挂着唐子实自题的“雁山别墅”，左联是“春秋多佳日”，右联是“园林无俗情”的石刻。门外有一个深水塘，水深丈余，面积有一二亩见方，塘边就是雁山村了。

园内，职工宿舍东面的小溪，北端有一座石拱桥，桥边是学校的小小医院；南端是一座临时性的木桥，过桥就是有名的“梅厅”与“涵通楼”了。师专校部办公室、校长办公室，就在涵通楼内。涵通楼的梅厅内面，是一块平坦的、植满松柏和腊梅的草坪。那里在历史上还留下一株绿梅，非常名贵，可惜后来流失了，

① 父亲《陶保桓烈士的情况》一文对师专开办初期还有记述：“广西师专的筹备主任唐现之，是国家主义派发起人之一（现在广西区文史馆），因此，广西师专在刚开办的时候，便由唐现之聘来一批国家主义派的教师与教员：如教师中的程子明（教心理学）、罗干青（教中国古典文学），及图书馆主任龙兆佛等等。”

"梅厅"就是由此得名的。

师专初期没有大礼堂,开会就在涵通楼梅厅外的草坪绿树之间举行。再往内,有一个十多亩宽的大水塘,水塘的南岸和北岸,有参天古树;塘的中央,修建一个大水榭,水榭分东、西两个部分,连成一体,雕梁画栋,四面有栏杆围着;水榭有九曲回廊,南北相通;水榭之南,有高大的相思树,耸立天空。相思树下,沿雁山山麓的小石板路往西,可达相思洞。此洞天然生成,穿通雁山,全长二百米左右。相思洞南,便是学校的发电机房,每天晚上给学校点亮电灯,在这穷乡僻壤的乡村,增添了现代化的景色。

在雁山之东,兴建一片平房,这就是部分教师和学生宿舍,还有厨房、饭堂、日本式的浴堂。水榭北面,是新建的一座东西向两层大楼,楼上是图书馆、阅览室,楼下是教室。图书教学大楼,往北二百米,就是长着苍松翠柏的北雁山,山边有石板小路通向别墅的正门。西林公园筑有矮墙,把两座满是绿树、藤萝、野草的矮山,围在园内。园中还有三十亩左右的荒地,已经师专第一届百多个同学,用辛勤的劳动,改造成绿油油的菜圃,成为学校生产劳动的场地。园外,有桂柳公路从东南而来,往北直奔桂林。

雁山村坐落在桂柳公路东侧和西林公园西北端,有四五十户人家。西林公园的四周,是广阔荒芜的原野。平展展的农田,一丛丛的青松,一片片的绿树,远远的青山,出现在地平线的东方,这就画出一个十分幽静的学习环境。

三

我们投入广西师专这个革命熔炉时,令人印象深刻、毕生难忘的是:我们的校长杨东莼同志。他原名杨人杞,湖南醴陵人。他曾参加1919年的五四运动,早年信仰马列主义,是李大钊的学生。1920年是北大马列主义学说研究会十九个发起人之一。1923年入党,是我党早期党员之一。他由刘斐[1]介绍给当时的广西教育厅长李任仁,经李任仁向桂系头头李宗仁、白崇禧推荐,获得李、白

[1] 刘斐(1898—1983)字为章,湖南醴陵人。早年就学广西南宁讲武学堂和广东西江讲武学堂。1926年任国民革命军总司令部上校参谋,参加北伐战争。1927年留学日本,1933年日本陆军大学毕业。后任国民党军第五路军少将高参、广西民团干校教育长。

的同意，出任师专教育长。他巧妙地在蒋桂矛盾的夹缝中，在反蒋的口号下，在四面白色恐怖的环境中，在良丰花园这个地方，与来自外省的一批进步教师，创建广西师专这所学校，辛勤艰苦地在广西培育革命青年。

这个革命学校里，有一个包罗范围颇为广泛的、收藏极为丰富的可爱的图书馆，有一支来自各省的进步教师队伍。这些教师中，杨校长聘请大革命时期曾任第三军党代表，有名的共产党员朱克靖（改名朱笃一）来当教务长，有广州暴动时期叶挺教导团中朝鲜大队党的领导者之一的金奎光[①]同志，有马列主义经济学家薛暮桥[②]同志，有《十字街头》的作者及电影导演沈西苓，有左联作家沈起予、李萱夫妇，有杨必声、张海鳌、官亦民等进步同志。

通过一年来学校内进步势力与落后势力的斗争，这个革命的学校已开始形成以进步力量为代表、杨校长全面领导学校的时代，并培养了认真读书、理论联系实际的艰苦朴素的好学风。同学们平时在教室里专心听课，下午的课余时间，全部用于自学，因此，在图书馆，在阅览室，在草坪上到处是埋头静静读书的青年。在课外活动时间，农场的菜地里，我们担大粪淋菜，锄草整地。在宿舍里，沈西苓指导我们排演大革命时代苏维埃作家写的反帝剧《怒吼吧，中国！》，官亦民领导排演抗日救亡剧《嫩江》、《SOS》。整个良丰花园盛满了我们的欢笑。

我和保桓就是在杨校长全面领导师专的黄金时代进校的。保桓求知欲极强，他通过进步教师与一届进步学生的帮助，首先决定下决心来学习社会进化史。这门课是由金奎光讲的。他除了在课堂讲授外，主要是鼓励和指导我们自学。他指导我们学了邓初民的《社会进化史纲》，及其他有关社会进化史的书籍，这门课把我们头脑中帝王将相历史观，以及各种唯心史观一扫而空，使我们认识到人类社会是逐步经过阶级斗争发展而来的，认识了从原始共产主义社会

① 金奎光（1898—）又名星淑，朝鲜平安北道铁山郡人。1923年到中国入广州岭南大学学习。1925年加入中国共产党，被派黄埔军校任第四期入伍生队教官。后在国民革命军第四军任职。1928年在上海参加中国左联。1929年与杜君慧结婚，曾与杜君慧合译《社会科学词典》、《教育史》等。父亲可能与金、杜二人较熟，家中存有一张杜君慧所赠全家合影。金氏后在重庆参加"朝鲜临时政府"，日本投降后返回朝鲜。1949年12月加入李承晚集团，并发表脱离朝鲜劳动党的公开声明。

② 薛暮桥，1904年出生于江苏无锡县。1927年3月加入中国共产党，1931年后开始从事中国农村经济调查，1934年任著名刊物《中国农村》的首任主编。

进入奴隶社会，发展而为封建社会，封建社会崩溃后，发展到资本主义社会，最后要发展到社会主义社会，以至共产主义社会。苏联就是世界上第一个实行无产阶级专政的社会主义国家。这使我们认识了阶级斗争的学说、唯物史观等初步马列主义的理论。

薛暮桥老师是我们的政治经济学教授，他在课堂上专门讲马克思的《资本论》学说，讲到资本主义必然灭亡的规律，在他的指导下，我们懂得了中国正处于几个帝国主义国家的争夺之中，而目前是日本帝国主义要独占中国。他也讲农村经济，教我们到农村去做调查研究。使我们从实际调查中懂得农村中什么是地主，什么是富农，什么是中农，什么是贫农，什么是雇农。经过调查，我们了解农村中的阶级关系，剥削与被剥削关系。使我们认清农村的阶级，使我们了解如何在农村进行革命工作。

这一年，保桓和我还学了马克思主义的哲学，从费尔巴哈论到反杜林论，以及列宁的唯物论与经验批判论，逐渐领会了马克思主义的方法论，懂得了一些认识世界与改造世界的问题，对如何认识问题与解决问题摸到了一点门径，对如何认识与改正自己的错误观点，有了一点入门的知识。所有这些，对促进陶保桓烈士革命世界观、人生观的建立，都有十分重要的意义。

四

保桓平易近人，活动能力很强，既向老师求教，也经常在同学中扩大交友活动。记得，我们融县人是讲桂柳话的，我们那一班，有许多玉林五属[①]的同学，经常讲广东话，与我们语言不通。保桓约我们向玉林的同学学习广东话，在入学第一个学期，我们学会讲几句广东话，全班同学思想感情很快相通，如陈业堃、晏本萌、李祖洳、兰克规等很快就成为朋友了。在入学的第二个学期，我们已和全校的南宁、梧州以及玉林五属的同学打成一片了。

那时，在乡师读书的覃诂礼、李明沂、莫效康、韦树辉、黎培龄，以及后来的

① 清代郁林（即今玉林）州是广西省的直隶州，辖五县：郁林、兴业、北流、陆川、博白县，又称“郁林五属”。

胡承桃、陈达玉、罗章虬、蒋宗鲁、姚瓒光等同学，也成为保桓的知交。保桓不仅扩大交友范围，与全校同学打成一片，他尤其善于在各县同学中结交进步骨干，在进步同学中开展有关阅读经验交流，和对现实问题的讨论。每天晚饭后，同学们都在西林公园四周散步，这时，寂寞的原野中，四处响起了欢乐的谈笑声，冲破了大自然的宁静。

进步思想一旦武装了贫苦的青年，与进步青年结合，就变成了有用的力量。当保桓被马列主义开始武装起来的时候，他就动员和他志同道合的同志，一起投入到工作中去，保持师专进步同学之间的团结，这是一个关键。

正当广西师专发展到以杨东莼为代表的进步势力全面领导学校的时候，广西反动派的主要骨干王公度，运用他当特务头头的关系，多方调查师专进步教师情况，并派他的爪牙党训所的学生，打入师专学生队伍来侦察，同时，在李宗仁面前，全力攻击拥护杨校长、反对唐现之最得力的军训大队长杨必声①(杨德华)，认为杨必声是赤化广西的人物。

我在解放后，听到杨必声说到王公度攻击诬蔑他这件事。他说，为这件事，他曾亲自到南宁调查过，李宗仁确曾在南宁扩大纪念周讲话时提到这件事，李宗仁说：有人以为杨必声是赤化广西的人物，据我看来，未必如此(大意)。为什么李宗仁这样说呢？因为杨必声是李济深介绍给李宗仁到广西工作的，李宗仁相信李济深，不相信王公度的话。

原来，唐现之担任师专筹备主任时期，曾聘来南京高师一批他的师友，以及与他关系密切的人，如教心理学的程子明，教国文的罗干青，教农业的吕悠然、莫甘霖，以及图书馆长龙兆佛，还有曾在师专演讲中大谈广西是湖南人的殖民地谬论的张宗麟等等。这批人当时都是反马克思主义的，他们也反对学生阅读李浩吾的《新教育大纲》，以为这是被杀头的共产党写的书，他们中的罗干青居然公开提出“马克思与牛克思”的谬论来反对马克思主义。

① 杨必声，字德华，广西来宾县人，1927年考入黄埔军校，后又由李济深介绍到李宗仁部工作。

五

1934年8、9月间,保桓和我趁暑假期间,步行到融县、罗城、下江、丙妹、三江、龙胜、义宁几个县的少数民族地区,对苗、瑶、侗、壮、摆夷、水家等几个少数民族进行调查研究工作,准备通过调查取得资料,来研究当时少数民族社会的阶级状况,作为我们学习革命理论,运用于解剖少数民族地区阶级社会的一种尝试。当时,保桓曾写了十几万字的调查材料。因为调查时间比较短促,调查面还不够广,回校后,只选择部分材料,在当时《广西日报》副刊上发表。整个调查材料还没有系统的研究与分析,由于校内反托派斗争的开展,便暂时搁下来了。

1935年初,自郭任吾来当师专校长以后,他带了不少托派老师来校,学生中便开始有托派活动。那时,广西师专还没有我地下党活动,只是在外来老师中有个别共产党党员。由于过去经过杨东莼、朱笃一等进步教师的积极培养,师专大多数学生在思想上是倾向我党的。自从郭任吾来校以后,反动统治加剧,托派活跃,进步力量随时有被镇压的趋势。因此,校中进步群众便迫切要求组织起来与托派进行斗争。这种情况由保桓直接反映到杨潮那里,经过反复研究,下半年,在杨潮的直接领导下,由保桓出面,在师专学生中组织"中国反帝反法西斯同盟"。

这个同盟有一个纲领,是杨潮起草的。那次,保桓叫我到杨潮的内房去抄录出来,供反帝反法西斯盟员阅读。纲领的主要内容是:在国际上反对帝国主义、反对德国法西斯、拥护苏联。在国内,反对日本帝国主义侵占我东三省,反对蒋介石的对日不抵抗政策,主张团结我国各阶层人民共同抗日。杨潮还从英文中翻译了中共中央六大决议,也由我到他的内房抄出,供反帝反法西斯同盟盟员传阅。

反帝反法西斯同盟,无支部、小组等组织,凡同意该盟纲领愿意加入的即为盟员。在师专校内,以教学班为单位,吸收盟员后,由保桓指定各班领导人,负责领导该班盟员工作。该盟当时的主要任务,就是在广西师专校内进行反对托派的斗争。

当时,在师专读书的,有师专二届的学生,有师专三届的学生,以及师专附设的乡村师范第一期、第二期学生，总共三百多人。保桓的组织能力是很强的，他通过各方面的关系，把要求进步、要求革命、要求反托派的同学组织在一起，在校内发展了几个以进步同学为核心的班级领导骨干，并把这些骨干发展为盟员，使骨干与进步同学形成密切的联系。所以，大部分进步同学都组织起来了，从各方面进行尖锐复杂的反托派斗争。

反托斗争的面是很广的，问题是很复杂的。如在全校墙报上继续同托派展开对中国社会性质问题的大辩论，如针对托派校长对进步师生实行的软硬兼施的拉拢与镇压，开展针锋相对的积极斗争；如在每班举行的朝会中对所讨论的问题与托派进行公开的斗争等等。这里，既有公开的斗争，又有秘密的斗争，还有半公开的秘密斗争，总之，斗争是极其复杂与尖锐的。当时在校内，白天，同学们都埋头在课堂，在阅览室，在图书馆阅读、钻研马列主义理论和进步书刊，平时则观察研究托派学生的行动，及时反映情况研究对策。晚饭后，大批学生都到校外荒山野岭之间散步、聚会，研究当前斗争中的主要问题，采取措施来安排会后的斗争行动。

1936年5月，广西军阀在“反蒋抗日”的欺骗口号下，搞“六一”抗日运动。那时，桂系反动军阀白崇禧，要求师专校长郭任吾发动师专学生，组织广西学生军参加抗日活动。当时，经过全校学生讨论，学生中无论托派、史派，都同意组织广西学生军参加抗日工作。如是，桂系反动军阀随即派车船到桂林，把师专、乡师同学全部运到广西南宁，参加桂系军阀在南宁召开的“广西六一抗日运动群众大会”。

随即，将广西师专学生分成廿人左右的抗日宣传队，由学生自选队长，然后派赴粤桂、湘桂、黔桂边境各县，如全县、资源、兴安、灌阳、富川、恭城、钟山、河池、南丹等县，进行抗日宣传工作。保桓在反动政府分派学生军工作以前，就安排好抗日宣传队的秘密领导，这就使得师专进步同学在抗日宣传队里，仍然坚持继续对托派进行针锋相对的斗争。

1936年7月，广西学生军抗日宣传队全部调回南宁，大部分在南宁进行集中训练。我们师专二届的同学，已到毕业期限了，随即离开广西学生军，在南宁等候反动政府委派工作。

广西学生军是桂系反动军阀白崇禧御用的群众组织。师专进步学生参加抗日宣传工作,虽然起了一定的进步作用,但为时仅一个多月。广西学生军在南宁集中训练后,反动政府和反动的第四集团军政训处的反动军官,直接规划、领导广西学生军的反动训练,广西学生军的进步性已全部取消,广西学生军的反动性质及御用性质便充分暴露出来。

六

保桓在师专第二届毕业后,在广西教育厅第四科当科员一个很短时期,即被反动政府委派到柳州中学当教师。

1936年下半年,我们离开广西学生军后,在南宁等候反动政府委派工作的时期,南宁初中学生黄孔修同志找到郭英布,发展了郭英布入党,郭英布又发展我参加中国共产党,保桓入党大概是在这一段期间。师专学生在1936年下半年,只有在桂林和南宁,才能找到中国共产党。保桓入党具体情况和经过,我不了解,"文化大革命"中,听传说保桓经组织上批准,从中国反帝反法西斯同盟的盟员集体转党,这事情我不清楚。

1937年7月,我在南宁民团干校工作,组织上派我到桂林开地下党会议。我由南宁经过柳州,在柳州中学见到保桓。他谈到他在柳中活动的情况,并说到已发展一个看门的工友参加了组织。[①] 还谈到他在沙塘农场和几个青年交了朋友,并同我一起到沙塘农场和他认识的朋友见了面。我从沙塘回来以后,就回融县老家一趟,然后到桂林开地下党会议。恰巧,保桓也参加了这次地下党会议,我才了解保桓也有组织关系了。开完桂林地下党会议后,我回到柳州,再次和保桓见面。他再和我详谈柳州工作的情况。

8月,我回到南宁几天后,易凤英从桂林赶到南宁来报告紧急消息,我才知道保桓已被捕。以后,我也奉命转入地下工作。

保桓被捕后被反动派杀害的具体情况,我一直到解放后回到广西工作时,

---

① 1937年3月,中共广西省工委派陶保桓任中共柳州支部书记,负责恢复、重建柳州的党组织。从3月到8月,陶保桓接受了原来隐蔽在柳州的一些党员的组织关系,又在柳州中学、沙塘广西农业技术人员训练班等单位发展了一批党员。——《中共广西党史大事记》109页

才从周甲铭和莫一凡这两个同志方面得到详细的了解。

保桓在柳州被捕后，原被关在柳州，后来反动派又把他从柳州押送到桂林。在桂林监狱中，易凤英、莫一凡等同志常常去看望他。敌人在桂林二塘机场杀害保桓时，莫一凡、周甲铭去收尸，发现保桓同志两手两脚已被反动派用酷刑时压断了，这一事实证明，保桓烈士是英勇壮烈地光荣牺牲的，与他有关系的每个人都没有被暴露。[①]

陶保桓烈士英勇的革命精神，永垂不朽！

杨江（路伟良）

1976年2月27日

① 1937年8月30日，桂系的国民革命军第五路军总部在桂林、南宁、柳州等地，逮捕广西军校政训处处长王公度及谢苍生、区渭文、韦干等，同时趁机逮捕了中共柳州支部书记陶保桓，党员蒋汝志、崔真吾及一些进步人士。9月14日，以托派罪名将王公度、谢苍生等四人枪决，并同时将陶保桓、崔真吾杀害。

父亲是和他的同学、同乡陶保桓一起进苗山考察的，当时，他俩都是广西师范专科学校的大二学生。20世纪二三十年代的广西，是中国最蛮荒、多战乱的省份之一。1932年在桂林创办的这所省立师范，是广西当时仅有的两所大学之一（另一所是1928年创建于梧州的广西大学），当时，由桂系延揽的国内著名学者大多集中于广西师专，以至于这所学校一时竟成广西人才荟萃、思想最活跃的学府。直接导致父亲和陶保桓勇闯苗山的动力来自他们的政治经济学老师薛暮桥，他鼓励学生到农村调查，从而了解中国最底层的阶级结构。父亲1976年撰写的《陶保桓烈士传》中提到了他们这次进苗山的目的："……准备通过调查取得资料，来研究当时少数民族社会的阶级状况，作为我们学习革命理论，运用于解剖少数民族地区阶级社会的一种尝试。"当然，他们还动用了当时很先进的田野调查工具，比如海拔测量仪、温度计和照相机。我想，这些"高科技"当年恐怕只能在他们学校的教学仪器库弄到。

父亲、陶保桓二人前往苗山的准确日期，在陶保桓所写的《融县罗城苗山拾零》（见附录）中有记录："今年寒假前几天作了匆促的筹备，重要问题得到相当解决，学校也赞许我们这种入苗山工作，到苗荒去便实现了。……我和路君伟良等当期考完之日，马上离学校向苗山去。因为我们这会计划要走融县、罗城、三江、义宁、龙胜五县，所以先走融县转入罗城，到苗山之日，已是三月七日了。……计到苗山之日起到离苗山之日，历时一个月左右，行程达七百里……"到达山脚是1934年3月7日，离开则是4月7日前后。

父亲说的"苗山"是一个较宽泛的民俗、地理称谓，也有称作"大苗山"的，其实指的就是现在融水苗族自治县境内的元宝山，此山海拔高度超过2000米，是广西最高的山峰之一，20世纪90年代尚有两广的新闻媒体，联手进山调查“元宝山野人之谜”。

融水县是父亲的老家，那时候叫“融县”。其实，父亲对苗山并不陌生。1926年（或1927年），15岁的父亲从融县小学毕业后，因无钱升学，便到苗山脚下的林洞乡林安村小学当过一年的“山村教师”。我推测，他们那位“熟操苗壮语言”的当地向导，肯定是父亲当山村教师时的朋友。

1986年5月5日，我在南宁广西图书馆九楼“地方文献资料馆”查资料时发现此文，问及当时在江滨医院养病的父亲：“‘芦苇’是否就是你当年用过的笔名？”父亲似乎有点不大记得起来，谈及文章内容，当时已经75岁的父亲马上想了起来，“芦苇”就是他当年的笔名之一。我于是将全文抄下（当时不让复印，怕搞坏已十分薄脆的旧报纸），当父亲饶有兴趣地读到他51年前、20岁时写的文章，曾肯定地告诉我，那几年，他以“芦苇”这个笔名，在《民国日报》上写了不少文章，颇得了些稿费。可惜广图所存《民国日报》不全，且父亲的其他笔名也无从知晓，故未再找到其他文章。

父亲在《陶保桓烈士传》中对苗山之行后来的情况是这样说的：“当时，保桓曾写了十几万字的调查材料。因为调查时间比较短促，调查面还不够广，回校后，只选择部分材料，在当时《广西日报》副刊上发表。整个调查材料还没有系统地研究与分析，由于校内反托派斗争的开展，便暂时搁下来了……”革命、救国、主义始终是他们那所学校、他们那帮二十多岁的学生圈里令人血脉贲张的主题，所以，父亲没有选择走学术救国的路，也是一种必然。据我所知，最早到广西大瑶山做社会和田野调查的费孝通，也是在1935年，足见父亲他们当年还是广西这个领域里的开先河者。

附一:从苗山中出来

◦芦苇◦

(原载《民国日报》南宁版,民国二十四年[1935]4月24、25日"出路"副刊)

一、前奏

实践,的确不是容易的事呵。在理论上虽然喊得多么漂亮,可是,一到了实践的场合,许多人是虎头蛇尾退缩不前了。虽然有些人还是鼓起万分勇气向前奔走,但,到了紧急的关头,他的勇气无论如何不能增加一分了,于是乎临阵逃脱,就成为这一类人的本能。这种现象,社会上是多得不可胜数,尤其是一般空谈理论的人。

这里,读者不要误会我主张瞎干,我的意义以为理论固然重要,可是只在理论上高呼大喊,没有实践来证明我们的理论底正确与否,这是没有多大作用的。同样,只谈实践,没有理论作实践的指标,那也是不能收到相当的效果,甚至于弄得一塌糊涂。

理论与实践,可以说是两件不同的事,也可以说是两件同一的事。在形式上理论和实践是分离的,在行动上理论与实践就应该统一起来。

这次我们数人一同到那乌烟瘴气的苗山,作一种调查工作,经过三个多月的时间,跑了七百多里陡峻不平的山路,看过了七八种奇装异服、古风怪异的苗瑶,不禁使我体验到:实践,的确不是容易的事呢!尤其是理论与实践的统一。在洋房中写文章的人而高谈实践,那真是笑话得很!

苗山是宝藏,这话的确不错。可是,说这话的人只能看到苗山的一面,而没有看到苗山的全面,这就是他的缺点,我们可以滑稽一点说:苗山是天堂,同时又是地狱。假如读者不能意会这两句话,那就请听我说来。

二、入苗山的几个前提条件

苗山,并不是任何人都可以进去的。那里没有宽敞的马路,给汽车奔驰;没有滔滔流着的大河,给轮船行走。那里有的是羊肠鸟道,发出潺潺之声的小溪。因而到苗山去的人,最前提的条件,就是要跑得山路。本来,跑路是很容易的,只要他受过一年军训,那么跑路当不成问题。然而跑山路却与跑路不同,因为山路的面积狭小,地势陡峻,仰视则高接云端,俯瞰则下临无地,稍一不慎,实则不堪设想。这样,胆子小的人是不能走动一步的。所以跑山路有一个原则,就是"胆大心小"。其次,苗瑶的生活是与汉人不同的,他们吃的是糯米饭,炊饭的用具永远不曾洗过,菜呢,腌生猪肉,腌生鸭,腌生鱼,有些也腌生蚯蚓与百足虫等,他们这种怪菜当然与汉人的菜是两样的。此外,吃饭用手抓,有时吃肉是每人一块四两多重的肉,喝酒在熟苗还是用杯,生苗用竹筒一个,轮流喝着,喝时,喝的人同声大喊,名之喊酒,的确有一种集体的意义。以上所说的生活情形,是苗山中最上层的生活,也可说是最舒适的生活。可是,除掉这种人以外,还有大多数穷苦的苗瑶,尤其是狗瑶。假如你到狗瑶的家里,不但没有米给你吃,同时也没有被给你盖。他们通年吃杂粮,通年不用盖铺盖,这,真是苦到极点了。进苗山,是抱着"四海一家"的主张,假如吃不得苦,也是进不得苗山的。所以第二个条件就是吃得苦,还有,苗山里面许多苗瑶还未开化,他们对没有认识的汉人,是不开门容纳的。假如没有熟识的人和你一同进去,说不定要在苗人住屋的外面暂住一晚呢。苗中四处皆山,虎狼之属不能担保没有,因而在这种情况之下,自己的生命,谁也不能保险。这样一来,假如没有冒险的精神,苗山的路上也是走不得的。所以第三个条件就是要有冒险的精神。

具备了上述三个条件,那么,就有资格到苗上去了。

三、苗山路上

我们在苗山里面住了三个多月,差不多每天都在下雨,虽然下雨,可是我们还是天天在苗山的路上跑。

山路凹凸不平，这是用不着说。可是，这还不是走山路的苦况，在我看来，最苦的是上山与过水：苗山中真是“地无三尺平”，出了苗人的房子，不是上山就是过水。山都是很高的，普通的山高出海面二千多尺，委实不算什么一回事。可是，在我们走起来，半点钟或一点钟，能够跑到山顶，那他的跑路能力已经不错了。上山，尤其是陡峭的山，真的难上。往往自己的膝头要抬得并胸口一样高，走前面的人的屁股，差不多落在后面人的头上。由此，你可知道那山的陡峭底程度是怎么样了。上山不但感觉到足痛，同时更要出一身大汗，额前的汗珠，由眉毛滴下，像下雨天不戴帽子不撑雨伞一样难过。到了山顶，身上所穿的衣服，至少要湿了两层。那时，经冷风一吹，委实是舒服得很。过水，和上山的情形相反。上山是热得要死，过水是冷得要命。苗山的水是最冷不过的，唯具如此，苗山中只能种粳糯而不能种粘米。里面的小溪很多，有些地方溪上还没有架桥，从那里经过，一定要过水，水深没膝，冷彻骨髓，每一次过水，心头总要先打几个冷战，由此可以想象得到，过水是一种什么味道了。

在苗山道上，春季还有一种特别的风景。前面说过，苗山都是高峰接天，因而春季山上的云雾是集积得很厚的，尤其是早晨，四面白茫茫一片，虽然鸡鸣犬吠声还听得到，可是邻村的房屋是不容易看得见的。我们在云中行走，飘飘然如登仙境。有时走进云中，微嗅着腥气，在带着腥气的云中走得久了，脑里也感觉到昏昏沉沉。大概这种云雾，也就是所谓有名的瘴气了。

苗山地广人稀，走了几十里路，除掉在村落中可以看见一些苗瑶而外，路上很少遇着苗人或瑶人，假如不知道路径想在路上问路，那种危险性是很大的。

苗地森林最多，苗瑶除杉木值钱而栽植以外，其他的杂木只采伐而少栽植，所以近来里面原始林已经给他们砍伐净尽，余下来的也不过是砍伐后再生的细小的杂树而已。瑶人所谓“砍木兜吃木尾”就是只知砍伐不知栽植的意思。我们走了几百里路，所见到的森林，以杉林为多，走了半天才通过一个杉林，从此，可知杉林的面积是非常广大了。可是近两年来，杉木市价低落，许多木商因之歇业，所以苗中专任砍木工作之木伕也就失业起来，这种情形，影响于苗人的经济状况，的确是很值得注意的一回事呢！

四、苗人的家

无论苗人瑶人都是倚山而居的，苗山中多木材，他们的房子多系木造。不过苗人与瑶人的风俗习惯不同，因而他们的房子里面所陈列的器具又各不同。

苗人住的是楼房，楼的下面就是牲畜所住的房子，楼的上面就是人住的房子。大多数的苗人是没有厅堂的，初进门就是三四尺宽的走廊，再入内黑魆魆的火堂就现在你的眼前了，火堂无论春夏秋冬都烧着大火，火堂上面悬着一个禾筐，是拿来烘禾用的。苗人每餐必舂米来煮饭，所以每天都要烘禾，禾筐系竹制，除烘禾以外，还可以烘别样湿的东西。禾筐上头盖着木板；为这火堂永远烧着火的缘故，禾筐和楼板都给火烟熏得比用漆髹过还要光亮。农具和家具挂在火堂四面的壁子上。火堂的正中，放着一个铁制的大三脚架，苗人的厨房也在火堂，甚至于苗人的祖先也在火堂。因为苗人不敬香火而敬三脚架，因而这个三脚架也可以说是他们的祖先了。三脚架旁有两个罐子，一个是茶罐，别一个就是盛女人梳发水的，这些梳发水有时也可以拿来当醋酸用，在这里我们知道苗人的饮食是多么难堪呵！火堂的两边是苗人的寝室，假如是贫苦的苗人，火堂在晚间也可以暂作他们的寝室。这样，一个火堂是他们的会客室厨房寝室，真的是经济得很。

瑶人的家与苗人是不同的，只是狗头瑶与苗人的家相似，他们都是楼房，不过狗头瑶的家中多了一个敬祖公的龛子而已。顶板瑶则不同，他们所住的房子地势陡峻，多架竹筒取水，常洗浴。浴盆为一大木桶，可盛水数百斤，洗时长者先洗，依次及幼者，洗完一人，冲水一桶，洗最后的差不多可以在里面游泳了，如有客至，他们多让客先洗，浴室常在房子两旁，并与厨房相连。

顶板瑶的房子是半楼房式，走廊是楼，房子里面是泥地。敬祖公的龛子在厅堂的一侧，里面除插香的香炉外，没有其他物件。龛外剪了许多红红绿绿的纸花贴着，初进其家，委实不知道，这龛究竟是一种什么东西呢！

龛的隔壁放着鸡笼鸭笼，有时猪栏也在这里，瑶人家里的臭气，就是从这个地方发出来的。

厅堂的一旁是厨房，另一旁就是火堂，后面就是寝室。火堂的旁边常铺着一二间床铺是给客人睡的。

在那里睡觉是很糟糕，一方面闻着畜粪的臭气，他方面火堂的火烟不住地熏着，想用棉被盖头，棉被又臭得要紧，想不闻瑶人的臭气，又给火烟熏得难过，进退两难，晚间委实不能入睡。

五、吓了一跳

到顶板瑶的家里的晚间，正在前面所写的这种情形之下，时间大概有十一点钟了，忽然听见瑶人卧室的房门一响，一会儿那位主人走出外面来了，他手里拿着一盏不明不灭的茶油灯，走到他们敬主公的龛前，烧了几条香，再进房拿着一把六七寸长的铁剑，同时手里还拿了一件别的东西，直向我们睡着的床沿来，我们的两个同伴是鼾声大起地做他们的好梦，我看见他越走越近，差不多急得想爬起来，抵抗他一下。可是，我偷偷地借着微明的灯火观察他的脸部表情，倒没有什么凶恶而像很抑郁的样子，因而我刚才这种恐惧的心也就平静下来。他走过我们所睡着的床后，就在火堂的一旁坐下来，烧了一条香，拿着一个秤锤，口中轻轻地念着咒语，这时我才明白他在“吊鬼”。原来在我们初进他的房子的时候，他已经告诉我们他的儿子是病着，大概现在他是和他的儿子“吊鬼”吧？以前我们听见别人说，吊鬼就是问病。人生了病，瑶人多以为鬼在作祟，所以非吊鬼就不知道什么鬼在作祟，那么病就无从好了。吊鬼的师工是知道一切鬼的名的，吊鬼的时候，手里拿着悬秤锤的绳子，口里就念鬼的名字，假如念到鬼的名字而悬秤锤的绳子摆动时，就是这个鬼来作祟。我看了这位主人念了好久而秤锤还没有摆动。他不禁急起来，起先念的是很细声的，现在居然大声地念了，我们的同伴也在梦中惊醒，翻了身，开了眼睛向吊鬼的主人看着。大概还念了十多分钟吧，秤锤动了，主人的面孔才现出一些稍微舒适的颜色。他既知道了这个鬼来作祟他的儿子，如是，他就和鬼订立条约。订立条约的方法很简单，吊鬼的人先说定一个圈套，然后将骨制的“骨筶”向地下一掷，假如两片骨筶一俯一仰，那就是鬼不愿意吊鬼者所订的条件。假如鬼是愿意的，两片骨筶皆仰就是所谓阳筶。两片骨筶皆仆名阴筶亦鬼不愿意的表现。这样地掷来掷去，大概是这鬼特别凶些，总不愿意吊鬼的人所提出的条件，因而吊鬼的人也急起来，由小声地讲条件变成大声地讲条件，由地下的掷筶移到凳上的掷筶，我睡在床上看到他这急忙的情形，以生命托于两片骨筶，的确想大笑一场方才舒服，可是想到瑶人的禁忌是很多的，假如笑是犯了吊鬼的禁忌，那么事情就要弄得不妥，所以虽欲笑而不敢笑，幸而他掷了不久，已给他掷得一个阳筶，于是，这场趣剧也就宣告闭幕。

六、老板，洋先生

到苗山去，并不是一件容易的事。苗人怕官怕差狱，甚至于见汉人而生畏，这，一方面由于深山中的苗瑶很少和汉人接触，别一方面是他们过去受了苗头的种种欺侮，而苗头见官尚畏之如虎，由此推想下去，对于衙门里面的人物，当然是怕得了不得呢。差狱的服装是和我们这几个丘九的装束是相差不远的，假如我们穿起丘九的服装而没有差狱那样的威风，老实不客气地说，这样进苗山去，莫说调查，就是住房子也发生绝大问题呢。所以我们在来之前，就乔装做小商人模样，挑着一担油篓，里面装一点简单的行李。我们知道，苗人对于小商人是很欢迎的，因为苗瑶所需要的重要食物"盐"，小商人和他挑到里面去，苗瑶所有的商品冬菇，小商人和他挑到外面来卖，有了这种物交换的关系，小商人在苗山中的地位是很重要的。他们无论到哪里都有人欢迎。因而我们为着进苗山比较减少苗人的注意，便借他们的服装往身上一披，暂充一个小商人了。

小商人初到苗人的家里总是"老板老板"地称呼着，可是假的小商人总会露出假老板的马脚的，每当晚饭后，马脚便露出来了。

苗人吃晚饭的时间是在晚上九点多钟，每天吃了晚饭，我们一定要记一下日记，火堂虽然烧着大火，可是光线并不大好，如是我们拿了洋蜡来点着，暂代灯光。这倒不要紧，一会儿，成群的苗人集中在方桌旁来看我们点着的洋蜡。他们侧着头，在这边瞧瞧，又跑到那边瞧瞧，等到我们抽起钢笔来写日记的时候，他们更觉得奇怪了。笔的形状与他们常见的毛笔不同，又不用蘸墨，但是却能够写得出字来，真的是他们毕生所仅见了。

年老的苗人问及我们的用具，我们简单地说明给他们听，这时，他们也不叫老板了。老苗人说："呵！你们这几位点洋蜡用洋笔写洋字的，大约是洋先生吧？"马脚露出之后，由老板一变而为洋先生了。

七、知道了天机事

苗瑶是文化落后的民族，在这种落后民族中，迷信的程度是很深的。这，当然由于他们对自然环境所发生的自然现象不了解而形成这种情形。我们既知道这种迷信的情形，为着使他们更觉得奇怪起见，特地将我们所带去的高度表、温度计等简单仪器拿出来对他们解说一番，不得了，看的人越聚越多了，向他们解说，差不多等于演说。后来他们要求各人拿去看看，我们就答应他们，等候他们看完的时候，我们又详细地解说一遍。他们半信半疑地摇着头说："嘿！真的好耍，天机事你们都晓得了！"

八、收去了灵魂

这次进苗山去，我们还带着一个摄影机，准备拍一点苗瑶的照片以及苗山的风景等等。拍照，在苗山中的确发生好多问题。假如是陌生人想到苗山去拍苗人的照片，那是做不到的事。也许连相机也被人打坏，拍照人被苗人打死也说不定。所以一定要有熟识的友人介绍，才可以拍着苗人的像，不然的话，危险性是免不了的。

上面已经说过，苗人瑶人都是很迷信的，他们以为每人都有一个灵魂，日间是人的动作，夜间是灵魂动作的时候，好像做梦，就是灵魂动作的表现。拍照，要把苗人的像留在相片上，这样，苗人以为不但照了他的像，在照相以外，还要收了他的灵魂，所以每当我们拿镜箱的同伴出现，一对对的苗女就像鸭群一样向别处走去。

九、集体的游行

苗人是很不清洁的。他们的身上，他们的家里，随处都可以闻得着臭气。我们进苗山月余，衣服都没有换着，身体也很少有机会洗浴，因而我们的衣服也和苗人的衣服一样的臭了。"入鲍鱼之肆久而不闻其臭"，初时，我们还感觉到不舒服，久之，苗臭也不闻了。

可是，每遇闲坐和走路时，身体痒得特别厉害，苗中的臭虫蚤虱，我们是久闻大名了。这种痒的原因，用不着说就可以知道这些东西在里面作怪。为了在苗人的家中不便脱衣服之故，所以在走山路的时候，委实痒得不可再忍了，特地剥开衣服来瞧瞧，天呀！不瞧倒不大要紧，瞧了以后，真的使人心惊胆战，一对对的虱子围着两个臭虫在贴身的一件白线衣上举行集体的聚会，将两手用力一搓，白线衣上被搓的一块地方马上变成赤色，手也臭起来了，好在苗山中的溪水到处都有，洗好了手，赶快穿起衣服，不敢再看。

十、头硬症

游了两个多月的苗山，天天走山路，脚已训练得很有成绩了。我们由融县苗山跑到罗城县属的苗山乡多没有感觉到一丝痛苦，为着罗城三防圩一带，有一种头硬症，无论大人小孩，初病的时候，头硬不能动，继之手足亦硬，病经二十四小时要死了。三防一带的愚民都以为从前罗城县的副司令官将附近一带所有庙中神像拆毁而获此祸，有些也以为这些防共所筑的炮垒都是拆庙宇的砖瓦来筑的，招了神的怒了，所以他们便倡造神像，建庙宇，以解此危。我们到那里住了两天，曾和三防区局里面的办事人谈了一下，据他们说，已电省府派员来救济了。因为怕传染，我们待三天就离开了三防这个地方。

十一、尾巴

鸡零狗碎地顺笔写一苗山中的情形，虽然是没有什么系统的写，然而在这些鸡零狗碎的事件里面，也可以看出：苗人所居住的地方的自然环境怎么样；苗人对汉人的关系怎么样；汉人进苗山应该怎么样，以及苗人迷信情形的缩影。这几个问题并不是没有意义的，在省府开化苗瑶这个政策之下，我觉得这几个问题是很值得研究的。因为要开化苗瑶就要和苗瑶接近，要和苗瑶接近，这个问题就是先决的问题。假如我们对这几个问题没有相当的了解，那么，根本就谈不到开化苗瑶。

这篇东西是根据我们在实践过程中的事实写成的，我们相信总可以作想到苗山里面去玩的人们的一种参考吧？因为时间关系，没有功夫多写一点出来，在这里不得不向读者道歉！

附二：融县罗城苗山拾零

◦健康◦

（原载《民国日报》南宁版 民国二十四年四月二十四——二十五日副刊“出路”）（摘要）

开场白

……幸而机会还好，今年寒假前几天作了匆促的筹备，重要问题得到相当解决，学校也赞许我们这种入苗山工作，到苗荒去便实现了。

计划一切已经决定，我和路君伟良等当期考完之日，马上离学校向苗山去。因为我们这会计划要走融县、罗城、三江、义宁、龙胜五县，所以先走融县转入罗城，到苗山之日，已是三月七日了。

……计到苗山之日起到离苗山之日，历时一个月左右，行程达七百里，这只走了融罗两县，三江义宁龙胜诸县，还未踏着半足之地。

一、狗瑶的火堂

……我们这回去调查时，温度在四五度之间……

二、吃饭

……大家动手来抓（糯饭）路君曾住过苗山数月，他的技术便较我老到得多。以后他还教我许多捏握法，捏得紧密些，是较为好吃得多。……

三、芝麻糊

我们在融县苗山林洞培科住了五六天，关于各地苗瑶壮分布概况，已得了一个纲领，……归娄是融县境内板瑶住地，我们在暴风雨中向归娄进发，到中途因小溪水突涨，涉越困难，经点多钟试探，过溪已近黄昏，便留住中途壮族乌卡村。

主人已七十多岁，曾一度到过融县城，通官话，我们的向导熟操苗壮语言，和主人交涉转译，我们赠送他一些糖。……

四、八条月

我们到归娄板瑶住了一夜，主人和我的朋友相好，来此地时，友人给我们一封介绍书，所以主人对我们还相当忠诚，所问一切都能以实相告。……

五、罗汉与观音

……当我们到罗城之河村时，正遇他们“打同年”(打同年是彼此两村为联络感情起见，由此村杀牛或猪请彼村村民来吹奏芦笙同乐。)……我们在河村时，同行的“罗汉”领我们到何村长家去坐观音……罗汉们还嘻笑向我们说：这是规矩，你们也来吗？怕甚！……

六、糖和苗妹

七、板瑶底肚子

(全文约 4600 字)

[附注]“健康”笔名为何人？我已不记得父亲说过没有。据父亲其他遗稿所记，当时与父亲一同进苗山的还有同学、同乡陶宝桓。据此，“健康”其人只能就是他。

照片背面父亲写着：

陶保桓同志遗像，其女陶玉梅，杨江，1962 年 1 月 10 日。玉梅大姐曾在融水县党史办工作。

原稿扉页有父亲写给杨德华(即原广西师专军训大队长杨必声)伯伯的一段话:

“德华同志:政协叫人写师专回忆录,雷剑、汤有雁写了,但陈贞娴看了以后说要不得,她倾向叫我写,我写了一个初稿,挂一漏万非常不满意,连建立师专的历史背景都没写,你是师专有名的大队长,请你大力修改补充一下,如果精神不好,简单提一下意见也好,至感。路伟良,1980年11月25日。”

雷剑、汤有雁先生是师专第一、二届学生,陈贞娴阿姨是原广西地下党工委书记陈岸伯伯的夫人,时任广西党史办副主任。

父亲另一份稿子《我所了解的反帝反法西斯大同盟》,原载桂林文史资料二十辑《三十年代广西师专》,因也是回忆师专的,所以作附录收入供参考,文中的注释则是此次辑录时补入的。

广西师专概况（初稿）

广西师专是在1932年秋成立的，校址是在桂林良丰雁山花园。开办时，该校在广西招收第一届学生，约一百余人。

广西师专筹备主任唐现之[①]，是广西国家主义派的头头，在师专开办初期，他聘请了不少与国家主义派有关系的教师来师专教书，如罗干青、程子明、胡颜立等。后来，广西政府聘请进步人士杨东莼来当师专校长，杨东莼聘来很多进步教师，如朱克靖（即朱笃一）、薛暮桥、朱少希、杜敬斋、金奎光、官亦民、张海鳌、沈西苓等。因此，师专在开办初期，学校内部即发生进步势力与国家主义派落后势力间的斗争。斗争的结果，杨东莼为代表的进步势力获胜，国家主义派落后势力失败，唐现之被调走，唐现之聘来的国家主义派教师被解聘。

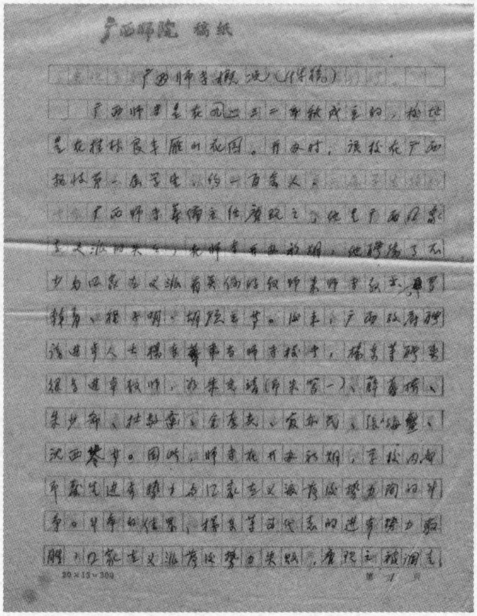
广西师院 稿纸
广西师专概况（初稿）

《广西师专概况》手稿

① 唐现之（1897—1975），原名荣琛，别字献之，又名谷，广西灌阳文市人，曾受教于陶行知先生门下，主张“教育救国”，力图通过创办新式、民主、科学的师范教育来改变当时乡村教育状况。1938年任广西省立桂林师范学校校长，以“晓庄师范”为模式创办“桂师”，把学生培养成“有农民的身手，有科学的头脑”的新型知识青年。1942年任桂林中山中学校长，1946年任广西省立第一图书馆馆长。参见《（民国）广西通志·文化编》。

这是1932年秋到1933年秋间所发生的事情。

1933年秋，师专招收第二届学生约八十余人，并招收附设乡师第一期学生约六七十人。

从1933年秋到1934年秋，是广西师专进步势力全面领导学校的一年。这一年，师专进步师生的活动，十分活跃。

师专设有一个进步的图书馆，藏书数万册，有十分丰富的马列主义的译著，有世界文艺名著，有政治、经济、文化、教育、历史、农村、畜牧、科学等方面的书

50年代的桂林雁山公园水榭，几乎就是父亲年轻时候在里面上课的原样。此照应该是父亲所拍。

广西师范学院大门，位于桂林市中心的明代靖江王府内，现在的建筑是抗战后桂系所建的省政府。解放初期为军政大学，50年代为广西师院校址。

籍，藏书极其丰富。琳琅满目的图书、刊物、报章杂志，提供如饥似渴的革命师生阅读、参考、研究，成为师专革命师生的精神宝库。

师专聘了富有革命经验的革命家朱克靖（朱笃一）来校当训育主任，领导全校的学习。还聘有才华出众、多才多艺的进步教师，如经济学家薛暮桥，在校教政治经济学，并指导学生到农村进行调查，对农村的地主、富农、中农、贫农、雇农等阶层进行调查、研究与分析。朝鲜进步人士金奎光，在校讲授社会进化史，介绍人类社会阶级斗争的历史。《十字街头》的电影名导演沈西苓，指导学生演进步话剧《怒吼吧，中国！》及果戈理的《巡按》，在桂林市进行公开的演出。中国旅行家田曙岚，到校介绍他旅行江西苏区所了解的情况，使学生对苏区有一个初步的印象。学校还办起了农场，学生参加生产劳动。学校周围办起了雁山小学和良丰小学，从教育工作中与社会开始接触。暑假期间还组织少数学生对龙州土司制度进行了调查研究。

这一年，学校的进步活动，如雨后春笋般到处出现。

广西反动派看到这些进步活动，十分害怕。如是造谣说："师专学生都是共产党"、"师专赤化了"、"师专学生要暴动"！于是，1934 年 6、7 月左右，广西军阀白崇禧亲临师专视察，并将师专全校师生调桂林训话，训话后即辞退师专训育

从山上俯瞰广西师专旧址全景。这张照片是 1981 年小肃跟着父亲爬到山顶上拍的，足见父亲对这个园子的眷恋。

主任朱笃一(即朱克靖),随后迫使校长杨东莼辞职,接着把大部分进步教师解聘。并宣布下学期师专第一届学生百余人调南宁高中进行特别训练。

经过一年多进步势力培育下的广西师专革命师生,今后就在广西反动势力的残酷镇压之下,开展各种各样顽强的进步的斗争。

1934年秋,师专招收第三届及乡师第二期学生总共约一百五十余人。

这时,反动政府派贵县中学校长罗尔棻前来担任师专校长。此人极端反动,公开宣传唯心论,反对唯物论,拥护桂系军阀,反对中国共产党。公开带着手枪来当校长,一心想镇压进步学生。罗尔棻是一个医生,虽是反动,但却无能,没本领聘来有学问的老师,仅仅能够聘一些中学教师到师专来教书。受过革命锻炼和勤恳地阅读了丰富图书的师专学生,在每班教师讲课时,就和罗尔棻聘来的中学教师展开了热烈的针锋相对的大辩论,革命学生在课堂上把那些无能的教师驳得哑口无言。这是对罗尔棻公开宣传反动理论的一个最有力的打击。经过这次较量以后,教师们每次上课都不敢面对学生,而是面向黑板写他的讲授提纲,面向黑板背他的讲稿。学生根本不理会他们,而在课堂上阅读他们最喜爱的书籍。由于教师被学生在课堂上驳倒了,学校无法维持下去,罗尔棻干了一个学期左右,就辞职不干了。

由于进步的军训大队长杨必声已随杨东莼的辞职而离校,反动政府把军阀白崇禧的马弁农竣派来当师专军训大队长,并派李彩光任大队附,这是两个非常反动的桂系军阀的爪牙,他们以后就利用军训这个反动工具,来镇压革命学生。

1935年上半年,罗尔棻辞职后,反动政府派留俄学生郭任吾来当师专校长,派陈此生先生来当师专教务长。校长是反动的,他带来秦强、施云、胡学林等这几个留俄的托派教师。教务长陈此生先生是进步的,他聘来陈望道、邓初民、马哲民、夏征农、杨潮、施复亮、陈竺同、熊得山等进步教师。由于托派教师秦强、施云、胡学林等在师专部分学生中活动,散发托派书籍、刊物,托派在师专学生中开始有活动。广大师专革命师生的嗅觉是十分敏锐的,于是在学校各年级各班的讨论会上,在学校的墙报上,与托派展开有关中国社会性质问题的论战,在大论战中两大派的旗帜十分鲜明:一派认为中国社会性质是半封建半殖民地性质，中国革命的任务是反帝反封建的资产阶级性的民主革命；一派认为中国是资本主义性质的社会，认为中国革命的任务是无产阶级革命。主张前者的革命师生是史大林派，主张后者的是托洛斯基派。这就是师专史派和托派对中国社会性质的大辩论、大斗争。广西师专的革命师生，大多数是拥护史大林派的，少数是拥护托派的。这里，也有少数中间派存在，他们模棱两可，不表示态度。学校中的托派师生，是拥护托派校长郭任吾的，他们和学校反动当局站在一起。大多数师专师生是和史派站在一起的，他们是坚决反对托派和托派校长郭任吾的。

广西师专由建校初期的杨东莼为首的进步势力反对以唐现之为首的国家主义派落后势力的胜利，发展为以杨东莼为首的进步势力对师专的全面领导。后来，由于桂系军阀白崇禧决心对师专进步势力镇压，辞退了进步校长杨东莼等与训育主任朱笃一（即朱克靖），解聘了大部分进步教师，并由反动政府派反动校长罗尔棻来统治学校，因而遭到师专学生强烈的反对，使他们的反革命阴谋不能得逞。最后，他们想缓和这个矛盾，一面派托派郭任吾来当师专校长，同时又派进步人士陈此生来师专当教务长，因而激起了更广泛更深刻更复杂的反托斗争。在广西反动军阀的统治下，师专革命师生反对反动派的斗争，是十分艰巨和异常复杂的。这个斗争，发展到反托斗争的高度，就会使革命队伍面貌一新，大大提高师专革命师生的理论水平与觉悟水平。

1935 年秋，师专招收第四届新生与乡师第三期新生共约一百二十余人。

1935 年下半年，随着校内反托斗争的发展与深入，在进步教师杨潮（笔名羊枣，1936 年福建发生“羊枣事件”，被国民党迫害死于福建狱中）的直接领导下，以师专第二届学生陶保桓为首，在校内发起组织中国反帝反法西斯抗日同盟，由杨潮起草的《中国反帝反法西斯抗日同盟纲领》，是陶保桓指示我到杨潮的内房中抄出来给师专进步学生传阅。后赞成该纲领的，即可吸收为盟员。杨潮又从英文中译出中共中央六大决议，也是我接受陶保桓的指示，在杨潮内房中抄来，转给盟员传阅的。中国反帝反法西斯抗日同盟的纲领大意是：该盟在国际方面反对帝国主义，反对德国法西斯，拥护苏联。在国内反对日本帝国主义侵略我东三省，反对蒋介石对日不抵抗政策，要求全国人民团结起来抗日等等。该盟的性质是我党外围组织。该盟在师专是秘密的组织。该盟当时没有建立支部小组等组织，而是按师专第二届、第三届、第四届和乡师第一期、第二期、第三期，以班为单位，由陶保桓与各班盟员商定三五人为各班领导核心，统一领导师专全校。中国反帝反法西斯抗日同盟在师专一经成立，即以崭新姿态来领导师专革命师生的反托斗争。

当时，师专虽有杨潮等共产党员，但尚未建立地下党的组织。

1936年4、5月间，广西准备搞反蒋的“六一”抗日运动。在“六一”运动前夕，桂系军阀白崇禧亲自打电话给师专校长郭任吾，要他亲自发动师专学生组织广西学生军，参加“六一”抗日运动。全校学生停课讨论三天，讨论的结果，无论史派、托派、中间派，都同意发起组织广西学生军参加“六一”抗日运动。于是，广西政府分别派遣汽车和船只，把师专学生运送南宁，参加六月一日在南宁召开的抗日群众大会，会后，发表组织广西学生军参加抗日宣言，并立即组织二十人左右的若干个抗日宣传队，分赴黔桂、湘桂、粤桂边境县份进行抗日宣传工作。“六一”抗日运动和平解决后，广西学生军解散复课。广西师专合并于广西大学，成立广西大学文法学院，广西师专的历史就此宣告结束。原师专第二届学生已毕业，第三届和第四届学生编入广西大学文法学院。

附:我所了解的反帝反法西斯大同盟

一、关于的反帝反法西斯大同盟产生的历史背景。(略)

二、1953年下半年,史、托两派进行中国社会性质问题的大论战和反帝反法西斯大同盟的产生。

……

杨潮同志一面要求陶保桓在反托斗争中把史派骨干发展为反帝反法西斯大同盟盟员之外,一面亲自将第三国际在莫斯科开的第七次代表大会季米特洛夫所作的《建立全世界反对德国法西斯的统一战线》的报告,从英文译成中文。陶保桓指定我同莫一凡两人从杨潮内房把报告全文抄出,供反帝反法西斯大同盟盟员传阅。经过我们抄出后,杨潮的笔迹便查不出来了。杨潮在译了季米特洛夫报告以后,又从英文中译出中共“六大”决议中的十大政纲,也是我从杨潮内房抄出,给盟员传阅的。

1935年下半年,师专一届同学已经毕业离校,曾派龙德洽同学来良丰雁山花园当一届学生驻校联络员。陶保桓与龙德洽都是进步同学,都是史派观点,是共同反对托派的。所以,陶保桓曾将在中国社会性质问题论战时,杨潮亲自领导他组织反帝反法西斯大同盟这件大事,也告诉过龙德洽。因此,龙德洽也知道这件事。

师专学生自从建立反帝反法西斯大同盟以后,师专各班对反托派斗争加强了,尤其是对校长郭任吾的许多不合理的要求也敢公开反对,对托派在中国革命斗争中的反苏、反共、反中国红军的谬论,敢于在同学中公开驳斥了。经过中国社会性质问题公开大论战后,进步同学敢于推举马哲民教授来对这次大论战作总结了。校长郭任吾认为马哲民教授是用史派观点来作结论的,马教授的总结只作了一半,便停止他的活动。以后马哲民教授将他的总结,全文刊登在《月牙》校刊上。

三、1936 年广西"六一"运动前后,师专史派学生开始找到中国共产党,反帝反法西斯大同盟盟员逐步被吸收入党。

1936 年 3 月,新的学期开始,我和陶保桓正在整理 1934 年暑假到苗山调查的材料,逐步在《广西日报》发表。这时,桂系正与广东陈济棠联系,酝酿联合反蒋抗日。

1936 年四、五月间,白崇禧亲自打电话给师专校长郭任吾,要学校停课一周,组织师专学生讨论如何发起组织广西学生军参加抗日活动问题。讨论结果,师专校内史派学生以及有托派观点的学生,都同意发起组织广西学生军积极参加抗日工作。于是广西师专立即宣布停课,白崇禧立即派船将师专学生 300 人,沿漓江搭船下平乐、昭平抵梧州,再由梧州沿西江上溯南宁。在 1936 年 6 月 1 日,师专大部分学生参加了白崇禧主持召开的"南宁六一抗日运动群众大会"。会后,由师专学生推举代表 10 余人,草拟广西学生军成立宣言。宣言印发后,由广西师专学生,分别组成十几个抗日宣传队,每队 20 余人,自选正副队长及事务员各一人,分别出发到粤桂、湘桂、黔桂边境县份,如全州、资源、兴安、灌阳、富川、恭城、钟山、贺县、河池、南丹、思恩等县,进行抗日宣传。校长郭任吾调任十五军政治部主任,专门派师专学生中王公度的走卒李××、杨×、覃××,来监视师专进步学生陶保桓、黄冀贤在十五军抗日宣传的工作。十五军政治部抗日宣传队,由桂林高中、桂林女中等学校参加抗日宣传队的学生组成,约 30 人左右,由郭任吾和李××、杨×、覃××负责领导。陶保桓、黄冀贤因是史派学生,属于十五军政治部监视的对象。郭仁吾、李××等人,做官当老爷,官气十足,欺上压下,把在抗日宣传队的桂林中学的男女青年,当作勤务兵使用,让青年学生服侍他们,引起群众的强烈不满;而陶保桓、黄冀贤等进步师专学生,却深入群众,把桂林高中、桂林女中学生当作亲兄弟姐妹那样亲切地照顾,为他们找房子,安床铺等等,亲如一家人,同时还帮助他们认识桂系这次运动的本质,对他们进行抗日反蒋的教育,这就使郭任吾、李××、杨×监视陶保桓、黄冀贤的阴谋彻底破产。正由于陶保桓、黄冀贤等师专进步学生深入群众做了艰苦工作，十五军政治部抗日宣传队在陶保桓领导下，这支抗日宣传队成为一支进步的青年队伍，其中较突出的进步青年，如桂高中的杨富凡、廖联原等，桂女中的易凤英、蒋志民、王子英、蒋奎、何沛珍等等，他们工作得十分出色。十五军在"六一"运动初期，开赴衡阳前线，但何健投蒋以后，十五军退回全州一带，后到荔浦驻扎。

由于桂系李宗仁、白崇禧联合陈济棠搞反蒋抗日运动，被蒋介石收买、瓦解，陈济棠迅速垮台，蒋介石大军压境。桂系孤立，也愿意和平解决，不动干戈，因此，1936年6月，师专学生出发到边境各县进行抗日宣传不到半个月，即奉调回南宁集训。我和郭英布是1936年7月初回到南宁，因我们是师专第二届学生，毕业期已满了，特在南宁等候省政府分配工作。这时南宁地下党已查知师专第二届学生郭英布，是师专史派骨干分子，特派黄孔修致函郭英布约他到外面商谈若干重大问题。他们见面后，坦率交换意见三天，郭英布向黄孔修详细介绍师专学生如何在学校学习马列主义革命理论，如何在校内和反动派进行斗争，如何在校内和托派开展关于中国社会性质问题的大论战，杨潮领导师专史派学生组织反帝反法西斯大同盟，参加广西"六一"运动，发动组织广西学生军等积极参加抗日工作，以及现在我们在等候政府分配工作，其他同学在南宁集训等等。郭英布和黄孔修详细地交换了三天意见后，黄孔修便坦率地表示：他是南宁地下党的同志，派来与师专进步学生联系的。双方经过坦率的商量，黄孔修表示介绍郭英布参加中国共产党，郭英布十分高兴地说："这回我终于找到党了，愿意立即参加。"郭英布和黄孔修会谈后，回来马上同我详谈他们会谈的情况，说已找到中国共产党了，并打算介绍我一同参加中国共产党，我也十分高兴地表示愿意。于是，他把参加党所要填的表交给我，我们两人把表填好，共同到徐敬伍同志的住所，那时，徐敬伍同志在桌上摆着一本百科全书，揭开书中的马克思像，徐敬伍同志领导我们在马克思像前举手宣誓参加中国共产党，宣誓后，徐敬伍同志同我们亲切握手，向我们热烈地祝贺。我们也十分兴奋地感到已经找到了党来领导我们干革命了。

四、在1936年9月，陶保桓入党后，在刘敦安同志的领导下，把反帝反法西斯大同盟改为抗日反法西斯同盟，定该盟为党的外围组织。

我是1936年7月入党，1936年8月，省政府派我到广西民团干校工作，来接我组织关系的是广西师专一届同学刘敦安同志。原来，刘敦安同志在1936年1月，就亲自到香港去找到党了。1936年下半年，他的组织关系已转到南宁地下党。1936年8月，陶保桓从桂林来南宁，刘敦安就介绍陶保桓参加中国共产党。1936年9月，刘敦安和陶保桓、龙德洽、麦世法、张海鳌共同研究，目前已临近抗日时期，是否把杨潮在1935年10月领导陶保桓在师专组织的反帝反法西斯大同盟，改为抗日反法西斯同盟，明确规定抗日反法西斯同盟为党的外围组织，对工作更为有利。经过共同研究的结果，大家都同意改为抗日反法西斯同盟，由麦世法、龙德洽拟定该盟组织章程，定为党的外围组织。[注]

[注]父亲写于1976年2月27日的《陶保桓烈士的情况》一文，开列了如下名单：

"师专第二届学生参加反帝反法西斯同盟的有：陶保桓（反帝反法西斯同盟的领导人）、郭英布（地下党员，抗战时病死）、潘伯秀、陈大文、蒋汝志、李祖洳、黄冀贤、陈赐璋（贺县人）、陈业堃（玉林人）、晏本萌（玉林人）等等。

师专第三届学生参加反帝反法西斯同盟的有：路璠、曾世钦（现名曾诚）、杨美灏（玉林人）、周甲铭（现名蒙谷）、梁邦鄂（玉林人）、宁振邦（玉林人）、李芦炭（现名李殷丹）、莫一凡、蒙显徵等等。

师专附属乡师第一、第二期学生参加反帝反法西斯同盟的有：覃注礼（玉林人，桂东南事件牺牲）、韦树辉、李明沂、罗章虬（玉林人）、陈达五（玉林人）、蒋宗鲁（富川人）、李枝富（贺县人）、韦暄（河池人）、胡承桃（玉林人）等等。"

1936年9月，陶保桓回到桂林，那时广西师专已经结束，原师专师五班、师六班，改为广西大学文法学院，黄旭初兼任广西大学校长，朱佛定为秘书长。这时徐敬伍同志由南宁到桂林，任桂林市委书记，陶保桓参加市委，任组织委员兼统战委员，龙德洽任宣传委员。陶保桓并负责领导广西大学文法学院党支部。徐敬伍则要求陶保桓将过去师专的反帝反法西斯大同盟盟员，凡合乎党员条件的，一个一个地发展入党。徐敬伍还说，陶保桓发展一个，他就批准一个，据后来查知师专学生刘鸿珍（张华）、莫一凡、梁邦鄂、韦树辉等等都是陶保桓那时发展的。关于抗日反法西斯同盟，陶保桓也在当时发展了一批盟员，这就是和陶保桓在十五军政治部抗日宣传队的桂林高中的学生廖联原、杨富凡、陈贞娴、李武元、莫秉凡、叶永贞、梁汝栋、阳德珍等，桂林女中学生易凤英、蒋志民、王子英、蒋奎、何沛珍等也都是，以后再把这些同志发展为党员。后来广西大学文法学院建党后，由路璠同志兼任抗日反法西斯同盟支部书记。

1984年6月4日于南宁

（原载桂林文史资料二十辑《三十年代广西师专》）

此文题头写有“八路军驻桂办事处”，故可能是为桂林“八办”所写回忆材料。父亲在“文革”期间和“文革”后所写的相关的交代、外调材料较多。为了便于区别和阅读，现将此稿以外的材料作为“附注”引入，而其他资料则作为“注”引入。

父亲在广西搞地下工作十年(1936—1946年)，最重要的年头就是在广西地方建设干校(1939—1942年)、广西省训团(1942—1943年)这两个地方，这是因为，父亲此时在地下党的身份是支部书记或支委，直接上级是单线联系的省委书记，如文中所说，1939年底省工委副书记苏曼“在尧山野外”给他们传达毛泽东的《共产党人发刊词》的情节，我曾听父亲说，苏曼把《共产党人发刊词》背述出来，“我们听了他的传达，深感敬佩”。另外，这时正是抗战期间的国共合作时期，父亲在地干校和省训团的公开身份也有利于接近学校管理层或桂系上层，需要有统战的灵活策略和制衡能力，比如，他是地干校国民党区党部的5人筹委会之一，还担任学员大队的小组指导员、省训团训导处的训练股长乃至混到重庆中央训练团去“深造”等等。我想，以父亲当时的公开身份做掩护，往桂系深处潜伏进去还是有可能的。当然，这事还不能假设，要不然，不是牺牲在敌人的老虎凳上，也要毁在“文革”的审查过堂上。“文革”时，父亲这段历史“悬案”被反复折腾，他被“行政降级”和“留党察看”，也因了这段故事。

父亲写于1968年12月11日的《我的历史问题交代》，主要“交代”的也是他在地干校和省训团的事情，现将原文附后。

◎ 我所了解有关广西地方建设干校的情况 ◎

我在1939年6月左右，入广西地方建设干校工作。[①] 那时的地下党都是单线领导，所知的情况不多。后来，全国解放，接触当时在该校工作的同志，逐渐了解情况多一些，但了解还不是很多的，现将我所了解的情况，分述如下：

[附注]据父亲1971年9月2日另文《我了解有关广西地方建设干校的情况》："……校址设在桂林市郊，临桂大村附近，校本部在天圣山，军训部设在北面山。……教育长下设有教导处、军事组、总务处。教导处主任秦柳方（1957年在中央六办工作），军事组组长郑清淮，总务处主任宾旭东（桂林人）。教导处设有教务股、训练股、编审股等。潘逸耕（前师院附中校长，1957年划为右派，调桂林一中当教师）任教务长，张海鳌（广东文教局）任训练股长，周钢鸣（原广州文联主席）任编审股长。该校学生训练分三种：一种是军事训练，由军训大队部负责执行；二是政治及业务课程讲授，由教务股安排指导员负责讲课；三是小组训练，由训练股安排计划，由小组指导员办公处主任领导大队小组指导员负责执行。"

[附注]据父亲1970年8月22日又一文《我所了解有关广西地方建设干校的情况》记述："……设有教导处，下分训练股、教务股、编审股、图书馆，另有第一大队、第二大队。……图书馆负责人丘云甫，第一大队梁亘当大队长，第二大队汪××当大队长。在该校图书馆工作的，我认识古梅（广东师院图书馆主任）、刘云（蔡冷枫爱人，蔡现名蔡北华，在上海工商局工作）、刘俊如（恽林爱人）。"

---

① 据父亲1971年12月7日写的另一材料《我了解广西地方建设干校国民党的情况》记述：1939年9月，杨东莼签呈黄旭初批准，刘毅、杨东莼、秦柳方、张健甫、路伟良五人为地干校国民党区党部筹备委员。到1939年11月或12月，该校国民党区党部正式成立，刘毅为书记长，后4人为执行委员。

一、武汉失守后，大批文化人从前方撤退到桂林来，杨东莼同志也到桂林。那时，桂系军阀想留杨东莼同志在广西办教育。据解放后蔡北华告诉我，杨东莼本来打算到延安去的，中央已经同意他去延安，由于桂系要求他留在广西办教育，后经我党中央同意，让杨东莼同志留在广西工作。杨东莼同志留在广西工作是经我党中央批准的，这在解放后我才是第一次知道。

1932、1933 年杨东莼曾在广西当过广西师专校长，办广西师专很有成绩，在青年中威望很高。这次处于抗日战争时期，桂系希望借重杨东莼同志的威望，为桂系培养青年干部，发展桂系势力。我党由于与桂系搞统战工作，把杨东莼同志安排在桂林办广西地方建设干校，主要是在广西发展进步势力。

杨东莼同志当时是救国会的主要人物之一，他把很多进步人士安排到该校教书，同时，桂林八路军办事处也把许多党员干部安排在该校工作。广西地方建设干部学校是桂系军阀黄旭初当校长，杨东莼当教育长的，有关该校用人、教育大权，全由杨东莼负责。

[附注]据父亲 1971 年 9 月 2 日另文《我了解有关广西地方建设干校的情况》："……有关军训人员都是伪政府派来的。有关讲课指导员，大都是由杨东莼聘请来的，如千家驹(现在北京中央工商局工作)、姜君辰、张铁生(现在北京工作)、张健甫(教中国近代史)、萧敏颂(教抗战问题)、刘建庵(教美术，前北京中央艺术学院党委书记)、操震球(教乡村教育)、郭纯(教小学)等等。也有一部分讲课指导员是政府派来的，如陶勋(教法律常识)、詹北辰(教三民主义，安徽人)等等。有关小组指导员，都是杨东莼聘请来的，如成庆生(解放后在香港工作)、张泉林(广州暨南大学校长办公室主任)、恽林(原长沙电器学校校长)、屠天侠(青岛工商局)、蒙贤徵(南宁区教育厅)、汤有雁(南宁原区教师进修学院)、宋玉田(现名宋奋扬，开封第一高中)、叶方(解放初期东北党校校长)、林云峡(东北鞍钢一个厂党委书记)、徐坚(中央统计局工作)、潘超(中央统计局)、宋之光(东德大使)、潘伯津(南宁地委党校)、范德辉(后曾当伪县长)、古子坚(广东教育学院)等等。"

我1953、1954年在北京工作时，曾与杨东莼同志见面，他说：当时有许多党员干部，在地干校工作啊！1978年我到北京瞻仰毛主席遗容，曾专门到杨东莼同志家拜访，杨东莼同志说："当时我在桂林办地干校，主要是由八路军驻桂办事处李克农同志直接领导的，由周钢鸣同志专门负责向李克农同志请示汇报工作。"

二、关于广西地干校地下党情况。地下党在广西地干校有两个支部，一个是外省支部，支书是周钢鸣，支委是蔡冷枫、宋之光。一个是本省支部，支书是张海鳌，支委是黄骏如、路伟良（杨江）。皖南事变后，外省同志离校，张海鳌也离校，由路伟良任支书。

[附注]据父亲1971年1月8日稿《我了解桂林地下党的情况》："……我初到广西地干校工作时，是一个普通的地下党员，我的地下党小组长是潘伯秀，和我同在一个党小组的有潘伯津。1940年5月左右，我被组织上指定为广西地干校地下党本省支部的支委，我才了解该校地下党本省支部支书是张海鳌，组织委员是黄骏如，宣传委员是我，妇女委员是古梅（张海鳌爱人）。1940年底，张海鳌离开桂林到广东曲江工作，由黄骏如任支书，1941年4月，黄骏如调伪省训团当股长，我任该校地下党支书，上级和我联系的是苏曼。苏曼当时在党内任什么职务，我不知道。我在广西地干校三大队工作时，我当地下党支委兼第三大队党小组长。那时，第三大队教工中的党员有宋玉田（现名宋奋扬，河南开封第一高中）、粟稔、张镇道（解放战争时在广东北江打游击时英勇牺牲）、潘伯津等。"

[附注]因黄骏如与父亲是广西地干校地下党的前后两任支部书记，兹将父亲写于1970年8月7日的《我了解黄骏如的情况》一稿摘要附此：

"我是1936年8月在南宁广西民团干校工作时认识黄骏如的，认识黄骏如是在张海鳌家，经张海鳌介绍认识的。认识后，是一般进步朋友的关系，并无组织关系。

我是1941年6月到广西省训团工作的，我到广西省训团工作是因地干校停办后，由地干校调去的。我在广西地干校时与黄骏如有组织关系。黄骏如是先到伪省训团的，黄骏如离开地干校时，说上级指定我当广西地干校地下党支书，并将我的组织关系交给上级苏曼领导。

我到伪省训团时，开始一段时间，即卢象荣当伪省训团教育长那段时间内，黄骏如曾通知我和上级接头，仍由我当伪省训团的地下党支书，我那时是与张海萍接头的。以后组织决定由黄骏如当支书，我和潘伯秀当支委，潘伯秀任组委，我任宣委，1942 年'七九事件'后，黄骏如向我传达了苏曼、张海萍、罗文坤被特务监视不能逃脱，为着保卫党的机密而集体自杀的事件，以后黄骏如离开桂林广西伪省训团到曲江工作，那时，他没有向我移交什么工作与关系。

我记得黄骏如是 1942 年'七九事件'后一个月左右才离开伪广西省训团的。黄骏如老早就表示不愿在广西省训团工作，因为该校很反动。……"

1939 年底左右，苏曼同志领导张海鳌、黄骏如、路伟良三人在尧山野外，办了三天的党员训练班。主要内容是传达和学习毛主席的《共产党人发刊词》，传达后使我们对统一战线、武装斗争、党的建设是中国共产党在中国革命中战胜敌人的三个主要法宝，有初步的认识。[①]

在地干校的地下党很多，但与我有直接关系的，有张海鳌（已故）、黄骏如（现名黄贻嘉，在广东惠州地委）、潘伯秀（现在百色高中）、潘伯津（广西大学教哲学）、粟稔（广州暨南大学，已故）、覃景秀（现名石山）、张镇道（在广东北江武装斗争时牺牲）、陶保恒（民族学院中文系主任，已故）、学生党员周廷扬（在南宁）、莫矜（自治区统战部副部长，已故）、黄仁海（已故）等等。

三、桂系军阀容许杨东莼办广西地干校，他们也知道，广西进步力量是在发展，因此他们要和进步势力搞针锋相对。所以，校长黄旭初规定，广西地干校训

① 父亲另文对苏曼还这样的描述："没有书也没有文件，这篇文章（指毛泽东《共产党发刊词》）是从苏曼口中一句一字从头到尾全部背诵出来的。我们听了他的传达，深感敬佩。……苏曼同志在地干校第四大队工作过很短的时间，他平易近人。我是在 1939 年下半年认识他的。我和他相处虽然不久，但他给我留下了很深的印象。"（原载广西军史丛书《八路军桂林办事处——我所了解的广西地方建设干校》）

练毕业的学生，一律要集体参加国民党，集体参加三青团。[①] 他们要保证训练出来的学生都成为国民党、三青团的反动力量。

关于这件事，我听到陈岸同志谈过，在训练学生时，其中有进步的学生，够条件的，我们可以先发展为地下党员，然后批准他集体参加国民党、三青团。因为学校要发动学生集体参加国民党、三青团的时间，定在训练结束的最后一周举行，这样不妨碍我们在学生中发展地下党员。

四、我在广西地干校工作，先在第一大队当小组指导员，第一大队结束后，我参加战地服务团到武鸣一带去活动。那时，日寇已占领南宁，我们打算在沦陷区活动。不久，我被调地干校第三大队工作，一直到广西地干校结束。

[附注]据父亲1970年9月9日一文《我所了解广西地干校的一些情况》："1939年12月左右，广西地干校抽出第一大队、第二大队一部分学生，并配备部分指导员，组织广西战地服务团，到日寇侵占南宁的外围武鸣一线活动。那时是覃景秀（现在南宁民族学院教务处工作，闻已改名石山）负责领队，我也是负责人之一，同去的指导员，记得有潘伯津（南宁地委党校）、曹国智（湖南省教育厅）、罗惠南（柳州人）等。我在战地服务团工作一个月，我带一个中队到武鸣陆干地区刚把团员工作地点安排好，学校即把我调回来了，由覃景秀领导到结束。我回校一个多月，覃景秀和全部学生也全调回来了。据我记忆，战地服务团回来时，第一大队早已毕业，第二大队还未毕业，时间是1940年初的时候。"

在第一大队工作时，发现有一个宜山学生董国忠，有托派嫌疑，在学校进行破坏活动。后来经过全体斗争后，开除他的学籍。但是，董国忠一出校回到宜山，宜山县政府马上安排他的工作。在第一大队时，又发现有一个教音乐的教员叫白原，专门来刺探工作人员的历史情况等，也有好几个小职员，也当了特务来刺探人事等情况，在国民党统治地区，有特务活动是免不了的，大家都提高警惕。

① 据上文：在集体入党、团时，刘毅宣布上级规定，25岁以上学生参加国民党，25岁以下学生参加三青团。无论参加国民党或三青团，均统一由黄旭初当介绍人。填表后举行集体宣誓，黄旭初亲临监誓，并发有党证和团证。

五、广西地干校从第一大队起，就把毛主席的《论持久战》发给学生当主要教材。进步教师、学生在时事座谈、形势分析中，都坚持《新华日报》与《群众》所发表的进步论点，公开阅读进步书报。叶剑英同志曾到该校做有关游击战争的报告，影响很大。[①]

1980 年 4 月 19 日

① 对叶剑英演讲以及其他演讲的知名人士，父亲另文写道："……当年任八路军总参谋长的叶剑英同志，于 1939 年 5 月曾亲临干校作关于抗日游击战争的演说，讲题为《当前战局之特点》。这对学员的思想教育，产生了很大影响。此外地干校还曾请过许多知名人士、专家、学者到校作过报告，如胡愈之、夏衍、沈钧儒、范长江、李任仁、黄药眠、张铁生等，日本反战作家鹿地亘和朝鲜东方战友社李斗山来干校作过演讲。……姜君辰、千家驹都担任过大队指导员。（原载广西军史丛书《八路军桂林办事处——我所了解的广西地方建设干校》）

这篇写于1968年底的“交代”原稿上被当年的阅读者用红笔编了号，在不少词和句子下划有着重号，并在空白处用红笔写了批语，批注即照录如下。

“一个共产党员，应该是襟怀坦白，老实，积极，以革命利益为第一生命，以个人利益服从革命利益；无论何时何地，坚持正确的原则，同一切不正确的思想和行为作不疲倦的斗争，用以巩固党的集体生活，巩固党和群众的联系；关心党和群众比关心个人为重，关心他人比关心自己为重。这样才算得一个共产党员。”

“我们的责任，是向人民负责。每句话，每个行动，每项政策，都要适合人民的利益，如果有了错误，定要改正，这就叫向人民负责。”

附：我的历史问题交代

1939年初，我在象县中学被反动政府免职后，来到桂林找工作。当时，潘伯秀也在宜山中学被免职后，来桂林找工作。听说从前师专校长杨东莼在桂林郊区办广西地方建设干校，我和潘伯秀两人，共同到广西地方建设干校去找杨东莼校长，要求到该校去工作。我们和杨东莼见面后，谈了我们在中学被免职的情况，并表示愿意在广西地方建设干校工作。当时，杨东莼满口答应我们可以在该校工作，由他向伪省主席办一个手续后，即可来校。后来，杨东莼向伪省主席黄旭初签呈请委派我和潘伯秀到广西地方建设干校工作，黄旭初批准了，我和潘伯秀就到该校工作了。我入该校工作时间，大概是在1939年5、6月间。那时，该校第一大队学生早已入校，但第二大队学生还未入校。

我入校以后，在1939年5、6月到1939年11月是在第一大队当小组指导员。1939年12月，我和覃景秀（现在广西民族学院教务处工作）率领由广西地方建设干校部分学生组成的战地服务团，到武鸣活动一个月。1940年初，战地服务团工作尚未结束，学校即把我调回搞第三大队的筹备工作。1940 年 3、4 月间，该校第三大队开始建立，我就担任第三大队小组指导员办公室主任。一直到 1941 年 3、4 月第三大队毕业。第三大队毕业后，我仍在校搞两个月第三大队小组工作总结。1941 年 7 月，广西地方建设干校宣布停办，我才被调到省训团工作。

广西地方建设干校，是广西反动政府训练抗战时期基层政权骨干乡、镇长的一个学校，其本质是反动的。但由于有许多进步人士在校中工作，在该校的某些方面，如个别进步教师在教政治课方面，在时事教育方面，在学生阅读进步书刊方面，在政治问题的讨论方面，也有一些进步活动。但从其本质来看，其反动本质还是（红批“?”）主要的：如各期学生一律集体参加反动党团，如实习方面，具体训练学生当反动基层政权的骨干，如还存在许多专讲本省民团训练的军事课程，以及专讲本省基层政治，讲六法全书的法律常识等反动课程。其目的，就是训练广西基层反动政权的骨干。我在这个学校中，做了一些进步工作（红批“?”），也做了一些反动的工作。现将我做过的工作，作如下具体的叙述。

我当小组指导员时，具体工作是领导二十四五个学生，进行小组学习、工作、生活等集体活动。学生白天是上政治课和军事课时间，小组活动在白天安排的时间很少，每周最多有两个半天，其余都是晚上活动。小组活动，每周星期一晚上，是讨论一周的学习计划，布置一周工作，并进行学习动员的时间。星期二晚上，是准备讨论时事、政治问题阅读参考资料的时间。星期三晚上，是讨论时事、政治问题。星期四、五晚上，是复习政治课程时间。星期六晚上，是开晚会或生活检讨会的时间。

小组指导员的任务，是在大队小组指导员办公室的总安排下，具体指导本小组学生进行学习、工作、生活等活动。每个小组有小组长，副小组长，组内划分四至五个基本小组，每基本小组有基本小组长一人。所以，学生的学习、工作、生活以及思想情况，小组指导员是可以（“可以”处红批“岂止可以”）掌握的。在指导小组活动过程中，要充分发挥学生中的进步分子的作用，以带动中间、落后分子共同前进（红批“?”）。每周讨论的事实、政治问题，都由校本部训练股拟定，每周大队小组活动计划，也是由小组指导员办公室和训练股共同商定的。

当时，小组指导员是侧重时事、政治问题的讨论与课外进步书刊（红批“?”）的阅读方面。有关国内外发生的重大问题都列入讨论范围，参考资料，大都把新华日报、群众、救亡日报当作必要的参考材料。讨论问题后，如有疑难，还可以聘请校外的进步人士来校开座谈会加以解答。如张铁生常来谈国际问题，千家驹常来谈经济问题，叶剑英同志也曾来校一次谈过游击战问题。从今天看来，当时该校的小组活动，大多属于进步性质的活动（红批“?”）。这是抗战初期，我党的书刊在桂林可以公开发行所造成的良好效果。但（红批“岂止也有一些”）也有一些错误的甚至反动的活动。如该校强迫全体学生一律集体参加反动的国民党、反动的三青团。在集体参加反动党团的那一周，规定要讨论该校教育长杨东莼的参加反动党团的动员报告，用一周的时间来搞集体参加反动党团活动，即是一个典型的例子。

此外，小组指导员，还要指导学生在学校生活竞进会的领导下，搞学习竞赛和工作竞赛等等，那是属于全校性的活动，要发动本小组学生积极参加。我在第一大队担任小组指导员时，大概搞的就是这些。我在第一大队当小组指导员时，学生中的小组长是陈宪章，此人现可能在南宁工作。我离开该校后，就不知道他的情况，听说 1957 年划为右派，以前是在艺专工作的。

我在第一大队学生毕业后，曾被该校派到由该校部分学生组成的战地服务团工作过一个月，原拟一面在武鸣搞战地工作，另一面打算深入南宁沦陷区搞敌后工作。但由于时间短促，只把队伍分布在武鸣附近后，我就被调回校了。深入南宁沦陷区工作，还未能进行。

1940 年 4、5 月间，我在第三大队当小组指导员办公室主任。是专管全大队的小组活动计划、指导工作的。每周小组活动的计划，是和训练股商量后由训练股写出来，经中队指导员讨论后，作成决定，共同执行。当时的中队指导员是蔡冷枫、张镇道、恽林、蒙贤徵等。每周讨论的时事、政治问题，都是由训练股拟定的。当时拟讨论提的是叶方（现辽宁省委宣传部副部长）。第三大队搞全大队性的学习竞赛、工作竞赛比较经常一些。小组集体教育工作，做得是比较系统一些，这些都是有了第一大队的经验，由第一大队老指导员留在第三大队工作的结果。所以，在小组学习中，进步学生积极起（红批“?”）带头作用，对中间与落后学生的帮助，也做得深入一些。但，第三大队学生，也是依照学校的规定，在将毕业那一个月，划定一周来搞集体参加反动党团的活动。在那一周内，学生普遍被迫学习讨论杨东莼的参加反动党团的动员报告，一律按反动政府的规定，全体被迫参加反动的国民党、三青团。刘毅专门来第三大队解释反动党团入党、入团表如何填写。学生填表后，即举行集体宣誓大会。反动党团入党入团介绍人一律规定填黄旭初。伪省主席黄旭初亲来参加集体宣誓大会，并进行讲话。这些，都属于错误的（红批“仅仅是错误的？”）反动的活动。

此外，第三大队与第一大队不同的是，第一大队没有安排实习活动。该校从第二大队起，在学生学完军事、政治课程以后，来搞一个月的实习活动。第三大队按学校的规定，搞一个月的实习活动。把全大队学生分配在兴安、全州铁路线两侧，实习如何当乡镇长、中学校长、民团大队长的工作。这种实习工作，现在看来，性质是反动的。其反动性表现在：把桂系军阀在广西的基层乡镇、村街的反动封建地主政权当作民主政权来看待。在实习期间，把桂系军阀反动政权的省、县两级所发到基层乡镇、村街两级的政令、法令，当作民主政权的法令，动员说服群众自觉来执行这些反动的政令和法令。实习期间，把乡村的训练民团的军事活动，办村学、办中心校的教育活动，乡、镇长和村、街长执行政令、法令的行政活动，都用动员、说服、教育的方式来进行，美化反动的基层政权，使革命群众自觉执行反动政府的法令，这是完全错误的（红批“仅仅是错误？”）。它起了美化敌人、麻痹群众革命意志、使学生对反动政权形成了错误认识的反动作用。这是丧失立场，投降敌人的严重错误。我去指导学生实习（红批“反革命！”），也犯了这个严重的错误。

我入广西地方建设干校后，在第一大队当小组指导员。1939 年 8 月，杨东莼曾在第一大队小组指导员会议上，酝酿动员第一大队小组指导员带头集体参加国民党、三青团问题。当时，我们将这个情况由地下党小组长潘伯秀向上级反映，经过相当时间以后，潘伯秀通知我说，我们集体参加国民党、三青团的事，上级已经批准了。

1939 年 9 月，该校教育长杨东莼呈报伪省主席黄旭初，指定刘毅、杨东莼、秦柳方、张健甫和我为该校国民党区党部筹备委员（这时，我尚未参加反动党团，既不是国民党员，也不是三青团员），指定刘毅负主要责任。同时，杨东莼又呈报伪省主席黄旭初，指定杨东莼、刘毅、秦柳方、严沛和我，担任伪三青团分团的筹备委员，亦由刘毅负主要责任。这两项反动党团筹备工作，杨东莼事先没有和我谈过。只是经黄旭初批准以后，由刘毅分别用反动党、团名义和我们开过两次会，讨论过筹备工作，亦即讨论在校内贯彻反动上级指示，搞集体参加国民党、三青团工作。当时，大家都没有表示什么不同意见，大家认为由刘毅专联系反动党团上级机关，按反动党团上级机关的规定办理。我参加该校国民党区党部筹备委员和该校三青团分团筹备委员，就是各开过一次筹备会就完了。国民党区党部和三青团分团筹委会，都没有分工，这两项筹备工作，都由刘毅一人负主要责任，由刘毅去和国民党、三青团上级机关联系，按他们规定的办法办事。

1939年10月，该校搞集体参加国民党、三青团活动，由教育长杨东莼对全校师生作参加反动党团的动员报告，报告以后，第一大队学生全体讨论这个报告，讨论后，刘毅即从国民党省党部、三青团支团把入党入团申请表领回来，发给学生和准备入党入团的小组指导员，接着由刘毅指导大家填表，并宣布入党入团介绍人规定填黄旭初。在那一周的星期六，即在该校大礼堂举行反动党、团集体宣誓大会。伪省主席黄旭初亲来监誓，领读誓词，宣誓后并讲了话。我这个筹备委员就是这次集体参加国民党、三青团的。宣誓后，即发给国民党党员证和三青团团员证，算作加入反动党团了。

1939年11、12月间，该校国民党区党部正式成立，区党部原来的五个筹备委员，除刘毅被提升委派为该校国民党区党部书记长以外，其他四个都被国民党省党部委派为该校国民党区党部执行委员。我也接到国民党省党部委派为执行委员的委派令。该校三青团分团正式成立时，我没有参加，我只当过一个多月的筹备委员。国民党区党部正式成立时，刘毅曾召开一次会，宣布正式成立，并决定区党部下设区分部，区党部今后除每期专搞学生集体参加反动党团活动外，还要负责指导各区分部工作。执行委员之间没有分工，一切大权由刘毅一手包办。记得该校下设五个至六个区分部，区分部书记，是由刘毅呈报伪省党部委派的。校本部有两个区分部，各大队各有一个区分部。当时，区分部的活动是每月开一次会，讨论刘毅从国民党省党部领会的铅印文件，主要是人民公敌蒋该死的《训话》，讨论后，由刘毅搜集情况上报。

大概是1940年内，正值伪国民党省党部召开全省干部会议期间，刘毅曾召集广西地方建设干校国民党区分部书记以上的干部到伪国民党省党部去听过伪国民党省党部书记长杨叔葆的一次训话，训话的内容我忘记了，这一次我也参加。

该校国民党区党部自1939年9月筹备时期起，到以后正式成立，以及1941年6月该校结束时止，将近两年时间，每期均按黄旭初的命令强迫学生集体参加反动党团。该校每期学生为五百人左右，一至四期，共强迫学生二千人左右集体参加反动党团。

我是一个地下党员，我集体参加反动的国民党、反动的三青团，虽经上级批准，但是，后来杨东莼把我呈报当该校国民党区党部筹备委员及三青团分团筹备委员，经伪省主席黄旭初批准后，我参加了国民党区党部、三青团各一次筹备委员会，我并没有将这个问题专门向上级党请示，更严重的是，伪国民党省党部委派我当该校国民党区党部执行委员，我也没有把这个担任伪国民党反动党团骨干的问题，向上级党提出专门的请示。

虽然，我在该校参加伪国民党活动后，刘毅这个特务的所有活动，我是经常地向地下党支书张海鳌和支委黄骏如汇报的。可能他们从我的汇报中了解我在伪国民党中担任的职务，但我没有把在伪国民党中担任反动职务问题专门向上级请示，这是一个最严重的错误。

当时，我思想上以为，参加反动党团既然经上级批准，参加反动党团后一切

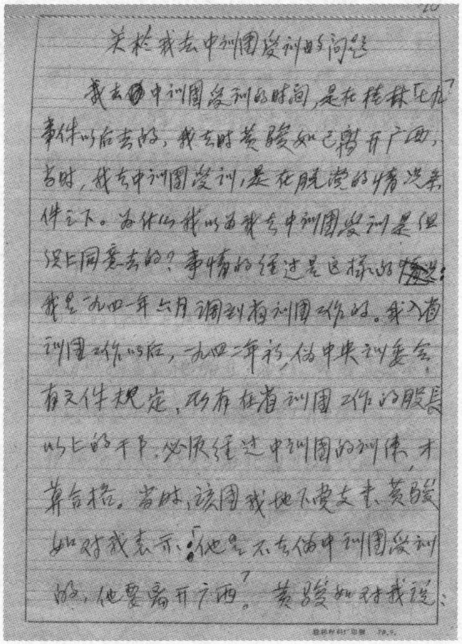

关于我去中训团受训的问题

我去中训团受训的时间，是在桂林"七九"事件以后去的，我去时黄骏如已离开广西，当时，我去中训团受训，是在脱党的情况条件之下。为什么我以为我去中训团受训是经过上级同意去的？事情的经过是这样的：我是一九四一年六月调到省训团工作的。我入省训团工作以后，一九四二年初，伪中央训委会有文件规定，所有在省训团工作的股长以上的干部，必须经过中训团的训练，才算合格。当时，该团我地下党支书黄骏如对我表示："他是不去伪中训团受训的，他要离开广西。"黄骏如对我说：

《关于我去中训团受训的问题》的原稿

活动也向组织上汇报,担任反动党团的职务,自然组织上是了解的。其实这种思想是极端错误的,越是深入敌人堡垒内部工作,越是需要极其严格的纪律,极其密切的请示报告制度,才能保证革命任务的完成。由于我思想上没有把这个问题当作一个严重的政治问题来对待,所以,在解放后,1952年在云南省委及1955年在第一机械部两次审查我的历史时,我都没有向组织上交代这个问题(红批"为什么?")。直至这次史无前例的"文化大革命"中,革命群众对我工作过的单位,和我所认识的每个人员,都进行认真、细致、深入的调查研究,对我工作过的单位内部的进步势力与反动势力,都进行了系统的调查研究,促进我对历史上在广西地方建设干校曾担任过反动党团骨干这个问题的回忆(红批"?")与提高认识。因此,我在南宁地委党校来调查潘伯津历史问题时,谈了我这个历史问题。我觉得目前全校都在大搞三忠于运动,我连自己的历史问题还不能向组织交代,这是对毛主席的最大不忠!不管组织上今后对我如何处理,我应该本着永远忠于毛主席,永远忠于毛泽东思想,永远忠于毛主席的革命路线的精神认真彻底地交代自己的历史问题。

我认为,我在广西地方建设干校,担任过一年七个月的反动的国民党区党部执行委员,没有向地下党上级作专门的请示报告,是完全错误的,性质是十分严重的。在担任国民党区党部执行委员期间,在杨东莼、刘毅贯彻执行黄旭初的反动指示下,把该校四期学生共二千多人均强迫集体加入反动党团,为反动的国民党、反动的三青团大大地扩大了反革命的势力,在这个问题上,我是执行委员之一,我对人民是有大罪的!我担任该校伪国民党区党部执行委员这个历史问题,直到"文化大革命"进入全面胜利时期,才向组织上交代,这是对毛主席最大最大不忠的表现。我现在正式向组织上交代,愿意接受组织上任何处分!至于我担任第三大队小组指导员办公室主任时期,具体执行了学校强迫第三大队学生集体参加反动党团的计划,以及具体执行了学校规定第三大队学生的实习计划,这些都属于反动的工作,我对人民是有罪的!请求组织上给予我以严重的处分!我在广西地方建设干校,只写过一篇文章,是总结第三大队小组工作经验的,登载在该校《两年来的干校》上,请革命群众审查!请组织上审查!

1941年3、4月,第三大队毕业后,刘毅到桂林伪市政府当科长,该校国民党区党部书记长是当时代理教务长张健甫代理，我从来没有代理过区党部书记的职务（红批“?”）。

1941年7月，我被反动政府调到省训练团当该团训导处股长（红批“?”）。是未入伪省训团以前，就接到该团的委任状的。伪省训团为什么要调我去，原因我不知道（红批“?”）。接到委任状后，我就去了（红批：“据敌伪档案证实，1941.8以前，即1941.3第三期至第五期任指导员，1941.8第六期起才任训练股股长。”）。伪省训团开始时是卢象荣当教育长，以后是倪仲涛（桂林人），训导处长是詹北辰，詹走后是潘昆华（潘是师专第一届学生，解放后听说已外逃）。训导处下设两个股，一个训练股，我当股长。一个是辅导股，先是周克邦当股长（此人情况不明），后是蒙方候（此人情况不明）当股长。训练股有股员何明（现在岑溪或者藤县当副县长）、阮钜龄（现名阮亮，在宜山师范教书）、方元士（画家，可能在桂林）、易子史（上海人，现状不了解）、李克耐（女，情况不明）五人。训练股主要管的业务是：编排每周小组讨论时间表和负责小组讨论结论的编写及会场布置工作。易子史负责每周时间表编排，兼编写小组讨论结论，何明、阮钜龄专负责编写每期小组讨论结论，李克耐负责小组讨论资料工作，方元士负责会场布置。

小组讨论题目，大都照抄伪中训团的题目，因为詹北辰、潘昆华先到中训团受训过，讨论题目是他们提出经伪教育长倪仲涛批准的。训练股做的工作是：讨论前公布题目、讨论大纲及参考资料，讨论后搜集讨论意见，编写结论，印发学员。每个讨论题结论的编写，是由股员根据学员讨论意见写出，经股长看后送处长审查定案，呈教育长批示后印发学员。方元士专门负责布置会场，凡开全团性大会都由方元士负责。学生每期受训四周即毕业，每周至少讨论一次，最多两次。讨论题目，第一周是以黄旭初开学典礼讲话为中心讨论一次，以参加反动党团为中心讨论一次，还有按各期不同的调训对象讨论一些专业问题。如调训伪县政府的民政科长，则讨论民政问题，调训对象是财务科长，则讨论财务问题等等。讨论业务问题是伪省政府各厅出的题目，有些结论是由各厅来做的。我在伪省训团当训练股长，一切工作都由上级进行具体的规定，我只能按照倪仲涛、训导处长詹北辰、潘昆华的意见办事。

我入伪省训团工作后，我是参加过国民党的，国民党把我编入训导处的区分部。我是一个普通的国民党员。区分部书记，先是詹北辰，后是潘昆华。区分部共有七八个国民党员，也没有指定区分部委员。伪省训团有伪国民党区党部的组织，书记长估计可能是倪仲涛或主任秘书谢慰慈兼任。区党部委员是谁，我不知道。谢慰慈现可能在桂林一个中学教书，倪仲涛可能释放回桂，可以查证。当时，省训团教务处长白鼎新（此人情况不明），指导员办公室主任梁镜（此人情况不明），这些都是伪省训团的骨干，可以在他们中查明该团伪国民党区党部的情况，我在伪国民党区分部，每月讨论一次伪省党部印发的文件，主要是讨论人民公敌蒋该死的《训话》。

由于伪蒋匪中央规定，所有省训团股长以上的干部，一律要经过伪中央训练团训练，才能担任。当时，我请示地下党支书黄骏如（现名黄贻嘉，在广东佛山专区教师进修学院工作），黄骏如再请示上级后，对我说："组织同意我去伪中训团受训，并要求我争取当黄旭初的干部，以便更好地作掩护工作（红批"做什么掩护工作?"）。"1941年11月，我和伪省训团指导员刘健雄（此人是师专第一期学员，解放前后情况不明）一同乘汽车经贵州到重庆伪中训团第廿四期受训一个月。

伪中训团第廿四期，全是训练教育方面的学员，包括大学校长、训导长、教育厅长之类的人员。该团的训练是极其反动的训练。训练时间共四周，人民公敌蒋该死，在开学时、结业时、集体参加反动党团举行集体宣誓时，三次出面，亲自放毒。蒋该死的死党陈立夫，亲来讲唯生论的反动哲学。蒋该死的死党何应钦，亲来诬蔑我党，宣扬其反共反人民的滔天罪恶。还有许多伪中央政府的部长也来美化蒋该死反动政权，宣扬一套反动的政令。真是集反动言论的大成，反动透顶！该团训练，以吹捧人民公敌蒋该死、诬蔑我党、阴谋分裂破坏抗战为重心。陈诚出马讲所谓"领袖生活"，美化吹捧蒋该死。何应钦、陈立夫、朱家骅等从各方面诬蔑、攻击我党，阴谋分裂破坏抗战，对敌人准备实行投降政策。伪中训团几十种讲义，没有一种是讲对日寇斗争的。

该团实行严格的军事管理，每天整理内务，搞内务竞赛，一律发士兵军服给学员，严格要求军风纪，领扣不扣，不准外出。凡上课、集会、讨论、文娱活动等不准迟到早退，一律由军训人员领队前往参加，使学员像机器一样随着该团的活动时间表而转动，就是大小便也需列入计划，否则就有做不到按时集队的要求，真他妈的混蛋！该团训练四周，第一周以开学典礼为中心，第二周除讲课外搞内务竞赛、集队竞赛、实弹射击等军事管理活动，第三周搞集体参加反动党团活动（已参加者则不再参加了），第四周搞毕业典礼。这是一种极端反动的反共反人民的训练。在该团训练期间，我只和刘健雄有接触，其他人我都不认识。毕业以后，我和刘健雄由重庆搭轮到湖北的三斗坪，步行到湖北津县，搭船到常德，然后搭火车回桂。受训回桂后，我将中训团受训的情况向潘伯秀作了详细的汇报，由他转达上级。当时，黄骏如不在家（红批“？”），地下党与上级联系的是潘伯秀。我地下党在伪省训团有一个支部，支书是黄骏如，我和潘伯秀是支委，潘伯秀负责组织，我负责宣传。党员有宋玉田、粟捻等。我在中训团受训回来后，编入中训团在省训团的学习小组，小组长是倪仲涛。这个学习小组开过两次会，一次是成立大会，主要是宣布成立，并举行聚餐。第二次是陈立夫来桂，中训团在桂林的同学开欢迎会，在乐群社聚餐，会上黄旭初讲了话，陈立夫也讲了话。第二天，他们的讲话都登载在桂林的扫荡报上。以后，我调到贺县中学当校长，就没有参加省训团这个中训团同学小组的活动了（红批“在这个小组内干了什么勾当？”）。

我在省训团工作时间是1941年7月入团，到1943年8月离团，共计两年时间。在这段时间内，我始终担任该团训练股长的职务。曾经组织批准去过伪中训团受训一次。在该团工作的地下党员，最先离开是粟捻，然后是潘伯秀、宋玉田。在1942年“七九事变”后，黄骏如也奉令撤退了，只留下我一个人在该团工作。自从“七九事变”后9月间黄骏如离开该团后，组织上始终没有派人和我联系（兰批“为何只身留下？必有问题。”）。直到1943年下半年，我调到贺县中学当校长以后，组织上才派吴赞之（现梧州地委书记）和我联系，经审查后接上关系。我在伪省训团时期，写过七八篇总结广西地方建设干校第三大队小组训练的文章，登载在伪省训团的团刊上。那时，潘伯秀是团刊的编辑，是他向我约稿的。这七八篇文章的内容，是谈小组集体教育制度、小组训练计划、小组训练与其他方式训练的配合等等。我在白区搞地下工作时，还有一份存稿。以后决定去搞武装斗争，就把这些文章甩掉了。请查伪省训团团刊《行政与训练》上，可以查到这些文章的。我是用路伟良的原名写的。

伪省训团，是一个反动的训练机关，专门训练伪县政府科长以上的干部，包括伪县长在内。每月训练一期，每期训练四周。第一周以开学典礼为中心，讨论黄旭初开学典礼的讲话，第二周是业务训练，并开展军事管理方面的竞赛。第三周是集体参加反动党团活动，第四周是结业典礼。讲课的教官，都是伪省政府的各厅厅长，国民党省党部书记长等等，学生也有小组组织，小组有指导员，这些指导员或者是伪县长充当，或者是准备充当伪县长的人担任。都是一窝子反动骨干分子。省训团教育长，先由卢象荣充当三四个月，以后由卢象荣的小舅子倪仲涛负责。倪仲涛把他的主要骨干谢慰慈安排当主任秘书，把潘昆华安排当训导处长，官屏中当教务处长，白鼎新当总务处长，张景德（此人情况不明）当军训大队长，把伪省训团这个反动机关实行控制起来。它是以培养黄旭初的反动爪牙为中心的反动训练机构。我在伪省训团当训练股长，虽然做些安排每周讨论活动时间表，布置会场，审查编写小组讨论结论等具体工作，但一切要按照倪仲涛与潘昆华的反动指示办事，如讨论参加反动党团这些问题，结论是完全错误的，但你也不能不照学员的错误意见来做结论。因此，在伪省训团工作，我是充当倪仲涛、潘昆华的一名走卒。

我在伪省训团工作的这一段时间内，桂林曾发生过“七九事件”。当时，黄骏如向我传达：苏曼、张海萍、罗文坤同志因给特务严密监视，不能逃脱。苏曼担心张海萍、罗文坤这两个女同志受不起特务严刑拷打，怕泄漏组织秘密，决定三人集体自杀，以保卫党的秘密。黄骏如并传达上级指示，立即进行气节教育，以季米特洛夫为榜样，在敌人的法庭上、监狱中、刑场上，一定以季米特洛夫的英雄气概与敌人进行坚决的斗争！黄骏如和我在伪省训团工作，再过一个多月，在 1942 年 9 月，黄骏如也准备撤离伪省训团到广东工作。我们这个支部的党员绝大多数已离开伪省训团，只剩下我一个人在该团工作，我们这个支部没有遭到破坏（兰批“?”）。

在 1943 年下半年，我准备调到贺县中学当校长时，宋玉田和潘伯秀来到桂林。先是宋玉田向我反映，潘伯秀近来悲观失望，对国内外形势十分悲观，认为德国希特拉已打到苏联首都莫斯科城附近，在苏联南部又打入史大林格勒城内，世界革命遥遥无期。国内，日寇又节节向大后方进逼，国内革命也遥遥无期，加上他的叔父潘炳煌要威胁他到特务头子梁学基那里自首。他是极度的悲观失望的。当时，我也没有组织关系，无法请示组织，但我也没有将组织没有和我联系的问题向宋玉田谈。我当时和宋玉田商量，约潘伯秀去谈一次，帮助他，看看能否改变他的悲观观点。宋玉田也同意这个意见。于是，我和宋玉田便约潘伯秀到漓江对岸，即现在两江口的荒地上谈过一次话。我和宋玉田都批评潘伯秀的悲观失望观点，并鼓励潘伯秀不要怕他的叔父的威胁。但潘伯秀始终坚持他的悲观失望观点，对他叔父威胁他的问题，他不表示态度。由于我们帮助没有效果，这个会便不欢而散了。后来我和潘伯秀便没有联系了。潘伯秀何时叛变自首，我的确不知道。以后，我到贺县中学当校长，潘伯秀托人寄一封信给我，内容仍是悲观失望，我也根本没有给他复信了。1945 年 7、8 月我辞掉贺县中学校长职务，到桂林师范教书，听到陶保恒（现在区民族学院中文系工作）说：潘伯秀真是没有骨头，到敌人那里自首了。我才确实知道潘伯秀已自首叛变（红、兰批"？"）。

我所交代的就是这些，请组织上审查处理！

斗批改小组转呈：我院革命委员会！工人毛泽东思想宣传队负责同志！

杨江

1968 年 12 月 11 日

我所了解的广西地下党的情况

一、一九三六年

我是一九三六年六月底，在南宁经同班同学郭英布介绍（郭英布抗战时期病死）加入中国共产党的。那时，我和郭英布刚在师专第二届毕业，在南宁等候反动政府分派工作。郭英布则是当时南宁初中学生黄孔修介绍入党的（黄孔修

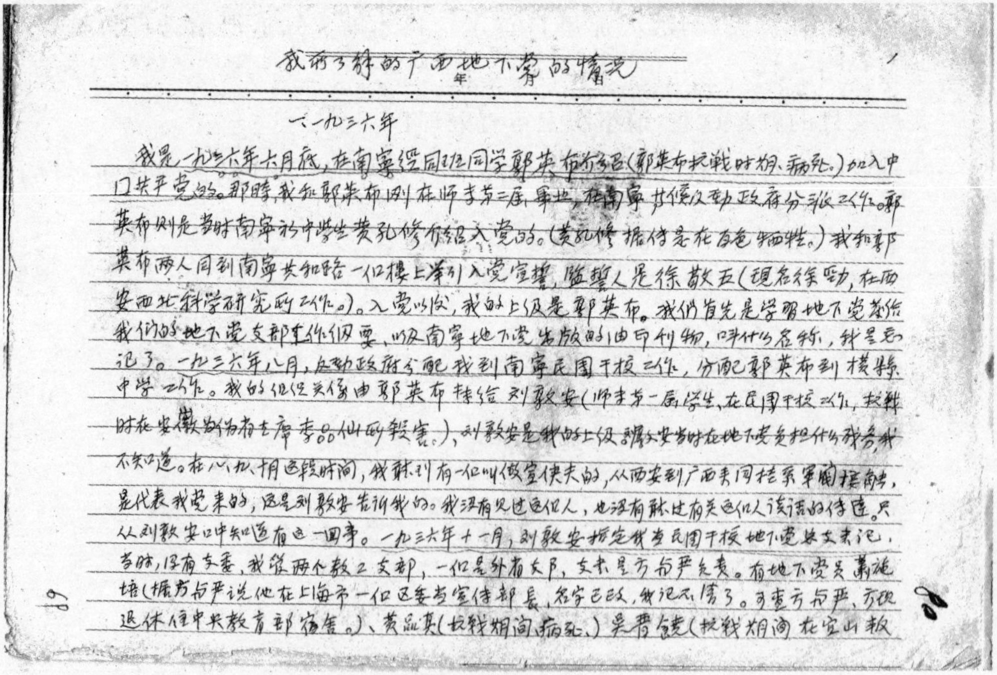
我所了解的广西地下党的情况 1

一、一九三六年

我是一九三六年六月底，在南宁经同班同学郭英布介绍（郭英布抗战时期、病死。）加入中国共产党的。那时，我和郭英布刚在师专第二届毕业，在南宁等候反动政府分派工作。郭英布则是当时南宁初中学生黄孔修介绍入党的。（黄孔修据传是在百色牺牲。）我和郭英布两人同到南宁共和路一个楼上举行入党宣誓，监誓人是徐敬五（现名徐劲，在西安西北科学研究所工作。）。入党以后，我的上级是郭英布。我们首先是学习地下党发给我们的地下党支部工作纲要，以及南宁地下党出版的油印刊物，叫什么名称，我是忘记了。一九三六年八月，反动政府分配我到南宁民团干校工作，分配郭英布到横县中学工作。我的组织关系由郭英布转给刘敦安（师专第一届学生，在民团干校工作，抗战时在安徽为伪省主席李品仙所杀害。），刘敦安是我的上级。刘敦安当时在地下党负担什么职务我不知道。在八、九、十月这段时间，我听到有一个叫做宣侠父的，从西安到广西来同桂系军阀接触，是代表我党来的，这是刘敦安告诉我的。我没有见过这个人，也没有听过有关这个人谈话的传达。只从刘敦安口中知道有这一回事。一九三六年十一月，刘敦安指定我当民团干校地下党总支书记，当时，没有支委，我管两个教工支部，一个是外省大队，支书是方右严负责。有地下党员萧施培（据方右严说他在上海市一个区委当宣传部长，名字已改，我记不清了。可查方右严，方现退休住中央教育部宿舍。）、黄品真（抗战期间病死。）吴费镌（抗战期间在宜山被

《我所了解的广西地下党的情况》手稿

据传是在百色牺牲)。我和郭英布两人同到南宁共和路一个楼上举行入党宣誓,监誓人是徐敬五(现名徐劲,在西安西北科学研究所工作)。入党以后,我的上级是郭英布。我们首先是学习地下党发给我们的地下党支部工作纲要,以及南宁地下党出版的油印刊物,叫什么名称,我是忘记了。一九三六年八月,反动政府分配我到南宁民团干校工作,分配郭英布到横县中学工作。我的组织关系由郭英布转给刘敦安(师专第一届学生,在民团干校工作,抗战时在安徽为伪省主席李品仙所杀害),刘敦安是我的上级。刘敦安当时在地下党负担什么职务,我不知道。在八、九、十月这段时间,我听到有一个叫宣侠父的,从西安到广西来同桂系军阀接触,是代表我党来的,这是刘敦安告诉我的。我没有见过这个人,也没有听过有关这个人谈话的传达,只从刘敦安口中知道有这一回事。

[注]:据陈岸《我的革命生涯》载,1936 年 3、4 月间,桂系为培养他们的基层干部,将龙州、百色的民团分校和广西国民基础教育研究院合并,成为广西民团干部学校。

一九三六年十一月,刘敦安指定我当民团干校地下党总支书记。当时,没有支委,我管两个教工支部。一个是外省支部,支书是方与严负责,有地下党员肖施培(据方与严说他在上海市一个区委当宣传部长,名字已改,我记不清了。可查方与严,方现退休住中央教育部宿舍)、黄品真(抗战期间病死)、吴晋饶(现情况不明)。一个是本省支部,支书由我兼任。在一九三六年十一月到一九三七年四月这段时间,陆续编入这个支部的党员有潘伯秀(现百色高中副校长)、陈业堃(现玉林中学校长)、李祖洳(现平南中学校长)、晏本萌(玉林人,现情况不明)、潘伯津(现在南宁地委党校工作)、凌焕衡(现可能在靖西中学工作)等。我的上级是刘敦安,民团干校地下党总支,是属于地下党军事部门领导的。当时,省军事部门领导两个支部,一个是民团干校总支,一个是伪军校的地下党支部,支书是张镇道(解放战争时期,在广东北江打游击时光荣牺牲)。在这段时间内,我们党员的主要任务,是搞抗日宣传、教育活动。刘敦安曾编了一本东北义勇军的书,在南宁自行出版,在学生中出售。党内听不到什么传达。

[注]刘敦安(1908—1943)广西博白人。1932 年入广西师范专科学校,1936 年 1 月在香港加入共产党。同年夏在民团干校当教员,11 月,任中共广西省军团书记,领导南宁军校、民团干校及左右江游击队的党组织工作。1938 年 4 月广西整党时被怀疑为“托派”,不能登记党籍。5 月,随桂

系部队赴安徽抗日前线，到武汉八路军办事处时得以恢复组织关系。先后任皖干部训练团皖东训练班教育长、桂系第二十一集团军少校，为集团军中共地下党组织负责人。1943 年 9 月因身份暴露，在立煌县(今金寨县)被捕，12 月牺牲。

二、一九三七年

一九三七年五月，我被调到省军事部门担任联络工作。我的上级是刘敦安，这时，我知道省军事部门是由刘敦安、麦世法(师专第一届学生，一向为刘敦安的得力助手，在安徽被伪省主席李品仙所杀害)、张镇道三人负责，刘敦安负主要责任。省军事部门与地下省委如何联系，我不知道。但我第一次认识陈岸(现在区民委工作)，是刘敦安在他家里给我介绍的。他只介绍陈岸这个同志，陈岸担任什么职务，他没有介绍。我和陈岸第一次见面，并没有谈过话。刘敦安介绍陈岸后，陈岸即离开刘敦安家了。

[注]：据陈岸《我的革命生涯》，陈岸于 1937 年 4 月辞去省工委书记职务，时任省工委委员，1938 年 4 月任省工委书记。

一九三七年初，南宁民团干校外省支部支书方与严的关系暴露，当时方与严对我说他是共产党员，反动政府已知道，准备即要他离开广西。谁暴露他的关系，他没有对我说。他和我谈后，即带着行李离开广西了。

一九三七年五月，我搞省军事部门的

陈岸伯伯、陈贞娴阿姨是父母的老朋友，陈伯伯曾担任过广西地下党负责人，也是父亲的老上级，现在他们俩老均已辞世，特此表达对他们的怀念。照片背面写有：杨江同志惠存 陈岸 陈贞娴赠 1954 年 2 月。

联络工作，曾经接待过两个人。一个是南方特委派到左右江根据地韦高振（此人情况不明）那里担任政治工作的人，他路经南宁，在南宁住过半个月，等候左右江同志来接，这是我接待的。这个人姓名都忘记了，他自己介绍是南京人。另一个是左右江根据地派来接派去韦高振那里搞政治工作的人，这人叫黄桂南。他到南宁住了几天，即把南方特委派来的人接走了。我搞联络工作，除了接待过这两个人外，还受刘敦安的直接指挥，到南宁几个大旅店去收外边与刘敦安联系的信。我就专搞这两方面的工作。

一九三七年七月，刘敦安指定我到桂林开会，要我去找徐敬五，我找到徐敬五后，徐约定我一个晚上到桂西路一个裁缝店楼上开会。参加会议的有徐敬五、陈岸、陶保桓、我和另外一个不相识的人，姓名都忘记了。是徐敬五主持会议。会议内容是动员群众参加抗战问题。会上，我记得陈岸的发言是说：桂系军阀李、白、黄匪帮，用抽丁征兵的强迫办法，要群众上前线抗战，对征兵家属毫不照顾，特别是贫苦农民意见很大，我们应该组织群众对反动政府进行斗争，贫苦农民兄弟参加抗战，家庭生活困难，必须由政府解决等等。徐敬五的发言是：发动各方面的群众参加抗战的意见。这个会开两个晚上便结束了。这说明刘敦安和徐敬五也是有关系的。

［注］：据陈岸《我的革命生涯》，1936年10月广西省政府迁到桂林后，中共建立了桂林县委，书记徐敬五，委员陶保桓、龙德洽、曾世钦、庞敦志。

一九三七年八月，广西发生王公度案，反动政府大捕我党同志。我参加桂林会议后回到南宁，见到刘敦安，他即告诉我麦世法、蒋汝志（现在邕宁高中当教导主任）被捕，叫我不要人民团干校，即在南宁市内暂住，等候组织上指示。大概在一周之内，组织上决定我即撤离南宁，要我和刘敦安到万岗去。刘敦安搭船上百色，由百色转万岗。我即去宾阳找组织关系，由宾阳组织送到万岗去。我即步行到宾阳，由于在宾阳找不到组织关系，我无法到万岗去，只有回家躲避两个月。直到报上公开宣布国共合作后，我才到象县中学工作。

三、一九三八年

一九三八年，我全年都在象县中学工作。一月到四月，我没有组织关系。

当时，潘伯秀在宜山中学工作，我和潘伯秀有一般通信关系。一九三八年四月，陈岸来到象县中学找我，说到王公度案发生后，有托派分子钻入我党，现在要重新登记党员，他了解我和托派没有什么关系，所以来接我的组织关系。并说到刘敦安、麦世法和托派关系没有搞清，没有登记。当时，我虽然对刘敦安、麦世法问题没有表示意见，但我对组织上这个决定是抱怀疑态度的。据我知道，刘敦安、麦世法在师专第一届学生中，是与师专第一届学生中的托派分子谭裕（抗战初期到安徽工作，现在情况不明）、覃森（抗战初期到安徽工作，现在情况不明）等对立的。一九三六年下半年，谭裕在伪军校学生中搞托派活动，刘敦安领导我军校地下党支部书记张镇道是和谭裕唱对台戏的。且刘敦安曾对我说过，在大革命时，他在博白参加过革命，搞过农民运动，当时，广西地下省委书记朱锡奎在玉林被反动派杀害，刘敦安也是知道的。一九三六年下半年，朱锡奎的儿子朱为鎏来民团干校读书时，是刘敦安介绍他加入共产党的。现在朱为鎏在北京部队中工作，在这次"文化大革命"中，部队派人来查朱为鎏在一九三六年下半年在民团干校入党情况，我才知道这个人还在。而麦世法无论在师专学习时期，或者师专毕业后工作时期，都是和刘敦安在一起，成为刘敦安的有力助手，和师专第一届学生中的托派分子是采取对立态度的。

一九三八年象县中学没有其他的共产党员，只我一个人和陈岸个别联系。

我在校内搞了一些抗日宣传活动和介绍学生阅读进步书刊的工作。现交通厅厅长韦纯束就是象县中学第一班的学生，我虽然没有教过他们班的功课，但他对我在象县中学工作是有所了解的。

四、一九三九年

一九三九年初，我在象县中学被免职，到桂林找工作，在桂林遇到潘伯秀。当时听说前师专校长杨东莼在桂林办广西地方建设干校，我和潘伯秀同去找杨东莼，他同意我们在地干校工作，他办好请委派手续后，我们就到该校工作了。

入广西地方建设干校后，我和潘伯津、宋玉田、潘伯秀在地下党一个小组内，潘伯秀是小组长，上级是谁当时不知道。

一九三九年八月，该校教育长杨东莼在校内搞集体参加反动党团活动，在第一大队小组指导员会议上提出要所有小组指导员带头集体参加国民党、三青团问题。我们地下党小组由潘伯秀向上级请示，后来潘伯秀通知我，我们集体参加反动党团问题上级已经批准了。当时，我不知是谁批准的。在解放后，一九五四年在北京第一机械部机关党委审查我的历史时，我才知道，我们这次在地干校的地下党员集体参加国民党、三青团的事，是经过当时南方局的负责人石磊（现名曹瑛，在中央对外文委工作）批准的。李克农、董必武同志当时在桂林八路军办事处工作，他们都知道此事。当时广西地下党工委负责人陈岸也是经办此事的。

这一年，我们是学习毛主席的《论持久战》一书，并在学生中进行论持久战的宣传教育工作。

五、一九四零年

一九四零年夏，苏曼来广西地方建设干校，在尧山野外，办了两天地下党干部训练班，专门传达毛主席的指示：中国革命三大法宝——统一战线、武装斗争、党的建设。参加训练班的人有：张海鳌、黄骏如和我三个人。传达以后，我们进行一次简单的讨论。讨论后指定广西地方建设干校地下党建立支委，由张海鳌担任支书，黄骏如为支委负责组织工作，我也被指定为支委负责宣传工作，古梅也被指定为支委，负责妇女工作。这时，我才和张海鳌（现在广州教师进修学院当院长）、古梅（现在广东师院当图书馆主任）、黄骏如（现名黄贻嘉，在广东佛山专区教师进修学院工作）直接有组织关系。

一九四零年四月，我在第三大队工作，在第三大队工作的地下党员有粟捻（广州暨南大学东南亚研究所副所长）、宋玉田（现名宋奋扬，河南第一高中党支书）、张镇道三人。我的上级是张海鳌，我是小组长，我们小组还有一个潘伯津同志。

一九四零年七、八月间，上级指示，因为要清除托派分子出党，党员要重新登记。我们这个小组的党员，据我了解，都没有托派分子，结果，大家都重新登记了。

[注]：苏曼（1914—1942）原名苏裕源，苍梧人。1936年6月和夫人罗文坤在东京加入共产党。

1940 年 5 月，奉派回广西，以教师职业作掩护，8 月成立中共桂林市委，罗任书记、苏任中共广西省工委副书记。因叛徒出卖，夫妇俩和中共南委驻广西特别交通员张海萍于 1942 年 7 月 9 日被捕，狱中坚贞不屈。12 日，国民党特务将其假释回校。为保护党组织的安全，苏、罗、张自缢身亡。

六、一九四一年

一九四一年初，"皖南事变"发生后，广西地方建设干校教育长杨东莼离校，由张健甫代理教育长，接着，地下党支书张海鳌离校回广东曲江工作。一九四一年三月，地下党组织上指定我当该校地下党支书，没有指定支委，我的上级就是苏曼同志，并指定我领导平桂训练班地下党支部。当时，在广西地方建设干校的地下党员有：粟捻、黄骏如、宋奋田和我共五人。平桂训练班地下党支书是张镇道，党员有陶保桓、潘伯津。

一九四一年春，组织上通知要提高警惕，桂系军阀在广西可能更加反动，地下党员活动要更加隐蔽。党的文件不准随身携带，要背熟后向同志个别传达，不准照相，要随时注意是否有特务跟踪，已经暴露的同志，要设法逐步撤离等等。这时，外省的进步人员，逐步离开广西地方建设干校。

一九四一年六月，广西地方建设干校停办，我被反动政府调到伪省训团当该团训导处训练股长。

在伪省训团有我地下党支部组织。地下党支书是黄骏如，支委是潘伯秀和我。潘伯秀负责组织工作，我负责宣传工作，党员有宋玉田和粟捻。

一九四一年十一月，我经组织上批准，曾到伪中训团受训一月，回来后向组织上作了汇报，我是向潘伯秀汇报的，当时，黄骏如不在家。

七、一九四二年

一九四二年初，粟捻离开伪省训团。

一九四二年七月九日，桂林发生"七九事件"。"七九事件"后，我听到黄骏如向我个别传达说苏曼、张海萍、罗文坤三个同志，因给敌人严密监视，不能逃脱，苏曼担心张海萍、罗文坤这两个女同志受不起特务的严刑酷打，怕泄露党的秘密，决定三人集体自杀，以保卫党的秘密。黄骏如并传达上级指示，立即在党内进行气节教育，以季米特洛夫为榜样，在敌人的法庭上、在监狱中、在刑场上，一定以季米特洛夫的英雄气概与敌人进行坚决的斗争！

一九四二年"七九事件"后，宋玉田、潘伯秀都逐步离开伪省训团，到什么地方去，当时他们没有告诉我。

一九四二年九月左右，黄骏如也撤离省训团到广东曲江去了。"七九事件"以后，只有我一个人继续在伪省训团工作，这时，组织上没有人和我联系过。

八、一九四三年

一九四三年秋，宋玉田和潘伯秀到桂林找我，我正准备到贺县中学当校长。据宋玉田反映，潘伯秀近来对国内和国际形势的看法都是悲观失望的，认为国内是日寇节节向大后方进迫，国际上希特拉已打到莫斯科外围，又打入苏联南部史大林格勒城内，世界革命，遥遥无期，加上他的反动叔父又威胁他到广西特务头子梁学基那里去自首，他是极度地悲观失望的。当时，我也没有和组织联系上，无法请示组织。但我也不能将这个情况告诉宋玉田。那时，我只和宋玉田商量，是否约潘伯秀去谈一次，看看能否帮助他改变观点。宋玉田同意这个意见，于是我们约潘伯秀到漓江东岸去谈一次话，结果，潘伯秀经我们帮助后，也没有改变他的悲观失望观点，这个会就不欢而散了。以后，我和潘伯秀便没有联系了，后来，宋玉田因在中学工作时发展过一个党员，这个党员已叛党自首（这个党员的名字我记不得了），这个叛变的党员暴露了宋玉田的组织关系，宋玉田在送我下船去贺县中学时和我谈及这件事，他要求马上离开广西，我当时是同意他马上离开广西的。

一九四三年下半年，我到贺县中学当校长，组织上派吴赞之来和我联系，经过审查后接上组织关系（吴赞之现在梧州地委工作）。

九、一九四四年

一九四四年上半年是桂林大疏散，下半年是日寇入侵了广西，广西沦陷。贺县虽处敌人后方，但尚未沦陷。当时，组织上和我个别联系，要求我继续隐蔽，准备在贺县设立一个与怀集联系的联络站。广西沦陷后，组织上要我继续隐蔽，并争取反动政府武装一部分学生，准备日寇入侵贺县时，上山打游击，但一切行动应听组织上指挥。

在贺县中学工作的有粟捻爱人冯娱修（现在广州的一个中学当党支部书记）、陈贞娴（现在区党委组织部等候分配工作）、何明（现在岑溪当副县长，民主人士）、梁体芳（现在梧州一个中学教书，是民进主委）等人。我和冯娱修、陈贞娴等人都没有组织关系。

组织上派来和我联系的有三位同志，一个是吴赞之，第二个是我不认识的同志，他的名字我也忘记了，第三个是粟捻。

十、一九四五年

一九四五年我仍在贺县中学当校长，日寇未入侵贺县。抗战胜利，一九四五年八月，我辞去贺县中学校长到桂林师范教书。当时，地下党广西工委书记钱兴化名谷风与我联系，我向谷风同志汇报了桂林师范学校情况，并将即要到全州中学当校长的消息告诉他。谷风同志当时即指示，立即建立桂林师范教工地下党支部，指定张镇道当支书，规定张镇道与学生地下党联系的符号。

在桂林师范学校，我的上级是谷风同志，在桂林师范学校的地下党员有张镇道、陶保恒、毛恣观（现在南宁区群众接待办工作）。

十一、一九四六年

一九四六年三月，我到全州中学当校长。我刚到全州还未入校，全州封建势力发动学生搞“留经（前全州中学经正行）拒路（我原名路伟良）运动”。后经地下党向群众说明后，群众对我采取欢迎态度。在全州中学当校长，组织上和我个别联系，曾派过两个同志和我联系，一个是陆翔同志（这个同志现在不知道他的情况了），一个是张镇道同志。陆翔同志和我联系时，说明全州封建势力是很大的，“留经拒路运动”是他们搞的。后来经过我党同志的解释，他们就退缩了。将来一遇有机会，这股反动封建势力又会出来捣乱的，要对全州的封建势力提高警惕性。张镇道同志是约我到桂林来传达上级指示的，他说，他已经奉命撤退出广西，到香港去接受新任务。谷风同志通知我，广西今后斗争更复杂、更艰巨，如果我在广西反动政府中没有什么可靠的掩护，应立即撤退出广西。要我考虑后，立即采取行动。

当时在全州中学工作的进步同志有王松(现在云南新华通讯社工作)、李仲良(在云南宁洱地委宣传部工作)，原来我和他们没有组织关系，解放后才知道，他们两人是共产党员。

十二、一九四七年

我在全州中学反复研究上级要我撤退广西的指示，并与外省工作的熟识人员联系，决定为了不使在全州中学同我一道工作的人员受怀疑，我第一步先去重庆乡村建设学院当讲师，第二步再去接受组织上分派工作。一九四七年五月，我向反动政府正式辞职，说要到大学里教书。经过反动政府批准后，我就到重庆乡建学院当讲师去了。一九四七年七月才到香港找到广西地下党工委书记钱兴(即谷风)同志接上关系，由钱兴同志把我的关系转到南方局，由南方局分配我的工作了。

以上谨供组织上参考

杨江

一九六八年十二月二十七日

父亲遗稿中涉及他在广东、云南活动的有两篇较详细，此稿为其一，写于1969年10月22日，是“文革”交代材料。另一篇是1985年7月云南党史办宋光、陈祖英专程到南宁江滨医院（原广西干部疗养院，父亲一生住得最多的一个医院），对父亲做了录音采访，名《杨江同志谈到云南工作情况》。两稿虽然相隔16年，心态、语言已然今是昨非，但作为原始资料，仍可以相互印证和补充，故把后一稿部分内容作为此稿的补注录入，这一特定时间段父亲其他的回忆材料则作为注释录入。

1948年初，37岁的父亲被南方局派往云南创建罗盘区根据地，那时的父亲，已远非在广西借国民中学校长身份掩护、东躲西藏的地下党父亲所能比的，他带着工作组、电台、活动经费以及方方书记的指示去“搞武装斗争”并“建立根据地”，套现在的话是“搞大项目”。调查研究、化装潜入、改造队伍、培训干部、创建主力、扩大新区、反围剿、迎解放。到1950年5月，这块红色根据地拥有滇东、桂西和黔西南很大一片辖区，仅贵州就掌握20余县的游击根据地。二野从广西进军西南，他们甚至有实力到百色迎军，途中顺便解放了西林、田林两座县城。“杨司令”这个官名，就是在那时叫开的。

“杨江”这个化名，很早我就听父亲说过是广西地下党省委书记钱兴给起的，原话是：中国有条扬子江，你就叫杨江吧。“杨江”这个大号，应该说也是父亲在云南工作时叫开的，云南罗盘区这段故事，是父亲一生故事中最精彩的一个章节，在爱情上也是最精彩的，因为他找到了我们的母亲——他们都干过地下党，又都爱好文学。

为了便于完整阅读，我把母亲最私密的《板桥日记》，以及父亲晚年我为他做的《录音记录》，还有1983年我随父亲重返罗盘根据地时所写的《钟山乡纪行》三文附录于后。

◦ 我在广东及云南工作情况的交代 ◦

1947 年上半年我离开广西及 1947 年下半年我到达香港的情况

1946 年 3 月至 1947 年 4 月，我在广西全州中学当校长。

1947 年初，在桂林师范教书的张镇道同志约我到桂林和他见面，他告诉我："谷风同志通知你，随着国内形势的发展，广西反动政府今后更加反动，是毫无疑义的。如果你在广西无可靠后台作隐蔽，即坚决从广西撤退。"谷风同志要我自己考虑后，即采取行动。当时，组织上没有指定撤退地点。张镇道通知我后，又说：组织上已决定他撤出广西，到香港去报到。他打算不久即动身到香港。我经过张镇道通知后，反复考虑，我以为我在广西虽然当了两次校长，主要靠汤有雁向教育厅长黄朴心推荐的。此外，我还到过伪中训团受训过，除此之外，我在广西并无后台可以依靠。考虑结果，决定坚决执行组织上的指示，马上离开广西。当时，徐坚在重庆乡建学院教书，我曾写信托他带找工作，他答应为我找工作，说该校注册主任有缺，问我愿不愿意干。我决定第一步先离开广西，我就答应他，辞掉全州中学校长职务，于 1947 年 5 月到重庆乡建学院当讲师兼注册主任去了。

重庆乡村建设学院是晏阳初靠美元来办的一个学院。我从 1947 年 5 月起到 7 月中旬，在这个学校工作两个半月。[补]在该校工作情况，已在《有关历史上几个问题具体情况的交代》中作了具体的交代，兹不再及。总的情况是，我在该校工作不久，6 月 1 日反动派大逮捕该校革命师生，6 月以后，我在该校作了一些营救工作，直到该校被捕师生被释放，我亦被辞退以后，便和俞小曼、卢本新、俞小曼的妹妹一同由重庆搭船到武汉，由武汉搭火车经广州到香港。

[补]我去的时候是 1947 年 5 月，4 月去，5 月到。1947 年 6 月，马上就是反内战、反饥饿，学生运动起来了。6 月 1 日，全校的进步老师和学生全部被捕。我新去，敌人不知道我的情况，所以我没有被捕。我在那里继续跟被捕老师的爱人、跟学生，进步的学生、留校的、没被捕的，继续发动罢课，搞了一个月。当时晏阳初在美国，他的爱人是个美国人，他的爱人也同情中国学生的民主运动。她派来一个跟国民党比较熟悉的、重庆警备司令部比较熟悉的人到乡建学院来，主要想调和我们与反动派的关系。经他交涉之后，我们继续罢课，然后在一个月之内谈了若干次。我们组织了一个救援学生委员会，我也参加了那个会。以后经过一个月的交涉，基本上国民党放进步的老师和学生出来了。放出来以后，我也被发现了，虽然在幕后，但我主持继续罢课、救援师生运动，所以也暴露了。我们全部被解聘，那时晏阳初没有回来，解聘后进步老师都放出来了。当时教务主任叶德光也放出来了，晏阳初要他去美国留学，我们也劝他，赶快离开重庆到美国去，不然留在乡建学院，国民党一定会继续逮捕你。他以后也同意，离开重庆到香港，在香港办手续，办好手续后他到美国留学去了。这批进步教师被放出来以后，基本上大部分都到香港。

1947 年，大概在 7 月下半月，我到达香港。[补]在乡建学院时，我和香港的粟捻同志有一般的通讯联系。到香港后，我找到粟捻同志，经过粟捻找

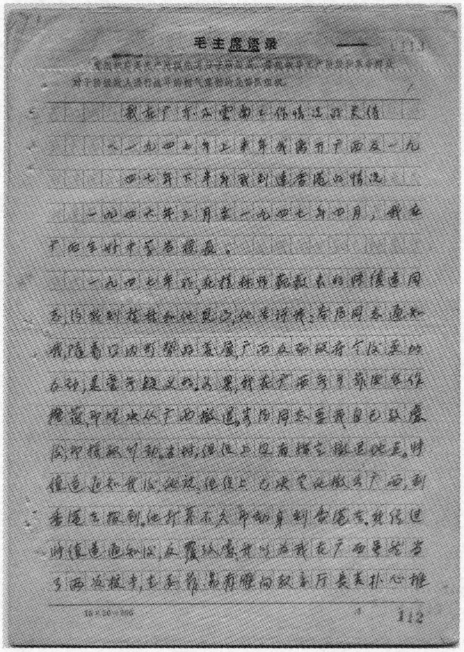
毛主席语录

我在广东及云南工作情况的交待

《我在广东及云南工作情况的交代》手稿

到广西地下党工委书记钱兴[①]同志。钱兴同志约我去谈话时，我才知道要我从广西撤退，是钱兴同志通知张镇道转告我的，谷风是钱兴同志的化名。我即将辞退全州中学校长职务后，到重庆乡建学院工作的情况，以及由重庆乡建学院来香港的情况，向钱兴同志汇报，钱兴同志听了我的汇报后，表示很快即可由组织上分派我的工作。不久，钱兴同志约我到香港九龙一个咖啡店去谈工作，组织上派来和我谈工作的，就是杨德华[②]。

[补]1947 年 7 月到香港，马上找到我那个地下党的工委书记钱兴同志，我说组织上调我出来啦，他说，就是我调你出来。钱兴这人我是见过几面，但他没有讲真实姓名给我，到那时才知道是钱兴同志，原来是跟我接头的那个人。因为我在国民党统治区当中学校长，基本上是省工委直接领导，他不给我与地方发生关系，因为国民党地区是很复杂的，不准我与地方党发生组织关系，不准我与地方党员发生组织关系，他主要把我保存下来，结果我在这种情况下调到香港。调到香港后，见到钱兴同志（这位同志后来成了烈士）。到香港后，他马上把我的关系介绍给南方局，南方局同我接头的，就是杨德华（杨萍）。

杨德华是我们老在一起的同志，不过以前我不知道他有组织关系。1932、1933、1934 年，我们在广西师专读书的时候，那时杨德华当我们的军训大队长，他是黄埔第六期毕业的。到广西工作，他那时没有干教育工作，以后我们认识他，一般讲，他是以进步姿态出现。杨德华原来是在南京参加中共谈判团，在总理领导下跟国民党、蒋介石谈判，他是谈判团成员。后来南京谈判破裂，总理回延安，他就被派到南方局来。南方局当时是方方领导，他在方方领导下做李济深的统战工作。他跟李济深的关系很密切。李济深被蒋介石派部队打汤山，南

---

① 钱兴(1908—1948)：广东怀集县(原属广西)人，原名钱岁年，号发瑞，又名钱瑞年，化名李钱兴。为“毕生要为复兴中华而奋斗”的抱负改名为“兴”。1933 年入读中山大学法学院政治系，1936 年加入中国共产党，1937 年任中共厦门市工委书记，1948 年 11 月，钱兴在中共粤桂湘边区工委副书记兼边区部队副政委任上光荣牺牲，年仅 40 岁。

② 杨德华(1903—1982)：广西来宾人，1938 年加入中国共产党，历任第五战区上校参谋长兼湖北英山县长，1941 赴延安中共中央统战部工作，1945 年参加中共代表团，随毛泽东到重庆谈判。1946 年到中共华南分局工作，1948 年任滇桂黔边纵队政治部主任。建国后，历任广西省政府副秘书长、广西省高级人民法院院长等职。

京汤山时，他是李济深的警卫员，所以李济深全家都跟他很熟，关系很密切，所以介绍他到广西工作，主要是因为李济深。

1947年8月到1947年12月，我在李济深两个叛变的保警中队工作的情况

1947年7月下半月，我在香港经过钱兴同志接上组织关系后，南方局派杨德华来和我谈工作。我以前和杨德华从来未有过组织关系，这次才真正有了组织关系，我的直接领导人便是杨德华。

当时，南方局派我和宋玉田到李济深已经叛变的两个保警中队去工作。杨德华交代我的任务是：这两个已经叛变的保警中队，是以李济深的名义进行活动的，所有军事干部都是李济深的旧部属，要我们对他们做好工作，要把这两个已叛变的保警中队控制在我党领导之下。我到该部队工作，是以李济深代表的名义，当这两个已叛变的保警中队的指导员。

这两个叛变的保警中队的军事方面的领导人，是杨遂良（现广州民革成员）与王（?）大队长。我是与杨遂良在香港见过李济深以后，一道到广州附近这两个已叛变的保警中队工作的。到这个部队后，见了直接拉这两个保警中队叛变出来的王（?）大队长。这时，我对如何搞武装斗争是一窍不通的。杨德华虽然在交代任务时，谈了一些如何打游击的指示，但我还是领会不深的。当时，我思想上以为：既然组织上决定我去搞武装斗争，我就坚决去干，在干中是可以逐步学会的。这时，全国形势是蒋介石反动政府发动对我解放区的重点进攻，已为我自卫战争所粉碎，我正举行全国性反攻。李济深是人民公敌蒋该死的反对派，他和我们搞统一战线，同时，李济深也希望搞自己的武装，这次搞两个保警中队的叛变，就是搞自己武装的尝试。

这两个保警中队叛变以后，有三条轻机，有150支左右的步枪，共有200人左右。由杨遂良指挥，在广东的增城、从化、花县、四会一带打游击。当时，这四个县的具体情况是：这四个县的县城、小城镇及平坝地区为国民党占领，有反动的地主武装。这四个县的深山地区为我游击队的根据地，有我游击队武装。我们这支叛变了的部队就在白区与红区之间、深山与平坝之间一带地区活动。主

要是流寇式的四处流窜，没有根据地地打了四个月的游击。曾开仓济过贫，曾在北江一些据点收过税，扫过四会一个乡公所，也被地主武装袭击过等等。这支部队在打了四个月游击后，生活也难维持。[补]

[补]我一人到新区去了一下，马上碰到机会，住在城里，看到城里有粮仓，马上开仓济贫，干了一下。干了一下以后，李济深交给我们的3000块港币，作为活动费，活动以后基本吃光了。地主恶霸打不下，自己出钱，出钱买当然很贵，所以3000块钱很快就用完了。

领导这支部队的旧国民党起义军官杨遂良，虽然倾向进步，但感到继续维持有困难，最后，经过做了工作，这支部队从上到下，都愿意改编入我党领导的广东地方游击队去。经过这个部队的干部会议决定，愿意改编入我党领导的游击队后，我和杨遂良即离开部队到香港汇报请示。我将四个月打游击情况及部队干部愿意改编入我游击队意见向杨德华汇报，杨德华向南方局请示后，同意我们的意见，将李济深已叛变的这两个保警中队编入我广东地方游击队去。李济深在无可奈何的情况下，也被迫放弃他单独搞武装的迷梦了。宋玉田始终留在这个部队中工作，直到解放。我离开这个部队后，便在南方局训练班学习一个月，以后便由南方局派到云南工作了。

我在这个部队时，对外是负责与我党游击队联系的。曾在增城派潭地区与我党领导的游击队联系过一次，双方拟联合共同攻击国民党一个小市镇，后因敌情有变化，没有实行。对内，我是搞上层工作的，对杨遂良、王(?)大队长，作了一些统战工作，宋玉田是在这个部队中做群众工作的。经过这四个月的打游击实践锻炼，再经过南方局训练班一个月搞武装斗争的经验总结，使我这个知识分子的党员，开始懂得武装斗争的重大意义，以及如何去搞武装斗争一些具体的搞法，检查我在这支已叛变的两个保警中队的四个月工作中，我的缺点错误也是很多的，主要有如下四点：

第一，我那时对武装斗争是一窍不通的。只跟着部队乱跑，对于部队打游击的客观环境，打游击环境中的敌我友力量，是不清楚的，只是盲目地随着军事指挥人员行动，尤其是没有取得当地党组织的领导，所以，不能做到有领导、有计划地处理这支已叛变的部队。

第二，我在这个部队中，只做了一些上层人员的统战工作。下层群众工作、积极分子工作做得很不够，尤其是没有在士兵中进行发展党的工作。所以，部队一直在动荡中，士兵群众虽然思想上倾向我党，但由于我们没有在士兵中发展党组织，不能满足群众需要，这是一个很大的缺点。

第三，当时领导这支叛变了的武装，由于大家都没有打游击的经验，白天隐蔽，黑夜活动，孤军奋斗，缺乏群众联系，缺乏社会关系，只能从事流寇式的四处流窜，过着极不稳定的生活。更由于这支武装的性质，属于不伦不类的"第三方面"的武装，旗帜不鲜明，所以士气不振，不可能来建立革命根据地，这支武装也不可能长期存在，只能得过且过地暂时维持生活。

第四，这支武装，暂时以李济深的名义活动，本身就是一种错误，为李济深单独发展武装，实质上是属于用革命武装的招牌来掩护反动武装力量的存在。所以，从实质上来看，用李济深名义搞武装活动，其本质上就是错误的。正由于我们逐步认清了这种行动的错误性质，最后，我们引导这支部队逐步走上正路。

1948年2月到1950年5月，我被派到云南搞武装斗争的情况

1948年1月，我参加南方局举办的训练班学习一月。[补]1948年2月，南方局派我和罗培元、杨炳南(杨明)到云南去工作。在派去之前，南方局方方①同志在香港召集罗培元、杨炳南、杨德华和我，到他家开会，具体交代任务，我记得方方讲话大意如下：全国形势是中国人民革命战争已发展到一个转折点，已发展到了扭转美帝国主义及其走狗蒋介石匪帮的反革命车轮，使之走向灭亡的道路，推进自己的革命车轮，使之走向全国胜利的道路。我们的任务，是在蒋介石匪帮的大后方，发动群众，大搞武装斗争，以配合中国人民解放军的进攻，迎接

① 方方(1904—1971)：广东普宁县人，原名方思琼，1924年在广州农民运动讲习所学习。1925年加入共青团，1926年转为中共党员。1934年，方方任红军独9团政委兼军政委员会主席，红军长征后，方方与张鼎承、邓子恢等领导闽西南红军和游击队，坚持3年的游击战争。1946年，方方到香港，任中共中央代表，领导华南党组织的工作。解放战争时期，方方先后担任中共香港分局书记、华南分局书记。1949年10月广州解放后，方方任广东省人民政府第一副主席、土地改革委员会主任。

全国的胜利。要求我们到云南大搞武装斗争，建立以罗平为中心的滇桂黔边区根据地，立住脚跟，长期打算，扩大我的力量，打击敌之力量，不断扩大根据地以迎接全国胜利。我被指定为云南工作小组长，罗培元为副组长，杨炳南为组员。我们三人随着来到香港请求南方局派人领导武装斗争的云南建民中学校长刘宝煊及教导主任方仲伯，分批进入云南。原拟根据刘宝煊、方仲伯反映，在云南南方金屏、屏边一带发动武装斗争，以后逐步转到以罗平为中心建立滇、桂、黔边区根据地。

［补］大概到我们训练班一结束，我记得马上要介绍我到云南工作。怎么干？当时杨德华讲，刘宝煊、方仲伯亲自到南方局去请示，说他们在云南很想搞武装斗争，但是没有军事领导。这样一来，就组织一个工作组。因为云南还是国民党统治地区，这个地区有地下党，当时我们不了解，它是多线领导的。中央的关系，实际上是长江局领导。我们派来是三个人，我一个，我当云南工作组组长，第二个是罗培元，他当副组长，现在是广州政协主席。第三个是杨明，杨明后来是广西省科委主席。

……回来参加训练班，大概这个时间是1947年年底以前。这个时间，为什么与方仲伯讲的记忆有所不同呢？我可以讲这么个理由，他是比我先到了南方局请示，因为他在南方局请示时与他爱人郭秀云结婚，在香港结婚我是参加他的婚礼，跟他认识的。参加婚礼马上谈工作，所以他比我们来得早。

我们决定跟刘宝煊他们进云南，进云南是分三批进来。刘宝煊、方仲伯是提前从云贵高原坐汽车回云南的，我们坐飞机飞云南，后来罗培元他们也是坐飞机到云南。

我们两人（指杨明）又分别走，还不是一块走。我是打扮成医生的方式走，我带一箱药，带一箱用具、听诊器一类东西，先到昆明，杨明是以后才来。

所以，我在1948年2月初即到云南，杨炳南随我之后到云南。我们两人先在昆明建民中学了解情况[补]，进而到建水建民中学了解情况，了解结果，知道这两个建民中学都有云南地下党的组织。我们进而与刘宝煊约定到元江、石屏一带了解刘宝煊所掌握的社会关系。我直接到元江迤萨一带与刘宝煊见面，了解他和石屏民主人士李和才的关系，才知道在金平、屏边一带发动武装斗争，条件还不够成熟。李和才的力量，亦为我云南地下党所控制。这时，云南地下党也在搞武装斗争，朱家璧已搞千多武装起义，卢汉正在派保安团围剿朱家璧起义部队，朱家璧那时还是孤军作战。

[补]建民中学既有总校，又有分校。我先到建民中学总校摸情况，摸下去，基本上是地下党领导。我们去接触的人，他也觉得怎么有两个共产党？我说，共产党也可以是多线领导的。摸了总校，一个礼拜左右，那时正是朱家璧快要起义的时候，1948年初。摸了总校，那时朱家璧已经起义了。起义后，我们再去摸分校，在建水。分校也基本上全部是地下党领导的，我把情况多少了解了。

后来刘宝煊直接到滇南，到元江磨黑、迤萨附近，发动李和才起来干。听说李和才的女儿是参加民青的，发动李和才搞起义。我专门到元江、迤萨这边看刘宝煊，我详细问他，怎么起义？知道他基本是搞上层起义，他搞起义也不懂怎么搞武装斗争。我和他谈了以后，我就再回到昆明，回到建水。杨明在建水分校教书了解情况。我把情况对他讲，和他交换意见。我说现在看来，我们由刘宝煊、方仲伯方面插进云南，基本上是地下党领导，可以这样肯定。我说现在我们不要单独搞了，不要单独我们三个人来搞，我们主要把组织关系交给地下党，我们和地下党一起来搞，这就好办了。他也同意。刚刚罗培元也坐飞机来到昆明，他马上与我联系上……

我到云南以后曾经见了刘宝煊两次，一次在昆明的海埂，他在韩子旺（韩敬芝）的佃农家里住，我到那里先见他，看看他怎么打算，他准备到滇南去。后来我在昆明，把建民中学总校的情况摸清后，又到了建水建民中学分校去，到了分校以后刘宝煊就通知我，他说他要在那里发动武装斗争，然后我就到他那里去，我一个人赶着个骡子到迤萨，再过去就是元江，就在方仲伯他们训练干部的地方，李和才的家乡小柏木。

韩子旺算是很好的人，建民中学校长，他是全家一切家产都用来干革命，他是大地主、大资本家。他最信任刘宝煊，把刘宝煊敬在祖宗牌位中。刘宝煊和韩子旺是同济大学毕业，他是学数学的，本来要去美国留学，刘宝煊对他说，你要来顶着，把建民中学顶起来。他认识国民党的行政人员，局长什么的，他说可以。以后把建民中学办红了，老师被逼走了，问他要路费，他马上给。有一次国民党把老师押下，他拿金条去赎老师，他都干。以后刘宝煊去滇南干，当了第二纵队司令员和政委，他专门在那些地方开了几个铺，专门支持刘宝煊部队，要钱给钱，要粮给粮，把他家全部搞光了。所以这个人是个很好的人，最后发展入党。这样个人，后来划成右派，把他的薪水全部抹掉，搞得乌烟瘴气。整党的时候把他开除党籍，怎么是这样搞法？真是岂有此理。我们在他家住时，这个人保卫我们到这样程度，他老婆不跟他睡，他跟我们一起睡，睡在他的床上，这是真正的同志感情，我们很感动。他的老婆也算坚强，后来我在"文革"以后去看她，方仲伯带我去，她在学校里面担任财务工作，管财务的。我为她落实政策的问题，写报告给梁家，梁家都不解决问题。后来又听罗培元讲，你把他的情况写给我，我给安平生提意见，大概也没解决。

这时，罗培元由香港来到云南，他约我到昆明见面。我们在昆明共同交换意见的结果：认为云南已有地下党组织，云南地下党正在搞武装斗争，我们要求上级即打通与云南地下党的关系，以便双方全力开展武装斗争。罗培元亦同意这个意见。1948 年 3 月，我立即派罗培元回香港向南方局汇报云南情况，并要求立即与云南地下党接上组织关系。罗培元回香港不久，1948 年 4 月，华南分局即派郑敦（解放后云南省委组织部长）来昆明，接上我和云南地下党的关系。[补]原来，云南地下党是长江局领导的，为了统一领导，中央将长江局领导的云南地下党关系拨交华南分局统一领导，我们的组织关系便解决了。当时，郑敦传达华南分局的指示，把朱家壁这支起义部队调到中越边境河阳去整训，我被分配到罗平工作。1948 年 5 月，我由昆明搭火车到霑益，由霑益搭汽车到贵州兴义，由兴义转入罗平钟山乡工作。

[补]……（罗培元）汇报后，方方留他做统战工作，不准他回来了。以后杨明看到我去罗平已经走了，他也不去了，他就直接回南方局了，以后南方局再派他来广西。杨明原来是李先念的秘书，中原军区时是李先念的秘书，他在那边打游击打了很久。

郑敦奉南方局的命令到云南来，把我的关系交给郑伯克，递交郑伯克以后，他来同我商量：怎么办？你是跟部队去呢还是到哪里去？我说我还是去罗平。为什么去罗平呢？因为就来的时候，方方约我们四个人谈话，一个杨德华，一个我，一个罗培元，一个杨明，四个人到他家谈话。他谈什么问题呢？他说总的形势你们知道了，现在你们去云南，打游击搞武装斗争，你们在哪里搞根据地？你首先把这个问题搞清楚。他说贵州、云南、广西三省的统治者都是很反动的，你没有一块好的根据地，能够跟三个省的反动势力周旋，你就无法立足，你就无法站得稳脚，你就没办法等到解放大军来，迎接解放大军，你迎接不了，人家就消灭你。你说你现在要去，你要以云南罗平为中心，建立三省革命根据地，以这个为基础来搞武装……所以郑敦问，你去哪里？你跟部队还是搞根据地？我说我搞根据地吧。这样，他跟郑伯克谈，我通过郑伯克马上到了刘清那里。所以不仅南方局方方和我们这样谈，而且在主力部队朱家壁回国以前，专门在主力部队中讨论过这个问题：怎么以罗平为三省革命根据地？唐德锟参加了，都知道。所以这不仅是方方的意见，而基本是中央的意见，中央发的滇桂黔、湘赣粤三个边区，就是把这个当作在敌人地区发展武装力量来突破，然后互相配合，解放全中国。

旧罗平县，原为土霸所统治。县城土霸吴子阶，是全县大土霸，西路诸侯陈寿颐，东路诸侯唐继武，北路诸侯念金阶，都各有三五百人枪，各霸一方，称王称霸。全县仅有钟山乡有我党的群众基础，党员比较集中的地区，有县城、板桥、钟山乡三处。北区、西区亦有部分党员。以云南地下党领导的朱家壁部队起义来到罗平后，我罗平地下党开

背面父亲写有：

任学源同志遗像，1983 年 12 月 14 日任学谦带来桂林。

始注意掌握武装，罗平土霸统治开始分化。县城土霸吴子阶对朱家壁采取中立态度，在我党稍有基础的板桥唐继武、张天禄开始投靠我们，拉起队伍到北路活动，与朱家壁配合。我党直接掌握农民武装的钟山乡，组织了百余人的武装，由党员任学源、唐德锟率领，直接参加朱家壁部队。接着，敌保安团追击朱家壁部队，来罗平扫荡一次。朱家壁率领主力部队转移到弥泸区去了。[注]

[注]据《中共桂滇边区工作委员会》文件(1947.11—1949.7)140页："1948年2月，按云南省工委部署，朱家壁、张子斋等率领党员干部到弥勒西山，与当地人民武装汇合，开展游击战争，组成'一支人民军队'，到5月，主力部队发展到1500余人，正式组建为云南人民讨蒋自救军。"

张天禄等拉起来的队伍，随着敌人的扫荡和朱家壁主力部队的离开罗平而解散了。这是我到罗平以前的基本情况。那时，罗平地下党负责人刘清，正在钟山乡清水河办训练班，训练罗平、师宗等地区的干部。[补]

我们在钟山乡清水河办训练班以后，敌人派一个旅第二次来扫荡罗平。我们在罗平县城附近打击敌人，又在钟山乡龙上天打击敌人，敌深入钟山乡后被迫撤退。

[补]二支队建立以前，我们有几个中心，第一个中心要强调党领导一切，要宣传党领导一切来搞武装斗争，大搞武装斗争，讲形势这一套，这个在干训班做了。第二个，我们的干部是什么干部？主要是学生出身，学生出身的干部怎么变得能领导农民，他能当农民领袖，学生能变成农民领袖，学生的本事就大了。他同农民打成一片，同吃、同住、同劳动，同农民的关系非常好。学生转变为农民干部，这是一个锻炼过程。所以那时候撒你们下去，搞训练班以后撒下去，主要的要去组织群众，因为根据地群众没有组织，它就不成为一个根据地，它不可能作为游击根据地的大后方，你要钱无钱，要人无人。你把群众全部组织起来，在党的领导下，你让他拿什么他就拿什么，你要什么就有什么。所以转变干部的过程，一个是干部深入农村，跟农民做朋友，组织农民，然后在农民中发展党，在贫雇农中发展党，把农民队伍真正搞起来。第二个呢？就是把干部变为武装斗争的干部，领导武装斗争，你单是领导农民还不行……

到那边，我看首先打张口洞，我派张明精大队去，去了以后，我由罗平回来，我很担心，我说不行，他没有经验，我就带一个警卫班，再去张口洞检查，还没到张口洞，敌人是四路纵队，石补天的部队开来了，我叫转到山上去，我们在出水洞，大概靠阿金者那地方休息，天快黑了，我们才下山，敌人已经过了，这是到张口洞驻守的，出板桥的左手边那个村，那里敌人驻了以后烧房子。我们找饭吃，吃过饭后，我们晓得刘清带了部队要去受龙上天，当天晚上提前上了龙上天。这时天快亮了，听到刘清在喊，喊张明精他们不准上山头了。他主要是一线堵截，他不是伏击。所以这样他不懂，我一看，你只能抵挡一阵，敌人很快就会上来。后来我叫部队上后山，上后山以后打响了，敌人坚持上，我们的兵一打响就散了。我带了5个人，我叫他们轮流撤退。敌人到了龙上天，看见我们山上有人，就放两炮下来，我说不要紧，轮流撤退，轮流撤退5个人全部走光，剩下我一个人回去。我知道这部队根本没有组织，还基本是民兵的性质，这样的部队非要重新组织不可。然后我一个人回去，回到乡公所，他们已经走了。第二天我到大山仔，去刘志德家。第二天敌人来了，石补天来了，我跟部队一起上去，一起回到刘国才家，那一带本来很好伏击敌人，刘国才家就在山上，敌人从下面来，我说准备打，刘国才说打不得，一打人家烧房子啦。后来刘国才喊打，我说算了吧。我就跟他们慢慢撤退，撤退到石龙山，将近到板桥了，我一个人下来，我还带了四五个人，我就问他们，我们现在过河好不好？因为在江底附近一过河就是平彝。那五个人说不行，一定要他们的领导人讲一句话，带去可以去，我讲话不灵。我们的干部要锻炼，他不懂党怎么领导军队，领导军队不是打不得，是哪里有利怎么打，怎么消灭敌人。现在受各方面的影响很大，他还是民兵呢，怪不得他。所以后来搞减租斗争以后，慢慢地从下而上组织起来，慢慢地一个大队里有中队，慢慢在群众中发展，部队里慢慢有组织了，有积极分子了，在这个基础上，然后才能指挥，变成党领导的脱产部队，第一步，把这个问题解决。

敌保安旅撤退后，为了进一步发动钟山乡农民群众，在地下党领导下，在钟山乡先组织贫农团，发动一次群众性的减租斗争，普遍打下地主威风，开始树立贫雇农优势，使钟山乡每个村庄初步打下群众基础，而板桥地主则大喊钟山乡搞糟了。

敌人第二次扫荡罗平后，朱家壁主力部队调越南河阳整训未回，党内外对形势的看法，普遍存在认不清形势，不敢进一步发动武装斗争的糊涂思想。我们根据伟大领袖毛主席《目前形势和我们的任务》这篇光辉著作的指示精神，在罗平、板桥以外办党员训练班，讲全国胜利形势，讲武装斗争，讲我党领导一切，肃清一切不敢胜利的软弱无能的思想。要求每个党员做好一切准备，在罗平地区发动群众，进一步开展武装斗争，来迎接全国胜利。这是1948年底的时候，这时，罗平只有临时可集中起来的抗铲武装，还未建立正式部队。当时办党员训练班，对于进一步酝酿扩大罗平地区的武装斗争，有着积极的意义。[注1][注2]

[注1]据《中共桂滇边区工作委员会》文件(1947.11—1949.7)148页：

"1948年9月，中共香港分局委派杨萍到云南了解武装斗争情况，经云南省工委书记郑伯克安排到罗平后，杨萍与刘清、杨江商定成立了罗盘地委。罗盘地委领导云南省的罗平、师宗、平彝(不含普冲区和后所乡)、高良特区(县级)，贵州省的盘县、普安、晴隆、兴义、兴仁、安龙、贞丰，广西省的西林、隆林等县，以及黔西的关岭、镇宁、安顺、普定、朗岱(今六枝)、水城、织金、纳雍、赫章、威宁、修文、息烽、黔西、清镇等县，建立游击武装，开展武装斗争。书记刘清，副书记杨江。"

[注2]另据上文155页："1949年2月，桂滇边工委前委决定成立罗盘区指挥部，统一指挥罗盘地区的游击武装。指挥员杨江，政委刘清，副指挥员张天禄，皇甫侠，副政委张连琛。"

1948年12月左右，在我党领导下，云南弥泸区又新起来一支武装部队，即杨守笃部队。他在弥泸区发动武装斗争后，把平彝、霑益、播罗中学也带到部队里去了，敌人派两个保安团追击他。1949年1月，他率领部队来到罗平，配合罗平县城地下党同志，拿下了罗平县城，随即转到罗平钟山乡我根据地进行修整。[补]

[补]所以杨守笃来了以后，要我们一定要跟他出去，因为单他的力量应付不行，要我们出去这也是应该的，我们的二支队就是这样出去。二支队没有出去以前，主要是训练干部，组织群众，慢慢地让党领导的整个情况，使群众思想上有印象，党领导一切，一切受党领导，开始建立脱产主力部队。

1949年2月，罗平正式建立第二支队，我们与杨守笃部队配合，主动由钟山乡向西、向北出击。我率领钟山乡我党掌握的武装出击罗平北部，杨守笃率领部队向西出击师宗。这样，就把先前训练班所撒下的武装斗争的种子，用主力部队把他们带动起来。杨守笃部队到师宗，打下了师宗县城，把高康所酝酿的师宗武装发动起来了，建立师宗游击大队。二支队出击罗平北路，打了土霸念金阶，把我党在罗平北路的武装发动起来了，建立罗平北区游击大队，由朱辅廷负责领导。这时，两支部队向西向北出击的结果，解放了罗平、师宗两个县，建立了罗平、师宗两个县委组织，建立了罗平、师宗两县的武装组织，建立了罗平、师宗两县人民政权的组织。那时，平彝十八连山地区，正在进行地下活动工作，正在酝酿搞武装斗争。

1949 年 3 月，罗盘区二支队出击平彝十八连山地区。带动我党在平彝十八连山地区的武装起义，打平彝十八连山区大恶霸龙振江，我二支队连续在平彝十八连山区雨汪、黄泥河、付林周围一带活动。十八连山区，以杨雷所发动的农民武装为骨干，正式建立平彝十八连山区游击大队。

这时，罗盘地委正式建立两个主力团，以钟山乡农民武装为基础的二支队，正式改编为廿一团，由李炳华当团长，甘东当政委。以板桥农民武装为基础，正式建立廿二团，由皇甫侠当团长，杨汝林当政委。

这时，罗平与师宗已全面解放，平彝十八连山地区，仍属于游击地区性质。贵州方面，正酝酿在兴义、盘县、安龙等县开展地下工作，积极酝酿开展武装斗争。

1949 年 3、4 月间，滇桂黔边纵司令员庄田率领一支队到罗平。1949 年 5、6 月间，边纵一、二、三支队在罗平会师。我云南讨蒋自救军二支队奉令改编为中国人民解放军滇桂黔边纵第三支队。[注]

[注]据《中共桂滇边区工作委员会》文件(1947.11—1949.7)157 页："1949 年 5 月，罗盘区指挥部所辖云南人民讨蒋自救军第二支队整编为桂滇黔边纵队第三支队(罗盘支队)，但指挥部的机构仍存在。第三支队下辖两个团和一个警卫大队，共 4300 余人。司令员杨江，政委刘清，副司令员皇甫侠，副政委张连琛。"

我罗盘区除两个主力团外[补1]，平彝、师宗、兴义等游击大队发展为三个游击团，另新建盘县游击团，共四个游击团。平彝游击团，由杨雷当团长兼政委，师宗护乡团高康当团长，王泥任政委。兴义游击团，唐德昆当团长，龙树德当政委。盘县游击团龙德麟当团长，王中当政委。罗盘地委正以云南的罗平、师宗、

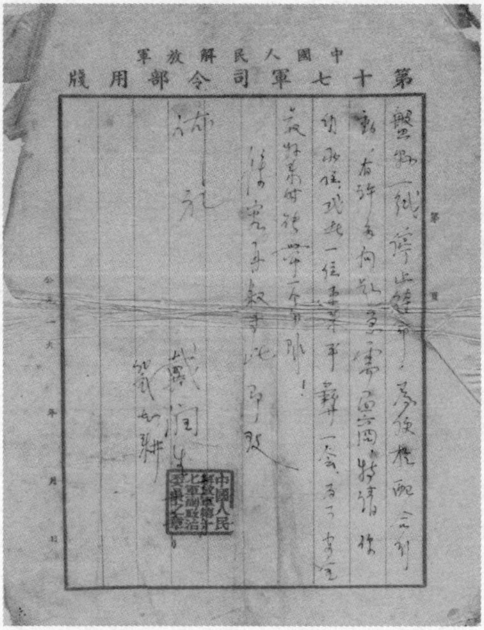
中國人民解放軍
第十七軍司令部用牋

十七军副政委给杨江的信 约1950年(一)

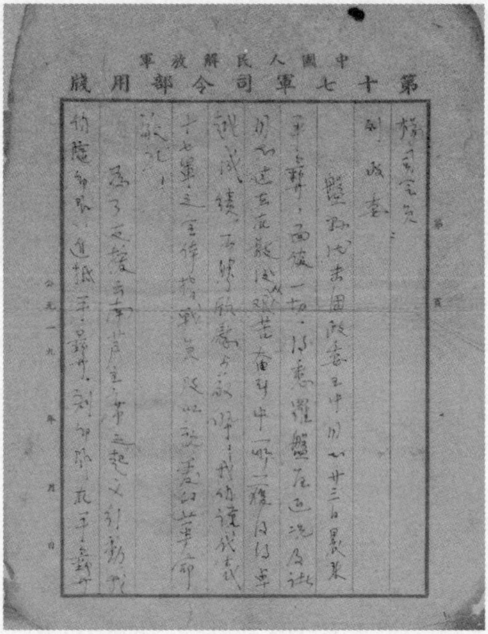
中國人民解放軍
第十七軍司令部用牋

十七军副政委给杨江的信 约1950年(二)

平彝十八连山区为根据地,把贵州的盘县、兴义、安龙等县的一部分地区扩大为游击区。我们的力量,正向贵州逐步推进。

1949年8、9月,我建立贵州方面两个工委,一为兴安工委,张连琛任工委书记,领导兴义、安龙、兴仁、望谟等地区。一为盘普工委,何志翔为书记,领导盘县、普安、晴隆等地区。在武装方面,开始建立两个游击团,即兴义游击团与盘县游击团。贵州方面,由两个工委率领两个游击团负责开辟工作。由于广西西林、西隆方面工作薄弱,滇桂黔边纵司令部调我廿二团到广西工作,由皇甫侠、杨汝林率队前往广西工作。

1949年12月,我人民解放军进入贵州,一部分进驻云南霑益,我奉调到贵阳向二野四兵团汇报工作[补2]。1950年初,我们在贵州兴义与四兵团十四军会师[补3]。接着,卢汉接受我之条件,我四野配合四兵团追歼云南蒋匪残匪伪廿六军，云南和平解放。

[补1]又据1971年6月30日父亲另稿《我所了解滇桂黔边纵21团、22团、兴义游击团的情况》："滇桂黔边纵21团、22团，是我边纵第三支队所属的主力团。滇桂黔边纵没有24团的番号，只有22团。这两个团都是罗平的农民武装组成的。21团是罗平钟山乡农民武装组成的，22团是罗平县板桥、龙岗、八达等乡的农民武装组成的，这两个团都是我党领导下的革命武装。兴义游击团，是由罗平钟山乡的部分农民武装、贵州省及兴义守桥一个排起义武装，及贵州省兴义、捧鲊起义农民组成的，也是我党领导下的革命武装。21团团长李炳华，政委甘东。22团团长皇甫侠，政委杨汝林。兴义游击团团长唐德昆，政委龙树德，政治部主任伍方。"

[补2]据父亲1971年1月20日《关于云南、北京的补充交代》(15页)，他到贵阳汇报的经过是："……当我们正在贵州盘普区活动并积极开展的时候，中国人民解放军已进驻贵阳，以后又进入安顺，其前头部队已进驻云南霑益。中国人民解放军与我盘县游击团接触，经由盘县游击团与我罗盘地委联系，要求我们立即派人到贵阳去汇报情况，地委指派我率领一个班到贵阳向二野四兵团宋政委汇报，我即率领一个班到云南霑益，经滇黔公路直到贵阳向宋政委汇报我区情况，汇报后即回罗平，组织我区迎军工作。这时，四野一个师，二野三个师部署全歼云南伪26军，接着是云南卢汉起义……"

[补3]据父亲1978年8月31日稿《滇桂黔边纵的情况》，会师后，边纵各部队整编情况如下：

"与云南军区会师合编的部队有：第一支队16、17两个团和滇北独立团整编为武定军分区，第二支队全部和第三支队22、24两个团及第十支队45团等部队，整编为宜良军分区。第四支队整编为文山边防军分区。第六支队26、27两个团整编为曲靖军分区。28团由昭通警备区整编。第七支队分别与保山边防军分区、大理军分区、丽江警备区合编。第八支队及滇中独立团与楚雄、玉溪军分区合编。第九支队与思普边防军分区合编。第三支队之21团、盘县游击团、兴义游击团与贵州军区之兴仁军分区合编。至1950年6月，胜利地完成了会师合编的任务。”

我在云南搞武装斗争有两年左右时间，我是负责军事方面任务的，检查起来，军事方面的缺点错误也不少，我觉得有如下主要缺点和错误：

第一，我准备到罗平工作时，滇工委郑伯克在昆明通知我，组织上决定由板桥张天禄出来担任云南讨蒋自救军第二支队司令员，我担任二支队副司令员，要我到罗平传达这个决定。当时，我没有认识这个决定是错误的。因此，我到罗平不久，亲自和张天禄谈过一次话，谈话的结果，张天禄表示不愿意干这件事。那时，正是朱家壁主力部队已下河阳整训，敌人刚扫荡过罗平，环境比较艰苦，动荡，张天禄当时不敢干，是很自然的。我和张天禄谈话以后，就发觉这个决定是错误的，因此，以后我们就再也不向张天禄提这个问题了。现在看来，我当时在罗平板桥向张天禄谈这个问题，就是根本错误的。伟大领袖毛主席教导我们：“危害革命的错误领导，不应当无条件接受，而应当坚决抵制。”我没有坚决抵制这个错误的决定，而去和张天禄谈话，这是准备把军权交给张天禄的严重的政治性错误。

第二，安排杨德光在部队中工作是一个严重的错误。[补]在 1949 年 7、8 月间，陆良伪专员杨体元的大儿子杨德光，曾担任国民党军队中师参谋长，在东北战役被我俘虏后释放回籍。杨德光回云南后，认为只有跟共产党走，才有前途。如是，说服其父亲杨体元，将已有武装百余人枪，率领到罗盘地委（当时是谁介绍他来见我们的，我记不清楚了），声称愿归附人民。当时，我认为杨德光的行动是对的，地主武装，应不容许其存在，只有向人民投诚是唯一出路。他来投靠人民以后，我们将他的武装编入廿二团。杨德光本人及其妻万泽琳以及带来几个干部，在罗平学习并交代他们的历史。据杨德光交代，他一向在国民党军队中当参谋长等类的职务，当时，我以为他是敌伪高级军事干部，没有经过严格的考验与认真的审查，是不能重用的。当时，觉得贵州的工作比较艰苦，便安排杨德光在盘县游击团当参谋，以便进行锻炼与考察。解放后，盘县游击团改编为贵州兴仁分区部队，杨德光调去抗美援朝，抗美援朝后听说复原了。我现在认为，我当时处理杨德光的问题，只考虑到进一步锻炼与考察这个人的情况，没有考虑到他是敌军高级干部，他随时可以伪装积极，打入我内部进行破坏的可能。所以，现在我以为当时安排杨德光到盘县游击团当参谋是不对的，假如他对部队进行破坏，那将是无法加以挽救的。安排杨德光在部队中工作，是我的革命警惕性不高的右倾思想的表现。听说杨德光现在四川工作，请组织上系统查明杨德光在盘县游击团工作期间有无破坏活动。我自己认为把当过敌师参谋长的人进行这样的安排，是一个严重的错误。

［补］父亲遗稿中没有再见到有关杨德光的文字，但有一篇写给云南省委党校办公室有关起义人士梁尔昌的文稿，全文如下：

“来函收悉，关于梁尔昌在边纵三支队入党事，兹证明并提出意见如后：

一、1949年8月，经边纵司令部介绍，梁尔昌等到三支队工作。当时，我们在罗平板桥。当梁尔昌到板桥后，我们首先对梁尔昌的历史作初步的审查。由他自己写材料介绍他在国民党军队中的详细历史，和他在东北锦州战场上集体放下武器的经过，大概经过一个月左右的时间，我们对梁尔昌有了个基本认识，认为梁尔昌虽然当了十二年的反动军官，但他最后在锦州战场上，选择的不是与人民拼个你死我活，而是与该师师长安守仁通过与我军联系，下命令该师官兵集体缴械投降，梁尔昌在这个重要的历史时刻，投入人民这一边，这是为人民立了功。因此，他要求在三支队工作，要求给他在革命实践中有一个考验的机会，我们表示热烈的欢迎。1949年9月，我们派梁尔昌当24团参谋主任。梁尔昌在24团任参谋主任期间，参加过解放广西马蚌和贵州兴义的战斗工作，表现很好。1950年初，梁尔昌向地委写信要求入党，经地委同意，在广西战地办入党手续。对梁尔昌的看法，不仅看到他当了十二年反动军官方面，更重要的是看到他在打内战的战场上历史性的举行战地起义这一点！

二、我认为过去省委党校整党时劝告梁尔昌退党的处理是错误的，没有实事求是地调查研究、分析梁尔昌的历史，分不清梁尔昌的历史功过是非，我认为罗盘地委发展梁尔昌入党是对的，现在应该恢复梁尔昌的党籍。

前滇桂黔边纵三支队司令员杨江 1981年4月15日 桂林”

第三，罗盘地委两个主力团、四个游击团大多是发动农民武装搞起来的。

只有盘县游击团是改造地主武装、改造土匪武装搞起来的，其经过如下：贵州苗族地主龙腾霄是朱家壁军校的同学，朱家壁在云南起义，龙腾霄也想响应，和我们早有联系。但由龙腾霄单独在贵州搞武装斗争，我们是不放心的。所以，在1949年7、8月间，在准备成立盘县游击团的时候，我们将龙腾霄的地主武装与土匪程云飞的武装，从贵州方面全部调到罗平板桥进行训练，经过初步诉苦教育，了解情况后，将部队初步整编，正式建立贵州盘县游击团，派龙腾霄为团长，王中为政委，在我党领导之下，正式进入贵州活动。在贵州活动时期，全歼敌保安团一个连，解放盘县一二个区。这个游击团对地主武装、土匪武装的改造与整编，按当时我们的觉悟与领导水平来看，是不够彻底的。但它的活动时间较短，大概在贵州活动四个月以后，贵州全省解放，即改编为兴仁分区直属部队了。这个团在活动中发生过什么问题，以前我没有发现过。他们进入贵州活动后，我和他们有过三几次联系，主要是他们向我汇报情况。当时，虽然环境艰苦，但他们打了胜仗，扩大了新区，情绪是很好的。解放初期，我在贵州盘县看到他们，那时是执行守桥护路等地方任务了。由于这个团改造地主武装、土匪武装不彻底，可能他们在活动中干了错事没有向组织上反映，还请组织上现在进一步查清他们的活动。如果他们干了错事，那时是我直接领导他们，我应负主要责任。据我了解，解放后龙腾霄是贵州省统战对象，在北京病死。龙德麟转到地方工作了，王中调四川铁路系统工作，多年来都没有联系了。关于盘县游击团改造不彻底问题，我希望组织上进一步系统查清。

第四，1949年8、9月间，贵州修文暴乱头头马怀麟，因反对伪贵州省主席谷正伦，在贵州修文暴动失败，逃出贵州入广西，再到达罗盘地位所在地板桥，自称在贵州有若干地区有他的朋友在反对国民党反动派，要求领导。我们在初步了解马怀麟的历史后，认为马怀麟的关系是国民党狗咬狗的关系，为着进一步了解他的情况，当时，我们派段一方与马怀麟一道进入贵州工作，并对段一方说明，对马怀麟应控制使用，严防他是特务。派出以后，我和段一方均无联系，直到1949年12月，我奉派到贵阳汇报工作，在安顺遇见段一方，才知道他开始在安顺依靠马怀麟的关系，开展工作，直到解放军进入安顺，他才作为罗盘地委的工作人员与解放军接头。他和马怀麟究竟做了些什么工作？我不大了解。

父亲在昆明,约摄于1951年。

现段一方在贵州工作(清查贵州省经委刘清与水电厅王纲正即知段一方下落),请组织上进一步查明此事。

第五,罗盘地委武装斗争,是处在全国解放前夕,时间短、发展快、干部不足、经验缺乏的条件下开展的。当时主要是依靠农民与学生,依靠罗平、师宗地下党力量,在一年多的时间内,要建立革命根据地,在发动群众不充分的条件下,深感十分吃力。当时,以三个省而论,云南方面基础比较好些,贵州方面基础十分薄弱,只能逐步推进,逐步扩大。广西方面基础更加不好,只派一个主力团开始进行活动。因此,在建军方面,正是处在建军初期的状态,不管在部队的群众基础方面,在部队的战斗力方面,在部队的政治思想工作和党的领导方面,都是比较薄弱的。大多部队干部是新干部,他们缺乏斗争锻炼,缺乏武装斗争经验,他们只能边干边学,逐步进步。建军以后,部队散处各地,如有任务,我们检查督促,交流经验,也非常不够。所以,各个部队建立以后,只能维持现状,进步不快,这都是我缺乏领导部队的经验而造成的恶果,不能使部队建立以后,很快即巩固起来,发展起来。

这是我在云南搞武装斗争中的主要缺点与错误。

解放后在云南文山工作情况

1950 年 6 月至 1951 年上半年,我被派到文山地委任书记,兼边防区司令员。我在文山地委工作共一年时间,主要任务是征粮、剿匪、减租、退押、反霸、镇反,为土改做好准备工作。

文山是少数民族杂居地区,人口九十多万,我初到文山地委时,土匪有两万余人,剿匪半年,大部平定,进而发动农民搞减租退押反霸运动。在减租退押反霸运动前,根据云南省委、滇南工委的指示,所有县委主要干部,凡是地方干部而且是地富家庭出身的,一律调云南省委党校学习。县委书记、区委书记,一律由十三军在部队中抽调出身好的党员干部或战士充任,保证领导的纯洁。在减租退押反霸运动以前,根据上级指示,所有分区地方部队连排以上干部,凡属地富家庭出身的,一律调云南省委党校学习,保证部队能直接支持群众革命运动。政权机关,凡是地富家庭出身的主要干部,亦调省委党校学习。这样使得党政军一切力量都支持伟大的农民运动,有利于农民中减租退押的顺利展开,有利于进一步发动群众。结合减租退押反霸运动,接着搞镇反运动,把各县的反革命骨干分子加以镇压,进一步发动了群众。文山地区剿匪工作是有反复的。初期,侧重军事剿匪,不注意民族杂居区的民族政策,剿了半年,虽然土匪大部分肃清,但由于民族政策没有搞好,少数匪首潜居少数民族地区,后来从广西窜来千余土匪,文山区复起来一万多土匪。经过认真总结经验教训,端正执行民族政策,团结了少数民族,孤立了土匪以后,在两三个月时间内,全区土匪即可肃清。

文山地区是个新区,我们缺乏群众工作经验,只能逐步摸索,根据以点带面的办法逐步展开工作。对减租退押反霸的群众运动,只能经过试点后逐步在全区铺开。虽然全区减退反霸运动在省委、滇南工委正确领导下,搞了一百多斤金子和其他斗争果实,但仔细检查起来,我们的工作,尤其是我们发动群众的工作,还是很粗糙的。

1950 年底左右,全区进行镇压反革命运动,我区是结合减租退押反霸进行的。云南省委派一个工作组到文山专区,组长、副组长是云南省法院杨院长与省委宣传部长孙康。我们一面发动轰轰烈烈的群众运动来镇压反革命,一面建立处决反革命分子的审批制度,由云南省委派来的工作组同地委负责同志组成审批小组,来处理镇反中的重大问题,保证按中央及省委的指示:镇反中要做到稳、准、狠。

我在文山地委工作一年,工作中的缺点错误是很多的,就其主要者而言,有下列几点:

主席台上的匾额有“中央代表团”几个字,这应该是 1950 年欢迎前往文山的中央慰问团的大会会场。

第一，未经请示，擅杀文山少数民族大恶霸龙开甲，是无组织无纪律的严重的政治错误。龙开甲虽然在文山地区是血债累累的大恶霸，但事先未经请示省委，开区农代会时，地委作出决定，即行杀掉。不管坚持什么理由，我的无组织无纪律即是最大错误。虽然省委只批评我，没有处分我，但在思想上我认为这是我在文山区犯的第一个大错误。

第二，文山地区初期剿匪工作，现在看来，是属于单纯军事剿匪，不注意执行党的民族政策。所以剿了半年，表面上看，土匪已经平定，实际上并没有平定。因为文山是民族杂居区，阶级敌人充分利用民族矛盾、民族隔阂，少数匪首潜伏在少数民族地区，等待时机，企图东山再起。及至广西流窜来千余土匪，汇合潜藏在文山少数民族地区匪首，再发展为万余土匪。这说明单纯军事剿匪是不够的，在民族杂居区阶级敌人利用民族矛盾和我们斗争，我们必须坚决执行民族政策，把各个少数民族团结在我党周围，才能肃清土匪。经过省委和滇南工委的帮助，端正了上一段执行单纯军事剿匪的错误，实行政策剿匪，部队集中力量来执行民族政策，将少数民族团结在党的周围，土匪陷入完全孤立。所以文山区虽然后来发展了万余土匪，但经过一二个月进行政策剿匪，即将土匪完全肃清。这使我认识到剿匪工作，决不能生搬硬套别人的经验，必须从本区的实际情况出发，端正执行党的政策，提高干部思想政策水平，剿匪斗争才能取得胜利。我的主观主义、生搬硬套，自然招致工作的失败，使党和人民遭受重大的损失。文山区剿匪工作犯了单纯军事剿匪的错误，这个教训对我来说也是十分沉痛的。

第三，我缺乏搞群众运动的经验，虽然在减租退押反霸运动以前，根据省委和滇南工委的指示调集了部队的干部来担任地方党的骨干，纯洁充实巩固了地方党的领导，但是由于我们抓试点工作较慢，未能做到一批批试点，一批批培养大量干部，一批批取得经验，一批批铺开。较之在省委周围的个地委，是大大地慢了一步，未能跟上省委的步调，这也是一个重大的缺点。

这是我在文山工作的主要缺点与错误。

我志願加入中國共產黨，承認黨綱、黨章，遵守黨的紀律，服從黨的決議，學習馬列主義、毛澤東思想，努力提高自己的覺悟，積極工作，精通業務，全心全意為人民服務，不屈不撓，為共產主義事業奮鬥到底！

黨費證

1951

中國人民解放軍第四兵團雲南軍區政治部組織部製

四兵团云南军区党费证(1951年)

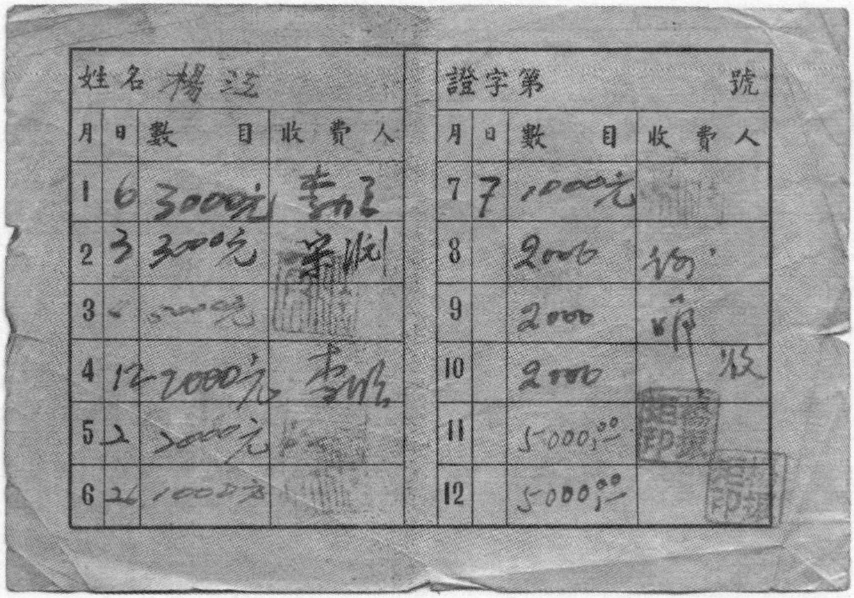

姓名 楊江　　證字第　號

月	日	數目	收費人
1	6	3000元	李[illegible]
2	3	3000元	[illegible]
3		[illegible]元	
4	12	2000元	李[illegible]
5	2	2000元	
6	26	1000元	
7	7	1000元	
8		2000	[illegible]
9		2000	[illegible]
10		2000	收
11		5000.00	
12		5000.00	

这张党费证应该是父亲在文山军分区时使用的。

父亲文山军分区服装证(1951 年)

解放后在云南武定工作情况

1951 年下半年，我从文山地委调到武定地委工作。那时，武定正在搞土改运动，以后在搞土改的同时，也搞三反五反运动。

我到武定时，正是第一批土改试点结束、铺开第一批平坝地区土改的时候，那时是搞平坝汉人地区的土改。我到武定以后，是搞第一批民族杂居区土改试点与平坝汉人地区的土改，接着是搞三反五反运动。

武定地委管武定、禄劝、元谋、安宁、罗茨、富民等六个县，县委书记都是南下干部，都是搞过土改的干部，各县都配有一个搞群众工作的班子，省委从曲靖地委调王文玉来武定担任地委副书记，他是有搞群众运动经验的。我在武定搞土改是先到各县学习，然后与王文玉抓我区民族杂居区土改试点工作，总结经验，再发展到各县杂居区试点，逐步在各县铺开。在武定搞土改，按省委指示对各种不同地区采取逐步试点、逐步铺开的稳妥的做法，我认为是比较好的。加上武定各县领导干部都是有群众工作经验的，而且离省委很近，省委在武定各试点地区都有通讯员，我们工作上一有偏差，省委即马上发现、马上纠正。比起文山地区离省委很远，一切都是单独在干，困难得多。我在武定工作一年，除搞土改外，还搞三反五反运动。各县在开始时，右倾思想严重，及端正认识资产阶级向我猖狂进攻后，抓出大小老虎不少，坚决打退了资产阶级向我的猖狂进攻。到1952年10月，我就奉调到北京第一机械部工作了。

呈

军宣、工宣、院革委会负责同志

杨江

1969年10月22日

这是一本虫蛀严重、仅存15页的日记簿，粉红色封面的残存部分，密布着蛀蚀的微孔。扉页与封皮的粘连已无法剥离，但仍可看清的部分题记如下：

□□的结合，我们正是这……呵！纬，值得骄傲的……在一起，战斗使我们默默……虽则我们分离在两处……我们心心相爱，爱情使……理智更使我们斗争在……是感情与理智高度的……

……迅速到达此间，我区不……多年来经历着千辛万苦……今天是可以透一口气了！在……中国人民可以子孙万代享受幸福了。纬！将来我们……飞的计划吧，在西子湖……的江南，渡着我们写作……你，作为你感情记录的……记录的本子，见面时，拿……。

你爱的薇 1949、11、16 板桥

“纬”是母亲的原名——她的中学毕业证书上用的名是“纬”，在罗盘区时虽然小名叫“元宝”，大名仍然称“纬”——在文山边防区的服装证上填写的是“张世维”，1953年在一机部填写的履历表上已开始把“张世纬”作为原名，而“张世伟”这个名字成了母亲的大名，并一直用到终老。“薇”这个名字，父亲在何时用过，我不知道，反正在发现母亲这本《板桥日记》之前，我始终没有耳闻。我想，大概是父亲原名“路伟良”的“伟”的谐音。

阅读这册历经岁月醇化的日记，我们看见的是年青、淳朴伴随着的革命激情。它是父母当年真挚情感的见证。有点遗憾的是，当我们已成人之后，很难在父母的身上，在他们饱经磨难的脸上，再找到这种稚嫩而富于幻想的痕迹——或许由于太过于遮蔽的缘故吧。

从题记可以看出，日记簿是他们在云南罗盘区根据地指挥部所在地板桥镇初恋时的互赠之物，是父亲送给母亲的。日记第一篇母亲写道：

“奇怪！为什么我们赠送的礼物会想到一样的。薇更比我须要这样一本小书。一月前我就准备送给他一本，而今天，反倒是他先送给我了，我又将以什么回赠他呢？”

父亲送的这一本“小书”，母亲写上日记后，最终，还是被父亲保存下来了

（因为母亲没有收藏的习惯）。至于后来母亲是否"回赠"了一本？已不可考。

扉页父亲题字的日期，为何写得像是"1947年"呢？我觉得或许是笔误？或许是蛀虫玩的一个精致的花招？因为父亲是1948年5月或6月抵达罗平钟山乡的，那时，他都还没见过母亲呢。1949年，父亲37岁，职务是罗盘地委副书记，滇桂黔边纵三支队（罗盘支队）司令员。母亲21岁，时任二大队教导员。

《板桥日记》是我在编辑此书时给它起的名字，其实，从内容里面看，这部日记的写作地点有好几处：板桥、师宗、罗平、文山。记录的时间从1949年11月到1950年6月，共7个月。这段时间，恰好是他们从恋爱到结婚，又是罗盘区从胜利的前夜到解放初期。伍方叔叔在《杨江与罗盘区》里有这样一段文字：

"1949年秋天，临近全国解放，杨江同志已经38岁，才和张世纬同志结婚。结婚当天，新娘风尘仆仆从师宗县回到板桥，还穿着一双草鞋。新郎还是他平时一直穿着的那套宽大粗布衣服。同志们听到这一消息，未免有些诧异，追问他俩是何时恋爱的？杨江幽默地说：'地下活动嘛'。"

父亲在《录音记录》里也有一段谈到他和母亲结婚的事：

"我是在1949年12月13日同张世伟结婚的，是去文山之前，在罗平城里办的。当时大家还在一起，刘清、宋光、高乐大家都来参加婚礼。"

母亲日记里，1949年12月11日—15日这几天的日记都有，唯独缺了13日这天的日记，我想，父亲的记忆没错，1949年12月13日这一天，他们是在罗平县城里举行了婚礼。

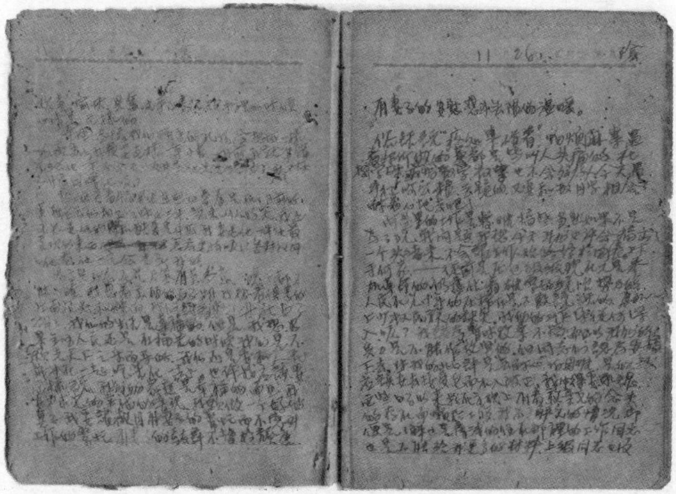

母亲1949年11月23日在云南罗平县写下《板桥日记》的第一篇。

附一：板桥日记

11月23日

欢喜、愉快、兴奋，这本小书在我手里的时候是这样的。

奇怪！为什么我们赠送的礼物会想到一样的。薇更比我须要这样一本小书。一月前我就准备送给他一本，而今天，反倒是他先送给我了，我又将以什么回赠他呢？

默默地爱着到公开地热烈地爱着，是两个月前的事。虽然我们相处了近三年，说来叫人好笑，我还不知道他的酷爱是什么。我又送他一件他最喜欢的东西，怎么送法呢？写封信问问他看，他一定会告诉我的。

太高兴了呢，还是天气有点冬意。一晚上都不能入睡，我想着美丽的西子湖，我想这优美的江南风光和烟雨。我们乘着小舟，在西子湖上，我们的生活是幸福的。但是，我想，如果全国人民还是在痛苦的时候，我们是不愿先天下之乐而乐的。我们还是要和人民战斗在一起、吃苦在一起。也许我应该要这样说，我们的"家庭"是幸福的，而且我要力求它的幸福的实现。我愿做一个好的妻子，我

昆华女中读书时的母亲，当时的大名叫张世纬，她姐姐叫张世经，一经一纬，这两个名是她的祖父给起的。

要让薇因有妻子的帮忙而不感到工作的繁忙，由妻子的鼓舞而不趋于颓唐，有妻子的安慰感到无限的温暖。

11月26日

俗话说“疼处专碰着”，怕麻烦专遇着你所做的事都是些叫人头痛的。在学校时，最怕数学，数学也不会讨好人。今天遇到征收公粮，无疑的，又要跟数目字相会了，耐着心底去吧。

阿盈里的工作是较难搞些，当然，如果不是为了统战问题，我想，今天也许我们会搞出一个头绪来，不会让工作始终浮于表面。对于何家——从前是压迫阶级，现在又是参加革命的、仍旧占着雄厚的统治势力的，人民在几十年的压榨下是不敢说话的，再加上少数民族的缺点，我们的工作将从何深入呢？我认为，暂时放弃不搞，而且以我们的兵力是不能作“攻坚”的。但同志们认为要搞下去，对我的批评是“无耐心”、“怕困难”。是的，我应该要去接受它而加入改正。我必得要承认，这些日子以来我在主观上有着放弃它的念头的存在而懒于工作，我不了解它的情况，即便是了解也是肤浅的。住在那里的工作同志也是不能给我更多的材料，上级同志也没给予我明确的指示。所以，我们必须仍旧和他保持着一定程度的统一战线，而且可操起一面斗争一面团结的态度来处理。薇说得一点也不错，我是缺乏社会经验的，由于我的胆小和没有得到指示，我想，我要是不能拿工作来作这个锻炼的，我终究还是没有培养出一点魄力来的一个旧时代气的女孩子。如果与薇在一起工作，我想，我是可以试试的。

环境对于一个人的影响是很大的，小的时候，我似乎就是让别人处理我的一切事情，当然，他们是不会征求我的全意，他们告诉说“姑娘家要规规矩矩的，不准在人面前多讲话，一切事情有大人做主”、“家丑不可外扬”、“不准串门子”。他们这些东西对于我就像把钻子，在木头上和石头上刻画一些花纹一样，二十年来，我就是这样生活过来的。他们又告诉我说“小姑娘要讨人喜欢，莫招人恨”，是的，我是一个最听话的、最柔顺的小羊。我不愿逗人恨，我分不清敌我友地去爱人。他们给予我这个人的概念就是从没有阶级立场的。一直到今天，他们所教给我的产物，仍旧在我的身上找出一些痕迹来，我毫无批评地吸收到我的血管里,我就是这样生长起来的。在今天,这些已经不能供给我养料。我所需要的是,新的、流在血管里的是新鲜的血液,我又新生在革命阵营里。

11月28日

"回到罗平去"使得我翻来覆去地不能熟睡,我的神经似乎是受不住一小点刺激。

为什么每次要离一个环境时,我总是有些留恋的情感漾溢着。

在这里工作了将近两个月,得到了一些什么呢?应该找个时间写下来。现在是不可能的,我没有这种心情。

天气一阴便是几天,路上一定是又滑又烂。但是,我的心情是开朗的。

近来,我似乎是多于幻想和回忆。经姐怎样呢,我给她的信是否收到?昆明解放,我想我可能上去一回,看看那个别来无恙的家,不去——也可以。

一连写了几封信给同志们,心情上似乎说不出来是什么一种滋味,管他的,工作上必须要有个交代。乡政府的人员是不容易找得着,对于那位何乡长,我实在是有点看不过去,像那样的人,如何做人民的表率,怎么能代表民意呢!对于这种人,我似乎是无办法。而且,我认为这种人教育在他的身上是多余的。在目前,是不必须去争取他,也不可能打动他,只有请他下台来。

回到板桥去,应该总结一下这半年来的群工和生活。

我留恋着这里的一切,心情是灰色的,但是暂时就消失了。云雾走了,出现的是一片晴天,太阳在微笑着,笑在我的心底叫啸起来。

个人主义,在工作中所表现的是浓重的英雄主义色彩,代替、包办、威仪、领导,这些错误,我们已经在汇报的时候,着重地指出来。并且要阐明是人民自己的力量解放自己,更要说明,是在共产党的正确领导下,人民的力量才得抬起头来。

没有在工作中检查出,如果凭同志们的报告中来批评所犯的错误是片面的,我这样认为。而且,我们鉴定一个同志的好坏,是要根据着他的作风、观点、路线作为衡量的尺度。

我对于"检查"工作这项事,似乎是没有注意到,我把所有的精力和时间都花在名不副实的所谓的全面工作上去了。

思想上的有些软弱，能力的不够，两者的配合，已经是可以决定我在目前需要的是新配备一下，否则的话，是受不起更大的考验的。

我仍然是半年前的一样，一点不进步。当我想到这一层的时候，老实说，我是没有走进板桥去的念头。要不是为了要服从调查的话，我宁可要一颗子弹。也许我的这种想法是不对的，但不管他，以后又再加以改正。其实呢，也好笑，自己不进取、不争气，和谁生这么大的气呢？以要子弹的勇气付诸学习，不会没有收效吧！

12月11日

我始终是培养不出写日记的习惯来，又是好几天没有写了。提起笔来，写的似乎是太多了，我应该写什么呢？

我只觉得，今天“结婚”太快了一点。我总认为薇也会要在解放以后才提到这事，但出乎我的意料。当然，我有我的理由，可是，我总是说不出口来。我只觉得有点难过，为什么呢？也说不出来。

“结婚”对我们来说，是应该用最快乐的心情来度过。由于太快了的缘故，这种情感也就被压抑下去。

我想向薇提出来“为什么他不征求我的同意”几次了，我总是开不出这个口来。我不敢看他，我害怕他的眼光，当碰见它的时候，我的勇气就消失掉了。

我应该要问问他，为什么要这样快地结婚？却没有这种机会，不然的话，他也许会同意解放以后再结婚。我不是反对结婚，只认为结得太迅速了。

好些结过婚的人，对我述说她们的痛苦，当然，我必得要承认，对我有点影响。不过，不太大。因为，我相信薇，更相信以后的新社会的建立，给予妇女的帮忙是很大的，妇女再也不会因“家”给予妨碍了。我们可以一样地工作、学习，不断地进步。是的，主要的只要我们自己不创造一些让时代摒弃我们的条件，我们是可以站在时代的前面的。

12月12日

我始终是有点懒着。我害怕别人掷来一些有损于他的威信的笑话，我知道他在人们心目中所占有的地位。我是不愿意因为我们的结合而由此影响他。虽然我会迫切地需要听他讲他的过去。但在今天忙于准备一切迎军的工作时候，我是可以等待的。如果说迎军的准备工作时已经弄好了，我愿意在屋子里听他讲，一方面我的脚痛，再一方面呢，风俗也许不允许我们出去走走，我们不得不尊重它。再说，他的工作很忙，从工作的时间上抽出一些来闲谈，我是不这样做的。

脚似乎越来越痛，站着都有点勉强，走更是不行了。也好，可以藉此机会写写半年来的师宗工作的总结。

总结工作对我是太困难了，一向我就没有搞过这种工作。初试手脚，心里有点慌慌的。老实说，小资产阶级的思想还在作祟，爱面子、好虚荣，一次做不好，二次又来，困难是可以克服的。

在师宗半年，可以分为三个阶段。

12月14日

本来打算把总结写在日记上，但有些不好，还是把它写在别的本子上。

薇说得一点不错，我实在是有点懒于学习。这个坏习惯不仅是他说，说的人很不少，而始终是没有改正。所谓的接受批评，是要用行动来表示，而且一个共产党员是要不断学习，如果以一个共产党员的标准来检查自己一下，实在是无资格列名于内，“有名无实”只感到会很惭愧的。

从薇的谈吐中，我更多一点了解他，我只觉得，我太爱他了。还有一个感觉是，能和他生活在一起，得到他的爱，是无限的幸福啊！

我很替“袁秀文”惋惜。有着这样一个爱人，该是值得自己庆幸一下。当然，我想她也一定很快乐，而且为了使这快乐永属于自己的话，应该要了解自己的爱人，帮助他，安慰他，鼓舞他。不应该用一个普通女人和爱人的那种狭隘的爱去爱薇，因为，我想是她不解薇的缘故吧！她用一种庸俗的眼光去看他。她，我想至少有点庸俗吧。当然，爱是有些自私。但我想，如果，如果爱情是理智和感情高度的结晶的话，它就不是自私的狭隘，而变成遥远的爱了。

"爱"是有条件的，而且爱的增进是居于条件的向前发展，或者是新的条件来代替旧的存在。如果那一方面已经不进步而后退的时候，我想，是很难维持原来的爱情的，就应该反省一下，检查出爱路上的障碍。然后，想办法来解除它。离开了已经不能继续维持爱情的爱人，我认为是没有什么不对的。为什么要用"同情"来代替"爱情"。也许我不应该这样想，不碍事，从坏处着想是应该的。我想，当薇不爱我的时候，不应该这样说，当我没有条件使薇再来爱我的时候，如果我没有发觉，我希望他提出来。是的，我不需要同情代替爱情。虽然我可以说，我是永远地爱着他，我的爱不是狭隘自私的，是遥远的。我知道，一个"天才"和一个"伟大人物"的成就，是，至少是千百万人的时间、精力、生命所换来，那么他是应该属于人民的。我的爱也和其他人对薇的爱是一样的。是要让他在新中国的文化上占有辉煌的一页。我是不会也不愿意在他的文化建设事业的路途上筑起一道围墙。这不仅是违反了我的本意，而且是违反了革命利益的。所以我希望他提出来。如果我自己已经觉察，我想也许我受不住，或者说，我自己没有勇气提出来。我会悄悄地带着我自己给予自己的最大的悲痛离开他，去到遥远的、遥远的地方，用我最大的欣喜及欣喜和快慰所激荡出来的眼泪来阅读他的作品。我更愿在我死的时候，别人在我的床前来朗诵他的诗篇，让他的诗句把我的灵魂牵引到美丽的幸福的世界里去，我没有一点痛苦，安详地闭下了眼睛。

12 月 15 日

从前记得有句话说"日新月异"，现在的时局变化也正是这样的，但还嫌形容得不够，应该是"时新时异"的。

滇川康三省的和平解放，在情绪上说来是比不上贵阳解放的热烈，但也使我兴奋了。

还想把我牵引到温暖的家园，情感的巨浪把我涌得高高的，使我不知要什么行动才能适当地表现出来。但我一向是会抑压这种情感的，难过、欢喜很少有人看得出来。

革命赋予我最大的勇气,我自己处理了我的婚姻问题,从恋爱到结婚,我一直没有为家庭不允许而考虑过。

祖父呢?当然由于他年纪高和"隔辈之人"的关系,是不会有什么麻烦。难说的是我的姐姐,不过,我相信她如果多了解薇些,是不会有些什么问题,顶多不过脱离姊妹关系,这是从最坏处想,何况她是不会,绝对不会这样做的。

"孟母三迁"说明环境对一个人有着很大的影响。我希望着新中国的新环境能够给予我的姐姐一个新的影响,让她成为新中国的有用的儿女,新时代的新女性。她不是最好教育的,我敢相信,虽说别来三年,不了解她的情况。但在她给我的信里充分表露了她的苦闷,她一定会在新的环境里,找到她的道路,她将会因此而活跃起来。

写好了的家信始终没有寄出。用最细微的事都可以说明,我在生活、学习各方面的"拖沓",如果不整整这种歪风的话,我将会自己唾弃自己了。

当有些事情想不通时,我最愿意一个人坐在黑暗的角落里,躺在床上也好,总之我不希望别人打搅我。

12月20日

伴随着新生活来的是新的工作,工作情绪应该是旧的时冷时热的改正,我应给予"积极"的永远保证。

薇的脾气应该说有点怪,而我又是不善于察言观色,了解别人。当然是用不着这样过分地小心。

由于他是习惯于自己处理问题,而且如他说的没有过高的群众观点的原因,他连最小的事也不告诉别人。他要去到什么地方?什么时间回来?一向是不告诉别人的,除了远去以外。当然,我不一定要知道他的行踪。但是,如像今天晚上不回来,也没有人知道他到哪里。"担心"不是从私人方面,从工作上着想,更徒增一些担心的成分。他是倔强的,你评批他的话,他说不定还以为你"大惊小怪","怕什么"。

新中国的女性,温柔是有限的。

小鬼们一般的反映也是这样。

为什么别人的评批就不重视呢？这种事少说犯了自由主义的作风，我应该帮忙改正一下。

注：以下几篇没写日期，为便于阅读，且从笔墨迹的区别上分成篇

搬到罗平来，似乎是有点不乐意，幸好遇到佩，否则我就不愿意多说半句话。

要糖吃，使我感到羞涩，除了所剩下的是一些不痛快的感情。

新的生活，并没有在我的情感上起了一点变化，原因是，我把它幻想得像诗一样的美丽，一味地小资产阶级的情感。总之，主观上就存在着把结婚看得了不起的封建思想意识。记得从结婚时起到现在，我一直是为这个而难过。而今天，我找到这个难过的根源，我却是高兴的。不过，糖我认为是应该要请人家吃的，结婚至少应该说是一件喜事。

我一向是没有自己照料自

这张照片应摄于1947年冬，当时母亲刚到罗平县并在罗雄镇小学教书。后右一是19岁的母亲，她的同学唐振华、余路（余嘉惠）应该也在场，前右一是甘庭芳阿姨。

已的习惯，别人我还可以管管，妈妈为什么要把我惯养出这种坏习惯。处理我自己的事情，我的主见是很少的，我爱听取别人的意见，正因为这，这些天把我弄得不知要怎样才好，我应该做最后决定，不管他。一月来，痛苦永远是伴着我，别人是不会体会得到的。我自己也主张科学，但是，我需要赶快好起来。我已经忍受够了“长痛不如短痛”，我爱痛快、干脆，即使是让这只脚失去作用也好，我不愿意因此而看到别人的“小花脸”，让别人掷给我一些无关怀的闲话。

别人的轻言话语都可以使我的痛苦轻减一些，我常常会因此而招致一些苦恼来。现在呢，不会了，只有自己关照自己，才是唯一解决痛苦的办法。

我默默地、虔诚地为我的脚而祈祷着，愿马克思、列宁保佑它。

眼泪应该向内流。

开玩笑固属开玩笑，但我总觉得“太太”是资本主义时代的产物，它应该追随着它所属的时代而送进坟墓，它不应该从今天的人们的口里再掘发出来。“太太”的本意不是含着反动意味的，但我们仍然觉得它是庸俗、落后的一个不合时代的、而且不是新时代女性的一个称号。倒不是我对“太太”有些成见。

我是多疑的，加上她开“玩笑”的口吻和音调，更让我在“讥讽”的方面加添上一些疑云。

老甘的个性和我的截然不同，我们是从完全不同的环境里长大的。诚实是相对的，视看清敌、我、友而决定。老甘似乎在我友的范畴上还有点模糊，而她值得我学习的地方很多。

妇女的痛苦是多重的，尤其以中国的妇女为例。新的年代的开始，象征着新中国妇女新生的命运，它是平等、独立、康健的。

记得鲁迅先生有一句话这样写道：“我愿意肩负着这道闸门，把它背负到遥远、宽阔的地方去。”今天，中国的“闸门”已经在全国人民空前团结在我党的领导下，被送到更遥远的地方去了。它给了我更坚决的信念——只有团结所有的妇女，汇集一切妇女的力量，来背负压在我们背上的闸门，给妇女的新生代开辟出一条坦途来，让我们和我们的后一代昂首地与男子并肩地走在一条路上。

我憎恨那些用前进的姿态、进步的语言来欺骗自己欺骗别人伪装自己的伪君子，群众的眼睛是雪亮的，暴露只是时间与技术上的问题。

谁也不是完全摆脱阶级所给予的特点才投进革命的炉火，相反地，正是带着那些可以锻炼的东西来锻炼，那些美丽的衣装将会被火炉无情地给予毁尽。

大军即将到来了，我呢，依然如故。最少半个月，我敢断言，我才可以自由地走在新中国的土地上。

“不自由，毋宁死”，给失去自由的人们一个贴切的表白。

佩要回昆明了，顺便给她带点消息给昆明的人们。

我虽不太想家，但总勾起了一些思家的念头。我想念着生活在山里的友人，我怀念山里的春光，但我却愿做农村姑娘，因为我酷爱着大地的泥土香。

给经姐带了几本书，我对她寄了无限的希望，她是比我还可以造就些。

脚招致给我的痛苦，委实太多了。如果说是永远像如此下去，我将作何打算呢？老天！而我又是这样淘气，不爱静下来养养，时间就这样地拖延下去。别人说是我忙于结婚而得的结果，假若如她们所说的这样，我只有自认霉气，活该！活该！

佩走了，她没再向我告别，难道是大家的感觉？不思她也好，我祝福着她的平安。薇扬尘走了半个月了，工作上的清闲，撩起了一些思念，压抑着，有什么想头呢。

学生们因为我结婚没有告诉她们而生气不理我。

丫头给我带来了分外的高兴。别来半年余，她长高了一些，人们都进步了，而我呢？依然故我。

老伍来了，对我做了一番恭贺，我谢谢他。他要我讲给他我们结婚的经过。回忆之余的滋味是甜的抑或是有点酸味？我们间的认识，想着给我感到的是酸的。

老伍说：“结婚是人生中最大的一个喜讯”，“也是一生中独一无二的”。我完全同意他的说法，也因为他的这种说法使我才有了这种感觉，才使我的这种感受复活起来。我是有意将它扼杀的。我要承认这个想法的复活是对的。但是！革命必然是把它冲淡了一些，而且，是薇的态度使我把它扼杀了的。

报纸上载着一段“从山歌里看农村妇女”：痛苦不是男人的，女人的家常饭就是“痛苦眼泪下饭”，是女人生活的一个确切的写照，封建残杀了多少妇女啊！

从尹兰冰同志教给我的一篇有关孀妇的文章，我对封建势力增加了千百倍的憎恨。贞操、片面的贞操是建立在妇女的眼泪和痛苦上的，为什么单要妇女保守贞操呢！我痛哭，我为那些枉死在贞操下的姊妹们！我憎恨那些随便在女人头上加“不贞洁”的伪道者。我不愿歌颂“贞操”，但是我也决不会因此而放浪形骸。新女性有她的独立的性格，谁忘记了就不配称为中国的新女性。

王佩的信来了，因此，让我为我们的相见的可能性很小而伤感起来。她变得使我陌生了，我还很肯定地保证她会回来的，到今天，算了吧，愿幸福伴着她。

我似乎是变得不会深入群众了，追根究底，还是脚的关系。而训练班的工作对我是新的，我应该要把它搞好。偏偏地遇到脚拆我的台，我不能完全和他们生活在一起，因此我的工作是表面的，了解的程度也是有限的。

生活上依然是拖沓，借故脚痛总是想多躺一下。明明早就醒了，还是不起来，懒的灰色成分一点也没有从我的身上减退掉。

爱吃零食，在今天不是一个好现象，我并没有加以改正。

为了改正这些缺点，更必须要勇敢地生活下去。

大脚来了，又是一番高兴，她们告诉我说，薇也一同来呢！

阿Q交给我五封信，看完后，不免勾起了一些回忆的念头。古语说：“割不断是离愁”，五分的小资产阶级的思想。

为了工作，我不能和她们玩在一起，她们这次来，为了来看我，而我呢，不能给予她们满意，随它去吧！

昨晚打算好今早去看薇，别来数十天，不知道比以前健康了没有。

脚似乎有些起色了，谢天谢地。“动者常动”，我就是这样一个写照，脚好些，我就想到外面。我不愿意留在这里，我想多学点理论的东西，但不见得到外面去就不能学习。我承认我缺乏进取心，我必定要把它培养出来，过些日子看吧！在可能请调时，我一定要提出来。我需要，我热爱着自然的一切。

经姐的信终于来了，除了高兴外，便是一些难过的情绪，思家的念头又从心底卷上来。

我可以断定出她对我的婚事是同意的，虽然当时我没有下结论。

经姐来信说要到罗平来，心里当然是万分的高兴，让我们可以做一番长谈了。但是来了以后的问题就多了。住、吃，如果在未结婚前倒是无所谓，婚后呢？我又怕别人的舆论，本来姐姐只是为了看看我而来，但别人呢，都以为以薇的地位来炫耀一下了。我了解人们的心情，将要在人群中掀起了怎样的波浪。不管它，我应该对我的态度更加以注意。

要是我们有个家，或者是住在较大的地方都好，一切问题都迎刃而解了。

越想越不希望在罗平看到她。我打算和薇商量一下，写信给她阻止她。在一些问题上，我委实会钻在牛角尖里。但是这个问题薇也许早就考虑过了，不过是他也许想到，会因阻止而使我感到难过吧！

我失悔为什么在写信给她时，不加一点考虑呢！现在，怎样做都不好。

我似乎是存在着一些封建观念，经薇说出后，恍然大悟，我毕竟是可笑的人物。

注：下面的日记没记年份，似应为“1950年”。

2月16日

又是一年了，总结下来“又是一年芳草地，依然十里杏花香”，我进步了吗？这是一个很好的问题。

因薇要到昆明，引起了我的一缕思念。我完全没有自觉地去体会一个共产党员要起模范作用这句话的意思。不管我是有意识、我无意识地向薇提起“回家”的事，但根本上是思想没有打通，让“家”给我增加一些情感负担。

一般人是“口服心不服”，我却是恰恰与此相反。是个性强呢抑或是撒娇？两者都渗透着吧！

老美来了，他说了一句话“要是你不结婚，我们不是可以常在一起了吗”。我笑了，笑后呢？……

我毫无耐性，不能安静地倾听别人的意见。

母亲在云南文山的稻田里,1950 年摄。

右一为母亲，左一是警卫员吴能宽，中间一位可能也是父亲在罗平时的警卫员。摄于昆明西山龙门石窟1950年6月。

几次，我向着老刘那边走去，但终于是停下来了。我一定要使自己更能理智一些。

"光荣"，自觉地光荣才是真正的光荣，矛盾在光荣之下获得解决，那应该是向前的、进步的，什么是进步人的想法呢，是要"回家"吗？

老美搬来了，但我却患了没有确定是否是所谓的肋膜炎，希望不是吧！

我没有把多的时间花在工作上，这能否称之为一个工作者呢？让别人掷给我最刻毒的语话吧，我自己在鄙弃自己。

同志们都在开我的玩笑，但是，我信我恐怕不会吧。如果是呢，我简直不知怎样矛盾、矛盾。但是，我却不愿劝别人不要结婚。

病真是好了，谢天谢地。但是，又让我担心着新的问题。

的确，自己实在是太空虚了。现在有着更多的时间给我来充实，我却是让它溜过去了。最大的原因是没有"恒"，更没有进取心，活该让别人看不起，自食其果。我这样决定，在我未进步或者努力学习前，我是不愿意来玷污这本本子的。

5月5日

"思想"的确是搞不通，而且一味地骄横。我以为可以断然地从小资产阶级的泥坑里蹦出来，是容易轻举的一件事。从上次最后一次日记起到现在几乎四月，我到底改变得怎样了呢？不想渐变，只想来一个突变，是完全错误的。在日记中来反省自己、检查自己，试问我将如何变呢？老实说，四月来所得到的结论是：坏的成分变得(多？)而且是加深了。

我不是一个好的妻子。从妻子的责任检查一下，我一直是让薇照顾我，我呢，连最低限度的所应该体贴他的一件小事都未做到。

就依今天说吧。他早饭未吃而工作到中午，所要吃的东西都煮干了，我一直就没有管来，还若无其事的。事发他不提醒我，我想，我将永远不知道。当时，我知道他很难过，我找不到更好的话来安慰他。

我始终是站在被动里。

6月

三年来又重归旧里了。田园多少是荒芜了些，祖父呢，毕竟是老了，小孩呢，长大了，朋友呢，当然没有如我所理想的能聚首一堂。

老是念着回家，其实呢，住上三天，又有点腻意了，新起的念头是早走早好。

都市在我的印象里，就像世界在隐士们的眼光中一样的淡而无味。

我总怕和祖父在一起谈话，连我也弄不清，是哪里来的那么多的眼泪。他就好像一个垂死的老人，触着他，辛酸也毕竟被搅起来。

这个家的衰亡，是引不起我的同情的，谁会同情封建制度的倾覆呢?!

我反复地想进祖父的房里，跟他坐一会。但是，我缺乏勇气，我怕我的眼泪会无阻止地流出来。

我也没有跟姐姐多谈，我似乎是很疲倦，我只想休息。

祖父是醒得很早的。当我去和他告别时，听到他颤抖的衰老的声音，我慌慌地走出来。

一天的大车，弄得人困倦得很，身体似乎是坏了。我近来有点多愁善感，我不愿，不，我不敢追忆从前，我甚而至于连翻开日记的勇气都没有。

个人主义的思想在展开着，我任它，我没有想到它的结果的严重性。我非难薇，他为什么不关心我，我高傲，我是不愿认错的。

结果，我认了错了。我所有的感觉是“强者的悲哀”，也觉得松了一口气。但是，快乐不是我的。

一直到现在，我没有建立起来，领孩子是革命工作的观点。我认为是麻烦，是拖累，是障碍。对所有的事情，我是不会自觉自动地意识去干。

我需要别人的关心，但结果是自找麻烦。我不会关照自己，反而埋怨别人，所引起的是情感上的不能互谅。

我不配做共产党员的妻子，更不配做新中国的主人的母亲。我只是一个蠢材、废料，应该被弃之于垃圾堆上。

6月26日

光荣病了，消瘦了些。因此，我感到难过。我一直没有照顾他，他想家，当然是为了这个缘故。照阶级来说，他应该是能参加革命的。但是，旁的原因使得他不能、也不想再留下去了。革命是自愿的，在不可能说服时，那也只好让他走了。

经姐的问题，也难解决。如果从某方面来说，我愿意她来，但是不来，也不会对她有坏的影响。当然，来了她一定会感到不习惯，也许会有想转家呢？这里的情形是罗平坏些，不来还好点。我决定写信给她，看她的意思如何。

纳大姐给予我的印象是：骄傲、稳重，有时有点任性，不太虚心，而且有些小气，能力是有。

1987年上半年以后，父亲身体渐不如前，因他几年来一直忙于为自治区党史办采访搜集撰写广西师专、地方建设干校、地下党方面的专题回忆，工作、休息、治疗时断时续。我曾几次劝说他抽时间写写自己的回忆录，就算是给我们子女留下一些精彩的故事也好。

记得一天在我们家曾经住过的师院南区宿舍的小道上，我碰到年迈的赵佩莹教授在院中散步，攀谈时他对我说了这样一番话：你们的父亲是一个很有传奇经历的人，我同他曾在广东从化温泉深谈过几次，他带两支驳壳枪劝说广东国民党一支部队起义，很了不起，完全可以写成小说。我也很惊奇，因为直到那时我还真的不知道父亲在广东也打过游击，有过我们在书里看到过的那种“英雄形象”。可是，父亲似乎并没有把他个人的经历看成如何了得。后来，我甚至买好几本大开的笔记本，请他就从小时候的事情往下写，像写日记一样，想起什么就记下什么，哪怕是流水账也行。可是，那几个本子上始终就没有留下父亲一个字迹。

1987年5月到7月间，我抽时间回家为父亲做了很多次录音。因为父亲经历中，我相对熟悉一些的是他在广西和云南这两段，当时只能就我略知一二的人物和事件做提问。总共录了二十多盘磁带，后来初步做了整理。以下就是根据录音整理出来的回忆片段，小标题是我自己加的。

云南的战友、后在桂林陆军学院工作的陈荣坤（前左）、苟家喜（前右）“文革”期间经常来家看望父母。照片上的家，是父亲被打倒后，大约从1969—1977年我们在师院北区家，两房一厅。

老干部陆续解放以后，经常有朋友来看望父母。这张照片是在师院大门拍的，背面写着：杨江同志留念。1979 年 8 月 11 日 同摄于桂林 泉林 孟贞(泉林即王泉林，是父亲三十年代师专的同学，后任广西大学党委书记)

1975 年王纲正叔叔和夫人赛正坤、女儿王健芳(左起)到桂林看望父母。

附二：录音记录

我离开广西前一段经历

当时我同张镇道接头，他离开广西前要我到桂林同他见面。通知里面有一条，我们党有一个政策：凡是在敌后、国民党统治区，有些同志生活和处境很困难，应该撤退。他问我：你在广西有什么基础？哪个做你的靠山？我说：我没有基础，我靠一个中训团受训的文凭，靠汤有雁介绍的黄朴心（当时的教育厅长），汤、黄都是贺县人，两人很好，我去贺县中学当校长也是汤介绍的。我同汤很好，黄朴心老婆的弟弟会教英文。（我）先去贺县中学当校长，很多学生，老师（好）多都是抗大毕业回广西的，陈庆生（音）英文很好，（他）教大家唱《黄河大合唱》。

在贺县搞起来了，搞了一年半。当时我们在贺县，那个时候，万仲文和何香凝他们下八步，李任仁原来也准备到八步，后来被他们（指桂系）拉去百色了。我在贺县中学是 1944 年 6 月到 1945 年 9 月，一年半。后来，一个同乡来找我，叫吴赞之，带了一个大草帽，他

父亲在南宁江滨医院疗养时，王纲正（左二）、段一方（右一）来探望，1981 年摄。

说:喂,我是布尔什维克,我来找你……他是同省委书记在一起的,他来找我接关系的。他问我为什么来贺县中学当校长?我说:汤有雁介绍我给黄朴心,我又有中训团毕业文凭,所以就来这里当校长了。当时是伪省政府通过决议,让我路伟良来做校长的。

这个来同我接头的人是吴赞之,他告诉我同省委联系的密码:五十四个字以后才是第一个字,以后是隔两个字取一字,隔三个字再取一字。这样就同钱兴取得了联系,他同意我在贺县中学当校长,同时派人同我联系。当时同我联系的人叫×××,现在是广西银行行长,高级法院院长,这个人以前有另一个名字。抗战胜利后,我不想在那里(贺县中学)做了,主要因为梁学基(黄旭初的秘书)布置特务在贺中监视我们一个叛徒彭维之,彭是历史教员,我看到彭的委任状,因此知道是梁学基派的。以后组织上叫我慢些动,你现在是合法身份,你不要同当地共产党地下组织联系。粟捻(贺县地下党负责人),我同粟有联系,我让粟的爱人来贺中当办事员。粟捻、陈贞娴、曹国智、肖敏颂、肖敏阶、梁××(师专当过总务主任)、何明(教导主任,当时不是党员,他是罗尔棻的学生)等是我聘来的教员。后来,何明同我在(省)训团一个训练股里做事,他很老实,用他做事,他一定不泄露消息。这样一直到1945年都没有暴露。(何明)只同万仲文、陈此生、梁秀月一批民盟的人搞在一起,还有一个负责桂东南的《广西日报》记者搞在一起,此人现在是广西省副主席。

离开贺中后,我到桂林师范当国文教员(校址在两江)。桂师校长是汤有雁,学校里很多党员,有吴赞之、陶保恒、张镇道、毛姿观。以后成立了一个支部,张镇道当书记,我就离开那里了。当时许多学生同我有关系,如莫止凡夫妇。

我在桂师待三个多月,1945年9月到1945年底,后到柳州中学教高中班两个月的书,以后黄朴心委派我当全州中学校长了。

全州中学在专员陈恩元的控制下,还有全州土霸蒋综逊也反对我,搞了个"留经(正行)拒路(伟良)"运动。蒋如信带头,发动全县的反动人士起来反对我。当时,组织上钱兴叫我不要同全州地下党联系,一切同他联系。黄朴心也鼓励我去,他做我的后台,支持我。然后,我把唐兆民、何明、王松、李仲良他们都要了去。王松现在在云南当文联主席,(他是)桂师学生,他同毛姿观有联系,从贵州毕节过广西,来桂林读书。毛姿观是高天杰介绍来(桂师)当教员的,王松是福建的小学教员,福建人,李仲良是天津人,同王松在一起。

离开桂师前,钱兴找我谈了一次话,在现在的桂林16中学,抗战路那里谈。他知道吴腾芳在桂师。张镇道在学校讲话很有激烈的劲头,人家听起来就说:究竟有几个共产党在这里呢?钱兴让我出来,留张在桂师当(地下党)支部书记。我去柳州后一个月,《广西日报》发表了省府的任命书,让我当全州中学校长。(后来)我从柳州到融水家中,找覃兆璜当出纳,(当时)覃兆璜正同大舅胡伟林的女儿胡玉圣谈恋爱,(找)陶保宁(即陶保桓烈士的弟弟)当事务员。

我带人去全州,去之前,在桂林见了黄朴心一面。当时住在(全州)旅馆里,见他们反对,我说:你们不欢迎我,我就走,想来还要来,表示了我的态度。于是,我又从全州返回桂林。陈恩元、蒋综逊还有陈恩元的女婿胡嗣定等老师、学生的代表到桂林向教育厅请愿,告我的状,胡嗣定说:"他不当,我可以当。"他们知道师专的(学生)都是共产党。我在桂林住了十多天后,重新返回全州(就职)。

覃兆璜当出纳后,我给一支手枪给他到县政府领经费,手枪是我用十多元买的。每月政府都发给我办学校的经费。学校在龙岩,离县城有五里路,陶保宁、覃兆璜都不怕死。我们在全州得势后,李仲良、王松他们经常看民盟日报,当时看到了李公朴在昆明被杀的事件。此后,形势发生了变化。

张镇道去粤桂边区一个主力团当政委之前,约我到桂林谈过一次话。以后,他在粤桂边牺牲了,他是1936年入党的,后当陈岸(领导的省)军团委员,他很大胆。(那次谈话)他告诉我:组织上问你有没有条件留在广西?我说我当校长靠黄朴心,我同黄朴心没有亲亲的关系,还有就是中训团的文凭,别的靠山没有。我在广西做了十年地下工作,1936年从师专开始,(后来)杨东莼保我同袁秀文来桂林(广西地方建设干校)工作,一直受反动派怀疑。张镇道同意了我调出广西的意见。当时,我同他单线联系。在(南宁)民团干校时,我是(地下党)总支书记,他在军训处。他认为,我在广西熟人多,如果一下失踪了,我的朋友一定会被怀疑的。这样,就决定想办法先到外省工作。

我写了许多信给外省的朋友。后来，重庆乡建学院的朋友回信，说那边缺少讲师，让我去。走后，将来再跟组织联系。

我（1946 年）5 月到（重庆）乡建学院。6 月 1 日学生罢课，来了很多军警。我因为刚去，别人对我不了解。我刚到时，叶德光是教务主任（他是晏阳初邀他去美国留学的），徐坚是教员。我们同情学生运动。当时，学生们在刘炳君（音）家中集会，有学生、老师、教授几百人被捕，光老师、教授就有二百多人被捕。结果，晏阳初派一个同国民党关系熟的人（姓屈）来从中调停，保师生们出来。我们组织了一个调解委员会，我是其中之一。提出条件后，那边也接受了，师生们才获释。

我劝叶德光："你还是留美吧，不要在国内，人家捕你你也没有办法。"学校发三个月薪水解散学校，让我们拿作路费离开那里。我只有到香港去找组织关系。

我乘船经三峡到武汉，由武汉乘火车到广东曲江待了一夜，见了潘伯津，介绍他去河婆（音）中学找张海鳌。我第二天即离开曲江，经深圳去香港。在香港找到粟捻（他爱人在一个职业中学教书），并同钱兴联系上了，这是 1946 年 6 月底、7 月初。

1987 年 6 月 23 日

到达香港以后

从曲江搭车一个下午，钻过一个山洞就到香港了。我们乡建学院来的人都去找朋友了。我找到粟捻，说我想找到谷风。谷风是钱兴的化名，找他接上关系。粟捻说他刚刚到香港，正好，谷风约我到九龙这边来，在一家咖啡店里谈了一次。这是在到达香港后五六天的事。我说我是奉调来香港的，谷风说："就是我通知张镇道（让他）通知你的。"当时，只有谷风可以调我。我把在乡建学院的情况向谷风汇报了，把在曲江见到潘伯津的事也汇报了。我请示他，让我马上工作。他说："你来好得很，你的关系交给华南分局。以后我再通知你，什么时候同华南分局的同志接关系。钱兴当时是两广边区政委。"

这次谈话几天后，杨必声（杨德华）代表华南分局同我接上关系。我同杨是在师专时就认识了。杨把自己以前的经历，包括参加三次国共谈判的情况都同我谈了，这些以前我是不知道的。他是周总理派来专门做李济深工作的，在华南分局，他是做统战工作数一数二的人物。他对我说："你去李济深起义部队去。李济深的一个参谋叫杨遂良，这次有三个保警团准备起义，三个团有将近一千人，他（指李济深）想独立成武装，你去就当李济深的代表，做指导员。"杨遂良带了两千元港币，我就同杨遂良去了。

部队当时在增城龙门，距广州一百多里。先把三个团都调出城外，以后就宣布暴动，宣布李济深要起义，是白天起义的。起义以后一直在增城、从化、三水一带开仓济贫，走深山河谷。当时我去后，组织上去电通知当地游击武装，说我是派去搞暴动的，双方不要误会。

杨遂良挺熟悉军事的，他一拿出五万分之一的地图，就知道如何选择没有民团的小村子让部队住宿。我们在村里经常开仓济贫。

杨的家在广州近郊，他两个老婆，大老婆在家，小老婆在广州。他有两支驳壳，他向小老婆把枪要来了，我同他的警卫员搞熟后，就学习打枪。杨是个参谋式的人物，老成持重，很讲究礼节，年龄同我差不多。他属李济深参谋主任直接指挥。他经常口头上同我谈毛主席如何如何，想试探我。我当时还不知道如何打游击的。杨遂良有时候还说我用的是假名。我们相处四个多月，钻深山大沟。我是作为国民党的委员、李济深的代表去的，但大家都以为我是中共，他们不知道我不属于广东共产党。

我们打到三水县，占领了县城，收"行水"——在河里收税，靠这样维持部队经费。广东民团很厉害，我们有八九百人，遇到民团大的，他就来剿我们，我们只有逃亡，到处走。

四个月里，大小战役起码打了一百多仗。当时别人称我们是"政治土匪"。士兵打仗之前，先打两个公鸡"取彩"。我们也同土匪打。

我在部队里始终没有暴露身份。以后由于没有钱了，靠买枪过活。由于我们没有中共部队的信誉，很难维持下去。在这种情况下，我们召开士兵大会，商量同中共游击队合并，保留李济深的名义。我同杨遂良出香港向李济深面谈此事，这样的话，也让李济深打消自己搞武装的念头。

李济深在香港有间独立房子，有警卫，有特殊暗号才进得去。李济深和他的参谋主任都在场。谈完后，我称自己要到上海读书，这里的事我不干了。

关于合并部队的事，我先同杨必声谈了，他说"你干得很好，能够把一千多人的武装搞过来不简单"，认为我独立工作的能力很强。杨并介绍我去参加南方局举办的游击训练班。这是1947年底的事。

这个训练班一共一百多人，东纵、分局都有人来讲课。我听说以前是请龙云捐钱来做训练班的经费。学员们互相不知道姓名、来历，只是共同听课，讨论问题。作出的决定也没有印发给大家。

学习的内容有创建根据地、夺取政权、政权的形式、军事、中央文件、毛主席的著作等等，如何运用这些知识去搞游击战争。军事课大部分由广东东纵同志来讲。(学习的)中央文件里，有不准一个坏分子入党，严格发展组织的内容。

全天上课，吃睡都是自己解决。当时我住在基督教青年会里，同冯培兰(音)住，是杨必声介绍的。冯是共产党员，人家说他是托派，他爱人姓王。这个人现在疯了，不知道死了没有。当时他是广西的进步教师。我们俩住一间房，各人吃完饭才回来。我的经济来源是组织上给的，每月十几块钱，由杨必声给我，亲自交给我。房租不用交，衣服是普通的，以前抗战时期人家发旧衣服，我领得一套旧西装。我每天坐电车去训练班上课，交通费是组织上发的。学校地址记不清了，只记得是在大街上的几间房子，不是很偏僻的。

1987年6月24日

从香港去云南

开始云南有两个人来南方局请示，一个是方仲伯，一个是刘宝煊。方仲伯有30多岁左右，据说他是抗大毕业，在抗大时就入党了。刘宝煊在云南办一个私立学校，请方当教务主任。学校在石屏建水办了一个分校(总校在昆明)，两校共一千五百人左右，高中、初中都有。方、刘二人很复杂。方到学校后，请来许多进步老师。他们在建水搞的分校叫做"陕北中学"，很有名的。建水学校很复杂。一个物理老师的妹妹在新华电台当广播员，他为了听到妹妹的声音，做个收音机来收听新华电台广播，可见学校很复杂。教员里各方面的人都有，有“民青”。云南青年的进步人士都参加民青的，实际上也有党的组织。

方仲伯来香港之前已是党员，刘宝煊不是，来港后发展了刘做党员。当时，我们云南工作小组并不知道，去云南后才宣布，刘是方介绍入党的，经过方方批准。他俩来香港是请示南方局，发展武装斗争。刘在云南的关系很好，他们看见全国搞得很好，因此来南方局请求派人去发展武装。

方仲伯在香港有很多关系。有一个女的准备同他结为夫妇，我们在香港的时候，他开了订婚会。那个女的在云南解放后即到云南去找他。后来在“文革”中被迫害致死。她死前对女儿说：“我们是真正的革命夫妻，不怕。”女的叫什么芸，原不姓方，后改姓方，她是香港银行里的职员，人很诚实的，方去云南，她留在香港。

方方召集我们开会，布置去云南打游击的具体事务。方方说了全国的形势，他指出我们去云南，在哪里打游击呢？主要以罗平为中心搞根据地，同三省敌人斗。当时有杨必声、我、罗培元、杨明四个人在场，这次会议大约是在1948年初（开的），我是1947年底（游击训练班）毕业的。这次会议就是分配我的工作，成立云南工作小组，我任组长，罗任副组长，杨明是组员。会议在方方家里开，他家很大，有沙发等物，很豪华的。假如以罗平为根据地，那有群众，就可以搞起来，没有群众，就在附近发动，然后带到罗平去。

这次是我第一次见到方方，他给我的印象是：好像穿一件大袍子，中式的，一位老人家的样子，四五十岁，白净面孔，很和蔼。他是福建人，但在广东久了，讲话带广东口音。

会后，我们做去云南的准备工作。刘宝煊先走，从云贵公路走。我同刘宝煊见面，是杨必声介绍的，方仲伯也在。当时是准备分两步走，陆路和飞机。认识刘、方以后，我们参加了方仲伯的订婚仪式。

我们搭飞机走，去云南后找韩子旺，他是建水大地主，很有钱的；他是交通大学毕业的，当时准备留美，是刘宝煊劝他不要去留学了，来当他的私立学校副校长。

我同杨明从香港乘飞机去云南。我们离港之前，方、刘二人已经先期离开香港返回云南。当时还规定了我们同杨必声保持联系的密码信通讯方式，杨必声直接负责我们这个组。实际上，他当滇桂黔边纵政治部主任（这个职务），（当时）中央已经决定了。后来，他（指杨必声）先搭船到（广西）东兴，走龙州去看地形，莫一凡当时在龙州（左江地区工委），杨去时曾向他传达大搞武装斗争的事。杨德华（即杨必声）任滇桂黔边纵政治部主任，以及成立边纵的事，我们并没有事前知道。

我同杨明搭英国航空公司飞机经广西，在柳州逗留几个小时，吃了午饭后继续飞。当时我带的是医生的行李，有药品等。我们俩各带一个金戒指，一百多块港币，这些都是组织上给的。我们一下飞机就打听那所中学的地址，找韩子旺。在他家里住。他的家在昆明一条比较偏僻的街。我们一去，他就把老婆叫开同别人睡，他自己同我们住一起。他这个人对党很忠诚的，见面时，我一讲名字，他马上就热情接待了我们。

我们在学校（昆明总校）里准备当教员，以便先摸情况。我们一下去，摸了两个礼拜，发现那里不单是进步青年，而是有地下党活动的。我们同老师、学生谈，交换对形势的看法等等，无话不谈。结果学校里感到奇怪：怎么又有共产党来了呢！我们则含糊地讲，云南是白区，可以让共产党两条线打进来嘛。学校地下党领导人是一位姓肖的，三十多岁的老师，他找我们谈，了解底细，双方心照不宣。

韩子旺在昆明海埂有田地，我们来后，他在那里请我们吃了一餐饭，算作交朋友。那时我们才知道，刘宝煊早已到达云南。我们又提出到建水（分校）去当教员。

刘宝煊来信请我们去元江迤萨这个地方，那里只能乘马驮子去，一个礼拜打一个来回，那里公开有洋烟、卡宾枪卖。

我就下到元江去了。后来我没有钱了，就把金戒指换得十几块钱当路费。刘宝煊住在城外十几里的地方，我去访他，这才知道，刘宝煊已在那里发动李和才起义了。李是当地一个土霸，他有一个女儿在学校被发展成为民青，通过他女儿说服李起义。起来后，又请李和才给一间房子，给钱来发展，训练干部，他们虽然起义了，但没有准备抵抗敌人，对形势也不了解。

我听刘宝煊谈到这些情况，但刘没有告诉我这次起义是他亲自去发动的，谈话过后我就回来了。

他们靠李和才，自己搞几百条枪就起义了，搞了个“私人起义”，实际上，方仲伯就在李和才那里负责训练干部。我去没见到方仲伯，他们的计划我一无所知，当然是有地下党在做工作的。这是1948年3月的事。

经过一段调查了解，我们发现必须同云南地下党取得联系才能进一步开展工作。这时，罗培元已到昆明，急于同我见面，我立即赶回昆明。当时，朱家壁的部队已在云南起义，形势对我们很有利。

（以下一段，录音机出故障，凭记忆补充。）

我在韩子旺家见到罗培元，即向他讲了我们知道的情况。我要求他立即返回香港，向南方局报告，并请示把我们的关系转到云南。第二天罗乘机返回香港。没几天，南方局派来的郑敦来到韩子旺家找我，传达南方局的指示：同意把组织关系转来。郑敦问我：你想去哪里？我说我还是去罗平吧，去发动群众搞武装斗争，建立根据地。郑敦说那好。郑又说他要去河阳追朱家壁，传达指示，并说我们都归庄田领导。郑敦来昆明时随身带了许多行李，几天以后，郑伯克来向我联系了。郑伯克是云南省地下工委书记，他分配了我的工作，并介绍了刘清在罗平工作的情况，他叫我负责军事工作，（党内）刘担任正职，我担任副职，我去罗平的事由他通知罗平的同志。

1987年6月25日

去罗盘区

我同郑伯克商量去罗平的事。罗平实际上已有人在工作。他给我的任务是，刘清当地委书记，我当副书记，第二个是“讨蒋自救军第二支队”是由张天禄当正司令员，我当副的。实际上，这个原则并不符合党的原则，他因为看见张天禄是个大土霸，有力量，就直接委任张当正司令。我当时没有意见，没有发言权，我不了解情况，不知道张天禄是个什么人。我只有去找刘清谈以后再讲。以后我就带郑给我的介绍信去找刘清，当时，罗盘区在哪里我都不知道。

坐汽车到贵州兴义，由兴义到罗平有二百多里路，很偏僻的。

我同郑谈过后，先去买了一箱药品，化装成一个医生，带上听诊器。组织上拿一包洋烟换成钱买了这些东西。这些东西是一位姓俞的护士（武章，三十多岁）同我去买的。组织上派一位男同志同我一道去罗平，他是"破胎"的丈夫，姓王，破胎姓陈。上车后，他发现有一个认识他的特务，他忙对我说："我发现特务了，我不能去了。"以后，他是一个人去钟山乡的。我则一个人坐车到兴义去了。

到兴义后，钟山乡派了一位同志（张良甫）来接我，他骑来两匹马驮子。在兴义，我住在旅馆里有四五天。

由兴义到我们钟山乡那个工作地点，有七十里路，我们走了一天。在钟山乡住下来，马上同刘清接上头了。当时，刘清正在那里训练干部。我去时，正是朱家壁的部队在钟山乡打过一仗，桃园会师带上唐德锟、任学源的130多人枪（一个中队）走了以后。那是1948年4月，我是5月到钟山乡的。

可见，那时朱家壁组织的讨蒋自救军第一支队，采取的是流寇性质的（办法），朱起事后，敌人派了四个保安团围追堵剿，很被动。朱家壁离开钟山乡后，就过了北盘江走了。

罗平当时的情况是，当地农民种洋烟，敌人经常来铲烟，我们有些武装力量利用机会反铲烟。约有七八百条枪，但枪都在农民手上。任学源是带头人，敌人一团人来都不敢剿，后来就采取政治攻心的办法来对付我们。钟山乡有9个保，有7个保归我们。刘清就用这个有利条件训练干部。罗平有四大诸侯：城里有吴子阶、张良彬、唐××，钟山乡则没有。

钟山乡同贵州邻界有八十里，交界是清水河，河两边高山有五十里。云南这边叫钟山乡，贵州那边叫捧鲊。捧鲊主要是种玉米、南瓜为生，很苦的。

我到以后不久，敌人准备第二次来围剿。当时，罗平来了个新县长（引注：应是赵发笔，而不是冯颐生。参见伍方著《杨江与罗盘区》第12页），是贵州人，这个人同张天禄、皇甫侠很熟的。朱家壁来时，张天禄也带了民兵来参加会师，但朱家壁走后，张又没什么兴趣了。这个县长刚到任就要张、皇去当他的城防大队长。王纲正知道这个情况后认为，去当城防大队长必须经组织上同意才算账。结果，他们派人来钟山乡找我们，刘清就说，这个机会很好，要革命力量去保卫反动政权,对我们有利,就批准了。我们派段一芳和皇甫侠带去一个中队,去当城防大队。

他们去后,利用机会释放了许多我们被关在县里的同志,其中有开平乡一个姓宋的同志。并掩护、安插了我们的人去工作。县长察觉后,想杀死段一芳,段知道后预先跑了。当时有几个大土霸送了洋烟给县长。

杨守笃(陆良人)从朱家壁那里带武装回来,我们暗中联络好,结果把罗平拿下来了(1948 年 6 月),县长被皇甫侠(皇在桃园会师时入党)带走了。当时,钟山乡乡长是陈忠弼,县长逃到钟山乡后,陈请县长吃了一餐饭,(县长)就从钟山乡逃到兴义去了。

我知道县长要经过钟山乡,就带了几个人,一挺轻机枪,来到钟山乡旁一座山上,准备堵住县长,搜洋烟,结果让县长跑了。

这中间有个插曲:郑伯克要张天禄当二支队司令员,我一个人去找他谈,走到张家,他正在床上吹烟灯,我把郑伯克的指示讲了。他说现在不能当啊,一定要等刘伯承过江后我们才能起来。刘清也不同意让张当司令,他说:“你来当嘛,应该党员做主。”

我们就成立讨蒋自救军第二支队(引注:应是“小二支队”,时间为 1948 年底。参见伍方著《杨江与罗盘区》第 8 页),当时有四个大队,第五个大队是平彝的,每个大队一百多人。第一大队长世灿章,教导员是“母羊”杨成喜;第二大队长张明精,教导员是张世伟;第三大队长(牺牲了),教导员宋光;第四大队长张学胜,教导员王泥(板桥人)。杨雷是我们派去,那里有一个人想起义,我将自己的一床毯子送给杨雷拿去。他在那里做了半年工作,把那里一百几十户农民组织起来,后来成为第六大队,杨雷任大队长兼教导员。

二支队是 7 月初攻打庙街取得胜利后成立的,成立后就打念君阶,把他从山洞里抓出来枪毙了。成立的时候,刘清不在,我在大会上宣布的。打念君阶后,在罗平北区成立了一个民兵大队,由朱辅庭任大队长兼教导员。

当我们在九龙住的时候,罗平之敌已撤出,剩下一座空城,我们就在罗平周围的山上,但不知道是空城,就返回钟山乡。钟山乡乡公所已被敌人烧掉,回到钟山乡,准备正式成立第二支队(引注:应是“小二支队”)。

在雨旺住一个星期后就开到黄泥河(引注:应为平黄镇,参见伍方《杨江与罗盘区》第9页),河对面有一个贵州保安团,他们是准备来打我们的,因为不了解情况不敢过来。我们五个大队去打黄泥河,敌人避开了我们。占领黄泥河后十来天,敌人在下午突然打了过来。我们退往黄泥河的山上,同敌人对抗。敌人有重机枪。我们后来退到龙飞岩(音)的家罗戈村,住在山洞里。那天天未亮敌人就包围了村子,我们不知道,早上有雾。敌人在山头开炮了,我们才知道。我们突出村子同敌人打了一仗,从后山撤走了。龙飞岩被敌人抓去,一个月后才放回来,他以后还同我们来往。

这以后,我们就在黄泥河附近活动。我们占领黄泥河后曾经成立了一个主力大队,这个大队就在那附近活动,大队由杨雷负责,(与)第六大队合并了。

雨旺在我们离开后被敌人占领了,我们就打回雨旺去,但没有攻下来。雨旺离钟山乡七八十里。

1987年6月29日

在罗盘区开辟工作

郑敦来后,杨守笃把罗平拿下来了,来钟山乡休整。杨守笃是离开朱家壁回河东来的,敌人派了一个保安团追他,他到哪里,敌人追到哪里,很孤立。来罗平后,在地下党的配合下,打下了罗平。赵发笔是个空头县长,老段、皇甫侠是城防大队的。杨守笃从罗平到钟山乡后,敌人派了一个团来(113团),在师宗的沙锅寨,皇甫侠带人打了个伏击,消灭敌人一个连(搜索连),缴获4挺机枪。那时部队缺乏组织,见缴到机枪,就把枪拿回家去,仗也不打了,皇甫侠也没有办法,部队就散在师宗。

这时候,杨守笃说,我们最好打出去,给杨江领导一支部队,我带一支部队,两支部队打出去,这样就可以粉碎赵发笔和113团的围剿。

113团是保安团,团长石补天。敌人这个团打到钟山乡来,我就同他周旋。后来我见部队不愿打,我也没有硬同敌人干。后来,敌人又撤回板桥,在板桥住一夜就缩回去了。这时候,我在“龙上天”整顿部队,这个地方十分险要,在板桥到钟山乡途中。我在罗平到板桥途中一处瀑布隐蔽。敌人过去后，我就赶回龙上天去，刘清也在龙上天，准备同敌人打，我去山上指挥部队。结果敌人一下子就打到了龙上天，把那里的房子也烧了。敌人是一个连，连长是石补天的外甥，被我们打死了。我们的人见敌人冲上来后，也就散回家去了。跟我的十多个兵也都走光了，我带一条手枪，我问我的卫兵："我们撤退后再打回来你干不干?"他说："我不干。"我是刚去，同人家不熟，在部队讲军事、政治。我在这一仗里感觉到，这一仗以后，非要建立自己的主力部队不可，如果没有主力跟着自己，打生打死都是你一个人。同时，还要有根据地。

结果，我们就下苦功来训练自己的部队。把附近六七个村子的贫农组织起来，搞农民小组，在农民小组的基础上成立农会，农民小组有农会作后盾，势力就很大了。

那时候正在秋收，搞"枪换肩"以后，钟山乡周围三个保，每保组织一个连(又称大队)，三保组成一个营。张天禄这时说，石补天势力大，要投降石补天。我们就反对他，不给他当大队长，讲他是失败主义。把张天禄打下去后，皇甫侠才能够起来。这样，钟山乡就有了三个大队，板桥(还有)一个大队，我们就有了主力了。我们最初组织部队，每个大队的教导员都选党员担任，大队长大部分也是党员。部队平时不集中，打仗集中，训练它。还开展党小组活动。最先成立的是二大队。

他们叫我"老杨"、"广杨"，因为我是从广东来的，所以叫广杨。那里姓杨的同志很多，一说"广杨"就知道是司令员了。

起来以后，同杨守笃分别守住钟山乡周围。杨守笃的部队不错。杨守笃缴得一挺重机枪，是日本重机，在飞机场缴的。杨守笃是杨启元(音)的侄子，杨启元是个土霸，杨守笃是个大学生，云南大学的。他的部队就是他叔爷原来的部队，部队的给养靠打土豪、征税，部队没有军装，穿老百姓的衣服。

郑敦来钟山乡同刘清一起训练工作队。二支队成立后，刘清认为可以打出去，到平彝活动。我们打到平彝后，解放了黄泥河。平彝到黄泥河有一百五十里路。打下黄泥河以后，杨德华(杨萍)来检查工作。

部队起来后，还发动减租运动。那里从来没有减过租，农民、学生的积极性很高，地主也没有办法。谁斗地主斗得好，减租工作搞得好，就发展成团员、党员。外面地主来收租，也打跑去。张天禄说，钟山乡共产党了不得，搞减租很厉害。在这个基础上，发动农民中有枪的人来参军，这样子，主力部队才真正能形成。

一大队是世灿章，世灿章是老兵出生，在一次攻打碉堡时牺牲了。二大队是张明精，三大队是宋光，副大队长姓罗，四大队是张学胜，张学胜以后我用他当司令部副官。司令部管钱、管洋烟是“周大妈”，周汝连，是财金部长，搞供应的。(司令部)有侦察的、军事的参谋，谁会打仗、会用枪的就当参谋，张学胜专门负责。

二支队成立之初，司令员和政委都由我担任，以后，刘清当政委。我们的主要干部都是本地农民和学生。

当时，我们作战是没有地图的。

杨萍(杨德华)来以后，一方面是整顿我们那个地方，他告诉我去打贵州。我们就在那里组织了两个工委，一个是兴安工委，一个是盘普工委，盘普工委是滇桂公路一带。杨萍说，主要发展贵州的工作。赖龙、唐德锟、张良彬负责兴安工委，何志翔负责盘普工委，他有一个盘县(游击)团，这个团原是龙腾霄当团长，我们发展他的兄弟(龙德霖)入党后，就让他兄弟当团长。龙腾霄是朱家壁的拜把兄弟，朱家壁在滇军当过司令，然后让龙腾霄去当官，龙是彝族人。我们改造了龙腾霄的部队，并在部队宣布三大纪律八项注意，以后正式成立(盘县游击团)，就开过贵州去。正好碰上敌人一个保安团，龙德霖很熟悉地形，结果全歼一个团，缴获两三挺重机枪，八二、六零炮五六门，打了个大胜仗。这个团的营长、教导员都是我们派去的人。这一仗，是在杨萍走了以后打的。以后，我们把重机枪、炮调一部分我们用。这个团的装备是最好的。龙腾霄不当团长后，让他在二支队当参谋长。

有个人叫罗波，农民出身。曾经关在兴仁专署的监狱里，他组织一百多人逃出来。以后他给人当警卫员。他摸了一支白朗宁(手枪)，跑回家自己干起来。后来冷国盛收他进来，罗波就在盘县游击团第三营当营长，后来他被发展成党员。现在他在兴义砖瓦厂当厂长。

盘普工委是两个大队，另一个是王忠当大队长，“文革”时自杀了。何志翔知道这件事。

兴安工委有两个游击团，一个是七舍、捧鲊的两个营组成(引注：后组成兴义游击团，参见伍方《杨江与罗盘区》第15页)，我亲自去过那里。另一个是安龙的保安17团全团投降过来后组成的(引注：后改编为安龙游击团，参见伍方上书第15页)。兴义这个团是唐德锟当团长，张良彬当副政委。(保安)17团投过来后，不到半年又叛变了，我们派张良彬去这个团，被他们拒绝了。他们过来实际上是想占地盘。

另有几支部队是我们自己搞的。一支是海子边，几县交界，高乐在那里组织民兵搞起来了。一支是安龙的，是一个地下党员叫王秉鋆的搞起来的，最初只有几十个人。还有两支部队是红军(长征)经过时保存下来的同志搞起来的。

1987年6月30日

我知道的庄田

庄田参加过二万五千里长征，是红军中一个团长。他在莫斯科受过训练，后来派到海南岛搞工作。在海南岛娶了一个老婆叫祝平，比他小20岁，他俩感情很好，祝平是部队中一位女战士。庄田原来是海南岛的海员，大罢工时参军，留苏以后，曾经在福建苏区当政委，兼团长，以后参加长征。他打仗很凶猛，打先锋，杀鸡杀鸭吃一顿后就打先锋。

庄田在海南岛当冯白驹的副职，他去时带了一部电台，他执行中央政策很坚决。据说他曾同冯白驹斗过一场。后来，南路有一个打游击搞起来的老一团，是海南岛老红军周楠组织起来的。老一团在广西边境创造了靖镇边区。庄田领导老一团后，打到了越南边境的河阳。靖镇边区后来被广西军阀占领了。

朱家壁同郑敦找到河阳后，同庄田在一起，在胡志明的支持下训练了六个月。那时，正是杨萍到罗盘区，指示我们搞(贵州)兴安、盘普工委的时候。杨萍并指示我们把罗盘区这个独立的边区建立了起来，这是中央直接指示的(引注：参见《中共桂滇边工委》文件第153页：“1948年12月，根据战争需要，中共中央同意南方三区‘粤赣湘边、闽粤赣边、桂滇黔边’建立三个纵队。1949年1月，奉中国人民解放军总司令部函令，中国人民解放军桂滇黔边纵队成立，云南人民讨蒋自救军第一纵队，以及滇东南的开广地区、弥泸地区、罗盘地区‘含黔西南、黔西地区’、广西左右江地区游击队编入桂滇黔边纵队。”），以后把云南省工委并入滇桂黔边委，在此之前，罗盘区不属于云南工委，而属于周楠领导的桂滇边工委（引注：1947年5月称“粤桂边”，10月改“桂滇边”），桂滇边则属于南方局领导（引注：似应为“香港分局”，参见《中共桂滇边工委》文件第139页）。

朱家壁从罗平离开时有一千多人，到河阳后已死去三四百人。河阳整训后，从中越边境的马关打回云南。云南有对新（音）督办、马关督办，没受到阻拦，一直打到文山。我们则（派人）从罗盘区到文山去迎军。罗平到文山要经过丘北，路途很远。我们派了老伍（伍方）同王仁忠（苗族）两人到文山接人。他们由广西过境到文山，在文山见到了郑敦，郑敦带一个卫队同王仁忠到罗盘区，老伍在途中与王仁忠走散了，很久没找到部队。庄田也随部队来到罗盘去，一到罗盘区，沿途没有一个土匪，群众欢迎自己的部队，气氛很好，庄田很满意，说根据地搞得很好。庄田到达后，住在板桥附近两里路的落崖（音），开始办训练班。这是1949年正月前几天的事。

我当时到十八连山去了，回来后才同庄田见面。庄田是个五短身材，年龄三十岁左右，很结实，样子像个农民。我们搞过减租退押，发展自己的主力团（21团，由二支队改编），我们自己掌握的武装有五个团，两个主力团，三个游击团。后来，庄田帮助我们建立了（罗盘区）指挥部，并指示迅速在贵州边境发展力量。

庄田住了几个月，召开了前指会议。在此之前，另外召开了一个会议，组织了滇桂黔边区（引注：参见《中共桂滇边工委》文件第143页：“1949年4月底，周楠率边工委机关工作人员从中越边境来到云南省罗平县，同前委会合。1949年5月中旬，林李明根据中央3月份的决定到云南，将边工委和云南省工委合并，成立中共滇桂黔边区委员会，林李明为书记，周楠、郑伯克为副书记。”）。把武装力量编为十二个支队，广西两个，云南十个。我们是第三支队（罗盘支队），一支队是庄田、梁家带。在罗平县召开了边纵成立大会，十个支队都有人来参加。

当时，庄田来之前，任学源带钟山乡一个连去参加朱家壁的部队，朱家壁的爱人林兰（演员，没有结婚）、高康都去了，结果队伍迷了路，在高粱（盘江南岸）过河时被何廷珍、何四麻子阻击，任学源、林兰被抓后杀害了，那次牺牲有十多人。高康得了疟疾，我为他治了一个多月才治好，治好后，他才将任学源、林兰被害的情况告诉我。后来，庄田率部队从文山经过高粱时，去把何家三兄弟抓来，枪毙了，我们把何四麻子拿给钟山乡枪毙的。

边纵成立，主力暴露了，卢汉派四个保安团来围。我们用两个团坚持，其他部队打到外围去，结果消灭了敌人，扩大了解放区。罗平、师宗、平彝统统解放了，以后就向贵州进军，在十八连山暴动，组织了主力团，十八连山主力团由赖杨负责。

前指会议是在落崖召开的，十几个人参加。会后，庄田带一支队、杨守笃支队打回文山去了，建立文山专区后，解放大军已到了百色。为了迎军，庄田调我们三个团到百色迎军，皇甫侠一个团，杨雷一个团，甘东一个团，打到百色去。先解放了西林县，后才到百色会师。

到百色后，同四野会师，这支部队返回罗平后，编属彝良分区。杨雷后来调玉溪分区。我们同二野于1949年底、1950年初在兴义会师，卢汉是1950年元月投降的。

会师时，我们有龙腾霄的团、兴义游击团等共三千多人参加，由我带到兴义去，14军李成芳军长等都来参加，我和李军长在大会上讲了话。会师前，解放军一个连经过钟山乡，我们群众沿途送粮送鞋，写个条子就行了。大军先头部队交（给）了一个符号，会师时，只要拿出符号就行了。

兴义会师后，大部队开到罗平来，召开群众大会，赠了锦旗给我们，陈赓、宋任穷都到了罗平。

1987年7月3日

罗盘区后期和文山、武定工作

罗平是个很宽的坝子，在北腊山下，县城约四五千人口，不算大。板桥镇赶圩很热闹，有几千人的。张狗洞很险要，从罗平到板桥必经此地，是板桥的屏障。当时罗平城是吴子阶称霸，他的女婿是我们县委委员。板桥有两霸，一是张天禄，一是姓唐的。当时，我们一面团结皇甫侠，皇是个土霸，掌握龙岗、八达两乡，张天禄掌握板桥。当时板桥约两三千人口，做米粉生意的人较多。

钟山乡地势很险要，板桥到钟山乡有六十里，钟山乡在高地上，房屋都建在山顶上，与贵州隔界，界河到山顶有二十里路以上，没长什么草，来个人看得很清楚。清水河宽一丈多，有的地方深不可涉。河上有一石桥，通兴义。桥原有国民党一个排把守，有一挺机枪，二十几条步枪。另外有一条公路从河里通过，在石桥上游五里路，水浅可过，深则不行。陈赓、宋任穷就是从河里通过的，周保中也从那里过。当时，我们在上游把水拦断，大军才容易过河。这条河是从北腊山流下来的。陈赓他们通过后，即开到罗平召开群众大会。

兴义会师后同大军聚餐，我喝醉了，那餐饭有14军的军、师、团干部参加，会师后我即赶回去布置拥军、迎军活动。

我是乘一辆专车到贵阳向宋任穷汇报，去贵阳是在兴义会师之前。宋任穷让军、师干部也参加会议，我汇报罗盘区情况。宋任穷讲了会师后的系统归属问题，宋让我们出两三百干部去贵州工作：我们的21团、龙腾霄团、兴义游击团分在贵州，其他都归军分区管。21团有一个营归宜良分区，他们守了何应钦的家乡。

当时，杨萍准备调我回广西。陈赓问郑伯克：杨江这个人用得吗？郑伯克说：很好，军事、政治都好。陈赓就说：既然用得，留他在云南。陈赓调中央后在哈工大当校长。有一次在火车上我们碰见了，他马上叫我去同他谈谈，很亲切的。在此之前，我从未同他个别谈过话。他这个人不管我们是什么土干部，总是一视同仁。那次我是同一机部部长黄敬去哈尔滨，碰上后，他先叫我“杨江”，然后叫我去谈谈。他是很平易近人的。

宜良军分区是刘清干，文山的饶华调出来，让我去文山，任分区司令员兼政委，这是在分地委的时候调动的。当时，罗盘地委取消了。

我去文山，主要把警卫员带去了，有赵卫邦、吴能宽、“小土地”、老甘等十几个人，他们去主要搞电台工作，他们这几个人分配时都不错，赵卫邦后来还是党

父亲的警卫员多用卡宾枪，他带一个班去贵阳见宋任穷和陈赓时，陈赓见他们装备不俗，笑说："你这个游击司令不简单啊，全是美式装备！"

左一是父亲的警卫员吴能宽，他手里的美式卡宾枪大概是父亲在罗盘区打游击直到 1952 年调北京前才上交的那支爱枪，收条一直保存着。

员了。吴能宽同我去北京，在北京入团，在长春入党并结婚，后到三门峡，以后调干回贵州搞工业。

我是在1949年12月13日同张世伟结婚的，是去文山之前，在罗平城里办的。当时大家还在一起，刘清、宋光、高乐大家都来参加婚礼。1950年5月调文山，那时，文山还有土匪，大军有个113团在那里剿匪，团长是耿中然（音）。我是坐一辆车去的，途中没有遇上土匪。去后一个人都不认识。文山是单独成立一个军分区的，军区很重视。我去前，是饶华当地委书记。我在去文山的路上与饶华交臂而过，我不认识他，别人说，你就是去接他的。到文山后，知道由廖华任副司令员，庞志任副书记（现在劳动人事局当局长，他是同我一起调北京的，当李立三的秘书长），这个人读书时有点本事的。

我到文山后，办了一个土改试点区，庞志当区长，他大部分埋头读书，不懂群众工作。他年龄比我小一点。他以前去过越南，后来编报纸，是饶华当地委书记时让他来当副职的，他当时在文山属于秘书一类人才。有一个宣传部长叫陆毅（音），是广南人，以后他调到蒙自地区，干了很久副职（现在可能也在蒙自）。

文山分区由廖华当副职，我调去不久，就让廖华（当时30岁左右）到南京步兵学校读书去了。13军张西如（音）的人在文山分区当政治部主任。

我负责领导地方武装。地方武装有一个团，后改编为一个营，即由我直接领导。13军派了一个团来文山主持军事，团长叫耿中然（音），副团长姓贺。

当时文山约30万人，共九个县，西畴、麻栗坡、马关、广安、丘北、砚山等，县里至少有10万人，没有工业，农业以三七、稻米为主。

当时剿匪反霸十分紧张，一个姓杨的土匪（原是副县长）挑动30万少数民族反叛，他联络了一个苗王黄志成（音）。113团在这次平叛中做了许多工作，教导员都下去当县长。

文山当时那些土霸，基本上是庄田在那里时暂时归顺我们的，后来情况变了，又有反复。

文山剿匪主要是反广西的土霸梁冠中（音），剿匪主要靠解放军。解放军那个团很大，有1500人左右，先帮农民做工，然后发动群众，让群众去喊当土匪的

拍摄地点应是昆明一处寺庙大门，背面写着：与受训越南军官，1950 年 7 月摄。（局部）

家属回来，带着粮去喊，最后就消灭了土匪。我们打仗则比较少，解放军的剿匪叫做“民族剿匪”。梁冠中见没有办法后，就跑到苗王黄志成那里去了。

我在文山时还负责了越南军队在境内受训时的后勤工作，当时，越南过来的人很多，由双豪政委领导，大约有两三千人。双豪政委同莫一凡认识，莫在越南时当过胡志明部队的指导员。越南受训部队有一个政委专门向我要粮、要菜，我同他关系很好。主要是 13 军来训练越南兵。

我在文山工作了约 3 年，以后同武定的梁家对调，梁家同我差不多，也是粗线条的。调动时，土改还未铺开。我调武定，任地委书记兼军分区司令员、政委。当时与文山工作组组长、省高院院长杨清洁（音）一同离开，从文山去武定，先坐汽车，再坐火车，到昆明后在省委住了一个星期，就去武定了。

这是照片背面的越文留言，最下面两个中文字像是“双毫”二字。

在武定一年多，土改工作扩大以后，又调我去北京。离开武定是1952年10月，我的大儿子是在武定出生的。当时，因为工业建设需要人，从云南调走有一二百人。刘清是从宜良地委调出的，我和刘清一同去的北京。我们从昆明到贵阳，从贵阳到重庆，住了几天，然后从宝成铁路上北京。到北京后，住在中组部招待所。当时，不知道分配在哪里，后来，我分到一机部，刘清分到二机部。

1987年7月7日

贵州与罗盘区的地理环境

贵州这边多数是山区，只有一条公路通到安顺，铁索桥就在盘县旁边，红军曾经路过这里。在这边，我们有两个支队，六、七支队，在铁索桥的南面。红军路过时，曾组织过两支队伍帮助红军通过。安顺那里有大瀑布黄果树，安顺是平坝，人多，少数民族少。兴仁专署也是山区。兴义一半是平坝，一半是山区。土人被逼上山居住，平坝里多是汉人。

我们的活动范围内有许多少数民族，现在记不清了。十八连山就是彝族。还有红彝、黑彝，语言上可以通。山区赶街时，有许多汉人去的。

罗平是山区，如狗街、苗街。这一带基本种洋烟，向来都没断种。龙云、卢汉让他们公开种，土霸收烟税。

种洋烟是种在山头上的，山下武装守卫，谁来动他就开枪打，所以种了洋烟后就形成了武装，各据一方，几十支步枪就独霸一方。县政府的人不敢来，土霸有杀人权。因此那里发动群众就容易。

洋烟种子是买来的。开花小，很好看。春天下种，一年可种两次。收时用刀，割了后出浆，第二天用竹片刮起来，收集成一坨，土黄色的，很香，放在坛子里，就是最好的洋烟了，可以拿去卖，收洋烟是不准人看的，秘密搞的。

钟山乡是高山气候，较阴凉，晚上都盖棉被，白天没有太阳就要穿很厚的衣服。下暴雨北盘江很容易涨大水，由霑益流来的北盘江，经师宗到钟山乡，北面也有一条大河。

那里凡是可以种田的地方都能种洋烟。另外，草菇、冬菇也很多，师宗出鸡枞。农民都吃包谷面，我们吃了两年的包谷面。磨一次，碎了，拿蒸笼来蒸就成了包谷饭。有包谷面吃的算是好人家了。地主是有米吃的，商人也有。

洋烟是五毛钱一两，洋烟比米还要便宜。种米是次要的，卖洋烟可以买武器，二十两洋烟可以买一支卡宾枪。烟帮走私很厉害，都是有武装的，也有把洋烟装在飞机骨架里，往香港走私。龙云的县长，交两千两洋烟就能当了。

1987 年 7 月 17 日

照片背面写有:1951 年与梁家在武定军分区。梁家叔叔原任职武定,1951 年底与在文山的父亲对调。梁在“文革”后任省委政研室主任、政协主席。

作战与打土霸

在“龙上天”打的一仗。龙上天很险要，山沟，我们在山下等敌人，有几百民兵，机枪、步枪都有。敌人攻上来时，我们放了一阵枪后就跑走了，民兵都散回家了。当时，我刚赶到龙上天枪就响了。我知道敌人进攻了，就马上登山准备指挥部队。谁知我们的人都跑了，结果敌人第二次冲锋就占领了龙上天，我们只打死几个敌人。敌人在龙上天住了一夜后就追到钟山乡。

我带几个人退回去，别人都回家了，一个都不跟我了。这才使我觉得没有主力不行。晚上我在刘志德(音)家找到刘清，以后敌人又追来了，我们走到刘国财(音)家。刘国财喊别打了，不然要烧房子的。我们就没打。敌人追到猪笼山，在板桥附近，山上有工事。我后来离开猪笼山，到江底去了。

这次战斗是在我到钟山乡后，训练一段干部之后打的。

我是在天亮以前到龙上天的，刘清已经把部队部署好了。我在山头上，看见部队都跑了也没办法。见敌人在山下烧房子，我打了几枪下去，这才慢慢退走。我对跟着我的几个人说：你们实在要回家，就回去算了，以后叫你们的时候再来。我一个人回到钟山乡的，刘志德的家离钟山乡十多里，我翻过两座山才找到刘清。第二天天刚亮，由于知道敌人要搜山，我们便再往森林里退。敌人在钟山乡烧了乡公所的房子。

我们没有正规部队，因此也没有独立作战的可能。

杨守笃来罗平，是钟山乡成立二支队的时候，这时候主力才真正出来，我任司令员兼政委。周汝连，又叫“周大妈”，管经济，就是管洋烟。我们二支队在十八连山搜得起码五千两洋烟，都是他经手的，他是我们的供应部长，一生清廉。

上猫街打土霸。在平彝境内有个姓周的土霸，是杨雷去打的。他们用大树把门撞开，发现土霸已经跑了，缴到许多腊肉。我们走后，有土匪到那家去挖出几百两洋烟，结果，杨雷再派人去缴了过来。

罗平北区的念君阶是个大土霸，我们打下来后，把念君阶枪毙了，平了民愤。那次我们打进去的时候，念君阶正病在床上没有跑。念的家在富乐镇，离罗平有七十里路。我们开仓济贫。龚三(音)是大土霸，他投降了。我们在那里建立了民兵主力大队,朱辅廷当大队长。这样,我们从钟山乡扩大到了罗平北区。

念君阶住的那个村(引注:即桃源乡法本村。见伍方《杨江与罗盘区》第8页)离富乐镇有一二十里路,我们先枪毙了念君阶,才解放富乐镇的。富乐镇在罗平、平彝是很有名气的。带队去的是张学信(板桥大队),杨雷的大队也去了,约四五百人。

打下富乐镇后,我们住在摩龙村,休整了一个星期。以后下到板桥,路过罗平时,曾上山看了罗平县城。

有土豪见我们势大,送洋烟给我们也是有的。一次我们到平彝,住在一个大地主家,他拿出在香港买的三炮台香烟招待我们。

我们得到的洋烟由供应处管,供应处一律写收条。洋烟是派人拿到兴义赶街卖,卖得钱就买医药用品。洋烟当时卖毫银,就是东毫,东毫在云南算半开。

1987年7月12日

什么是根据地

我们初到云南,看见朱家壁圭山起义,拉了一千几百人,到钟山乡走了一转,敌人四面追来,他到处去演剧,结果连演剧都不能演。这是流寇做法,毛主席老早就批评了,扰乱卢汉没损一根毫毛。我认为,要搞应先从根据地武装搞起来,才有地盘、人民,才能发展。

朱家壁到文山后找老一团,他们(指庄田)已经到越南河阳去了。他又去找。河阳的疟蚊很多,结果因为疟疾死了几百人。整训半年多,胡志明安排他们的食宿,训练了打靶、化装、集结。老一团打仗是可以的,但老一团在广西时搞"左"的一套很厉害,不要统一战线,结果被赶出广西。广西启用叛徒,把老一团的根据地占了。

我是刚从游击干部训练班出来,所以懂得,在根据地搞统一战线要执行合理负担,有钱出钱,有枪出枪,才能把民众发动起来,建立自己的政权,立于不败之地。以前搞的不要中农,只要贫雇农的做法,我们要反对。我们的一套办法是从解放区经验中得来的。

我同郑伯克讲的也是这个意思，既然罗平有根据地，我去以后就要好好搞，把根据地建设起来。

朱家壁桃园会师后，对十八连山、贵州影响很大，四边都动起来了，想搞，但他又走了，结果派人去找他。

我们搞根据地，懂得从贫雇农搞起，联合中农，团结富农，搞统一战线，这样就站得住脚了。我们先把干部集中起来训练，讲党的政策路线，一定要贯彻党的政策路线，同农民搞“三同”，这样与农民打成一片了。又组织贫雇农搞“兄弟会”，结拜兄弟，歃血为盟，用这样的方式把农民团结在自己的周围。再调查研究，了解农村的枪在谁手中，哪些是我们的，哪些是地主的。在这个基础上组织了“枪换肩”。农会就是清一色的贫雇农，以此为核心，搞减租减息，农村中权力归农会，“保”这一级政权就没什么权力了。有什么事，农民不去找保，反过来找农会解决。这样一来，钟山乡 10 个保大部分掌握在我们手中，根据地就巩固了。

杨守笃拿下罗平之后，来到钟山乡住在农民家，农民保护他，杀猪、杀鸡、挑玉米来给养他们。杨守笃说：“啊，现在我才晓得根据地的重要。”

以后派出受过训的工作团到师宗去，什么工作一团、二团的帮助农会推行我们的农村政策，这样统一战线就在农村里开始了。杨守笃原来跟朱家壁走到文山，后他退回来，准备保家，有一挺机枪，几十条步枪，到处打游击。杨守笃后来同我们很合作。他得到我们的支持后，在一个叫马街的地方（他叔爷叫杨启元），按我们的办法去组织农会、民兵，行动不了的在家里拿枪，像搞根据地一样。

那些小地主、小土霸则在我们团结之列，只要不反对我们就行。钟山乡是很讲政策的，正因为如此，农民才愿跟我们。我们的农会为了保护跟我们的地主、土霸，不准别人去他们的村子乱来。

朱家壁在钟山乡发动参军，唐德锟、任学源带了 103 人组成一个中队去参军。他们走后，家中无人耕田，也是由农会组织代耕，所以他们军心才安定，跑到哪里都行。

我到了以后就没见过朱家璧，直到庄田来，开会师大会编支队时，才见到他。

1987年7月13日

改造土霸

当时的邱北县有一个大地主叫郭鸿业，他是有名的比较开明的地主，有两挺机枪，几十条步枪。当时形势很乱，四面都有人起义，朱家璧也起义。到底跟不跟人家一样干？他自己在考虑。他看见我们罗盘区有一支共产党的武装，他就组织了百多人的队伍，由他的弟弟郭纯带着，从邱北开来钟山乡，请求我们对他的部队进行训练。还有一个在砚山的民青工作的姓王的人（即王灿）同郭纯一起来了。我同刘清同他谈了，完全答应了他们的要求，并认为，他们训练完后，可以在邱北也搞起义。我们给这支部队讲了话，让他们了解我们的革命宗旨，懂得革命的道理。

我们把这支部队安排在一个村子里，让农民挑几担包谷给他们磨面当口粮，这在当时是很好的粮食了。

我们先把部队按班、排、连编制好，他们两挺机枪是一个营的架子，他们的干部按我们的要求训练，学习政治、军事。政治就讲统一战线，讲农会，组织发动贫雇农起来革命，如何组织政权等等。学习一个月以后，他们回去了。我们还同他们规定了许多联络暗号，以便打仗时相互联络。那个姓王的（王灿）后来就成了我们自己的干部。（后来，梁家在省委政策研究室工作时，就用了这个人在研究室工作。）

我们当时还没有准备在这支部队里发展党员、干部。只是他们回邱北后，以后参加了解放军再从连队里培养党员干部。

我到文山后，知道文山的基干营里有这支部队（郭纯一直当营长到改编之前），我也很放心。郭鸿业后来去农场当场长去了。因为是我们一手训练的队伍，郭纯知道我到文山，专门来见我，仍把我当作老领导。

另一次是把非党武装变成我们的武装。我们在贵州领导的有龙腾霄(他是黔西盘县一个彝族头人)的部队和另几个大队。那几个大队,原来都是龙的朋友(领导的)。龙腾霄是职业军人,从军校出来的,同朱家壁一班。他的弟弟也是军校出身,当过班、排、连长,以后,龙把弟弟叫回来了。

龙腾霄见朱家壁起义,也想起义,但他兵力不足,怕起来后被保安团追剿,他想找地方藏才行。大约在 1948 年什么时间(1948 年 9 月在盘县糯寨起义。参见伍方《杨江与罗盘区》第 14 页),龙腾霄以反征粮征兵为名发动起义。起义后,我们决定吸收他组成一个支队。龙一般在平彝一带活动,他有几个朋友在那里当县长。但后来这些朋友怕惹事,找些理由把他的部队赶走了。龙只好在我们的边境富乐镇一带活动。当时只是当作政治土匪看待。

我们感到,龙的部队终非整训是不能成为我们的部队的。我们设法把他的部队集中起来,集中了百多人来罗平受训,当时来的大多是龙腾霄的佃农,来了以后,我们搞了在部队中的诉苦活动,讲龙腾霄如何剥削他们,这样就把这些人同龙对立起来。经过诉苦,大家觉悟提高了,认识到龙是剥削人的,但他的反蒋起义也有很大作用,我们也认识到他的号召作用。

龙的部队有四大族,另加罗波一大族,虽然是地主武装,但他们能反蒋,我们还是要团结的。龙的官僚作风很重,他动不动喊杀喊打,他的弟弟龙德霖比较民主些。我们发展了龙德霖入党后,即派他当团长来领导手下的四五个大队,这是一支很可观的队伍,政委是我们派去的,叫王忠,是党员。杨守笃的大哥当参谋长(即杨德光,为杨守笃的堂兄。参见父亲《我在广东及云南工作情况的交代》),他在东北搞过,曾在国民党的部队里当过师参谋长。这支新组成的部队第一仗就全胜,歼敌一个连,连长也抓起来了,叫他喊部队投降,敌人就投降了。缴获了两门迫击炮,四门六零炮,两挺重机,几挺轻机,然后把俘虏带到一个村里,杀一头大猪慰劳他们,问他们谁愿意回去,就发给路费。这一仗以后,这支部队就很强大了。这一仗,开始是在一个叫岩洞村(音)的地方坚守,以后从敌人后面包围打赢的。

这个团的四个营,由原来的四个同姓的大队组成,平时住在自己的村子里,遇到有情况才调集起来。

罗波那个营打了很多仗，他们曾打到兴仁专署去，后来被包围了，罗波被打散了，无法收容。但罗波以他的村子大榕树为基础（即贵州盘县的祭山村，参见伍方《杨江与罗盘区》第14页），又搞起来了。

龙腾霄的部队整训前，他在罗平南区活动。一次打一个姓段的土霸，我们的部队也去了，龙军见我们也来，就避开去，我们则把他们当做友军对待，不交火。以后我们派唐德锟去他那里当党代表，当了几个月，由于龙出尔反尔，不尊敬党代表，同党代表发生冲突。这样，我们才感到必须整训才行。

我们让龙来当参谋长（即罗盘区指挥部参谋长，参见上文），让他随同他的部队行动，指挥权属于龙德霖了。这支部队归属我们之前，是朱家壁领导下的黔西南游击支队，属我们后就改成盘县游击团了。（与大军）会师后，龙腾霄安排在贵州民委工作，（后来）他上北京治病，死在北京。龙德霖也是安排在民委工作。

1987年7月17日

训练干部

朱家壁在罗平桃源会师之后，从师宗经北盘江下邱北、广南去了。我到钟山乡时，当时集中大量干部在钟山乡训练。我们训练干部的目的何在？实际上带有发动群众，搞武装斗争的性质，也是南方局大搞武装斗争精神的贯彻。罗盘区的武装斗争是恰当的。

当时在罗平有几种看法：一是跟朱家壁走，见其声势浩大，各地跟起。但如何搞却不得要领。有的是正在搞的，有的是准备扩大的，有些想发展自己的武装，有些是想用武装斗争来发展自己的地盘。而最大的问题就是，朱家壁来过以后，如何搞武装斗争呢？当时在云南普遍没有解决这个问题。

我在南方局受训的时候，主要讲的就是搞武装斗争，从发动群众、建立组织、建立武装到把发动群众同武装斗争结合起来。

朱家壁走后，罗盘区处于群龙无首的状态，大家有些消沉，以为朱家壁走后可以暂时不搞先，等朱回来再搞，等时机成熟后再搞，这种态度是普遍的。

我去了以后，针对这种情况，谈了我在南方局受训的情况，谈了在各种不同的形势下搞武装斗争的可能性。三几个人怎样搞？有党员无党员、有组织无组织、有群众无群众等情况下如何搞法，以及怎样扩大的问题。在训练干部的时候，我主要讲的就是围绕发动群众、建立组织、扩大武装斗争、建立自己根据地的各地的做法。这些受到群众的欢迎，并使群众知道：他这个人还有点办法。

我还讲了武装斗争不同的领导办法，不要认为每一种斗争必须有党领导后才能搞起来。有些人表面上反对种洋烟，实际上是想从种洋烟里捞一把。我以为可以扩大洋烟的种植面积，使附近山区都能种，有了收入，才能买枪、买药品，这样才能团结民主人士。通过种洋烟获得的收入，我们总共大约买了七八百支枪。

枪买回来后，由大家带在自己身边，当保安团来铲洋烟，我们号召有枪拿枪，同敌人干。由于我们有七八百条枪这样一个大的力量，敌人就怕了，被吓走了。每个地区种洋烟都有人管的，乡有乡管，保有保管，都是些地主恶霸管着。我们就从中选择一些倾向进步的、年轻的、枪支多的、地盘大的，收一点我们需要的烟税，作为我们的活动经费。这样一来，烟种得多了，我们的力量也扩大了。

我们搞种洋烟，还是靠钟山乡党的组织做核心。洋烟通常拿到兴义去卖。

我们在训练干部时，分析形势是很重要的。朱家璧走了以后，敌人围剿钟山乡，不是敌人胜利，而是我们有了基础。当时许多武装都在土霸手上，不在我们手上。要搞武装斗争，只有依靠贫雇农，团结进步分子，才能把农民、烟农组织在党的周围。

这以后，钟山乡 10 个保有 9 个已组织了农会，另一个保是一个惯匪盘踞着，这个人就是以前同皇甫侠做对头的人，他当了罗平吴子阶的中队长。后来，任学源说服他跟了我们走，让他归皇甫侠管。结果沙锅寨一仗，他把缴来的机枪拿走了，皇甫侠拿他也没有办法。后来想办法把他杀掉了。

到成立滇桂黔边纵时，我们有 21、22 两个主力团，外围有师宗游击团、十八连山主力大队、北区主力大队，总共是四千多人。21 团有一千多，22 团有两千，三个大队约千把人。成立主力团后，由我们调动在各区独立行动，其他民兵则归当地政权指挥。

师宗搞了两个工作团，主要发动减租减息，合理负担。当时有许多群众到工作团反映情况，这是地委组织的，分一团、二团，主要在师宗、龙岗、八达活动。王柏林在师宗搞过皇甫侠，因为他没有这么纯，想搞倒他。工作团发动许多群众告皇甫侠。那时，郑敦来了，就找王一民谈了几夜，指出在民主地区要搞民主运动，要经过领导同志同意才行，不能乱搞。

派工作团是在边纵成立后，钟山乡民主运动正规化以后，把经验推广到龙岗、八大、师宗才搞的。

1949年开国大典的消息，我们是通过电台知道的。我们派了民兵英雄王国先(守板桥到兴义那条桥的)去北京参加开国大典。他同地主斗争，减租减息都做得很好。他回来后，在云南各地进行了传达。

1987年7月18日

修仁暴动

贵州修仁暴动是国民党内部狗咬狗的事变，我们觉得这件事可以利用。暴动是1948年6月爆发的，马怀麟是搞暴动的主要人物之一。他同贵州出版的《力报》中一位进步人士有联系。马是国民党立委委员，暴动失败后，他跑到广西找到李任仁，李对他说，你要找共产党可以去云南罗平找，我们这里没有。马怀麟即从广西经过贵州到了罗盘地委。我和刘清听了马怀麟谈的情况。当时，我们正准备向贵州进军，在找门路。

马怀麟是个四十多岁老成的样子，老公务员似的人物。他谈了暴动的经过，我们认为可以扩大力量再搞暴动。他请我们派共产党员同他一道去，结果，派了段一芳去，让段一芳去辨别真假，小心行动。这时是修仁暴动后两三个月左右。段一芳向参加暴动的群众了解了情况，也使我们对贵州的情况有了一些了解。

我们为此成立了一个入黔委员会，由段一芳任组织委员，马当主任，是虚设的，实际负责是段。徐天恩是安顺镇的，是马怀麟的朋友。徐也曾因为如何发展武装斗争的事，到钟山乡来向我们请示过。所以段一芳专门住在安顺，领导徐天恩。徐有一个大队。这时，解放军已到安顺了，段一芳立即出了告示，要求城中百姓听从解放军的领导，安顺治安由段的武装负责，然后，派人同解放军的先头部队联系。解放军安排他们维持大军入城时的纪律。这是入黔委员会头一次打出招牌，公开宣布是中共组织。解放军没有入城，城中治安则由段负责，以后接管了政权。

后来，马怀麟回到修仁去，找到他的旧部组成警卫队一个营，维持那一带治安，并参加了剿匪。段一芳后来把力量深入到滇黔公路，在关岭（铁索桥附近）发展了两个支队，就是第六、第七支队。这两个支队都是在原来县里队伍的基础上发展起来的，他们保住了铁索桥。这个桥是滇黔公路上一个重要的桥梁，国民党有保安团来炸桥，被他们阻止了。

马怀麟这个人是国民党，但他也有反对国民党的一面，他看见形势变化，主动向我们靠拢。他的队伍里农民出身很多，他在剿匪中立了功。“文革”中，马怀麟曾来我家反映他被迫害的情况。

入黔这一着棋是做对了，在谷正伦那样统治贵州的情况下，这是不容易的。解放后，政府让马怀麟在农业研究部门工作，我们仍把他作为我们领导下派出的干部，这对于他是很大的信任了。

1987年7月18日

写这篇游记，是因为我当时在工厂可以因照顾父亲请到较长的假——那是我最乐意干的事——才有随父亲到云南的这次旅行。先到了昆明，住在翠湖宾馆。那时还是1983年，“文革”刚过，父亲的云南老战友在省里这一级的，好多都恢复了职务和权力，所以一去就住进了省委招待所。晨起，父亲就说去看看云南讲武堂，拐一个弯就到了，进去就看到一个大杂院而已，我对这个中国近代史里最著名的军校毫无知识，同时也不知道，其实我的外公——蒋绍武就曾在这里读书。几天后，随父亲乘坐王纲正叔叔（他曾是建国初罗平县第一任县委书记，后来任贵州体委主任）从贵阳带来的一辆老式伏尔加，重返33年前的罗盘区根据地。当时，那是“文革”后第一次由省里组织的前罗盘区党史资料征集会，许多老同志都是建国以后第一次重返“故里”，加上那时“拨乱反正”的大气候，各方面都挺重视，一路绿灯。那次旅行的路线是，昆明—曲靖—师宗—罗平—板桥—钟山乡—板桥—兴义（贵州），开会是在曲靖和兴义（在兴义开的是黔西南党史资料征集会）。后来，看到陆续出版的罗盘区回忆文章，才知道，自新中国成立后到“文革”，罗盘区革命根据地的创建者，与全国的中共地下党后来的遭遇都差不多，官方的说法就是“受到了不公正的歧视、诬陷、打击以及种种莫须有罪名的冤屈”，此次老同志重返老区，就是为罗盘区正名而来。伍方叔叔（后任宝鸡市委宣传部长）在《杨江与罗盘区》里写道，到兴义后才发现，解放初期因地域关系划归贵州的罗盘区主力团21团，竟然一直被诬为“土匪武装”。所以，那次会议期间即赶写出21团团史，“由老团长李炳发在大会上作个报告，以正视听。报告后，引起了州、县领导的重视，使21团一些同志的冤假错案逐步得到解决。杨江同志回到桂林后，又写了大量的证明材料，帮助同志们落实政策”。我在兴义盘江招待所走廊、会议室见证了老人们的激动与愤慨。

当时我带了一部海鸥4A相机，一路拍了不少照片，可惜当时尚无“记录历史”的意识，仅止于到此一游的水平。沿途所记的这篇游记，后来交给父亲看，心里满以为会有高分评价，谁知父亲看罢只说了一句“一般”，就再也不置可否了，搞得当时我这个“文学青年”灰头土脸的。

附三：钟山乡纪行

一、车过师宗

车离曲靖坝子，向南驶入山区。约 3 小时，我们的车队抵达师宗县城。原计划是前面一辆小车（里面载着当年游击队的领导人）在县城稍事停留，参谒建在城北的任学源烈士墓，然后与县领导座谈座谈，即转赴罗平。不料三辆车的速度都差不多，而大多数同志又都想到师宗看看，所以，全体人马都开进了这座兴建中的新城。

我没跟父亲在一辆车里，近旁的人又不熟，故而默默无言，独自想着心事。沿途那些小丁丁的煤窑引起了我的注意。滇东的曲靖、富源一带是云南的产煤区，那些一铲一瓢弄出来的煤块，被汇集到公路边修筑的一种特殊的小煤场，然后再由汽车拉出去。这种煤场是依了山势的倾斜垒出来的，掘得的煤用背篓一箩箩地背到煤场来，从斜面上倾倒下来，拉煤的汽车歇在公路边，正好够得着煤场底部的边缘，所以，在很短的时间内就可以装满一车。

左起段涛阿姨、父亲、王纲正叔叔、伍方叔叔（《杨江与罗盘区》的作者）

前排左起李一凡、伍方之弟、杨汝林、伍方。后左起三位曲靖一中的教师、段涛阿姨、杨汝林的妻子董惠芝女儿杨红。(1983 年 5 月 24 日摄于爨宝子碑亭)

途中爬上凉风箐(坳),据说海拔高度是 2400 多米,与桂林的猫儿山差不多。曾在罗盘区《战斗报》工作的李沅告诉我,师宗过去流传着这样一句民谣:“好过师宗县,衙门像猪圈,大堂打屁股,四门听得见。”如今的县委,设在那旧衙门的背后,保留下来的狭小的院落,大体上是原来的模样,草木葱茏,显得幽静而又寂寞。

县委设烟茶款待我们,王纲正叔叔发表了临时的讲话。其实,只因县委正式安排了这个接风仪式,才不得不临时讲几句。谈谈过去,介绍一下曾在本县历史上留下名字的人物,也算是正式认可我们这个“老战士访问团”了。

汽车缓缓驶离县城,忽然有位女同志嚷了起来。她指着路旁一排旧房子说:“我们工作团就是在这里吃的面条!啊,一点也没有变……当时,这可是县城最大的饭店呀!”听了这话,大家都乐了起来。看来,这位触景生情的老人就是当年第二工作团的成员之一。有那么一回,工作团来到刚刚解放的师宗县城,县长陈良俊,县委副书记宋光为了给这些整天风餐露宿的年轻人改善一下伙食,决定请大家的客,就在这家饭馆里一人吃了两大碗挂面,可把大伙高兴死了!

二、罗平一夜

还在曲靖开会的时候,我每天都可以看到衣衫褴褛、面色黎黑的上访者。他们拿着请人代写的申诉材料,或者直接闯进与会者的房间,或者胆怯地在走廊上徘徊。我和父亲住一个房间,那些突如其来的敲门声,窗外探头探脑的人影,不由得让我觉得有些不安,并且还有一种说不出来的诧异。

早在“文革”之后,大约是 1978、1979 年起,我经常可以看到父亲在家里写很多的证明材料,绝大部分都是云南方面的。后来我才知道,新中国成立后一系列的“运动”,如剿匪、镇反、土改、“反右”乃至“文化大革命”,把本来并不复杂的事情弄得一团糟,最要命的是把人性给扭曲了。从那以后,像“罗平”、“钟山乡”、“罗盘区”这些地名我都熟悉了,就想着哪天能用脚踏上那些土地,能亲眼瞅瞅那些山水。

到罗平的时候已是午后,天下着雨,光线比较阴暗。许多不知从哪里打听到消息的人,早早聚集在我们将要住的招待所,固执地等候着。我依旧怀着不安的心情注视着这些人的一举一

离开罗平板桥 33 年后,父亲第一次重返那里。

动，说实话，我当时的确不知道他们想干什么。

吃罢午饭，稍事休息，县里在饭厅召开了一个临时的"见面会"，由父亲给那些当年"罗盘区"的老战士们讲讲话。这都是些什么样的人呢：焦黄的面孔，有的戴着破旧的帽子，有的在背上斜背着一个油腻的布包，有的拄着拐杖，老态龙钟，神色黯淡。他们大多一望而知是生活窘困的人。但是，在他们不幸的脸上，隐约有一股勇武的锐气在闪烁，就像云层里的星光在闪耀。

"同志们！乡亲们！你们受苦了……我总记得罗平人民把自己的子孙送给我们的队伍，出钱、出粮、出枪、出力支援我们根据地的情景。三十多年过去了，我们重新回到这里，心里是不太好受的……"父亲粗犷的声音滚过每一个人的心头，他激动地挥着手，声音颤抖，仿佛难以把他心中的感慨一下子表达出来，或者，所有用言语表示的感情，都不是那长期萦绕在他心头的那一种十分特殊的情感。是啊，罗平的革命根据地，在云南就如同一盏光芒四射的灯，在那个时代里，照亮过许多青年人热烈的心。经过地下党和武装力量——他们主要是世代生活在这里的罗平民众——艰苦的奋斗和牺牲，在很短的时间里，使星星之火燃遍整个罗盘区。如果，没有今天在这里默默流泪的这些老战士的参加，至少，这奋斗的胜利也会推迟或者完全不可能！

然而，这些高尚的战士中有很大一部分后来被席卷全国的历次政治运动和那些人为的迫害搞得几乎不敢承认，甚至不敢对自己的子女述说这段光荣的经历，蒙受冤屈，受尽苦难。今天，见到当年的老首长，他们可以放松一下绷紧的神经，痛快地洒下热泪了。

这些自觉的、有着优秀品质的老战士，在这重逢的场合是多么可爱、多么令人钦佩啊！

父亲讲完话，大家就要去县委同干部们会面了，这些农民打扮的老战士拥挤着，要跟老首长握握手，就是在当年，这握手的机会也是不多的。

从晚饭后一直到深夜，川流不息的人群使县委招待所大院热闹异常，人们利用这个机会回忆当年战斗生活里最有趣的片段，亲昵地、不断重复地说起那些永远留在记忆中的绰号、诨名，以及死去的熟人的名字，相互看看这么多年来各自脸上发生的变化，以及——这一点谈得出乎意料地少——自己身上的冤假错案。

呵，多么难以置信的战士！我深深地为他们的忍耐和服从所折服，没有一个国家的人民，能够在应当享受荣誉而却蒙受冤屈的时候，像这些人一样懂得忍耐和服从；没有谁能够在见到亲人时，将委屈和怨言藏到已经饱受冤屈的心里，依然像往常那样忍耐与服从！这样的人年轻时迸发出来的勇力和激情，是战无不胜的——我坚信！

三、青草点染的烈士墓

汽车从罗平出发，向东，向东……沿着光亮亮的大道，飞驰！天气出奇的好，使全体乘客明显地带上了喜悦的笑容。“宋大脚”开始讲述一件往事了……

“我年轻那会儿，头脑是蛮封建的。老美（杨汝林叔叔的前妻）坐月子的时候，是我送她回罗平的，这条路下了雨就烂得不得了，一路上，她跌了不知多少跤，我就是不去扶她，只对她说：你走好，你走好……爬起来坚持走嘛。过了这片树林，我才找了条树枝，交给她拄着……”宋光叔叔指着窗外闪过的那片松林继续往下说：“哈哈！那次以后，有一天老美悄悄跟我说：大脚，你好封建呀！我爬了一天的泥巴，你就是不来扶我，还说什么‘你自己坚持……’我年轻的时候就是个老封建啰！”一席话说罢，大家都笑了。

车上所有乘客（除我之外）都是35年前在这里从事共产党地下武装活动的战士，他们没有想到，当他们都变成了上年纪的老人时，能够欢天喜地、问心无愧地坐着小汽车，在这片一草一木都是他们所熟悉的，也都熟悉

在江云龙烈士墓前留影，1983年5月。左二是王纲正叔叔，左3是皇甫侠。

左起皇甫侠、左二(姓名待考)、张连琛、段一芳

他们的田野上奔驰,尽情地奔驰。沐浴着温暖的阳光,看着收割后的麦田上朝露晶莹的亮光,不必为抢收和抗租而担忧;听着水牛和小毛驴逗人的叫声,而不必警惕敌人偷袭的枪声。一句话,他们为之奋斗的目标总的来说已经实现了,他们能不发自内心地感到自豪、感到心情舒畅么!我感到这帮老人(最小的也比我大二十岁以上)真的年轻了。人,也许只有在实现自己理想的那阵子才更显得年轻和自信。

汽车突然刹住了。王纲正叔叔指着右边路旁一片郁郁葱葱的树林说:"这是马鞍村,江云龙同志的墓不知还在不在那里……我们下车去看看。"

我赶紧从提包里拿出照相机,随着大家沿着一条铺满露水的小路走进树林深处。紧随我们之后的两辆大车和县委副书记乘坐的小车见状,也都临时停车前往参谒。

江云龙是在1949年旧历五月十九打响的洒贝垄战役中牺牲的,和他同时遇难的还有一位不知姓名的昆明大夏大学的学生。残忍的敌人砍下了他们的头颅,挂在罗平县的城头……王纲正叔叔和几位同志偷偷收拾了烈士的遗骸,匆匆埋葬在这僻静的青草坡上。当时,王叔叔是中共罗平县的副书记兼县长。

烈士长眠地下34年了,他也许并不知道今天有战友们来为他扫墓,清除长在他坟头上的杂草。而且,这些人多么想大声地告诉他:胜利了,你知道吗!我们又来看你了……青天、青松和青幽幽的小草默默地代领了这无声的祈祷……晨风轻拂,将这消息悄悄送往远方……呵,安息吧!我们的事业多么需要这无私的"不知道"啊!

王叔叔在墓前的讲话使大家都落泪了。的确,胜利的一天来得实在不容易，献出生命的人只能用这长满青草的坟和洁白的墓碑告诉自己的伙伴：不要忘记我和我的事业。

这是世上最能打动人的无言和沉默了！

四、再过金鸡乡，重返板桥镇

在王叔叔的家沙玛依村稍事停留——那里有很美的丘陵和山峰，以及刚刚沏上的云南绿茶——我们的车队又继续在公路两旁笔直的柳树间飞驰了。

我们五个人挤在面包车的最后一排：段一芳、杨高乐、朱辅庭、张连琛和我。宋光在前一排，一路上，他只顾回头说笑。这个“宋大脚”叔叔，一米八二的个头，穿44码的凉鞋，走起路来摇摇晃晃，像喝了酒似的，还生了一张憨厚的长脸，捉弄起人来想不到他有多么机灵。

“喂喂！戴高乐（指高乐叔叔）先生，记得你当总统时的业余爱好是唱《游击队之歌》吗，不妨现在表演一次如何？”

“哈哈！我哪里比得过宋大脚指导员，你一天可以从师宗走到罗平，再走到钟山乡给女同学表演扭秧歌……”

“咦！我们粗手大脚的咋个会跟女同志跳舞？对对对！伍政治部主任才会挨着小段跳啰！讲讲看嘛……对了，老伍在小事情上什么都敢公开，光明正大，就是谈恋爱绝对不公开，偷偷写信！”

“我怎么不知道？”戴眼镜的高乐装憨道。

“哈哈哈！你宋大脚简直是信口雌黄，信口雌黄，哈哈哈！”胖胖的、挺着个大肚子的伍方叔叔被惹笑了，做出顶嘴的样子。

没等高乐问下去，宋光赶紧接着往下说：

“哪能告诉你得！老伍不怕挖墙脚呀……是啰是啰！你高乐还想你的俞平啊，我给你介绍的张瑛还好不好啊？”

“哈哈……”这么一说，全车的人都大笑起来。

看来，这个外表文雅的高乐叔叔年轻时在恋爱上还碰过钉子。我这样想着，也不好意思寻根究底。

瘦削而冷峻的张连琛没有笑，他无言地看着窗外迅速向后移动的群山和田野。这位前罗盘区三支队的副政委兼民运部长，在解放后经历了比游击生活、地下工作更困苦的磨难，他曾像流浪汉似的过着非人的生活。戴着“老右”的大帽子，把子女的教育和维持家庭生存的责任完全丢开，只能草草谋生，让一张英俊多谋的脸刻上了深深的皱纹。

“金鸡乡！金鸡乡！”段一芳叔叔喊了起来，引起车内一阵骚动。段叔叔对这一带的地形非常熟悉，几乎叫得出每一个小村的名字。1949 年敌人以三个团的兵力对罗平的革命根据地进行第五次围剿的时候，敌一个营起义，他以主力二十二团副政委的身份，奉命前往金鸡乡收编敌起义部队。当时的情况十分紧急，来不及进行改编了，他带着这一个营的国民党队伍，辗转于云南、广西、贵州边境，一直等到主力粉碎敌人的围剿之后，才回到板桥着手进行改编。

左边一座小石山掠过车窗。“快看，那不是金鸡吗！”我正向宋叔叔打听金鸡乡的来历时，他突然拉了我一把，指着窗外喊到。呵！那是一块形似公鸡的石头，它立在山顶的一块大石头上，在瓦蓝的天空上显出一个清晰逼真的剪影。这一带，石山并不多，多的是土山草坡，属于丘陵地带；由此往东，地形渐渐抬升成为连绵不绝的高山大岭，树林越来越密，道路变得越发狭窄，急弯陡坡一个接着一个，扑面而来的是险恶的山口、如削的绝壁和乱石嶙峋的山峰，我不由得担心起行车的安全。

“月亮爬上了山冈……”一阵低沉、深情的男声合唱飘出窗外。先是段叔叔和高乐叔叔，接着又跟上了伍方叔叔粗大的嗓音，其中，还有朱辅庭叔叔尖锐的声音。一支节奏明快、富有挑战性的游击队歌曲，飞出老战士的胸腔，向这片孕育过坚强生命力的土地飞去，“……篝火燃烧在坝场上，游击队的战士握紧枪，翻山越岭上战场……”

妈妈，你一定还记得这首歌吧！

板桥镇到了！只见公路的岔口那儿站着几个农民打扮的人，一个劲地朝我们的车打手势。原来，昨天罗平的一场大雨几乎使我们改变了原定计划，打算只在板桥吃个午饭就奔贵州的兴义去了。这里的民谣说道：“好过罗平走，有天无日头；想得日头见，要到师宗县。”此去钟山乡尚有 17 公里路程，山高坡陡，路不好就没法进去。全仗老天作美，昨天那场雨不过是给这块云南解放战争时期最重要的根据地洗了个澡而已，所以，钟山乡前来迎接“首长”的同志更是巴望着我们快点进山。

可是，年轻的驾驶员突然摸不准路了，该往左，还是往右？“往右！往右拐……嗯！对了对了！”车里有几个人几乎同时喊道。是的，只要问问车上这些老家伙就行了。路的两旁站了一群好奇的少年学生，他们睁大眼睛打量着这些坐在汽车里的不速之客；胸前的校徽上写着“罗平二中”字样；黑黝黝的脸膛，瘦弱的身体，背着书包赤着脚。

“都不认识啦！”段阿姨感叹了一声，用手绢擦了擦眼角说道。“他们是板桥的第二代、第三代了！倒是不知道，罗平又多了一个中学呢！”眼泪和笑容都来到了这位板桥土生土长的孩子、罗平中学的学生、游击队的女英雄的脸上。可不是！看到眼前许多的变化，遥想三十年前的戎马生涯，能不让人悲喜交集吗！

刚过板桥，宋叔叔便大呼起来：“元宝山！小肃啊，你妈妈叫‘元宝’咧，你知不知道？以前我们队伍最早的两批女同志里面，有一个‘大元宝’和一个‘小元宝’，哈……她们有五姊妹……”其实，我是知道这段往事的。在曲靖，我参加过那伙老奶奶的聚会，那个在昆明机床厂工作的“小丫头”沈阿姨一个个数给我听：老母羊、小丫头、大小元宝再加上一个“老美”就是当年的“五姊妹”吧。妈妈，你们五姊妹做姑娘的时候那些有趣的生活，一定像珍宝似的藏在你心里，干吗不早点告诉我们呢？

当年板桥小学有一首校歌，歌词的头一句就是：“我们来到元宝山，呼吸着新鲜空气……”是吧？瞧！多么好的歌词。如同这清晨、这苍翠的山峦、这弯弯曲曲的小河一样美丽！

五、啊，钟山乡

这一带地势确实要比板桥、罗平高得多，也险峻得多。这里的山更不像桂林的山，水似乎也很珍贵。老鸡场，一个依山而筑的狭长拥挤的村子，虽然掩映在树林间，但水却很难得，为了保证生活用水，必须修建几个相当大的蓄水池以保不时之需。农作物主要是玉米、小麦和烟草。看得出来，这里的农民仍然贫穷。要在过去，恰恰是搞革命的好地方。可如今，当年的游击队员们看到这样的情景，多少有些不可思议。

汽车缓缓在山道上盘旋，忽左忽右，犹如一只小船在群山汇成的海洋上航行。

到沙蚂井了。这里的地形更加险恶，公路开在陡峭的山坡上，刚爬上坡，倏忽间又往坡下冲；右面是深约数十米的山沟，对面山梁上是茂密的灌木林；再绕过一个巨大的土山包，钟山乡便暴露在眼皮子底下了。

钟山乡与贵州的兴义仅仅一水之隔，涉过清水河就是贵州的地界。这里是当年罗盘区革命根据地的中枢所在，司令部就设在距此两华里的鲁邑村。

这里四面高山，林木茂密，显得有点闷热，“宋大脚”开始向全车的人讲述一件35年前的往事：

“广杨同志刚到钟山乡的时候，大概是一天的中午吧……我看见街边有个额头很高的中年人在摆摊看病，人围得很多。过去这里是很少洋医生进来的，加上这里是全省有名的解放区，一般的人也不敢随便过往。我当时年轻得很，总想说服更多的人一起革命。我分开众人，上前悄声对他说：‘喂！先生，像你这样的人能够到这里来，算是有胆识的了。如今，国民党的统治是下坡跌跟斗了，你何不参加革命跟我们一起干？’我算是叫有眼不识泰山啦！广杨只是笑而不答。没过几天，刘清同志传达南方局指示，任命杨江同志做司令员，等一见到人，哈！我的脸一下子红了……真的，我脸都红了呢。”

“大脚的脸会红？我根本不信！”高乐叔叔报复地说道。

“哎哎哎！当时是红了嘛……”

“轰……”大家又笑开了。方才“宋大脚”还找着碴子，故意提起高乐叔叔曾追求过的湖南妹子俞平来着，高乐当然不会饶他。

今天，当年钟山乡的第二任乡长（第一任是任学源）陈忠弼也来了。他是一位矮小身材，独着一只眼睛，有着传奇式经历的人物，现在曲靖储木厂当厂长（还兼着党委书记）。公社为我们的到来特地在任学源家的大院（现在是镇派出所和公社所在地）召开欢迎会。闻声而来的男女老少将大院围得满满的，窗上爬满了稚气好奇的儿童，真是远乡来稀客呀。

我发现村里每家都盖了一幢两层楼高，没有窗户，像炮楼似的房子，不知是干什么用的，因问段阿姨："那种楼不是住人的吧？"

"哦，那是烤烟楼。哎呀！钟山乡的烟叶有名得很。以前，这里的人都种大烟，解放后，政府坚决禁止种了，所以就改种了烤烟。"她说。

我曾听父亲说过，1948 年他由兴义转到钟山乡时，在兴义城里，看见场坝上到处摆着卡宾枪、驳壳枪买卖曾大为惊讶，一了解，发现多是用来换大烟的。

当我们返回板桥吃午饭时，已经是中午一点钟了。公社为我们准备了一顿丰盛的家乡菜——白水煮肥羊……

记于贵州兴义盘江招待所

1983 年 6 月 1 日

这些信被集中在一起保存在父亲的故纸堆里，我不知道是否是“文革”专案组看完后归的类，还是母亲当年收到信后一封封积攒起来的样子，总之，这些信是 1957 年 4 月—8 月期间，父亲带工作组到上海机床厂搞试点时与在北京家中的母亲的通信。颇遗憾的是，母亲当时写给父亲的信，不知为什么没有被乐于收藏“凭据”的父亲保留下来？倒是把一张他在南京东路 357 号“及时钟表店”花了 4 元 1 角钱，擦洗“三针防水钢表”的保修单收藏了好几十年。

根据第一封信里那段“伏老正在到上海，人们在狂欢”文字，可知写信的年代确是 1957 年，“伏老”即苏联最高苏维埃主席团主席伏罗希洛夫，1957 年 4 月 18 日，伏老抵达北京访问，接着就去了上海。当年，父母京沪两地牵肠挂肚通信的时候，大儿子三五 5 岁，用父亲的话说是“我和三五像一个老朋友一样有点难舍”，二儿我 2 岁，那么小就“娇气”而且“要钱”，以至于父亲在信里要母亲保持警觉：“这么小就学着要钱，那可不得了呀！”三儿子小山出生于 1957 年 2 月 26 日，正是父亲这次出差上海前的两个月，所以父亲在第二封信里说“幸而能够在北京伴着你养了一个小孩……”我不知道，也从未听母亲说过，这句话是否意味着，此前的三五（云南武定）和我（北京）出生时，父亲均未“伴着”？

现在看，1957 年这一年，对我们国家而言正是转折的开始。查《当代北京大事记》，发现有几条与父亲信里提到的，以及我们家不久将要碰到的事情有关：4 月 27 日，中共中央发布《关于整风运动的指示》。这条指示，两个月以后在全国演变成可怕的“反右派运动”。父亲虽然提到“厂里也在整风，我们也在学习”，但这次他在上海最大的收获却是打算系统地读一批世界名著，然后写小说，重新拾起他和母亲当年在云南打游击时的文学梦想。

“写什么？也许写一些能表现大时代的文艺作品，我想，从我的自传式的东西写起，也是自己最熟悉的东西。我生长在这一个伟大时代，在自己的历史发展上也可以表现出社会某一个方面，某一个角落。但是，动笔写也许是不容易的，准备学习三五年文艺的古典著作及近代著作后再行着手筹划。”父亲在第五封信里如此写道，大概还逛遍了上海的旧书摊，甚至找到一个论斤卖旧书的店“花一元钱买了四本文艺书”。然而，父亲对回北京后发生的事显然一无所知。

8 月 5 日，中央决定从中央一级党政机关抽调 1000 名高、中级党员干部派到北京和各地大、中学校及若干科学、文教单位工作，加强党对文教战线的领导。按父亲最后一封信所说，他是 8 月 30 日回京的，此时，他的“仕途”即将转轨，也即京官外派，是否如同后来的“挂职”，我可就弄不清了。10 月 13 日，中宣部以“急密”件形式签发了任命书，父亲被任命为广西师院党委书记。这封“派司”有点怪：两个同样大小的中宣部牛皮纸小信封套在一起，外面一个写的收信人是“杨江同志”，里面那个写的收信人是“中共桂林市委组织部、宣传部”，内容如下：

经中央批准，杨江同志（第一机械部劳资司司长）任广西师范学院党委书记。为了搬家方便，现直接去桂林，请接洽。正式关系，由省委转去。

父亲去世后，母亲曾告诉我，父亲的这次调动是康生找他谈的话，谈完话回到家里就告诉了母亲，母亲当时对父亲说：要是调回云南就好了。但我不知道，父亲是否属于“加强党对文教战线的领导”那 1000 人中的一个？

还有一件大事挺有趣的：11 月 10 日，铁道部命令将京汉、粤汉两条铁路合并，命名为京广铁路。不过，我们家从北京迁桂林的时候，走的还是京汉—粤汉—湘桂铁路，那时候武汉长江大桥尚未通车，而父亲 10 月 24 日就在桂林到职了。

初到北京时父亲就带母亲到长城合影留念了

这是母亲在北京上班的地方——北河沿一机部保育院，三五和小肃应该都在那里待过。

这张照片应该就是父亲（中）在上海机床厂调研时与同事去无锡的留影。

这是父亲在大冶钢厂时的照片，摄于 1954 年。

父亲在这张照片背后写着：三五四岁零八个月摄于北京，他正在口袋里拿花生，1956 年 12 月 5 日上海。

母亲和小山(1957 年北京)

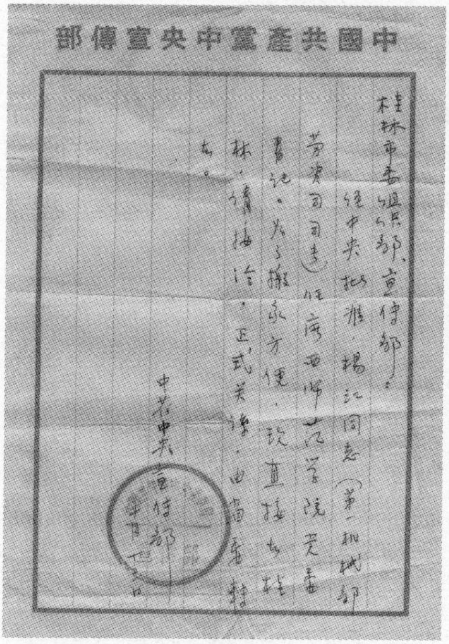

中國共產黨中央宣傳部

桂林市委组织部、宣传部：

经中央批准，杨江同志（第一机械部劳资司司长）任广西师范学院党委书记。为了搬家方便，现直接去桂林，请接洽，正式关系由自治区转去。

中共中央宣传部

十月十三日

中宣部 1957 年 10 月 13 日任命函

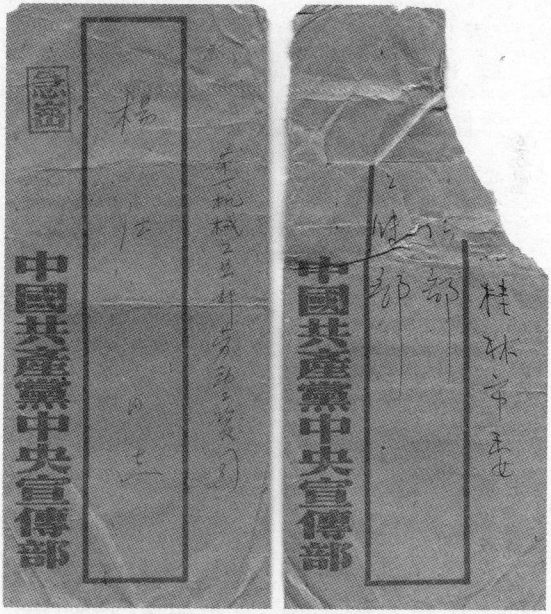

中宣部开具的父亲的任命函信封

上海通信

一

世伟：

我们已平安到达上海。

小肃大概好了吧？晚上叫玉娥[1]好好照顾他，不给冻着，日里衣服也要穿得合适，这样好的天气，我想问题还是不大的。

江南已是春末，正是杂花生树，群莺乱飞的好季节。大地一片草绿，生意盎然，黄梅雨的天气，人们都已轻装，准备插秧了。

因为来得急了，你的鞋底样没带来。

上海的春天，商店中更五颜六色了。

伏老正在到上海，人们在狂欢。

家里能够省即省些，如牛奶，你如不吃可以减少一磅，但不能省的，仍暂不省，如你一定保持一定的肉食量，没有肉是没有奶的。人民日报，可以改订北京报，总之由你去打算。

上海青菜是一毛钱三斤，比起北京是贱得多了。

我的身体很好，勿念。

祝大家都好！

[1]玉娥：父亲的小妹妹路伟芬，小名叫玉娥，1954年父亲把当时在广西桂平县随大妹路伟苍居住的母亲接到北京侍奉，我们的小姑玉娥也带着她的儿子路西随同进京。

江　4月23日　上海

二

纬：

幸而能够在北京伴着你养了一个小孩，当小孩刚刚长大时，又跑到上海来了。你一个人在家，为了孩子，是够辛苦了！

在外边，工作忙时，是没有想家机会的。一切人都在忙，群众热情地在生产战线上奋斗，下厂，随时都比办公厅更能沾染群众的热情的。但是，一到礼拜天，人们都在休息，就会令人想起家了。这几个礼拜没接到你们的信，是因为我在第一封信时忘记写地址了，第二封信正在写上，估计你们也许刚刚收到。小肃大概不会再引起什么病吧，他的身体还是小牛一样的，只不过耐不住敲打。五一节三五回了家，你们总得去玩玩了。我现在已搬到厂里来住，此地在黄浦江边，是上海市郊，饶有乡村风味。已经是春夏之交的季节，早晨、晚上四周一片蛙声，合奏着新的生命之歌。今天是厂里星期，和同来的同志到吴淞口一游，别有风趣。长江口是接近海洋，远望白茫茫一线上，一片片帆中夹着一些远洋的大轮船从天外驶来，祖国的边疆，从云南的接连天际的高山，到上海的远连天际的大海，真是广阔无边，像一首诗一样，雄伟奔放！

我在这里工作，大概要到六月底左右才回北京。你想买些什么，可寄鞋底样来。在此乡下，每天无什么消费，除抽烟、吃饭、看报外，最多是礼拜天，或有特别事到上海一行，但米票，你们可寄一些来。

来信请寄：上海虬江新镇上海机床厂劳动工资科，钱科长转我。

祝好！

江　1957年5月7日

三

纬：

信及粮票均收到，你的胃病，是不是胃溃疡，值得研究，你似乎是从小就有的病症，至少是我们相见以后曾发过的病症。过去，在你病时，我曾研究过是否胃溃疡问题，但根据当时好几次的研究，胃溃疡不是那么明显：有时是胃神经痛的性质，如在钟山乡时；有时是胃病的性质，如在北京的那一、二次。因此，我觉得马上断定是胃溃疡是不一定正确的。据我了解的胃溃疡的症状，不同于你的症状。因而，在医的时候，也应考虑。我觉得能吃的时候，还是应该尽量吃的。我例主张，在我回家以后，用中药来医为好，决不应随便去动手术。

如果是胃溃疡，绝不是打一针麻醉剂就可以医得好的，但你历来所发生的胃病，就是打麻醉剂医好的，我觉得你的胃病始终带有胃神经痛的性质。胃溃疡有一个特点，即痛时大便变黑，这即是溃疡出血的症状，但你历来病时都没有这种症状。因此，我觉得大夫们这种判断是缺乏历史根据的！目前的大夫水平不是怎样高，正由于水平不高，最爱随便下结论以显示自己的聪明，这些人的意见只可以作为参考！能够吃时，应该吃，否则身体是顶不住的！即使是胃溃疡也应该吃，吃了才能抵抗胃溃疡的发展。如果把吃压缩，造成面黄肌瘦，抵抗力不强，即使原来的胃溃疡太小，也会因抵抗力减弱而严重起来的。人就是靠吃来营养身体的，能吃时即吃，决不要因噎废食。何况，胃溃疡的人，许多是不能吃的，一吃即疼。因此，你能吃，也相反地证明胃溃疡问题不大。不信，你可以去找许多胃溃疡的人去谈谈看。请你千万安心，好好地吃东西！

厂里也在整风，我们也在学习。

在厂里住，有很多便利之处。办公室、住处是几百步远，上班时，可以六时半起床，到饭堂吃早点，七时半上班。这里是下午四时半下班，下班后有许多时间可以看书、讨论、做事。环境幽静，招待所和职工单人宿舍在一起。旁边有一个小花园，可以散散步。比之上海的车马水龙，繁华、嘈杂，有别于天渊。

离城很远，没事是懒进城了。

就在乡下，到处是新鲜空气。

江南是潮湿一些，杨萍就复发了关节炎，他已到重庆去休养两年了，老婆孩子都一道去，准备做一些写作研究工作。恐怕他的抱负还不小，人还是直爽的，作风也艰苦。

你们方大夫的爱人是谁？我们这里有计划司的周工程师、有技术监督司的邹工程师，是否计划的？我可不知道，打算最近问问他们看。

江南的黄梅雨，真是已晴又雨，既雨又晴，天气气人把握不住。但是，我们在黄梅雨时，还吃不着黄梅。晴晴雨雨，雨雨晴晴，天气倒比北京凉了。我过去是热天到上海，冷天到上海，却没有在黄梅雨的季节来过上海。幸而穿了多几件衣服，否则倒给江南春末夏初的天气吓住了。

三五可好？我和三五像一个老朋友一样有点难舍。小肃是一个顽皮透顶的家伙，他还不知道听话呢！你呢，应该好好地爱护自己的身体！

江　5月12日

四

纬：

小肃的药方看到了，还好！

三五在家住了那么久，也许是你也病在家吧。想到你的病，我倒想起了，你对身体的疲劳与适当休息是不十分注意的。有时，单凭着热情，注意身体不够。如果你能经常地注意身体，不要自己过劳、过累、过冷、过热，我想是可以避免许多不必要的事情的发生的。我在近若干年来，慢慢地注意自己的身体：如昨天睡不足，今天即早些睡；昨天太疲劳，今天即不使身体过于疲劳；干燥、大便少、小便黄，即多吃粥，喝水，甚至吃一些水果；昨天着凉，今天多盖一些棉被，多穿一些衣服。能及时注意，身体就得到适当的保护，我愿你也多在这方面注意起来。

从北京来的同志说，北京是天热，而上海是天凉，现在我们还未脱下呢子衣服。黄梅时节，前几天上街也吃了黄梅，是沾了糖的黄梅，酸中有甜，味道新鲜，少吃几颗，是有味道的。

上个礼拜，准备到上海镶牙，因为医生到外边去了，没来得及，这个礼拜又准备去跑一趟，有机会还是给镶上。

我在厂里，比在上海花钱少。每餐饭：早餐是吃粥，四分钱；中午吃饭，最多二角五，或者二角。下午吃饭，也不过在二角五到二角之间。每天五毛钱。如果在上海，至少是一元二到一元五，一天，比厂里的饭并不好。礼拜天也外出走走，花个三两元。生活是简单的。来上海一个月，连买皮鞋在内，大概花了八十元以内，那是大部分时间在上海吃饭的。还买了剃须刀、镜子等等。估计长住乡下，再有五六十元也就可以了。

我们到外边工作，人家都当作客人来招待，请不要担心！

来此一个月，也看了一些电影，书是看了一些管理问题的书籍。不像家中上班下班那样忙碌。方大夫的爱人张工程师说他认识你，我是在现在才认识他的。

我们的工作正在开始，恐怕要一段长时间来完成它。

好了，祝你们好

江　5月19日

五

纬：

王二在人民大学学习一年，还不知道我们在北京什么地方。他想来看看我们，你可直接写信给他好了，他的原信附上。

我近来尚好，到厂里，人家都给时常照顾，我们是把宿舍当办公室，厂里给把办公室的桌子搬来了，实在有点钦差大臣的味道，当然，我应该更刻苦谦虚和群众在一起，来改正经常脱离群众的缺点。

近来是百花齐放，想动手写一些东西，但总感到没有把握。从工资理论问题到文艺作品，也曾经花钱买了一本稿纸，总因为胆怯而缩手了，总愿意多读一些书，学学别人以至若干世界名家的作品而后试写写。也许在五七年后，能够有机会执笔也算不定。

写什么？也许写一些能表现大时代的文艺作品，我想，从我的自传式的东西写起，也是自己最熟悉的东西。我生长在这一个伟大时代，在自己的历史发展上也可以表现出社会某一个方面，某一个角落。但是，动笔写也许是不容易的，准备学习三五年文艺的古典著作及近代著作后再行着手筹划。在这一些较长的时间中，也许先学写一些短篇，先试一试。人，总是要从学走路起而逐渐学跑的，当然不会有站还站不起来，而能跑步如飞的。

此外，很想在上海买一样东西送您！你对我的照顾是很周到的：一切好的都让给我，我真不知如何谢谢你呵！

在上海我跑了不少旧书摊，准备在回北京时，好好买一些古典的文艺著作和一些近代的优秀的作品，新出版的书太贵一些，旧的是很便宜的。

我想，如有可能，拟在搞工作之余，把文学当作一个副业来看待。也许，在文学这块园地上能长几株青草吧！也许，这还是一个幻想也说不定。对于您，我可以多说几句，对别人我就懒说了。

孩子们都很顽皮吧！连桌子、凳子都随时把它推翻，这种顽皮实在应该打屁股了。还望你好好照顾他们一下。

江　5月25日　上海

六

纬：

又隔几天没给你写信了，我已在上海镶牙，大概一个礼拜可镶好。没有金镶，上海只是拿自己的金，医生才给镶，所以只能镶一般银色的合金。大概镶两个牙齿要十多元，钱是不多的。先暂镶好，如果北京可镶金的，将来有钱再换。

这一个月来我们仅仅做了了解情况的工作，至于如何协助厂来试点，正在计划中。名为试点，不能像过去一样，了解了解情况即跑回北京，起码应在此试办一个时期，可能两个月的时间是不够的，还须延长一个时期，总要做了一段工作，摸出一些经验，才能向党组交代。究竟延多少时间，黎部长正要我们研究后再定。

这里离上海近的也有十多里路，到上海市中心，则有四五十里地。我们大概每周到上海跑跑，看个电影，买些书报之类，有时也跑了公园。上海天气是凉的，只有这几天出太阳才不穿呢子衣服。一下雨是有些冷的，又要披上呢子衣服了，恐怕北京的天气不会这样凉。北京总得穿单衣了，孩子们没衣服，和他们买一些罢。孩子是一年年长大得太快，只可能一级级承继单衣，无怪乎三五是好运气了。小弟要教育他自己喝牛奶、吃饭、吃粥了，他的小疝气不必太担心，我想是没有大问题的，问题还是你自己好好照顾自己的身体。你的胃病如何了？好了一些吗？现在吃什么药？你是否胃病是值得研究的，我在上海也买了一些医书，将来好好研究一下。我想，像你这样的胃病，我还是可以设法医好的，你要放心！不必思想上着急。

我现在正学着看一些过去曾经大致看过的文艺书，但时间是不多的，过去看书是学生式地看，从书中得不到些什么，如果有所得，不过是模仿模仿词句而已，那是很浅薄的。现在看书可能看得深刻一些，但是深到什么程度也是值得思索的。不过，比过去有些进步，只如此而已！

刘清可能到苏联去了吧？你们在天气晴朗的日子，也不妨到郊区去跑跑，吸吸新鲜空气，看看野外风光，北方的春天是难得的。

托儿所是北河沿几号？我们这里是：上海虬江新镇上海机床厂，劳资科钱科长转我即妥。

春天来了，要好好快乐一些呀！

江　5月28日

七

你的信收到了，信里画出几个孩子的姿态，使我的心活跃起来。人们为了爱国家、爱人类、爱崇高的理想、爱为实现崇高理想而从事的劳动，人们也有他个人的爱情、个人的家庭生活，也有个人的偏爱。如果是有公的一方，没有私的一面，这种生活也是不合理的。工作之余，要想起家，也是很自然的事。

今天是六一节，现在也许你们去看电影了吧！希望你们快乐地生活！

米票还得寄来一些，我们总在厂里吃饭，工作组也许要到七、八月才回北京，但现在未最后决定，还看部长的意见。

江　6月1日

八

纬：

近来我的身体很好，每周在厂工作，礼拜六到上海看牙：从磨牙、试牙模、安牙模、做牙、套牙，以致最后镶牙，时间也有一个月。现在正是试套牙齿，下礼拜是到镶牙了。他们没有金，只做合金的，大致可以用四五年，到将来坏时，再镶金的罢。

厂里干了一段提意见：从一般生活、工资、福利的意见，慢慢发展到党群关系及干部升迁处分的意见，最后发展为三反、肃反的遗留问题。提意见的发动容易，处理意见却不容易，现在他们组织各方面力量来研究处理意见。机关，当然也是这个规律的。

上海天气已经渐渐热起来了，晚上已不能盖两床被，白天也可以穿单衣，这当然轻松一些。可是上海的湿度很大，皮箱子都起霉啦。不像北方那样风沙，那样干燥。

近来买了一些文艺书，将陆续看后寄你。大概十七、八世纪浪漫派作品也有些，还是值得看看的。但你一天跑来跑去，辛苦得很，为儿子服务，为家庭服务。人，总是有公也有私，需要公私兼顾的。但是累了你了，我的宝贝！

三五的风镜可能买到的，上海滩大概是应有尽有吧！但还没到处跑，只跑了几家玩具店是跑不到的。

工厂生活是十分紧张的，而我们工作组则不见得一定同他们一样，我们除了随他们活动以外，还有自己的活动，当然是比较轻一些，请勿念！

你好！

薇　6月5日

九

纬：

快隔一个礼拜不写信了，但我却寄了四本文艺书给你。我的牙齿尚未镶好，大概要到下一个礼拜才行，钱，也不过是十四五元罢了。

买了一个很漂亮的玻璃钞票夹子，准备回去时送给您。

读了一些文艺书，对文艺的写作颇有一些感触。我还不善于描写，描写得艰苦地学习。

我们这个工作组，大概要工作到八月底才能回来，因为是试点，总不能看看，走马观花即走。当然，那是可以在四个月的时间内好好地锻炼一下自己的。

每天，在厂里工作，因为办公即在招待所的房中，生活工作都很方便。

上海的天气已经趋于暖和了，穿单衣也可以。我的一套新的衣服是百货公司买的，太短。那天，黎部长到问起我来，说为什么做这样短而窄的衣服。

一个人，好像穿衣、生活也需注意一下。我看，你的衣服也破旧了，你不能单顾儿子穿得漂亮，起码也应照顾一下自己。纬，有布票时就好好地买它一件罢！

孩子们是一天天长大了，如果四个月后回家，恐怕小小的老三也会长大了，比以前不一样了。老二是有很大的娇气，到托儿所三四天，就娇到病起来，这家伙应多打他几十板屁股！

上海的夜，到十一时还是响着各种轮船、汽车、火车以及工厂的发电声，真正是一个工业城市呀！

很想你，但因每天晚上贪看一些书，而信却写得少了，以后再补写罢！

薇　6月9日11时

十

纬：

今天是礼拜，我们这里的厂礼拜，是正常礼拜的礼拜二。每逢礼拜天，我们都可以到上海跑跑。上午去跑旧书店，或者公园之类，下午看一场或两场电影，我在上海比北京任何一年所看的电影为多。纬，这是由于你把家务事担当起来了，因而我可无忧无虑地多看几场电影，得谢谢你的辛劳呵！你在北京，也多去看看电影罢，一个人不能同我在北京那样枯燥，也得有一定文娱生活呀！

米票还得寄一些来，上海厂里每个月吃十五元伙食是过得去啦。比部里的伙食好，比东北、山东、武汉的伙食都好，最低的菜是五分钱，也可以吃饱。最高的菜钱是三毛钱，人们很少吃，一般是吃一角、一角五、二角的菜，饭是每餐五分，比部里的好得多，难怪工人职员不愿离开上海了。在街上吃面是一角钱一碗，吃粥是三分钱一碗，这是最低的价钱。青菜是应有尽有，比起任何城市都方便。出门是四处有汽车、电车、无轨电车、三轮，不要等到五分钟，车子即来了。由一个地方，可以有多方面的车把你运送到东南西北各个角落去。每条街道，都有吃的穿的用的各种商品在陈列着，不同的季节，有不同的商品陈列在商店的外面。如果说是繁华，上海是全国够称为繁华的地方了。虽然这样，但是，你没有在这里，我还是身在上海，心在北京啦！

每月的用费，连镶牙、购买东西在内，大概有八九十元是可以了。到外面工作，你虽然没喝酒，但烟却抽得多。礼拜天有时也想在家读书，但是，人总是应该休息休息的，所以还是到上海滩跑跑，看看电影，跑跑书店、公园，调节调节空气。

今天是要去镶牙了，早上起得很早，特别给你写个信。

带来上海的照片大部漏了光，原因是相机盖得不好，只有你和老二的相片还好，准备晒好寄给你。

现在正是早上六点半了，你们还正在起床了。好，我就马上起身到上海去了。

江　6月11日

十一

纬：

寄的书收到了吧。《德伯家的苔丝》很可以一读，这是哈代的名著，对心理描写、景物描写、结构的穿插自然，是很高水平的作品。其他两本，难看得懂，当然那是另外一种味道。上海的旧书摊，我至少跑了四五十处，老古董是有一些的。世界各国的文学名著，就我过去所读过的，还是不很多。最近又买到哈代另一部小说，名称叫《久德》，等看完后再寄你。

今天，牙齿是初步安上了，可能不大好，有些缺点，下周再去修整一下。我向来不注意保养自己的牙齿，既抽烟又少刷牙，这是一个不好的习惯。因此，牙齿的珐琅质给腐蚀了不少，弄成经常有牙齿疼的毛病。以后这几个小孩，可教会他们保养爱护自己的牙齿呀，从我的身上可以吸收不少的教训。现在是在牙齿坏了才注意保养，实在已经迟了。三个牙齿花了十二块钱，便宜是很便宜的。如果能用得三两年，那也算不错了。

吴能宽有信来，他们的厂快要搬家了，搬到武汉还是哪里还未决定。一个西安那方面来的同志要我写小段的材料。想不到小段在兴义打了一仗，我当时给她写去一个奖状，她还保存到现在。

这儿是枇杷上市了，三毛多一斤，昨天到上海吃了半斤，没什么甜，可能是未成熟的也给搞下了。你爱吃大枇杷，在北京可买些吃罢。三五的风镜，去看了几家，只有大的，小的不见，将来再寻找罢。花了五元六，买了一对比较踏实的拖鞋，比北京的好些，当然，有五元钱北京也可以买到比较好的了。

看了别人的孩子，想起我们的孩子，但愿孩子们快乐地活着。当我回家时，老三也是半岁了呀！如果将来再出差两回，三五就快上小学了。小肃是顽皮、怕生、选食，这小家伙可得教育教育！

夏天来了，北京的蔬菜可多了。今天到上海菜场去巡礼，青辣椒、葫芦、芥蓝、西红柿什么菜都上市了，很想大吃它一顿。因为没有炉，只有留待回北京再吃了。

晚上已盖一床被了，蚊子也有三几个，但有蚊帐。

上海的晴天，整个蓝色的天空，有几片白云在东飘西荡，怪可爱的，多彩的天空呵！喷气机在昼夜巡逻，使幽静的天空庄严起来了，我们是处在美丽祖国的海岸线上！

祝福你们

江　6月13日下午七时

十二

纬：

粮票和信都收到，回家的日期，就工作需要来看，可能到八月底，如果没有其他变化，日期当不会缩短。就市委要求而言，他们还希望至少干到九月底呢！过去的工作组是搞了一段即跑，不解决厂里的问题，厂里很有意见。现在我们采取协助工作的态度，他们很欢迎。我们的工作组同志是和厂里的干部打成一片，在厂党委、厂长领导下工作，这种方式他们是欢迎的。但是，采取这种工作方法，决不能短期收兵，必须和他们共同规划工作，共同执行工作，共同推进工作。因而，工作时间便弄得长了。

六月底，我们司里有人回北京，三五要的风镜之类，可以买回来，如果你需要什么东西，也可以先写信来，给你带回去。小肃的坏脾气，必须教他们改掉，决不能给钱给他，这么小就学着要钱，那可不得了呀！这一点，三五可乖啦。三五从未学着问要钱，三五很听话，三五是一个很乖的孩子，不能叫小肃打三五，这是不能这样做的！这里，可见小肃是学得太坏了！当然，这不能怪小孩，而是我们对他没有教育，要叫玉娥他们教小肃才行。

三五要不要回日托？我看还是不回来好。一方面，让三五多在保育院受两年教育，到他上小学时再回家。一方面，他回家我们整天上班下班也对他帮助不大，而且孩子们更多一些在家，我们也累不起，多少还得休息休息。所以，我看还是三五在保育院的好。对三五，对我们，都有好处。

三五已逐渐长大了，慢慢地教他懂事一些。想起我在五六岁时，也是有一些懂事的样子。一个大孩子，他将来在家庭中是要多负担一些责任的。看三五这个样子还不坏，将来他长大以后，是可以有能力多担负一些担子的。我对他很有一些希望，这也许是溺爱的根源吧！

我小时候，是很不听话的，因为我的爸爸并没有好好教育我的表现。我是在一个封建家庭中的棍子下生活过来的。因此，我对我父亲感情不是浓厚的。十岁丧父，而且我是一个大儿子，所以，从小我就有独立处理问题的锻炼，我的主观性强，也有历史根源呀！十岁以后，几乎是独立地去追求知识，独立地活动，从砍柴，打草，到读书，以及十五岁小学毕业后，去当小学教员。在社会中东跑西跑，学习，看书。虽然当时对家庭帮助不多，但是，始终是一个家庭大孩子的活动。他担心着他对家庭所负担的一部分责任。家里的人，后来也学着我的样子，到处在外边独自去创造他们自己的前程了。现在想来，多少带一些破落户的流氓无产阶级的味道：从自我奋斗中去创造自己的前程，也许是旧社会中破落户的不得已的被迫的行径吧！当然，我这种东撞西撞，基本上还是向追求知识、追求学问这个正当的方向去努力，而没有向着不正当的方向去瞎撞。所以如此也者，还是我从根本上接受一些知识的缘故。当然，在新社会中，三五他们是可以少走弯路的。但是，将来，他为把自己变为有觉悟程度、有知识能力的人，也必须自愿地去努力奋斗的。

我对你说话，有时常常说到极端，这是不对的：如你不吃药，则说："爱钱不爱命"。这是不对的，请你原谅！人有时总有爱之太过，则说得极端的。我是对钱看得很淡的人，有钱不会用也是事实。钱都吃光，穿得破破烂烂，这也是一种习惯，也许是一种不好的习惯。近来已经注意一些，但总没改掉。三五有一种爱漂亮的习惯，他总比他的爸爸进步了！

我近来很好，工作进行得也很顺利。即使时间延长一些，精神还是十分愉快的，勿念！

你们好！

江　6月17日

十三

纬：

小肃也许快出院了吧？念念！这两天我的精神也不够好，因为安上了牙齿，吃饭还不很习惯，而且，牙齿正在试安上去，还未放胶水胶住，比起在北京安那几个牙齿，似乎技术差些。正准备在下一个礼拜要牙医把牙齿整顿一下，如果他搞得不好，将来也准备回到北京再镶它几个金牙。你前介绍的朱砚农是不错的，杨德华也由人介绍到他那里去拔牙。我想，镶牙他一定比别人镶得好。他是一个留美学生，干牙医这一行已经几十年了。

小孩的生长力很快，只要开刀手术无问题，我想他是能够很快恢复健康的。现在一般外科手术，对于发炎已有特效药，手术后的发炎是有保证的。不过，担心的是，现在的外科大夫滥竽充数的多，如果手术做不好会有危险。当然小孩过小，抵抗力弱，必须小心才行。当然，正经住院，就听凭医生的摆布了。你的来信说，第二天已到医院问过，这是孩子在手术后的情况。我想，手术后问题不大，可望恢复健康的。这个孩子是下部施行手术，只要半身麻醉即行，看来当不至有什么问题的。不过，他不习惯于生人在一起，如果稍好一些，仍以早些接回为佳。当然，那是经医院许可才行。

孩子们在北京，是比起在任何其他地方都幸运了！小小的孩子，即能享受近代最新科学的治疗，比起在文山来，那是有保障得多了。你尽了最大的可能来医治他，也算尽了妈妈的责任。只可惜我远处异地，不能和你分尽一份责任，使一切重担落在你的肩上，这是使我感到十分不安的！但愿小孩早日恢复健康，免得你在愁城中过活！纬！看开一些罢！天总是有晴有雨，人生总是有喜有忧呀！

上海的天气已经热得换席子，盖薄被了，北京相当更热。社会上的“争鸣”、“齐放”已经发展到更高的阶段，应该在这一场剧烈的阶级斗争中更好地锻炼我们自己呀！

祝福你们！

江　6月21日晚11时

十四

纬：

最近我镶牙齿中引起的不舒服基本上已好，身体正常。同时接到你写来小肃快要出院的消息，这几天，小肃大概回家了吧？三五也快上保育院了吧？三五爱哭是不对的，为啥要哭呢？不听话也不对的，不要跟别的人学干傻事。要鼓励三五去做一些好事，多多鼓励他做好事，多做好事，傻事自然少做了。上保育院有一个好处，有人经常照顾学做好事，虽然照顾不周，但比起我们来，他们是可能比我们更好地多照顾一下的。

昨天，台风过台湾海峡，同时给上海带来了狂风细雨，恰好是礼拜，我跑到上海去安牙齿，雨衣挡不住雨，在风雨中走了一下，才尝到一些不是温室的滋味。在路上跑，风吹得人要倒，雨浸湿了衣裳，冷的感觉一阵阵侵来，多少带有一些饥寒交迫的味道。到了家，把窗子关好，把衣服换掉，一种温暖的感觉，油然而生。几万年来，人类和自然斗争的结晶，是创造了房屋来保卫自己。人要不经风吹雨打，就不会知道温暖的可爱，人要不经饥寒交迫，就不知饱吃一餐的可贵。从艰苦环境锻炼出来的人，才知道勤俭建国、勤俭管家。将来，三五他们这一辈，应该使他们在实际生活中锻炼锻炼才行。不然，就变成公子少爷了！

也许，我要到太湖边去参加一个疗养院的开幕典礼。这儿很近，只须花一二天的时间。太湖，我去年曾到过她的边沿，没时间去跑。这次，如果能去的话，当然可以在工作之余，欣赏一下优美的景物了。这是一个机会，去不去仍由部长决定。

工作组在此工作，等于骑上了马，要下马却不是这么容易。情况也了解了，意见也提了，厂里也接受我们的意见，专家也来了，不认真和厂里的人在一起干一段工作，不看看效果是不行的。因为名为试点，非试不可。时间便拖长了，可能拖到九月底才好结束。为了工作，我看还是需要留一段较长的时间才行，自己也可以藉此而学习更多的东西。

安司长今天来问我要带点什么东西回去，我想一些小东西还是慢一点带回去吧！昨天我专到儿童商店去看一看，一些小脸盆倒很好看，但小脸盆我们已有两个了，其他的东西，没甚。只有小桌小椅还不错，但总不能给人家带上家具呀！还是让我回家时，给带上一些吃的、玩的东西罢。

司里别人给我提的意见，一大部分送到这里，准备好好分析研究一下：属于官僚主义的、属于思想方法的、属于工作的组织领导方面的、属于干部的提拔教育方面的都有一些，可以藉此改善领导作风与思想方法，这是不错的。对于从整风中总结工作经验，从整风中积极改善工作的领导，这些问题，司内还未深入提意见。这是一个根本性的目的，需要进一步来解决。

已经找到一个论斤买旧书的店子，花一元钱买了四本文艺书，这是很便宜的，看过后当寄给你。

你们好！

江　6月26日下午5时

十五

纬：

昨天到了无锡，今天去参加肺病疗养院的开幕典礼，明天再回上海。因为有半天时间，特抽空到无锡优美的风景区太湖去跑了：太湖是很美丽的，比西湖大得多。太湖边缘办了很多漂亮的疗养院，在风光明媚的环境里，对恢复健康是有很大的帮助的。

太湖的风景区在元鼋头渚，建设得很不坏。有绿荫满山的树林，山是沿太湖边围绕着湖，有三四里地长，在太湖的水边搞了一些亭台楼榭之类。山顶有一两座古庙，有茶可喝。坐在古庙门前的树荫下，看着湖中来往的风帆，有悠然出世的感觉。

无锡还有一些大资本家的花园也开放了，里面是九曲回肠的人工道路，假山假水，由于邻近太湖边，是相当优美的。

无锡还有一些古迹，据说在夏商周的商，无锡已经开始有人居住，这是中国历史上比较悠久的一段，所以他们这里有不少出土的石器之类的文物。那么，江南这块丰美的土地上，我们的老祖先老早就在生活着了，绝不是商朝而已。

但除太湖外，其他只有历史意义而已，风景不是怎样的好。

我们的疗养院是建在太湖边，还未去过，可能风景也是不坏的，以后再谈。

江　于无锡　7月1日

十六

纬：

已经从无锡回来了，当天正在厂的礼拜天，所以可在经过苏州时耽搁五六个钟头，游览一下苏州的名园。我看，《红楼梦》的大观园是以无锡的名园作基本写实的。那种细致的、小巧玲珑的人工花园，造成假水假山，亭台楼阁，曲径回廊，茂林修竹，刻在石上的名人字画，摆在亭子中的古玩陈设，真有一些走上以前宰相府的花园那种滋味，真的是值得一看的。苏州这个古城是春秋战国时代就有的，留下来的东西是唐、宋以后的，可以看看过去统治阶级怎样用剥削人民的血汗来自已享乐，也可以看看，劳动人民用怎样的匠心来制造这些玲珑的花园，此行是很有意义的。

买了一些东西，等七、八月间有人回家，再带给你们。大概七月半，黎部长可能回去了。我们可能到八月底，或者最长到九月底，摸了一些经验后，再回去。

小肃大概出院了吧，这家伙都得小心地带他呀！

江　7月3日

十七

纬：

好几天没给你写信了，小肃总已出院了吧？是否还有别的病呢？你怎的不来信呀！颇念！

花了九毛钱和三五买了一个风镜，三五可以用，我也可以用。北京刮大风坐自行车，风镜是有用的。又买了一盒听装饼干，准备吃了一些再从上海买一些糖果之类回去。

我们已订八月底结束工作，如果八月底把总结写好，当于八月底回去，写不好，也可能拖到九月初旬也说不定。不过，时间已定，最多也不过一个多月了。

米票再寄一个月的来大体是够用了，因为我们也到外边去吃东西，如果有钱，可寄150—200元来，我必要时，还准备到无锡、南京、山东、天津各厂顺便走一走。

快结束，就要写报告，我的报告写得不好，还靠工作组的其他同志来帮助。

上海这一段时间内，整天下雨，潮湿得厉害，什么东西都发霉了，但一出太阳就热得厉害。暑天是北方比较舒服，冷天是南方比较好，我们国家是大了，气候也是相差很大的。

最多还有两个月的时间就可以回来，见面时不远了呢！孩子们都好吧！

照的照片还不错，同时又摸清楚了相机的一个毛病，相信将来照得更有把握一些。

老三也长大一些了，准备回北京后，和你们一道到西郊西山一带去玩玩，选一个礼拜天。

祝好！

江　7月10日

十八

纬：

知道小肃出院，三五在家，如果我将来回北京，就全家团圆了！前一封信叫你寄钱来，小肃用钱多，就寄少一些来吧，寄多了我也会糊里糊涂地用光的。可寄一百元来作旅费即足，我现在还有150元，还有一个半月，大致是够用了。

有人说我来上海后有点胖了，照照镜子还不见得，脸色也许晒黑了一些，那是几个月没戴帽子的缘故，手表的表带也许紧了一些，但，像我这样的人是不会胖起来的。

上海这几天又出太阳了，热得要命，到街上跑更好像得经常吃着冰棒才行，买了一把纸扇也无济于事。毛主席到厂来参观[注1]，职工们欢喜若狂！这个月的生产劲头一定是十足的。

这个月读了一些书，每天要照料些零零星星的事。书只能一段一段读，在描写技巧上，如已寄给你的哈代的两本顶不错。小说要写得单纯一些，典型化一些，才能细致。如果如爱伦堡那样把世界的事情都写上，就只有搞粗线条的素描啦！

三五放暑假，不会放到我回家的时候。现在热天，多腌一些好吃的酸菜，或者是酸辣子之类，吃吃粥，味道是顶好的。我在上海，常常去小摊子吃粥，太热了，饭也不太爱吃。幸而住的地方还凉快，我的一件短袖衣服倒用得着了！

还准备和三五买一只绳猴，那才是三两毛钱啦。上海的玩具是和北京的差不多，当然价钱是低些的。拍的相片都晒出来了，因为天气是阴雨天，照的是勉强过得去，作为对太湖、苏州留一点纪念的话，那还可以。

最近相机又出一个毛病，我以为又要修理了，刚拿到修理人那里一看，人家用手旋了一下就好了，上海尽是有着各行各业优秀的技工的。

北京也热起来了吧！您整天忙忙碌碌，晚上还得带小弟、带三五，还看管一个带病的，可要小心身体呀，不要给累倒了！

礼拜天我经常到上海去，或者去看两场电影，或者有工作，在开会。我对当前的电影水平觉得还是不够高的。一般片子多，优秀的片子少，各方面的成绩与问题都反映一些，但没有认真组织这些反映，而且不能做细致深刻的反映。伟大的作品，还需要较长期的努力呀！

上海反右派斗争很深入，一个一个地揭露得很好，给群众、给我们都是活生生的教育，人们是不能麻痹的！

祝你们快乐！

江　7月12日

[注1]据杨浦区大事记：1957年7月8日 毛泽东由上海市委第一书记柯庆施等陪同视察上海机床厂。11年后，1968年7月21日，毛泽东对《从上海机床厂看培养工程技术人员的道路》的调查

报告作批示："大学还是要办的，我这里主要说的是理工科大学还要办，但学制要缩短，教育要革命，要无产阶级政治挂帅，走上海机床厂从工人中培养技术人员的道路。……"这条指示在"文革"中家喻户晓，对教育影响很大。

十九

纬：

住在上海时间实在太久了：牙膏、香皂已用去一套，我差不多做到每餐都刷牙了。利用下班后的时间读了不少书，大概寄回家的，大部分已经读过。还有一个半月，这些时间大部分去搞总结，也许是紧张一些的。司里可能王司长去读党校，须回家帮忙，同时，整风也须补整一下，今年恐怕又已过去了。时间真快过啦！转眼过了三个月，在这三个月中，学到的不多，实在很惭愧！同时也使你在家够忙了！一批小家伙，有时累得人要命，有时也令人欢喜，他们这一辈，真比我们那一辈幸福得多！

读了卢骚的《忏悔录》，令人奋发。要研究学问，要充实自己，没下苦功是不行的。对于工作，我还是一知半解，几年来进步还是太慢啦！尽是有你为我负担一切，可是我的努力是不够的。人越是有了一些知识，越觉得自己空虚，指导工作的学习，真是渺无缘际呀！一山还有一山高，像在云南爬山一样，爬过一个高山又有另一个高山呢！

已经把你抱着小肃的像去放大了，大概还可以看看，准备寄一张给姐姐。以前听李文东说，他们要调来北京，不知可来了？另外，和保姆他们照的相也去放大了，将来一并寄你们。

纬呵！每天想着你，可不敢写在信上，我恐怕还有不少"封建"思想啦！买了一本大日记本想写上去，也看将来写的结果罢，可能是写得不多呀！

有时在用钱时，总想到你的节省，我也学着省一些了。有时想买东西给孩子们，又觉得没甚可爱的东西，管他妈的，在上海买的总是比较好一些吧！将来回家，总多少带些东西回来罢。孩子们都会闹着：爸爸从上海带回来的呀！

上海晚上很热，看北京报纸也是到九十多度，你们又会睡在地板上罢！在南方最热的时候回到北方，当然是很好的。

希望你们好好保重身体！

江　7月14日晚

二十

纬：

钱收到了，粮票在发下月粮票时再寄十几斤来罢，这个月已够吃，下个月还有一些，你要买自行车，就买一辆罢，以后再设法偿还。上海的自行车倒有不少，在一百元以内可以买到，但是要到处跑才行，能否买到适当的，要看运气。如果你要旧的，我试和你物色一架看。当做行李带回来并不困难，但主要的是适不适合你骑是一个问题，其他的倒没什么。可以买矮一些的，如果买车不合适，千里迢迢把车带回，那就太那个了。

我很担心你的身体，你真的病了！你还是认真地保重身体呵！我不在家，尤其要紧，是你一个人在挑着重担呢！一个人保养身体的办法，是劳累到一定程度要适可而止，不要劳累过度。如睡眠不足，就应在当天早睡；如太过疲倦，就换一些轻易的事来干；如果已经有轻微的感冒，就得保养不至于犯重感冒。病都是由轻而重的，轻时不注意，重时就麻烦了。如暑天睡觉时太热，就要防止一下凉了着凉。总之要注意相反的两方面，是两点论，不是一点论。小肃倒要找爸爸回来了！实际上他还不算懂事，三五在家，可不要学坏呀！如果保育院凉快，到可以去保育院住住，等爸爸回家时再回来一段时间。家里是热了，而且你一个人照管两个小孩也太累！每天跑来跑去喂奶，挤公共汽车。能有钱买自行车，而且又敢骑时，你就买上骑好了，不要等我回来。如果还没有把握骑，且让我回家时再买也好。如果上海有更轻便的好车，再考虑买。

我近来看电影是看得太多了，放映的电影，大部分看到。我到无锡、苏州时，一个人坐一个双人三轮，可真想起你了。的确，能够在将来有机会，坐三轮车在那些风景区在跑一跑，多好呵！

买给三五的东西，还是我在下个月自己带回来罢，即使是小小的，也给他一个欢喜。但是，你可告诉三五，他一定要听妈妈的话，不学做坏事才行。

祝你们好！

江　7月17日

二十一

纬：

上海机床厂在下班以后，真是一种乡村的风味，男人坐单车，爱人就坐在单车屁股上，一双双地下班了，在厂外的马路也是如此，也许是从城市，把一双双爱人从单车上送来郊外散步吧！可是，北京却不行，连带着三五坐单车也受干涉呢！此地有，一架单车还带两三个孩子呢！

像已放大出来了，照得不好，冲洗时，底片也弄不干净，因此放大出来很不好看。不过我最近买了三本摄影书，学一学人像摄影，看出了自己很多的毛病，如果将来再摄，可能摄得有把握了，不信你将来试一下。

你和小肃的像晒了三张，一张寄姐姐，一张留我这里，一张寄给你们。在老刘他们那里摄的更加模糊，只能在晚上灯光下看一看罢了。

我的绒线衣一个袖子已破了一大块，到上海到处物色同一种颜色的细绒线，今天却给我买到了，准备明天去把衣服给编织的人，拆开织好。当然，明年还可以当作新衣服穿啦！但是，找绒线的劲却费了不少！

时间快到二十号了，我们回家的时刻也快接近啦！

祝你们好！

江　7月16日晚

二十二

纬：

我们预定是八月二十九日由此启程，卅日晚九时以后可到北京，如果没有意外的变化，是可以准时回来的。

上海的绸布店很多，我还是可以尽可能地去找找你寄来的布样，也许还有可能找到呢！

我在未回来以前，一面是搞总结，一面尽可能到上海每一个厂去走走，看看生产情况，了解工资情况。不能说在上海四个月，连部的厂都还没去过。这几天正在跑中，可以就便带一些东西。

说是回家，总有一种归心似箭的味道，人总是有感情的。小孩们在这段时间内，几乎长了半岁呀！小肃的开刀刀口总会生好了吧，孩子生长力是极强的，半年就长得很可以啦。三五少了一个牙齿，这也是一个变化！老三，也许会呀呀学话了。新生的生命在风浪中成长，却是你做妈妈的操劳的结果呵！

想起对孩子们，我是不大操劳的，好像总有那种封建性质的家长味道。我看，这一条应该慢慢地改善，应该改得好一些。

夏季，在上海就是另一种南方的风味：大热天，雪糕、冰棒之类，好像只有这些东西才能止渴似的，吃到肚子里才能愉快地换一口热气。不像北京吃雪糕，牙齿也冷得打颤呀！许多人礼拜天上街，一天吃五六毛钱雪糕、冰棒之类东西，而还在大声说热得要命呢。现在可好了，大概也像北京的天气了。当然，雪糕、冰棒之类的生意也就不好做啦！

每一个地方有一种味道，住久了，就会体会到这种味道。但是，上海话可不易懂，我在此几个月，还听不清汽车卖票员说清楚每一句话的意义，对学说话，我真笨呀，不像你那样聪明。

祝你们好！

江　8月11日

如果没有这篇调查报告似的文章的存在，怎么看父亲也不像是一个搞过经济工作的人。此文发表于1955年5月的一机部部刊《机械工业》第10期上，我在北京国图里查到这一期杂志，并复印回来是2003年，距文章发表都快半个世纪了。得益于父亲保留的一张发表这篇文章的稿费单，我才知道，从1952年10月（父亲在昆明购买二手蔡斯相机的发票是1952年9月20日，可见他买下照相机就去了京城）—1957年10月，父亲上班的地点一直在北京"东交民巷27号"，那里是当时新组建的一机部所在地。还有一张税票透露了一条信息：我们家到北京后住在"西单区南长街16号"，1953年6月25日，父亲为新买的东德钻石牌自行车交纳了10650元（旧币）的牌照税，也就是说，从此，每天往返于南长街至东交民巷的父亲有了他心爱的坐骑。那时我还没出生，但可以想象，那种感觉就如同眼下的白领拥有私家车一样神气。

显然，父亲很快完成了"革命战争年代到祖国经济建设"的思想转变，适应了一机部的新工作。父亲有好些笔记本都是有关企业、工资方面内容的，对他而言，一机部所属的那些大型国企仿佛就是另一个需要开辟的罗盘区根据地。我曾设想：如果父亲不挪窝地继续在一机部干下去，他会是一位搞工业的行家么？"文革"之后，他的"历史问题"一直被拖着尾巴不平反，他也挺失望的。我曾经问他：干吗不找找你一机部的老朋友呢？突然他就说了：干工业我还是可以的，当个厂长没有问题，我当然可以找段君毅（原一机部副部长，当时好像是任河南省委书记）。我也怂恿父亲改行算了，不过，他毕竟恪守着老派的组织性，谁也没有找……

一机部和二机部是1952年那次中央和地方机构大调整时，从重工业部分解出来的。生产民品的机械、汽车、火车、船舶等，生产军品的航空、兵器、坦克、无线电等，反正除了地方政府管理的企业外，大型央企多数都归一机部管。从1953年第一个五年计划开始，我们仿苏的计划经济体制、财经政策、企业管理模式，是作为新中国工业化、国有经济起步的核心理念而全面推行的。在这篇署名"第一机械工业部工作组"的文章中，许多新名词如"大量生产类型企业"、"先进生产组织形式"、"储备标准"、"定额"、"经济核算"等等，在当时还是很新潮时髦的术语。这篇文章发表前的两个月，父亲刚刚担任劳资司副司长，而文章刊出半年后，他已升任司长。我想，以父亲事必躬亲的工作习惯，即便文章并非由他执笔，他参与谋划的程度一定不浅。

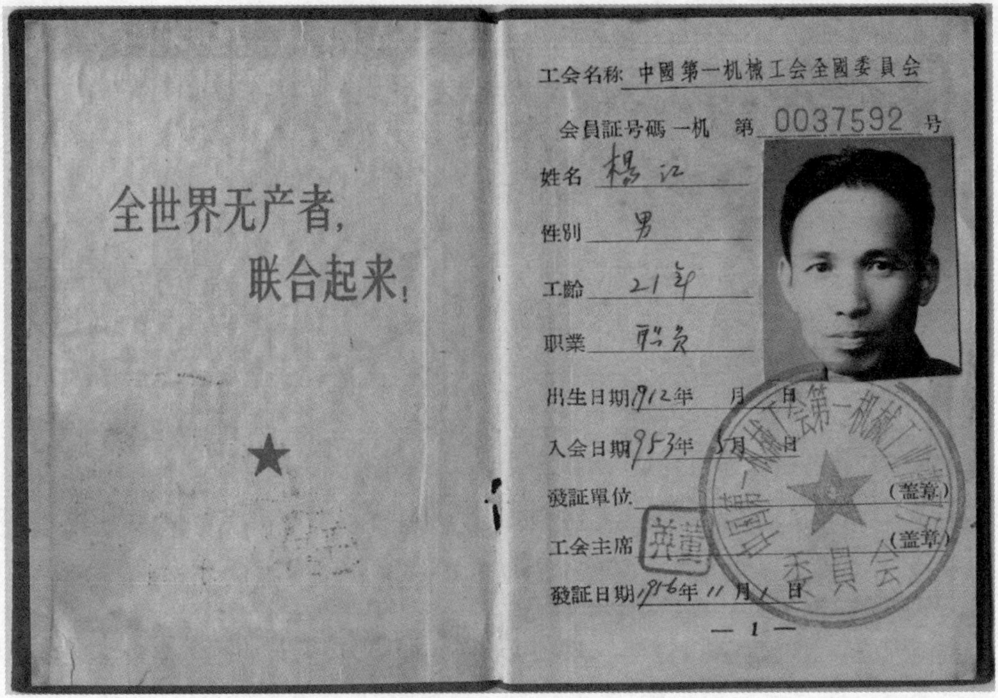
全世界无产者，
联合起来！

工会名称 中國第一机械工会全國委員会
会員証号碼 一机 第 0037592 号
姓名 楊江
性别 男
工龄 21年
職業 职员
出生日期 1912年 月 日
入会日期 1953年 5月 日
發証單位 (蓋章)
工会主席 (蓋章)
發証日期 1956年 11月 1日
— 1 —

父亲在一机部时的工会会员证，上面写的“工龄 21 年”，如果从发证的 1956 年计算，其实等同于他的党龄。照片上的父亲发型还是比较洋气的。

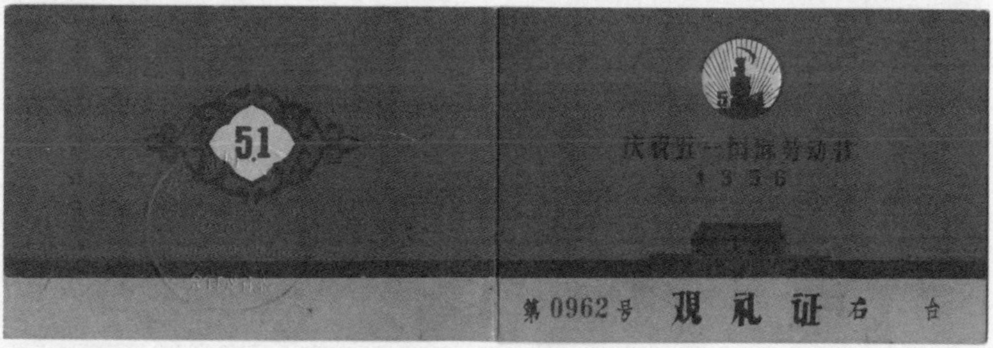

五一节天安门的观礼证制作颇为精良。

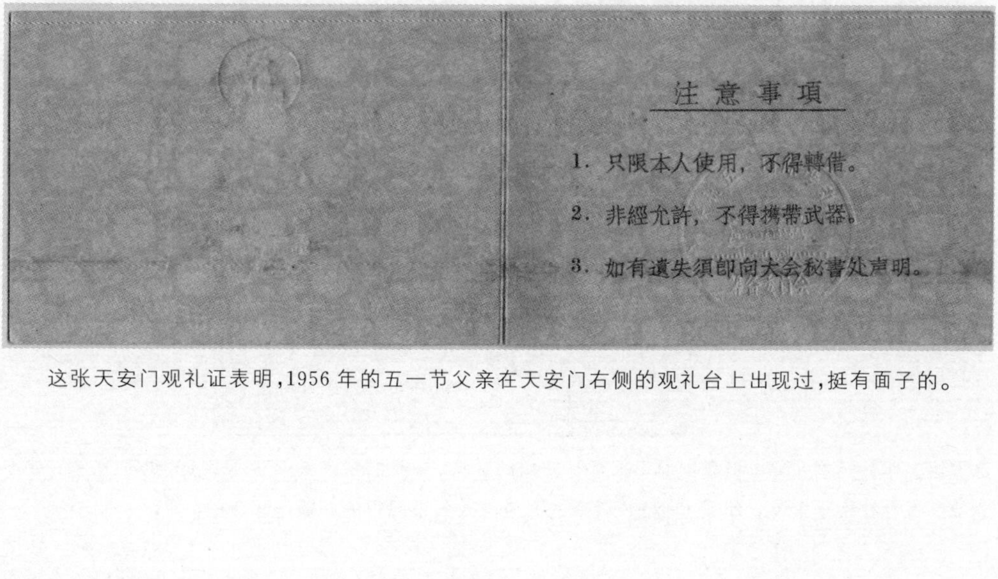

这张天安门观礼证表明，1956年的五一节父亲在天安门右侧的观礼台上出现过，挺有面子的。

这一组当年曾经揣在父母口袋里面每天都在使用的饭票，在我们看来其实也很珍贵，要不然它们就不会始终保存在柜子里了。1952 年以前，饭票的面值与人民币旧币的面值是同步的。

附：对大量生产类型工厂工作的意见

第一机械工业部工作组

目前部属大量生产企业为数不多。根据此次在上海及东北两地的了解，属于大量生产的企业，大致有下列各厂：齐齐哈尔机车车辆厂、大连机车车辆厂、沈阳自行车厂、上海自行车厂、灵山农业机械厂、沈阳暖气器材厂、上海电池厂、哈尔滨电池厂以及大连工矿车辆厂的货车部分。

有一些厂，如哈尔滨滚珠轴承厂、沈阳线材厂、沈阳螺钉厂、抚顺电瓷厂等虽然是专业化工厂，但除少数规格因需要量大，属于大量生产外，就全厂情况看，尚不能成为大量生产的企业。

大量生产企业为什么为数不多呢？

首先是目前国家需要的品种规格多，而每一品种的需要量还不大。如抚顺电瓷厂 1955 年二月份生产产品共 168 种，其中在 10 个以下的有 13 种，50 个以下的有 50 种，50—500 个的有 61 种，500—1000 个的有 15 种，1000 以上的有 29 种，10000 个以上的有 9 种，10 万个以上的有一种。沈阳螺钉厂 1954 年是 37 种品种，有 240 多种规格。在这些厂，除少数品种规格可以进行大量生产外，就全厂来说，还不是大量生产的企业。

其次，在 156 项重点工程中，属于本部的现代化的大量生产的企业，目前这正在筹建阶段，尚未正式投入生产，因此，还不可能有现代化的大量生产企业出现，因而由这些现代化的大量生产的企业所带动的供应协作产品的大量企业也还没有。

再次，我们对各企业的专业分工和组织工作上，还存在着一定程度的缺点，如任务分配上的不合理，把本来可以集中的产量也分散了。如 1954 年把 50 吨敞车，分别分配在齐齐哈尔机车车辆厂、大连工矿车辆厂；50吨棚车原来是大连机车车辆厂生产的，1954年也分别分配在大连工矿车辆厂及齐齐哈尔机车车辆厂生产，结果两厂的数量均不多。又如50吨油槽车，去年大连机车车辆厂本已生产，1955年又分配给大连工矿车辆厂生产，使得两厂试制同一产品，浪费了技术力量。这种分配任务的方法是需要研究改进的。此外如滚珠轴承厂，目前是按订货生产，要几个生产几个，需要摸不准，不敢有计划地储备一些产品，在这样高度专业化和生产精密配件的企业内，这样组织生产是非常不合理的。又如大连工矿车辆厂究竟搞重型机器还是搞工矿车辆或铁路车辆？到现在还未最后确定。管理水平不高，没有将各种制品的生产过程结合企业的具体条件，作最合理的组织与安排，这也在一定程度上影响了大量生产企业的出现。

目前大量生产的企业，基本上都是在改造旧企业的基础上发展起来的.虽然已经具备了大量生产的组织规模，但基础很薄弱，还存在着旧企业所特有的各方面的落后痕迹。

大量生产的特点是品种少，任务固定、产量较大。这些特点决定了大量生产的优越性:生产条件稳定。这种稳定就使得在计划方面可以做细致具体的安排；在生产组织与劳动组织方面可以分工细致和专业化；在工艺方面，可以采取专用设备和专用工艺装备；可以利用先进的技术。因此，大量生产有最优越的条件来采取流水生产线的先进生产组织形式。

但是，我们现有的大量生产企业，由于许多落后因素的存在，还不能充分利用这种优越条件。如在厂房及设备方面:有些企业因厂房面积不够或没有有效地利用，使流水线未能充分发挥潜力；有些企业因设备陈旧，或设备不足，或没有对现有设备做有效的改善，使流水线不能合理建立。在技术方面，修配习气深重；缺乏一套技术标准和工艺规程，手工作业多，机械化成分少；工艺装备系数小；零部件标准化工作还不够重视；技术秩序尚未建立等等。所有这些落后因素，都影响着生产，破坏了流水线的均衡与节奏。如沈阳自行车厂，1954年因烤漆技术没有掌握，使14000多辆自行车返修。

先进的生产组织形式与落后的组织技术基础的矛盾，是当前大量生产企业内部存在着的主要矛盾。对于这一主要矛盾，我们还缺乏明确的认识:第一，生产秩序比较上轨道的企业，满足于一般的完成任务，没有认识到大量生产因其本身存在着技术经济方面的优越条件，应比其他生产类型有更高的要求。如单个小批生产的生产节奏性一般只要求按旬完成计划，但大量生产则有条件要求按小时完成计划。又如在工艺规程工作上，单个小批生产只搞关键零部件的工艺卡，而大量生产则要求每道工序都要搞操作卡。第二，不善于区别先进与落后因素，不敢尽量发挥先进因素。如齐齐哈尔机车车辆厂货车装配流水线，一般生产能力日产量已接近 11 台，因迁就个别工序的落后环节，而将计划订为日产 10.3 台。又在生产中本可以采用专门的设备和专用的工艺装备，广泛运用大量生产的工艺方法：如锻模、钻模、漏模、冷模铸造等等，但这些都做得很不够。对生产中许多落后因素，不是积极克服，而是采取迁就的态度。如齐齐哈尔机车车辆厂，一般客货车产品加工中的钻眼问题，群众中流行着"一块铁板一个眼，两块铁板半拉眼，三块铁板没有眼"的说法，该厂对这一问题，仅在铆钉小组内增加了几个洗眼工，没有积极采取措施，从设计、工艺上作根本的合理的解决。又如侧柱加工，途程有 1154.5 公尺，长期未加改进，今年三月，才采取措施加以改善后，缩短了 694 公尺，减少运输工和划线工四名，并缩短了生产循环期。大连工矿车辆厂贷车组装流水线有十道工序，在这十道工序上工作的有安装、铆钉、修理、电焊、气焊五个工种，划分为五个小组。但这五个小组并非固定在专业化的工作地上，而是轮流活动工作，在工资上，连小组计件都做不到，而是统一地按出车数量以一个大组计件。这些事实，都说明了各方面的落后因素与流水线的要求距离过大，也说明落后因素在大量生产中所占的比重很大，先进因素在大量生产中未能起主导作用，这是必须加以改进的。第三，不少大量生产的企业对大量生产的特点缺乏认识，竟采取其他类型的方法来组织生产。如齐齐哈尔机车车辆厂，采取修配时期的现车号的办法来计算任务；大连工矿车辆厂厂长干了两年多，才领会到他们不能按单个小批的办法来生产铁路车辆。这种情况在未组织起来的企业，还是比较普遍的现象。

克服对大量生产工作上的盲目性，提高对大量生产工作的自觉性，是改进大量生产企业工作的一个关键性问题。因为，只有自觉地认识大量生产的特点，有了认识以后，才能按大量生产的特点来组织生产，逐步创造条件，发挥大量生产中的有利因素，克服落后因素，发挥潜力，使企业逐步发展成为先进的大量生产类型的企业。

二、大量生产企业中的计划与组织工作

甲、计划与组织工作的特点

大量生产企业，由于重复制造同一产品，任务长期不变，各种生产条件异常稳定，给计划与组织工作带来非常有利的条件，表现在下列各方面：

一、生产组织工作的稳定性：

1. 由于长期重复制造同一产品，车间、工段、小组基本上可以按专业划分。定人、定机、定活的三定工作，可以完全做到。

2. 在专业的车间、工段、小组的基础上，就各种不同制品的稳定工艺路线，可分别条件，组织各种不同的流水生产线，使生产过程改变为先进的流水作业的组织形式。

3. 在上述基础上，工艺装备、操作方法也趋于稳定，定额趋于准确，生产技术准备及供应工作也较稳定。

但因各企业的设备、厂房、产品品种、生产性质等情况不同，在生产组织工作上，还有许多复杂的因素：

1. 由于旧企业中存在着各种不同的条件，很不容易使设备做到最充分的负荷，使作业面积达到最合理的利用。因此，在生产组织上如何按流水生产的要求，采取各种措施，使旧有的条件得到合理的利用，充分地发挥生产能力，这是生产组织上一个很复杂的工作。如今年年初，齐齐哈尔机车车辆厂为了缩短侧柱加工路线，将侧柱组铆作业场，由原第四栋迁移到中梁矫正作业场，但原作业场面积为 117 平方公尺，而中梁矫正作业场的面积只有 88 平方公尺，根本容不下。经过工艺分析，发现侧柱组铆作业不科学，可以改为人动物不动的固定的流水作业，结果，侧柱组铆作业场的面积由 117 平方公尺缩小为 88 平方公尺，既解决了迁移问题，又缩短了侧柱的加工路线，也使作业面积得到合理运用。

2. 由于大量生产企业中一方面是以大量生产为主，一方面也存在着成批生

产，两种生类型分布在每个车间与工段，因此，如何对成批大量这两种类型，从全厂流水线的设计上，从生产能力的充分发挥上，做到合理安排，这也是生产组织上的复杂因素之一。

3.有些大量生产企业，生产的产品是复杂的，在企业内部就出现了几条主要流水线。如大连机车车辆厂生产机车、客车、货车等，其准备车间是综合生产各种产品的铸锻件，加工车间有些是交错进行加工，有些是专业车间，而装配则由专业车间分别就各种产品进行装配。几条主要流水线在全厂同时进行生产，也必然使生产组织工作复杂化。

大量生产企业，在生产组织工作上，有优越的稳定的因素，也有复杂的因素。但其共同的特点，是由于生产条件的稳定，可能争取组织大量流水生产线，并可以用一条或几条主要流水线为中心来组织全厂的生产。

二、计划工作上的优越条件：

1.全年任务固定，在年度计划中，可以按品种、规格、数量作具体的安排，各方面的工作可以通盘进行筹划。

2.作业计划可以详细，精确，切合实际。如厂级指标可以具体到每个零件的投入。出产期限及数量，生产计划可以集中编制，作细致的安排。

3.在生产稳定的基础上可以编制标准计划，以巩固目前作业计划制度，并进而提高其经济效果。

因此，大量生产企业的计划工作，决不能停留在按月、按周、按昼夜班的计划上，应该要求按小时、按流水线的节拍来计划。要在科学的日历标准计算基础上，编制标准作业计划，以发挥大量生产类型企业的高度劳动生产率。

由于大量流水生产线要求高度的节奏性与连续性，给大量生产企业的计划工作带来了特别严格的要求：

1.节奏性、连续性的流水生产，不容许有任何中断，要求各方面工作能及时保证对流水线的供应，这就要求集中编制计划，以保证生产中各个环节、各个单位的密切衔接；要求有十分细致的生产技术准备计划工作；要求执行计划有严格的纪律。

2.节奏性、连续性的流水生产，为要保证生产不致中断，除细致的进行计划与组织工作外，由于实际需要，还要有一定的在制品储备量，这是发挥先进生产组织的工作效果的重要前提。但不能储备过多或过少，储备过多就会引起生产中资金周转的困难，过少则保证不了流水生产的连续进行。应根据各种不同条件，进行科学而合理的计算，以求得正常水平的储备量。

3、节奏性、连续性的流水生产，对工作地服务的要求也是十分严格的，工作地布置要合理；工具、材料、毛坯的放置要做到便利于工作；机床滑润与调整要求有计划地进行；并要求有计划地、细致地建立严格的工作地供应制度。

从上述几方面来看，大量生产中的计划工作的优越条件甚多；但要求也因此是十分严格的。

乙、目前大量生产企业计划与组织工作的情况

目前大量生产企业的计划与组织工作的水平一般不高，而且很不平衡。就现有企业的情况看，可以分为两类：

第一类：是少数已经初步组织起来的企业，这类企业为数甚少，基本情况是：

1. 劳动组织与生产组织已经过较合理的调整，主要生产车间的流水线已初步组织起来。

2. 各种计划制度已建立，尚能切合生产活动，能在车间工段初步贯彻，并正在推行标准计划。

3. 在制品管理通过仓库、台账、工票等工具已初步掌握起来，并建立了储备，保证了生产流水线的连续进行。

但是，这类企业尚存在如下缺点：

1. 流水线中的落后因素尚多：如组织不合理，手工劳动分量重，能力不平衡，设备利用率低，专业分工不够细，未能严格按节拍要求监督各工作地出产的节奏性。因此，流水线的潜力很大，还没有充分发挥出来。

2. 定额落后保守，标准计划不先进，各种日历标准计算凭经验估计，各车间各工段之间的计划缺乏紧密的衔接，依靠过大的储备量来保证生产的衔接和均衡，经济效果不高。

3. 辅助车间的工作还未很好组织起来，设备检修、运输工作、工具制造等，还落后于生产的需要，以致经常成为破坏连续生产的因素。

第二类：是尚未组织起来的企业，这类企业为数尚多，其基本情况如下：

1. 劳动组织与生产组织虽经初步调整，但流水生产线还没有很好组织起来，与大量生产的特点不适应，三定也未定，劳动组织与生产组织常因加班突击而搞得混乱异常。

2. 计划制度已经建立，或正在开始建立，但贯彻得很差，或还没有发生作用；计划与实际生产活动距离大，不能指导生产活动，因此，只有靠临时调度过活。搞标准计划的方向也不明确。

3. 初步注意到掌握在制品，但还掌握不住，账物不符，长长短短，使计划脱离实际，不能指导生产。对建立正常储备的观点尚不够明确。

以上情况说明，少数大量生产企业虽已初步组织起来，但组织计划水平不高，而多数企业则尚未能按大量生产的特点来组织生产，而处于生产秩序不稳定或混乱的状态中。

丙、如何提高大量生产企业中的计划与组织工作

根据以上情况，我们认为进一步提高各大量生产企业的计划与组织工作，应从下列各项工作着手：

一、建立与改进流水生产线

(一)在大量生产企业中组织流水生产线的作用：

大量生产企业有充分条件来组织流水生产线，因为：大多数工作地重复执行固定的工作；工作地按工艺路线可以固定地排列成为链状；在较长时间内每个制品的制造过程，无论在组织上、技术上一般都是稳定的。

流水生产线有以下一些作用：工人工作专业化，设备专用，工艺装备系数大，工人易于熟练，能迅速提高劳动生产率；可以达到高度的节奏与均衡，可以按节奏出产产品，并由于流水线的工作地按线状排列，制品是连续移动的，在制品可以减少，生产循环期可以有效地缩短，资金流转可以加速，成本可以降低，积累可以增加，能发挥高度的经济效果。

因比，企业领导应充分认识组织流水生产线的重大作用，认真地组织流水生产线，以便把大量生产的计划与组织工作大大地提高一步。

（二）怎样组织流水线和组织什么形式的流水线？

1. 怎样组织流水线？

首先是进行流水线的节拍计算，并按节拍要求使流水线的各个工序生产达到同步化，既要求按节拍或节拍的倍数规定各工作地的生产节奏；其次按厂房及设备等条件确定工艺路线，将产品的生产过程作最合理的平面布置，且按工艺顺序，将工作地配置成为连续的链状布置，保证制品在整个加工过程中按最简捷的途径移动，将全部工作地联结成为统一的流水生产线；再次要计算工作地及人员的负荷，进行生产能力的平衡，并具体配置人员，做好三定工作；最后还要确定各种储备量（流水线内部的，流水线之间的），并严格进行工作地布置及组织工作地供应工作。

2. 组织什么形式的流水线？

企业内大量生产部分，应组织不变的连续的有强制性节拍的流水生产线，如果限于条件，也应该积极改善条件，向这一方向努力。

企业内成批生产部分，应组织可变的连续或间断的流水生产线。

按上述大致的步骤与要求，在未组织流水生产线的大量生产企业中，积极从事组织流水生产线的工作，在原有产品对象小组、工段、车间的基础上，把各种流水生产线组织起来，以主要流水生产线为中心来组织全厂的生产工作。

（三）如何改进提高流水生产线？

大量生产企业中，已经建立流水生产线的，应积极从下列各方面着手来改进与提高：

1. 从研究分析计算当前流水线的现状出发，做到对流水线的现状有一个全面的了解，是改善与提高流水线的前提条件。初步组织起来的企业，往往存在着自满情绪，这是由于片面认识而来。因此，必须客观冷静地去分析现状，认识现状，克服自满情绪。在认识流水线现状中，应具体分析先进因素与落后条件，认清过去克服落后条件和发挥先进因素的经验与教训，认识先进与落后因素在流水线中不断斗争而促进流水线进步的规律，并按流水线节拍的要求来检查每一工作地的生产能力和节奏性，从每一工作地的生产节奏的实际记录中来发现各方面的潜力。这可以使我们掌握流水线中的不合拍的环节，也可以看出潜力大的地方，更可以迅速发现突出的先进与落后的矛盾因素，使我们对流水线的情况，做到心中有数。

2.从改进主要流水线中的最薄弱部门工作着手，是不断提高流水线的中心环节。目前许多企业流水线的节拍是在迁就最落后的环节的情况下规定的，不断对流水线的最落后环节采取积极措施进行改善，就能不断使流水线进步与提高。如齐齐哈尔机车车辆厂当前的落后环节在油工工段，如能把油工工段的生产能力提高，即可缩短整条流水线的节拍。改进油工工段工作后，必然会出现第二个最薄弱的部门。这样逐步改善我们所存在的与流水线要求最突出的矛盾，流水线的水平就会逐步提高了。为了组织全体职工的集体力量来改善各种不同的流水线，在大量生产企业中，最好在各种不同的流水线中，做出一些典型经验来，发动大家学习，提高全体职工对流水线生产认识的自觉性，然后搜集大家对流水线的各种意见，有计划地进行对流水线的改革工作。

二、在建立与改进流水线的基础上，努力推行与改善标准计划工作

(一)大量生产有充分条件可以推行标准计划：大量生产任务固定、劳动组织与生产组织易于调整到最合理，车间、工段、工作地能专业化，并有固定的任务与固定的人员，工时定额易于准确，在这样稳定的生产条件之下，是完全可以推行标准计划的。

(二)标准计划的作用：

1.可以简化作业计划的编制工作：标准计划对于各种期量定额均有规定，制品在生产过程中的活动规律可以初步掌握，编计划工作即可简化。如齐齐哈尔机车车辆厂的锻工车间，在未编标准计划前，编计划要搜集各种资料和平衡生产能力，共需时四天，有标准计划后，一天就编好了。

2.可以提高劳动生产率，保证全面完成任务。标准计划推行后，生产组织与劳动组织能比较合理地安排，巩固了工段、工作地的专业化程度；设备与劳动力得到充分负荷，生产潜力得到进一步发挥；均衡节奏生产基础已稳定，能达到高度的均衡率，如齐齐哈尔机车车辆厂锻工车间推行标准计划以后，均衡率经

常达到100%。

3.可以提高计划的质量。推行标准计划后，各种日历标准计算是建立在各个车间工段的标准计划的基础之上的，计划的根据切合实际，计划工作能做到比校精确；编计划工作已简化，可以抽出时间和精力来研究各种先进因素，逐步提高日历标准计算的先进性。

4.可以促进各种计划制度的更加健全，推动各种工作走上全面的计划化，使均衡节奏生产更有切实的保证。由于标准计划已将生产过程作了比较妥善的安排，各项制度在这一基上可以做到合理的组织与控制。推行标准计划后，作业计划订的准确，使各项工作有了切实的根据，并在此基础上求得全面工作的计划化。各种期量定额，也可以在此基础上逐步改进，提高到正常的水平。

标准计划可以总结提高已有的作业计划工作，可以将生产活动的规律逐步掌握起来，但标准计划不是一成不变的，它是随着管理水平的不断提高、生产上的不断进步，而逐步改进逐步完善的。

(三)如何建立标准计划?

1.在推行标准计划前必须合理地调整生产组织与劳动组织：首先是把三定定下来，并建立专业化工段、专业化小组及不同流水线。成批大量应严格划分，不能混淆不清，打杂任务，另行组织专门工段小组来进行。在先进的工时定额基础上，进行人员及设备的平衡，保证设备和人员的充分负荷。

2.按各种生产类型的日历标准计算，编制不同的标准指示图表：

(甲)大量生产应在计算节拍、节奏、工作地负荷及生产线人员和规定正常水平的在制品储备量的基础上来编定标准指示图表。

(乙)成批生产应在计算批量、周期、生产循环期、储备量及每批生产量、投入量的标准期限的基础上来编制标准指示图表。

3.贯彻标准计划时，应做好工作地的各种供应工作，并应加强政治思想教育工作：

(甲)标准计划的贯彻，要有各种先进的工作地服务制度与各种有效管理制度来保证。如工具供应、材料供应、技术文件的供应等均不可缺少。还须健全车间工段的组织机构，明确职能人员的职责，建立各种有效的管理制度，如在制品管理制度、昼夜班计划制度等。

(乙)标准计划的贯彻是建立在先进定额、先进管理制度的基础上的,不仅要有物质保证,还必须有先进思想的保证,因此,在贯彻时应积极加强政治思想工作。

4. 在车间建立标准计划的基础上,必须注意全厂各车间标准计划之间的密切衔接,做到接头对缝,减少储备。因为各车间标准计划缺乏合理的衔接,必然造成过大的储备,使作业计划经济效果不良。因此应该把车间内部的衔接,车间之间的衔接,大量与成批之间的衔接,流水线内部的衔接,流水线与流水线之间的衔接,流水线与非流水线之间的衔接,密切地联系起来,以提高经济效果。

(四)如何改进和提高标准计划工作?

1. 提高的必要性:现有标准计划所根据的定额,大都是经验统计估计定额,不准、不全,而且落后,而生产是不断向前进步的,原有的标准计划,经过一定时期的实践,就会不能适合实际要求,因此需要及时地改善与提高。

2. 如何改进和提高:

(甲)加强思想工作,克服自满情绪提高认识,是改进提高标准计划的思想基础;

(乙)应从改善日历标准计算的先进性来提高标准计划,并使之与组织上、技术上、经济上各种改进措施具体结合;

(丙)从全厂各项计划的密切衔接的要求中来改善标准计划的工作,使全厂各车间的标准计划在总的节奏的流水生产的要求下,得到更合理的安排与改善。

二、建立合理的储备

(一)建立储备在流水线生产中的重要意义:流水生产的特点是要求节奏与连续。因此,流水生产线不容许有任何中断,因为任何个别工作地发生中断,都会影响整条流水线的生产工作的进行,造成劳动生产率的降低和各方面的损失。尤其在目前的流水线组织水平不高,落后因素很多的情况下,破坏流水线的因素更多。因此,建立正常水平的储备,是我们有计划地与各种破坏流水线的因素做斗争,保证均衡节奏生产的重要手段之一,而且具有重要的经济意义。

目前,在建立正常合理的储备工作上,有两种现象:一种是还不知道储备的重要，没有建立和建立后又给突击吃光，还没有正常水平的储备来保证流水线的节奏与连续性的生产，而用经常加班突击的方法来与破坏流水线的因素做斗争，因而弄得焦头烂额。一种是用过大的储备来保证流水线后落后的均衡节奏生产，部件储备了一月或两月的数量，超出了储备的范围而造成积压。这是一种不正确的做法，它掩盖了流水线的一切矛盾，妨碍对落后条件的积极改进。因此，我们一面要认识储备对流水线生产的重要作用，认真地建立储备；一面要克服用过大的储备来削弱流水线生产的经济效果。

（二）如何建立正常水平的储备？正常水平的储备，应建立在对各个薄弱环节积极采取措施，合理地组织生产过程及对过去管理生产经验总结提高的基础上进行科学计算。而且它是随着企业管理水平的提高，随着各项工作的进步而逐步改进得更合理的。

在大量流水生产中，有流水线内部的储备及流水线之间的储备。

1.在大量流水线内部，有以下四种储备量：

（甲）工艺上必要的：即在工作地上加工或检验过程中所必需的在制品数量。加工方法的改进，零件移动方式的改进，对此项储备量均有影响，应按实际需要来决定。

（乙）运输上用的：即产品在生产过程中，上下工序传递时的运输批量。运输方法、运输批量改善时，对此项储备量均有影响，应按实际情况来决定。

（丙）工序流动储备量：连续流水线内部无此项储备量，只是在间断流水大量生产中，工序生产能力不平衡时，为了保证各个不同的延续时间的工序工作的正确配合才建立的。此项储备量应按实际需要来决定。

（丁）后备（保险）储备量：用于限制停工或防止与节奏发生偏差时的储备，应从计算各种损失的情况来决定。

2.在流水线之间，有以下三种储备量：

（甲）库存流动储备量：在各生产线按不同班次工作时，按不同工作指示图表工作时，或成批供应大量时，以及大量供应成批时用的。

（乙）运输的储备量：在从一生产线运送到次一生产线的运输批量。

（丙）库存后备（保险）储备量：用于生产线之间在提高生产率时，或供应部门延迟交付制件时能正常进行工作。

以上各种储备量，目前各企业大都凭经验估计来确定的，缺乏科学的根据，一般偏大，特别是库存后备(保险)储备量。不少企业许多零部件都保有一个月的储备，突出的甚至有二月的储备，因而流水线的经济效果不高。某些零部件即使停工一月，装配还可以节奏均衡出产，因而对落后因素就不去积极改进，这与整个流水线的组织的目的是背道而驰的。

(三)在加强各方面管理工作的基础上积累经验、积累资料积极改进落后的储备。组织流水生产的最主要目的在于要求高度的经济效果，已经建立储备而且储备过大的企业应积极从这方面去改进，以提高经济效果。

1.改进过大储备，应从集中编制作业计划做起。因为集中编制作业计划，可以密切车间内部及各车间各流水线之间的衔接；可以把库存储备降低到合理的程度。

2.改进过大储备，应从改进日历标准计算做起。要把现行的经验估计的储备量，提高为由科学计算的储备量；要在组织上、技术上采取各项措施，来保证日历标准计算的精确具先进。

3.改进过大储备，应在系统地改革流水线的落后因素的基础上进行。落后的储备，是在流水线的落后因素的基础上产生出来的。规定先进的储备，可以促进对流水线落后因素的改革；而不断改革流水线的落后因素，又可以使落后储备不断地改为先进。

三、大量生产企业中的技术工作

(甲)技术工作的特点

大量生产中的技术工作的特点：

1.由于大量生产品种少、任务固定，大多数工作地长期重复制造同一制品，分工细致，工艺稳定，工人专业化，有条件采用专用的设备和专用的工卡量具等来进行生产，因此，工艺装备系数大，工艺准备工作量大，对工艺过程要求有最大的完整性，对每道工序的操作方法要求有详细的指示，并要求严格的纪律。

这是大量生产中技术工作的主要特点之一。

2. 产量大，生产组织是最先进的流水生产线的组织，技术工作必须与流水生产线的要求相适应。因此，对设计的要求是严格的，如要求结构的工艺性，要求结构的最可分离性，要求零部件的标准化，以达到高度的互换性。对新产品试制的要求更严格，要求图纸、工艺、工艺装备及各种技术条件要经过样品试制与小批试制的反复考察验证，总结提高，做到试而后定，以保证严格的正规生产的进行。对技术检查的要求也很高，要求技术检查本身要有机地与生产活动相结合，并使检查工作完全适应于生产的节奏性。对工具卡胎型的供应，也要求进行复杂与细致的组织工作，能有效地按流水线生产要求做到有计划的及时供应，以保证流水线不断连续的进行。对设备修理也提出了更高的要求，即进行修理工作在任何情况下不应破坏流水线的有节奏的工作，也不应降低个别工作地的工作能力。从以上各方面的要求来看，由于大量生产是采用最先进的生产组织形式，也就产生技术工作各个方面的严格的要求，这种由组织流水作业而带来的对技术工作的严格而细致的要求，也是技术工作的重要特点之一。

3. 当前我们的技术工作的特点，是在修配水平的基础上来进行大量流水生产。但我们对大量流水生产和对技术工作严格而正规的要求缺乏研究与认识，因此我们在大量生产企业中对技术工作的目标和方向不够明确，目前还是用修配的观点来搞大量生产的技术工作。如一面试制一面投入生产，缺乏明确的技术标准与制度也凑凑合合进行生产，因此弄得弊端百出，不是得大量生产之利，反而受大量生产之害。这是不能掌握大量生产技术工作的特点来进行工作的严重教训。另一方面我们对修配的落后的基础缺乏明确的认识，盲目地满足于修配凑合生产，认为能把产品制造出来即算完成任务，而不去清醒地检查一下整个制造过程是修配出来的呢，还是规规矩矩一丝不苟地按正规制造要求制造出来的。因此，就看不见修配水平与大量流水生产要求的距离，也不看清楚究竟落后在什么地方，对于如何积极创造条件，改进和提高已有的技术工作的基础，以适合大量生产的要求；如何缩短由修配到制造的距离，就缺乏自觉。这是大量生产中技术工作的基本矛盾。这个矛盾，虽然在其他类型中也普遍存在，但在大量生产中是特别突出。因为修配水平与大量流水生产是格格不相入的：

如大量生产要求严格的试制程序及试制要求，而修配习惯于试制即是生产或一面试制一面生产；大量生产要求正规的图纸和严格的公差标准，而修配则往往是图纸标准公差不全即凑合生产；大量生产要求有完整的工艺规程，有专门的设备及工艺装备，而修配习惯于没有工艺规程也进行生产；要专门工卡具解决的用一般工卡具解决；大量生产要求有完整及严格的检验标准和规程制度，而修配习惯于马马虎虎地进行检验。这样就必然达不到质量标准。

由此可见，从修配水平提高到制造水平，在设计、工艺、工艺装备、技术管理方面，还存在着一系列的尖锐的矛盾。当前大量生产企业中的许多技术方面的问题，基本上是从这些矛盾中暴露出来的。

（乙）大量生产技术工作中的两个重要问题

一、关于大量生产中老产品的整顿问题

1. 整顿老产品的必要性：目前大量生产中的产品，基本上是老产品。这些老产品特别需要整顿。首先是这些老产品并没有经过认真严格的试制，把各种技术标准、技术条件定下来才投入大批生产的，甚至许多大量生产企业生产的许多老产品到现在还没有完整的图纸。如 X50 货车经过几个厂试制，图纸、工艺、工艺装备没有定下来；各自行车厂是几年生产同一产品，图纸、工艺、工卡具现在也未定。其次，这些老产品不仅是每月每季每年进行生产，甚至是常年进行生产的，如自行车、货车、电池等。这些厂的新产品不多，主要是生产老产品，故整顿老产品有其特殊意义。再次，在这些企业中，只有在认真整顿老产品的组织工作的基础上，才能有效地迎接正规新产品的制造。

目前生产上存在混乱现象的主要根源，在于老产品工作没有进行系统的整顿，因此，整顿老产品与建立当前的生产秩序有密切的联系，在大量生产企业中，老产品的整顿与提高，应提到一定的日程上来。

2. 老产品技术工作的现状：大量生产企业中老产品的技术工作，几年来虽然打了一些基础，但从制造要求来看，是很不相称的。

（1）在设计方面，既非苏联图纸，又不是实行测绘。如 X50 货车图纸，是 1952 年铁道部制造局根据已有的 X30 吨敞车的日本图纸自行设计的。车辆的吨位由30吨提高到50吨，部分结构重新作了设计，车型是日本车型，部分配件也参照日本图纸重绘，但因日本图纸没有技术条件和公差标准，我们也就没有。加上试制时没有进行系统的修改，按修理标准只有20%有标准，80%没有标准。自行车有些是无图纸而凭经验、凭实样生产，有些是先有实样而后有图，或有图而不完整，而且也不按图生产。因此，老产品图纸不正规的情况是严重的。零件部件尚未搞标准化工作，当然更谈不上按流水线要求进行设计。而且许多企业设计工作的组织机构，1954年下半年才开始建立，过去连机构也没有。可见我们仅做到由不注意设计工作到初步注意设计工作。正规设计是正规制造的前提条件，大量生产不断重复地制造同一产品，图纸残缺不全，是不可能与大量生产的先进生产组织的要求符合的。因此，目前应该在已有的基础上组织与整顿设计工作，没有图纸的要绘出图纸，有图纸的要审查补充订正，图纸残缺不全的要把图纸补充完整，并建立一套图纸管理制度，做到按图生产。

(2)在工艺方面：目前的情况，就其效果来看，最好的是大量生产企业能在关键部件上贯彻工艺规程。大部分零部件，有的有工艺规程而不符实际，或放在抽屉里不拿出来贯彻，如大连机车车辆厂。有的缺乏工艺规程，或有工艺规程而仅能贯彻其中一部分。因此，形成了工艺上的自由主义，各个师傅各个法，修配积习很重，严重影响了大量生产的产品质量。如沈阳自行车厂电镀情况曾经是：镀铜规定半分钟，实际操作10～19秒；镀镍规定一小时，实际操作35～40分钟；镀铬规定1～1.5分，实际操作30～40秒。烤漆的各个工序也有类似情况。加上周末突击和年底突击很严重，大大影响了自行车的质量。

在工艺装备工作中，不少大量生产企业工艺装备系数很小。如齐齐哈尔机车车辆厂X50敞车的专用工艺装备系数为49%；工艺装备包括通用件的系数为77%；X50棚车的专用工艺装备系数为51%，工艺装备包括通用件系数为75%。这与大量生产的要求是不相符合的。又如沈阳自行车厂185种零件，工艺装备是1110种，系数是6，虽然系数较大，但质量差，管理不善。此外，各企业的量具特别缺乏，如齐齐哈尔机车车辆厂只有一块量规，而没有任何界限量规。

由于大量流水生产，高度专业化，对工艺装备的设计、制造、管理，有一系列的特殊复杂的要求。在流水线生产中，按计划更换卡具，调整机床，对保证流水线的连续生产有重大的意义，因此，有必要建立专门的机构，对工艺装备进行统一的计划与管理。目前各大量生产企业在工艺装备上不仅系数小，而且相当混乱，各厂工具管理机构有的已经建立，有的未曾建立。应迅速建立，才能加强这一工作的领导。

总之，从老产品的工艺工作现状来看，除齐齐哈尔机车车辆厂稍有头绪之外，其他各厂还处于混乱情况中，工艺秩序未建立，距离大量生产要求甚远，造成落后的工艺与先进的生产组织之间的严重矛盾，妨碍大量生产高度劳动生产率的发挥。

(3)在技术检查方面：目前情况是，不少制品缺乏明确的检验标准，检查人员经常因此而扯皮。检查人员挨打挨骂的不少，而且做事后检查的多，几乎完全成为“废品检查员”，更难谈到结合流水线的要求来进行检查。因此检查工作应积极进行改进，调整人员，明确检查标准，订定检验规程制度，坚持在大量流水生产中，应在加工过程中进行检查的原则，进行首件检查。采取固定检查及流动检查的方式(工艺规程执行检查、调整检查等)，以保证检查工作与生产活动的密切配合。

(4)在设备修理方面：目前用以生产老产品的设备大都是陈旧的，加上保养维护不够，修理又缺乏计划，设备事故很多，大大地影响了流水线的连续生产，这些问题，必须采取措施加以解决。应该进行一系列的设备鉴定工作，以了解情况，然后在此基础上做好预修计划。目前一般厂已注意到关键设备，但在流水线中，除关键设备外，应做到所有工序的设备必须列入预修的，一律列入计划，使预修工作按严格的指示图表，最大限地使用午休、交班休息时间及非工作时间进行，并贯彻快速修理法，使设备修理工作能保证流水线的生产不断地进行。

3.应积极从事于老产品的整顿工作：对于没有新产品试制任务的大量生产的企业，应明确规定以系统整理老产品为中心，如各自行车厂，应结合当前企业的生产活动有重点有系统地对老产品的技术工作加以整顿。

在没有新产品试制任务的企业中，老产品的整顿工作应规定为生产技术准备工作计划化的主要内容；在有新产品的大量生产企业中，老产品的整顿工作亦应成为生产技术准备计划化的主要内容之一。老产品的整顿工作，应使之逐步达到下列要求：

(1)应逐步做到对设备的清查鉴定。因为不做好这一工作，工艺规程、切削规范、设备修理计划、技术定额等工作的进行就缺乏根据。

(2)在统一管理的基础上逐步地合理地修改补充现有图纸，明确各项技术标准、技术条件，做到有正规的图纸，并研究部零件的标准化。

(3)建立与改善制品的工艺路线，并从清查整理现有的工艺规程中，逐步做到大量生产的制品的每道工序，有切合实际的先进的完整的操作规程，并能切实贯彻。并整顿工艺纪律，确立工艺秩序。

(4)在健全工具管理机构的基础上，对工卡量具、模具、胎型，进行彻底的清理与整顿，做到统一设计、制造、管理，并考虑工卡具的标准化工作，做到及时供应流水线。

在技术检查方面，须整顿组织，充实干部，改革一般检查方法，明确检查标准，建立检验制度，按流水线的要求在生产过程中保证产品的质量。

老产品整顿的步骤，分为下列几步：

(一)清查现况、建立制度、统一管理，做到根据一份规定的图纸，按照规定的工艺规程，使用合乎标准的工卡量具进行加工制造和检验。

(二)在统一的基础上进行总结提高工作，要求图纸、工艺规程、工卡量具得到合理的补充或修改，逐步做到正规化；

(三)做到零件、部件及工艺装备的标准化及工艺规程的典型化；

(四)技术工作应特别加强对老产品的改进。

所有这些步骤，应按各企业不同情况，分别轻重缓急有重点地进行，并应与当前生产活动密切结合，与群众密切联系，坚决防止脱离生产、脱离群众孤立地进行整顿的偏向。

二、新产品的试制工作：

1. 新产品试制在大量生产中的特殊意义：

(1)在大量生产中，新产品的试制只有做到全面系统的定型化，才能保证生产中少出漏洞；

(2)大量生产需要更严格的正规制造，要有最合理的设计和最完备的工艺，要有一套复杂的适合加工的工卡量具。这些东西必须反复地在实践中按现有条件和水平加以考察修正，才能使这一套复杂的制造技术能真正符合实际，才能保证产品质量；

(3)从职能科到车间及工友对新产品都很生疏，因此通过严格的试制过程，要使从厂长到各个有关的职能科室以及车间干部、生产工人，从实践过程中，从各方面来摸熟新产品的生产规律，掌握新产品的性能、制造要求与制造过程以便于进行大量制造。

因此，在大量生产之前，对新产品的试制工作的要求应该十分严格，否则必然会造成严重的恶果。

2.目前各大量厂新产品试制的情况和问题是：

(1)试制目的不明：对为什么要试制，试制需解决什么问题的认识不够明确，如大连机车车辆厂的代客车试制，样品试制未完，图纸工艺及各项技术标准等均未定，即投入大批生产，结果是轮心大量报废，还造成三百多辆车返修，因此，只是片面地为了完成试制任务而试制，不明确试制的目的，便出现盲目的试制情况。

(2)试制的几个阶段混淆不清：如一面设计，一面搞样品试制；一面搞样品试制，一面投入小批试制；一面小批试制，一面投入大批生产。这样交叉不清地进行试制，结果收不到试制的效果。因此，如投入生产，必然漏洞百出。如大连工矿车辆厂试制的X50货车，经过试制后投入生产已有半年，但到现在还未掌握，还有重大问题不能解决。

(3)试而不定：由于马虎试制，图纸不能定，工额不能定，工艺装备不能定，材料不能定，设备不能定，检验规程不能定，大量生产的各方面工作均缺乏根据，这是生产中混乱现象产生的根源。此种主要根源如不切实际消除，生产秩序是难以稳定的。如大连工矿车辆厂X50货车，经试制后还只有20%的零部件有标准，80%的零部件没有技术标准，因此，乱源大都从此产生。

为什么产生这种现象呢？主要是由于我们对大量生产中试制的重要性认识不足，没有认识到不正规的图纸，可以通过试制逐步走上正轨；不正规的修配习惯，可以通过试制使之逐步得到纠正；不切实际的工艺路线、工艺规程，可以通过试制使之逐步与实际结合、与群众结合。因此，严格抓紧试制即可以逐步确定制造标准，为正规制造打下基础。但是，由于我们是用修配的办法来进行试制的，一切马马虎虎，凑上算数，迁就落后，并满足于落后，因此，试制工作就没有得到因有的改进，生产工作也没有得到提高，从而在生产中制制试试，试试制制，各项技术标准长期定不下来。这种现象，应该认真克服。

3.严格进行试制工作以提高制造水平。必须明确通过试制来确立既保证产品性能又切合实际的技术标准，通过试制来摸熟新产品的生产规律，通过试制来提高职工的技术水平，通过试制为大量生产打好基础，以明确的目标来进行严格的试制工作。在试制中：

(1)必须严格地按产品设计、样品试制、小批试制的三个步骤来进行新产品的试制工作。在产品设计中应做到有正规的图纸，然后按正规图纸进行样品试制，再进行小批试制。在反复的试制过程中，应结合本企业各种条件，分别做好总结鉴定工作，将图纸、工艺、工艺装备、材料、设备、检验规程等确定下来，并使职工能掌握新产品的生产，做好投入大量生产前的一切准备。

(2)必须认真地做好生产技术准备计划化的工作，一切按计划进行，按规定办事；认真地做好试制中各种记录工作，及时进行总结鉴定。

要克服技术工作中用修配的水平来进行大量生产的矛盾，基本关键是通过系统地整顿老产品及严格地进行新产品的试制工作。因此，大量生产的企业应该按具体情况，通过这两个主要工作来逐步提高制造水平。在没有新产品的企业，应以整顿老产品为主，在有新产品试制的企业，除照顾老产品整顿工作外，应着重从新产品的严格试制逐步做到规规矩矩的生产。

改变修配习惯提高到大量生产的制造的水平是一个艰巨的工作，必须经常加强对职工的技术教育与训练，使广大职工能逐步自觉地迎接这一艰巨的转变，使技术工作得到广大群众的支持，那么，转变过程才能加速进行。

四、大量生产企业中的经济工作

1954年，各大量生产企业，随着管理水平的逐渐提高，在经济工作上也有一些进步。但从各方面的表现看，存在的问题还很严重：如生产循环期长，储备量大，各种定额不准、不全，而且大都保守，资金积压，经济效果不高。因此，在经济工作中有四个主要问题应加以解决：

(甲)关于经济效果要求的认识问题

目前各大量生产企业对经济效果要求的认识大致可分为两种：一种是只顾片面突击完成任务，不求经济效果，这是生产处于混乱状况中的、未组织起来的企业普遍存在的现象；一种是只满足于已初步在生产上组织起来，并能均衡生产，而未注意经济效果，或者是满足于初步经济效果，而不是按大量生产企业所特有的优越条件，而严格要求自己去争取达到最好的经济效果。这是一些初步组织起来的企业中存在的现象。

这两种情况说明大量生产企业，对于逐步要求最高经济效果这个问题还未引起普遍的重视。

产生这问题的原因是对部的方针，缺乏完整的认识。作业加技术是为了提高作业计划的经济效果，而经济效果又是主要的目的，作业与技术应服从提高经济效果的目的，如果忽略了这一个主要的目的去搞作业加技术，这就违背了社会主义企业的管理原则。对部的方针认识不足的另一面，是把计划、技术、经济效果割裂开来，认为搞计划即单搞计划，搞技术即单搞技术，搞经济即单搞经济，在计划、技术、经济之间画上了一道不能超越的鸿沟，实际上三者是密切地关联着的。当然，就企业管理发展的特点来看。整个发展过程是存在着客观的阶段性的。但是，在每一阶段三项工作都是密切地关联着的。在大量生产企业，由于组织起来的条件较其他生产类型企业为优越，更须对经济效果作严格的要求。同时，也只有对各项工作提出经济效果的要求，才能促进各项管理工作的提高。因为，对某一项工作提出经济效果要求，会促使我们去认真组织与整顿那一个工作。因此，不仅初步组织起来的企业要有严格的经济效果要求，而且对落后企业来讲，提出经济效果要求也可督促各种工作的进步。

(乙)关于指标下车间与车间经济核算问题

指标下车间工作，从去年厂长会议后在大量生产企业中有些进展，个别企业，已能建立一套组织制度来进行贯彻；一般企业，由于没有使指标起到组织工作的作用，大多数指标流于形式，与组织起来要求经济效果的要求没有密切结合。一般起作用的只是产值产量指标，起作用不大或不起作用的是经济指标，有措施保证的个别企业的节约指标起作用很大。总的来看，指标下车间工作，还在开始阶段，从贯彻指标的效果来看，存在着认识上的片面性，对指标是从各方面来要求经济效果这一目的还不够明确。

大量生产企业，由于长期重复制造同一产品，大多数工作地专业化，实行流水作业，给指标下车间创造了下列几方面的有利条件：

在生产指标方面，由于流水作业和推行标准计划，不仅产量产值指标能够做到先进，而且还便于使指标与工人的日常工作以及与劳动竞赛结合起来，使指标由车间工段下到生产小组及工人，起到组织全体职工来完成与超额完成国家计划的优越作用。

在劳动指标方面，由于工资稳定，工作物等级与工人等级易于调整得合理，工艺规程完整，有充分条件实行有技术根据的先进定额，对劳动生产率与工时定额及工资基金等劳动指标易于控制。

在成本指标方面，由于产品固定，成本稳定，可比性大，材物料消耗在品种数量上基本固定，有条件来确定各种消耗定额，按项目控制其消耗，且各种费用变动性少，易于控制，因此成本指标可以订得切实先进。

在资金指标方面：储备资金由于材料消耗固定，易于摸清消耗规律，便于确定合理的储备定额；生产资金由于在制品储备定额在大量流水线中能适当确定，也易于用此种指标来监督生产活动，要求经济效果；成品资金由于销路有固定订户，也极易控制。

所有这些有利条件，在客观上是完全存在的，但由于我们主观上的努力不够，未能用各种有效的制度和办法对各项材物料进行分别的控制与处理，未能使各种指标订得成为各项工作的奋斗目标，加上对指标的经济效果的观点不够明确，因而指标下车间工作在大量生产厂还没有得到应有的效果。

今后，大量生产企业应根据大量生产企业的优越条件，把指标下车间的工作再提高一步，以开展车间经济核算的工作。这一工作应从三方面进行：首先是系统地整顿各种定额，做到切合实际和先进；其次是提出指标要能做到比较全面和系统，各部门的指标能结合各种工作的具体条件分别提出，有专人负责管理，有一套措施进行贯彻，并做到指标与竞赛结合；再次，要加强现有的对指标的编制、管理、考核及经济分析的工作制度，使指标下车间的工作进一步加强，以转入车间经济核算。大量生产企业，只要积极创造条件，是完全可能在最短时间内开始搞车间经济核算的。

(丙)关于定额问题

(1)大量生产企业必须建立先进的技术经济定额：企业管理的逐渐进步，不仅表现在组织、技术上的进步，而且集中表现在各种技术经济定额的先进性上面，集中表现在计创的先进性上面，使计划能真正成为动员与组织群众努力奋斗的总的目标。而计划的先进性是建立在各种技术经济定额的先进性上面的，因为定额是计划计算的基础。

大量生产企业，如果采取落后的保守的技术经济定额，则将失掉了先进组织的作用，即使在形式上建立了流水生产线，推行了标准计划，但实质上不能真正达到获得最高经济效果的目的。因此，在先进的生产组织形式的基础上，必须同时逐步建立先进的技术经济定额，以与之相适应，才能充分发挥大量生产企业的最大经济效果。

(2)目前各大量生产企业的技术经济定额情况：各大量生产企业目前定额管理工作还很混乱，定额不统一、不全面、不准确、不先进，大都凭经验估计，缺乏科学的计算。因此，影响了计划的准确性，影响了各项工作的进展，影响了生产的节奏性均衡性，造成很大的浪费。表现在下列各方面：

一、定额管理混乱，一个厂内有几套定额：计划科一套、生产科一套、技术科一套、劳资科一套、生产车间又有一套，各有根据，各有估计，往往是一个简单的数字，各科对不起头，各种定额，各科之间、各科与车间之间出入很大。厂内既缺乏一个统一管理的系统，各科所管理的范围也缺乏明确的规定，这种混乱状态，妨碍逐步积累定额资料，妨碍各项定额的改进工作的进行。

二、定额水平大都凭经验估计，不准不全，缺乏先进性。厂内各种定额，缺乏系统有效的管理制度，大都凭经验估计，出入很大，加上干部的宽大窄用思想，因此，整个定额水平是保守的、落后的。突出的如大连机车车辆厂油槽车利用的银粉，定额每台10公斤，实际每台1.5公斤。由于定额水平的保守与落后，影响到资金的积压，组织的松懈，但求完成任务，不求经济效果，造成企业内部严重的浪费现象。目前各大量生产企业，材料上积压的现象最为严重，这与各种定额的保守落后现象是分不开的。从生产方面看，工时定额也大都落后保守，在制品储备定额也如此，生产循环期一般是迁就现实条件来拉长，未能充分发掘全厂的潜在能力来完成与超额完成国家计划的作用。

三、对定额的认识尚存在保守思想和缺乏整体观念。表现在对各种落后的定额不积极改进，领导上对先进合理的定额支持不够，宁愿计划保守可以“名利双收”，不愿计划先进而费力，对执行国家计划尚留一手。对各项定额管理任其自流，不积极采取措施进行改善。因此，定额管理还存在许多问题，长期得不到解决。

这些现象，与大量生产企业要求最大经济效果及进行经济核算的工作是不相适应的，因此，必须以艰苦的努力从各方面来克服。

(3)加强定额的管理，要求做到有先进的技术经济的定额。

在初步组织起来的大量生产的企业中，定额的落后，已形成前进一步的主要障碍。必须从下列各方面采取措施来改善：

(一)加强各项技术经济定额的管理工作：编制定额工作，应在第一副厂长总工程师的领导下，由有关方面的工作部门来进行。

(1)技术部门应负责用于产品的主要材料消耗定额辅助料材消耗定额的拟定工作；

(2)机修部门负责设备维护方面的辅助材料消耗定额及各种修理工作定额的拟定工作；

(3)动力部门应负责各种动力及燃料消耗定额的拟订工作；

(4)劳资部门应会同技术部门拟定零部件及整个产品的工时定额工作；

(5)工具管理部门应负责拟订标准的及专用的工具、夹具、磨料等定额；

(6)生产调度部门应负责对标准批量及在制品储备量定额。零件生产循环期、投料及生产周期等期量的拟定工作；

(7)其他定额也分别由有关部门分别进行拟定。

各种定额，应加系统化，并经厂长批准下达于直接执行者和掌握车间及整个工厂经济活动计划工作与监督定额执行的科室。各负责科室要建立必要的和有效的制度，对定额的编定、执行进行监督管理，以便逐步积累资料，达到先进的水平。

(二)克服保守思想树立经济核算思想:要求所有领导干部要坚决地克服本位主义思想，克服保守思想，精打细算，厉行节约，树立经济核算思想，以便为国家生产更多的价廉物美的产品，为国家积累更多的资金，以加速国家社会主义工业化的速度。必须与资产阶级的个人主义思想及落后的保守思想积极进行斗争，应通过在讨论计划时反对保守倾向的斗争以及在实际生产活动中的反浪费斗争中逐步树立经济核算思想；并且要在广大职工群众的实践中去贯彻经济核算工作，使经济核算工作获得广大职工群众的支持与拥护。特别要使经济核算的思想贯彻到技术经济定额中去，只有这样，计划的先进性才能得到切实的保证，才能推动企业各方面工作的进步。

大量生产企业有充分条件来提前一步推行车间经济核算制。当前的主要关键在于克服保守思想，严格进行对定额的管理，在逐步提高各项技术经济定额的先进性的基础上来推行车间经济核算工作。

(丁)关于加强财务监督问题

应该针对各种工作和各个单位的不同特点来建立严格的财务监督工作，以保证最高的经济效果。目前我们各种财务监督制度非常松懈，如对成本、资金的监督异常不够，因此浪费现象特别严重。大量生产中各种条件均较稳定，进行严格的有效的财务监督工作较为便利。我们以成本与资金的监督为中心来积累资料，摸索变化规律，逐步使各项财务监督制度趋于先进与完善。只有这样踏踏实实地工作，才能建立先进的财务监督制度，以与先进的生产组织形式结合起来，达到最高经济效果的目的。

这个日记本，原无标题，但扉页被贴上一张小白条，白条上有手写“文革前笔记”和编号，笔记内每一页均按顺序打上编号，可能是文革专案组人员留下的。

日记写的是1966年2月20日到4月14日近两个月里，父亲在距桂林300余公里的梧州市搞“四清”时，突发胃出血，提前回桂林，住进西郊的空军疗养院治病、出院、在家休养的事情。日记里明显看得出来，父亲写进了很多新的政治词汇：“阶级斗争”、“两条道路斗争”、“突出政治”、“用毛泽东思想挂帅”等等，可以想见，作为一所高等院校党的负责人，当时55岁的父亲一定感受到了山雨欲来的政治空气。他或许并非违心地、上纲上线地在日记中检讨自己，或许并非违心地内省自己在政治上与党、与革命路线之间存在的距离。这些语言和“忠诚度”的焦虑，以现在的眼光看，如读天书，而它恰恰是那个“左”的时代，置身其中的高级干部的思维方式、逻辑方式的一种真实的记录。出于这个原因，我原本照录。被扭曲的父亲也还是父亲啊！

父亲的胃病大约是战争年代（1948年在云南打游击期间）落下的，1957年调广西工作以后，胃疾始现端倪。父亲在一张广西干部疗养院1958年10月15日开具的《入院通知书》上，记下了当时诊断和治疗的日期：

“曾在1958年5月27日在南宁医学院附属医院检查，断定为十二指肠溃疡病，自1958年10月29日至1959年1月29日曾因十二指肠溃疡在南宁疗养三个月。”

之后，1960年胃病复发，又治。1961、1962两年再因胃出血，两次到广东从化温泉疗养，1963年（52岁）以后，胃病未断，又增加了高血压病。这些病患缠身的记录表明，父亲在广西师院任职的10年时间，伴随他的除了工作还有疾病，“发动机”早已带病运转。

到了“文革”期间，对父亲的批斗一日盛过一日，白天参加批判会（初期的时候，早上出家门即在自己脖子上挂出那块名字上打了红叉，列有各种罪名的大纸牌，由召开批判会的某个系的造反派押送前往开会地点），晚上赶写各种“诅咒”、“辱骂”自己的检查、批判材料，收入本书的许多篇这类材料，就是那期间写下的。也是在这段非人能忍受的日子里，父亲的胃彻底垮了，住进市工人医院（今第二人民医院），胃出血4个加号。我至今记得（当时我11岁）在医院陪护时父亲那张因失血而变得像白纸的脸——晚上，我和父亲睡在一张病床上，父亲手上打着点滴，病房的灯熄了，好让父亲能睡一会，走廊的光线透过门玻璃照进来……我当时感到恐惧，害怕父亲死了。其实，那时的我对“死”是没有具体概念的。我提心吊胆地注意父亲的呼吸和体温，一旦有护士来查房：灯亮了，手电查看瞳孔，这情景，总能立刻让我大大松一口气。父亲或许看出了我的心思，当我又一次坐起来，悄悄观察他的时候，父亲轻声对我说了这样一句话：

“放心，爸爸死不了……”我想，也许就是从那天以后，我开始懂事了。

母亲口述的《往事的回忆》里，也提到父亲大出血还被拉去批斗，她愤然去找省、市革委会告状的经过。

《广西师范大学简史》记有父亲参加“四清”的时间：“1965年9月5日，杨江书记奉自治区党委命令启程前往梧州地区参加农村四清运动。”另据父亲《我在广西师院几年工作的初步检查》，其实早在1964年3月，区党委已宣布父亲和院长张云莹退二线，可是到10月因代书记齐才广又病倒，父亲才又回一线，结果几个月以后，“四清”运动开始了。其实，父亲做梦都想不到，他日记中有一句话“我们年纪还轻，疾病是奈何我不得的！再过三年、五年，我应该有一个健康的体魄……”没说对，真正摧垮他的是比疾病更凶猛的“文革”恶疾。

合上《文革前笔记》，出院后在家养病的父亲，那段时间他一定觉察到，比任何一次“运动”更大的“运动”即将开始。一个月后，“5·16通知”发表，“彭罗陆杨”被撤职，“文革”揭开大幕。

《广西师范大学简史》载：

4月25日，召开院党委常委会议，决定成立院“文化革命”领导小组。

6月5日，自治区党委宣传部的电话通知，宣布停课，搞“文化革命”。

6月20日，工作队进驻学院。院党委只负责日常行政事务工作。

7月4日，张云莹（院长、代理党委书记）等三人被停职反省，原党委书记杨江回校主持日常工作，履行书记职责。

父亲这位老病号就这样参加了史无前例的“文化大革命”。

◎"文革"前笔记◎

(1966年)二月廿日

昨天在红庄一队和社员们去挑了半天多塘泥,晚上回来吃饭吃不下,想呕,这现象从来没有过。昨天下午和甘日祥这个老头去看了红庄一队的田地所在,分散得很,分在六七个地区,往返近六七里地。87亩地大部分土质很瘦,虽然种了一些绿肥,要搞大增产,肥是十分不够的。自留地、开荒地种菜不少,肥往自留地送的多,在劳力与肥料上,自留地正和集体争夺。

早晨,一碗稀饭也吃不下,一直想呕。睡了一会,气功也做不成。黄瑞荣说要去分团休息,分团来一个医生小王看一看,开些酵母片之类,不能解决呕的问题。下午老余来,说司令员一定叫回分团去,只好去了。蒋仕科马上向总团打电话,要来梧州的医生,据说是晚上九时可来,如有必要,立即到八步去医病。叫黄瑞荣去买了一碗米粉,勉强吃下去。到四、五点钟,大呕一场,呕了过后倒舒服一些了。

吃饭时,厨房煮了一碗面条,一点吃不下,只有叫周主斌拿去吃了。

躺在床上,直到晚上九时左右,梧州两个主任来了,一个外科,一个内科,他们是准备有必要时到梧州去拿工具可以开刀的。

这两位倒很尊重人,诊了诊病,看了还不很严重,只有约定明天验大便,如有血一定到外面去医,无潜血可以留此。

组织上这样的关怀,真令我十分感动!

二月廿一日

早晨叫黄瑞荣同志去买了一碗白稀饭,只能先吃一半,留下一半是十点再吃。

取了大便，老黄拿去验了，检验员到工地去劳动，老黄一直把他找回来，验过后是一个“＋”字，有潜血。看来问题不重，打算在分团休养一下就行了。

听说数学系的学生黎荫也病，肝炎复发，得照顾一下才行。

下午蒋仕科来，说有血一定要送到外边去治疗，司令员说过，医生说怎么办我们就怎么办。真难搞，这次来干了几天“四清”就去医病，怎么得了！到八步？到梧州？两头吊住不是更加不好吗？还是回桂林的好。空疗是可以认真检查一下病状的。老韦来，将此事一谈，他们都同意，老蒋已叫总团派车来了。

司令员来看我，谈了一下贺县阶级斗争情况复杂，原来倒想尽力做一些事，岂知事实做不到，倒要别人照顾，心实不安，比起焦裕禄来，我实在差得太远了！好吧，赶快去，赶快医好，重来前线吧！

下午五时由贺县到八步，住县委招待所。司机老许入黄田拿衣服，黄瑞荣一道去。今日买了一瓶炼奶，一路喝，到县委招待所后就拉了三次肚子，拉得一点力气都没有了，晚上大便还呈现黑色，是否车子颠簸出血更多了呢？管他娘的，横竖到桂林再医好了。

天黑了，春业同志来，说队里阶级斗争复杂，全公社98个四类分子，脱帽的还不算呢！春业同志对同志十分关心，他听到搭吉普车，就打电话回家叫车来，组织上这样关怀自己，贺县贫下中农还缺两个半月粮，真使自己难过极了。为使总团少花一些汽油，决定只送到平乐，到平乐后我们派车来接了。为了使自己睡得好些，才能支持明天八九小时的汽车，吃了多一些安眠药。这回明天就到桂林了，安然地睡它一觉吧！

二月廿二日

原有打算有人同车到桂林，一个是临桂的，一个是湖南的，还有一个不知是什么地方的，听说只送到平乐，他们就搭班车去了。我们是两个人，七点四十分从八步启程，老程每小时开四十公里，八点多到源头，饭店正在开始开客饭。十点半到平乐，我们的汽车还未来，一直渡河，翻过两个山坡，才来了汽车，和老程告别了。

陈仕金[1]、王医师也来接了。天刮风，气候转冷，这是昨晚上转的冷，幸而他们带了一件新棉大衣，穿上了暖和一些。到了荔浦，饭吃不下，吃了他们带来的三块点心。荔浦饭店价钱不高，每人四角钱一餐很好的客饭，吃得大家都满意。沙田柚很好，两角一个，买一些给孩子们吃。

从荔浦到桂林，100公里，途经马岭，这是一个大圩，解放前马岭是汽车过渡，现在已有车桥。韦素娥是马岭的，不知这个中农的壮族女儿究竟住在什么地方呢？这个培养对象，经过一期社教的锻炼，看来水平是很低的，觉悟也是很低的。她可以作为学校培养学生的一种代表性的人物，分析一下她的特点，可以大大暴露我们学校培养对象的许多缺陷：一贯学习好，一贯政治上要求进步，一贯当班干，一贯工作积极，从不讲价钱，一贯守法不谈恋爱。但是，个人主义没有认识，认为工作好就是政治好了，改造自己要求不是十分迫切的，认为自己一向听党的话，政治思想上没什么大问题，加上上一期社教工作上表现不错，和一个党员关系不大好，看不起那个党员，认为自己工作不错，五十天突开一个队，又到一个落后队工作，十多天又突开了。认为别人不行，自己行。对党员，一些思想不采取交谈方式，采取向上反映的方式来处理。我曾经在沙头两度不指名地批判她的个人主义，有一些触动，但触动不大。到了她的入党问题没有解决时，我才在马路上谈了她向党写的一份报告，说她根本没有暴露思想，一向进步的包袱没有放下，结果就把问题暴露出来了。所谓“为革命而生，为革命而死”是一句假话，在沙头总结的时候，已经谈到半截革命问题，这次第二期集训，找她来谈了一下，大概她半天不好过，说既然你说怎样我就怎样做了，你又说是假的不算账，受冤枉的有怨无处伸，直到学为人民服务，才开始检查自己半心半意革命，再写来一份检查思想情况，总算开始暴露一些问题，但没把问题暴露透。此人一向以为工作做好就可入党，觉悟提高得不快，还有不敢大胆暴露自己的见不得人的东西，实质上是怕革命的缘故。可见一个青年当他没有认识个人主义的危害性时，没有认识个人主义是与革命不能两立的时候，就不能有阶级觉悟，不能认识到革自己的命是十分必要的，更没有从阶级的观点来分析自己的阶级出身的各方面的影响，受旧思想习惯无形的影响，他的觉悟就不容易提高，更不必谈什么思想方法方面的问题了。像这一类青年，如果要发展的话，只能是组织上入党，而思想上入党还离得远啦！

经过马岭，不禁令人想起这个女孩子，这个所谓壮族姑娘，青年人政治上的成长可不容易呀！

过马岭，经高田，转入奇峰盖天的阳朔，刘三姐影片上的镜头一幕一幕迎来，青山绿水，奇峰怪山，是世界上喀斯特的好境界，如果经过“四清”大大发展了生产，就是人间的美丽天堂了！

阳朔的林木植得很好，马路两旁尽是林荫道，如果广西植林大大地发展，将是一种十分经济的措施，如种板栗林，种橘柚林，种其他经济林，用人的两手来改造世界。

车过良丰，刚遇圩市，我们这批坐汽车的人是太特殊化了。卅多年前，在良丰[2]就读的时候，穿草鞋，种菜，读马列主义读得废寝忘餐。想当时人物，一层一层反面人物已为历史所淘汰，正面人物，留到今天的已经无几，烈士们，你们长眠吧！人民已在党和毛主席的领导下，夺取了江山，又建设了新的江山，你们的鲜血已灌溉出鲜艳的花朵：陶保桓！刘敦安！麦世法！张镇道！莫效康！余凤英！羊枣！邓丁兰！郭英布！苏曼！张海萍！谷风！烈士们永垂不朽！

下午二时回到家里，真快呀！七小时走了260多公里，平均每小时走四十多公里，休息时间有半小时左右。

回到家里，人们都以为我瘦得多了，我不相信，引镜一照，的确瘦了一些。为革命瘦一些并不算什么事，大概是这三天没吃东西的缘故。

在家好好休息一晚，世伟要我即到医院来，找了黄瑞荣谈了一谈，打算明天就入医院了。

[1]陈仕金：时任广西师院党委办公室秘书，多年后任广西教委副主任。

[2]良丰：桂林南郊雁山镇附近的一个圩市，旧时颇为热闹，1932年父亲读书的广西师范专科学校就在雁山镇上的西林公园内。

二月廿三日

对黄瑞荣作了一些交代，要他还是住我那个队去，我那个队的学生能力并不强，也对他做一些培养工作。

后排最高的男孩就是“园园”，学名张苏中，张云莹院长的大儿子，1965 年从师院附中考上南京邮电学院。

回到家里，家里也变了样，三五变成懂事一些了。的确，张家的园园[1]上大学后，不是小石头管家吗？咱家也得有人管呀！保姆已不请了，能够劳动的自己劳动。天亮后，三五已能去打早点了。钟响了，婆婆[2]叫他起床，老二、老三也能帮手了，这种自己动手的精神很好，这才是一种革命精神！既有那么多的大大小小的人员，还得雇请保姆来吃现成饭，这就是甘心不劳动的结果。这样一个革命家庭是可爱的，从小孩起就要训练人们学习劳动，热爱劳动，成为一个劳动者的家庭。

孩子们都同意不请保姆，要自己动手，这是一种革命的好现象。“四清”可以促进家庭革命化，真是一件大好事。

下午三时，刘国藏[3]陪着到空疗来。

住的是二内科，这个科是消化系统的病。主任去搞“四清”了，在家里的一

中间站立着就是刘国藏，这个场面应是1958年前后师院干部下乡劳动。

个是黄医生，她是一个女的，四川人，看来性情很和善。一个男医生姓魏，是湖南常德的，湖南医学院的学生，来此已有两年。协理员是徐士达，为人忠诚老实，看样子是工农出身的干部，今天他去劳动，晚上一回来就到我房里来谈。

又一次住医院了！“既来之，则安之”，先把心安定下来，好好治病。下午仍有点泻，吃吃合霉素就行了。黄医生已定了我吃六餐的制度，从“四清”的三餐、两餐又转到吃五餐、六餐了，饮食上也是一个大转弯，也许肠胃一时也转不过弯来的。

对刘国藏即调区人委去，我向他检查一条，即过去带头革命不够，影响他们的成长，今后希望他能学着带头革命，在改造客观世界时，一定要下决心改造自己的主观世界。

老崔[4]也来看我，他的脂肪瘤已经割掉了，胃和十二指肠球部有些发炎，一看到我就说，已经养得很好了，一下就垮下来，有点惋惜。实际上，“四清”给我以极为有用的教育，极为深刻的教训，身体垮一些算得什么?！我看，我们的观点是有许多不对头的地方的。

[1]园园：师院张云莹院长的大儿子张苏中的小名，张院长(我们小时候都这样叫他)女儿张苏华，小名叫小石头，三儿子张苏民，小儿子叫张士。苏民和小四与我们家几个男孩年龄接近，因此共享着我们儿时的各种开心游戏。

[2]婆婆：我们的奶奶胡翠云。用桂林话(抑或是融水话)说“婆婆”，其实指的就是奶奶。

[3]刘国藏：时任广西师院院长办公室秘书，多年后调江西人民出版社任社长。

[4]老崔：崔毅，时任广西师院副院长。后来我们才知道，崔伯伯当时是“犯了错误”从中宣部机关党委副书记任上，被贬来广西任职的，所谓错误，其实就是“保丁玲”。《炎黄春秋》2010 年 9 期郭德宏《中共历史上反党集团的结局》中提到：“1958 年 7 月 14 日，中共中央宣传部向中央作了《关于李之琏、黎辛、张海、崔毅反党集团处理意见的报告》，将对丁玲等人的处理有不同意见的中共中央宣传部秘书长兼中宣部机关党委书记李之琏、中宣部机关党委副书记黎辛等打成‘反党集团’。”后来，崔平反调回北京，曾任教育部高教司司长。

二月廿四日

每隔三小时左右，十二指肠部位发生疼痛，大概是饿痛的缘故。有了一个医院好环境，可以好好安静地做一些气功了，气功对十二指肠有一定疗效的。

这里是一个环山围抱的小医院，医院门前是耸入云霄的笔直的石山，右边是护士所说的金鱼山，左边是所谓十洞山，后面是一层又一层的土岭，山岭上护士们常见到美丽的山鸡在飞。在 1963 年这里还打得一个二百多斤重的大野猪，肚子里有了六个小猪仔。老崔还说晚上还有野狗到厨房边想偷东西吃，离桂林廿多里，就是这样山野的一个地方呵！

据说解放初期，这里黄村有一股子土匪，在十洞山的洞里隐藏，这些地主武装，最后给人民消灭了，黄村中有不少参匪的人员被镇压了，村中有不少匪属寡妇，后来招郎上门，这村不少男人是外村的，有机会可以好好地做一次访问，了解了解这个村史，对人总有正面反面的教育意义的。这村属于临桂管，临桂是全面开展“四清”的地区，这里应该有工作队才对。

老崔今天来看我一次，谈谈学校队伍的改造问题，真是一个艰巨的任务，他来校还不久，对人事还不熟悉，我们的班交给谁接？可得下工夫来培养呀！

这里的医生、护士对病人十分热情，这是部队医院特点之一，一八一，也是如此，我两次住一八一，得到医院无微不至的照料。他们这种热情的照料，鼓舞人们迅速医好病重返前线。的确，阶级斗争的前线，多么需要人去指挥作战呀！我希望在十洞山能少留一些时间，多留一些时间去前线指挥战斗！

二月廿五日

这两天晴了，比回桂那两天暖得多！

由护士领着到医院周围去巡礼，走得很慢，但走最后一段路时肚子又疼了。绕院一周也不足两华里，我真的就单薄得到这个样子吗？心有余而力不足！

四号楼住着一个余主任，是肝炎恢复期。在这里住是多幽静呀！除了山鸟山虫的鸣叫外，环山都是静悄悄的。怪不得护士说，有的同志到这里两天就跑了，只有爱山居的人是不会跑的。

医院还有游泳池，有健身房，一般设备是可以的。我今天去访老崔，他住在三楼外科病房里，一直谈到三时，他送我回来吃饭，我知道他明天出院，老劝他多住几天也劝不住，他的心也可能到前线去了。从他那里，我知道老张到北京全总开会去了，也好，顺便在北京医医病吧！

二月廿六日　星期六

今天世伟和陆毅来看我，顺便接老崔，世伟见面就说我的脸色已不错了。的确，吃得，睡得，没有拉肚子了，人很快就恢复过来的。

陆毅[1]看来还是一个病号，得好好地去医治医治，她已经四十七岁了，女同志到这一步年纪已经是够劳累了。

画了一张地图给孩子们，方便他们星期日到这里玩玩，老三、老二、三五，这些孩子们是最喜欢玩的，来此一玩也可增长增长知识。

小姑娘今天又坐车来了，达到她的目的。

小姑娘嘴很利，阿姨也奈她不何！

她老想上山去一玩，可惜我肚子疼，不然就可以陪同她去走走了。晚饭后同护士又到全院散步一圈，到了灯光球场肚子就疼了，没有力气，只好一步一步地踱了回来！

[1]陆毅：时任广西师院党委副书记。

二月廿七日　星期日

吃过两次饭在等着孩子们，上午十时，陈仕金和他们一道来了，小宝、张小三，三架单车，六个人实在热闹极了，一来就吵着要上山，只好同他们一道去，爬到山顶，肚子疼了，只能坐下来休息，他们满山钻，十分活跃！

由陈仕金领着他们去看游泳池，去看农场，我只好一步一步走回来了。到家时，去厕所一会，就听到他们哗啦啦地回来了。等我回到房里，护士说他们已走了，想跑去看看，他们又坐单车回来告别。这些小家伙，真是像小牛一样健

父母不在家的时候，在这个年龄里，多数是大哥领着两个弟弟玩，1959 年摄于家门前。

后排三个孩子是我们家隔壁王延青副院长的孩子：左起德天、小妹和德民。这一定是某一个阳光很好的周日，父亲又动了照相的念头，1958 年摄。

壮，来回跑，不怕疲劳，比起一个老病号来，他们是壮健得多了！

今天又拉了两次肚子，和魏医生谈，吃了四颗合霉素，又止住了。

在医院是每晚九时必睡，做气功一小时，一直睡到第二天上午三时左右才醒，为什么这样能睡，我问了一下黄医师，原来她给的阿米定是 0.4 的，而我经常是服 0.2，加了一倍，自然睡得快，睡得浓了。她说我的肝功能很好，可以吃重一些，能睡，能吃，但还不能走，要是疼减少了，走得动了，恢复健康就快了。

二月廿八日

入院这几天都没有服降压药，但血压趋于正常，这真是几年来从未有过的大好事！

黄医生还说，我的胆固醇是 185，已经是正常水平了！这是"四清"运动所创造的新的成果！

星期六去检查眼底动脉，陈医师说，除了左右两边各有一根静脉稍大以外，其他的都是正常！看来这事也和胆固醇联系着。不断地锻炼身体，坚持气功、游泳、运动，是有很大成效的！人的体质可以由锻炼而加强，革命乐观主义精神是主要的！医学院在前年检查时的二期高血压，也可以退到第一期的！这真是个大喜讯，应该很好地告诉世伟呀！

今天去作心电图，除心跳慢些和窦性心律外，其他都是好的！

我将是很快而不是很慢地就可以出院了！

我将飞到阶级斗争的最前线去！

人要听好话、坏话、正确的话、错误的话、奉承的话、批评的话，必须在诚诚恳恳地听了一切反面正面的话以后，然后进行思考，得出必要的客观冷静的结论，这才真正是马列主义、毛泽东思想，如果一个人仅凭某一些话，甚至是表面的话，或者是假话，或者是片面的话而下结论，这是非常危险的，是亡党亡头之路，切不可这样处理问题。犯错误是小事，误人前途是大事。在听话这一条上，一定要下决心改造自己的世界观！

别人热情，应该以热情对待，但头脑必须冷静，不能得出幼稚的结论。别人冷静的时候，也应热情对待。应尽量听别人表达自己，尽量诱发别人表达自己，不能自以为是，夸夸其谈，结果就会无的放矢，达不到目的。

三月一日　星期二

像我这样病，可以用食物疗法医治的十二指肠溃疡，只能到疗养院去住，也不适宜到医院去住的。今天黄医生叫明天去电疗，不肯做胃封闭，其道理就是如此。我也打算在此疗养一周即走，再回家休养十多天即回到"四清"前线上去。对病来说，你硬他就软，你软他就硬，思想上不怕死的决心是十分坚定的！我看没有什么可怕的病能够阻挡我前进！带病去参加"四清"运动就说明了这一点。

病人的精神面貌，是世界观的一个表现方面，病是有一定物质基础支持着的，有疼痛、有痛苦、有症状，有医生的恐吓，有家属的担忧，有不同相似的病例可以对比，有病情发展的情况进行威胁，有亲友善意的劝告，就造成了由物质基础到精神世界整个对病人的压力。尤其是今天还没有药医得断根过的疾病患者，尤其是慢性病不易治好的患者，尤其是疾病正在发展中的患者，受着的物质的和精神的威胁十分严重。

一个无产阶级战士，对于疾病的斗争应有不同的立场观点，既不是为病所吓倒的、在困难面前屈服，当怕死鬼，保命主义者，搞修正主义的活命哲学，又不能无视于病的存在，不同病做顽强的斗争，进一步把病斗倒，保证体魄的健康。几年来对疾病斗争的经验告诉我们，治病也必须高高举起毛泽东思想红旗，才能不断地取得胜利。

一个共产党员，首先是不怕死，当革命需要我去牺牲的时候，应该面不变色去从容赴义。得了病以后，首先也要有不怕死的精神，藐视疾病，认识绝大多数人的疾病是可以医好的，不能为疾病所产生的困难所压倒。这样，就有了革命乐观主义的精神对待疾病，在治病中的精神面貌，就和其他一般人截然不同，即使病到危境也应有这种革命乐观主义的精神，这种革命精神是战胜病魔的一个极为重要的条件。

其次，医治疾病是人们对自然斗争的一个方面，人老了，疾病自然会多起来，对疾病作斗争是人类和自然作斗争的一个不可缺少的部分。在治病中必须认真对待,实事求是,采取科学的态度,因而在战术上必须重视对疾病的顽强斗争!在今天药物、医疗条件比之解放以前大有进展的时代,还有一个最好的公费医疗制度,一般性的疾病是基本上可以克服的。至于慢性病,则重心放在增强体力这一点上,药物治疗是辅助的,不断地锻炼身体增强体力则是主要的。证之于我几年来对增强体力活动作了最大限度的努力,正由于体力的增强,下乡去搞了几个月的"四清"运动,不仅能顶得住,而且也适当地把疾病减轻了。

保命思想是错误的!冒险主义也是不对。过左过右地对待疾病都有坏处。首先,应该不怕死,然后,采取扎扎实实的科学态度来治病,我们年纪还轻,疾病是奈何我不得的!再过三年、五年,我应该有一个健康的体魄!

三月二日　星期三

想不到下午齐、李、陆[1]来看我,从他们在南宁开会的精神来看,带头革命这一条是不错的,只有领导干部革掉资产阶级思想的命,革掉修正主义的命,党不变质,国家不变色才有真正的保证。社会主义革命是一次更为深刻的革命运动,从农村"四清"、城市"四清"可以完全看得出来。其根本一条是放手发动群众,在此基础上促进领导干部的自我革命、自我改造。也只有在这种层层带头革命的基础上,才能认清修正主义的原形,培养无产阶级革命接班人。

我准备回到家里带头革命,他们认为当前还不必要。我想,在此养病时期,这一课应该补上,于心才安!

今天第一次去电疗,据说半个月一个疗程。今天第一次洗澡,协理员老徐为了解决我的洗澡问题,在大楼等了好几个钟头,这个同志热情照顾,真是无微不至了。

超英也跟着来看我,她来两次了,下个礼拜天可轮到三五他们啦,准备和他们好好开一个会谈谈。

二塘来一个重病小孩,在抢救中。抢救病人,也如作战一样,锻炼了我们的队伍。

[1]"齐、李、陆"即师院党委副书记齐才广,副院长李德韩,副书记陆毅。

三月三日　星期四

今天，两次到农场去：一次是从招待所侧面的小山峡中过去的，山路上兽类蹄痕少，翻过小山坳就是农场。场里养了很多狗，用铁链锁住，有一条三条腿的狗，吠吠声不绝。有几个老百姓在种地，一个女护士在唱歌，其他的人都看不到。时间花了一小时，快要吃饭，就回来了。

下午起床后看《人民日报》，头很胀，吃了中餐后又到农场去，和几个黄村的老百姓谈谈，他们在开种马铃瓜地，去年空疗丰收了，今年，他们专派五个劳动力来搞副业，每人保证种一千株，买了八块多钱的种子。黄村归林场管，不知如何管法。这村才廿一户人家，有40多个劳动力，每人连统销在内平均300斤粮食，真的是一个大问题，田少、地多，人的积极因素看来调动不大。

由黄村经×窝，到青石胆、白石胆，那里山猪很多，叫胆里头，在过去就是会仙了。估计到会仙不过廿多里。

病重的小孩是胡定桥生产队的，他一家七口人，是个贫协小组长，当过一些时间干部，因为工作队来了，否则他也不送儿子来医病了。他的大儿子十五岁送二塘小学读书，今年读完高小。他的队有三十多户人口，两百多亩田，有一百四十多亩种双季稻。他那个公社就算他的队两季稻种得多，今年全换新谷种，两季稻有六七百斤(?)一亩，每人平均口粮四百多斤，他一家人分得两千多谷子，但他还能送小孩读高小，四不清可能不少。但工作队刚进村三天，什么问题他还不知道。

青狮潭水库的水去年已到他们那里，水的问题解决了，猪每家养有两头，60头猪供两百多亩田，肥料是差得远了。今年也种绿肥，有的被水浸死，没浸死的还长得好。种子跟上肥料跟不上，增产还是个大问题。

胡定桥生产队，姓李的多，一村一姓这种旧的封建关系，在中国还是十分普遍的。中国农民一般是聚族而居。这个队有两家地主一户富农，阶级情况并不简单。

农民愿种马铃瓜，不愿种烟，种烟收40%的税，种马铃瓜不交什么税，税收是为生产服务的。

农场野鸡很多，今天已听到叫声了，还未认真地访问过农场的管理人呢！据农民说：还过两个礼拜，野鸡在天亮后下山就可观了。不知确否，还有待进一步的访查清楚。

黄医生来说，血压的低压102，大概因为昨晚读参考消息多了一些，今天少读一些看看如何？对病过早下结论是不大妥当的！

三月四日 星期五

今天是第三次做电疗，昨晚血压没有退下，为了能读点书报，今天暂时服作斯美林一天看看，如果明天逐步退了，不服也不迟。

上午到农场去参观一下，猪场都是好猪种，奶牛放牧去了，农场的北边角上一二只野鸡"谷谷"地叫。问一个农场的工友，他说，对面山上就有大批山猪，在放牛的山路上，还有一只豹子吃掉一条牛呢！山鸡很多，还迟一两个礼拜就更多了。

一个农家妇女从医院中背一个孩子要回家去，问她一下，原来西路二塘就是由那一条南边的放牛路出去的，她说一上隘口，房屋就看得到了，哪一天可以上山去看一看。也可以告诉儿子们从二塘回桂林去，不是可以走一条崭新的道路吗？

花工要回上海家一行，猪场的工友来花房挖一些韭菜根去种，一个上海人在帮助花工翻一翻土，苗圃有一些小白杨苗倒不错，这里如果普遍种上小白杨，可好看得多了。

小孩的抢救工作还未完成，X光机也搬来照相了，克拉霉素也用上了，为了抢救，不惜用最贵重的药品，部队医院的精神是值得学习的。

三月五日 星期六

今天第一次爬上西南片的农场的山门，果然望见西路二塘的侧面，火车叫声很逼近，快要吃饭了，来不及看看火车，铁路的两旁树林隐约可见。从山脚爬上山坳只五六分钟，怪不得那个妇人说，一上山坳二塘乡就在望了。

下午四时，由招待所出发，爬到后山的最高峰上去，在前面的低山峰也上了两个病友，据胡定桥的老李说，后山有村叫龙泉，遍找不到。山上遍植松树和白杨，这一定是半工半读学生的成绩了。这一大片荒山荒坳，一直连到将军桥，由会仙山区重峦叠嶂连接成一片，通过青石胆、白石胆、黄村，插到将军桥，这一带山区，很有开发的价值，搞林场、搞茶油山、搞板栗林、搞松林，大有可为。可惜人烟太少，只黄村 21 户，才有 40 多个劳动力，有 200 亩田，种田已够累了。二塘、三塘一片好稻田，水利已经过关，可以大搞丰产了。

在山头上遇到一个二塘头寨的猎人，带上一条猎狗，放了一枪，山鸡之类根本没打上。他大概从火烧山那条大路上这个高峰的。

后山山顶有一条大路，可以翻过农场去。在走上火烧山的峡口，山下有一股水从岩中流出，清澈可爱，处在这荒山荒坳之间，野鸡要喝水，这是唯一的水了。这一股水本来可以灌溉几十亩田，可是，黄村的田大概是太多了，这里只种几亩，剩下的全荒废了！医院的农场并不缺水，只要把这一股泉水修好，可以完全灌溉这一片荒地。

明天孩子们来，和他们开个会，叫他们去翻翻大山，见识见识这个荒芜的周围。还得写封信回去，准备下礼拜六出院罢。报纸寄来不行，来二号没一号，无人来就算了，叫覃业兴花三小时来一趟也好。

今天是第四次去做电疗了。

家里电话 4843，我可记错了，人的记性真坏。

三月六日　星期日

龚守义和骆云他们来看我，我这个病号却变成一个包袱，别人连礼拜天休息也给耽误了！韦子汉有信来，“四清”运动正在准备的紧张阶段。想到同志们在紧张地工作和斗争，我却躺在医院里，真是十分惭愧！赶快锻炼好身体，迅速回到“四清”前线去吧！

1957 年 10 月左右回到桂林，到现在已经快八年了。八年多来，师院经过多少次反复呵！

1957、1958 年“反右”交心，和资产阶级知识分子大大地斗了一个回合，这是政治战线和思想战线上的一次革命，这场革命才开始啦！当时提出红透专深，统战部说年底，后来科委把红与专的底提了一条界线，看来，这个界线是低了，抓团结，抓调整关系，有过右的倾向。

先烧教学，革了一下命，到转入抓教学，就放松政治挂帅了。搞勤工俭学，反劳动的观点冒出来了。贯彻教育方针，搞教育革命，认真反映出来的问题不太多，劳动得不偿失论、与生产劳动结合结合不了论，算比较突出的。

对知识分子政策的执行，在 1959、1960、1961 年困难时期，他们还不敢动，照顾一下有必要，但是，变为劳动人民知识分子则过右了，实际上绝大多数人的世界观根本没有变。在建党这个问题上，从实际工作看，还是没有把资产阶级知识分子搞进来。

强调成为劳动人民知识分子后，右的倾向出来了，包括定十年规划，抓专业进修，向资产阶级专家教授看齐的倾向十分严重，不愿当行政干部，只专不红、5/6 时间等等，都促进了只专不红倾向。

反凯洛夫、以苏为鉴开始揭露了许多教学上资产阶级与我争夺年青一代的问题。

兴安社教揭露了不少阶级斗争情况，南宁训干也揭露了不少阶级斗争问题，面上社教开始系统揭露阶级斗争的右倾情况，这是由于乡村城市大搞伟大的“四清”运动，进一步促进学校领域阶级斗争情况的大暴露。但是，还未真正深入到领导带头革命这个领域去，面上社教作了开始，但未深入。

王堪、沈品章、黄羽等问题的揭露，有助于阶级斗争在学校的进一步揭露。

八年多来，有几股风是值得好好吸取教训的。

1958 年勤工俭学后，劳动多了的反劳动风。1959 年提出了党的教育方针，这股风还没有得到很好的解决。

1960 年贯彻教育方针后，抓进修、抓业务、抓师带徒，一股重业务、轻政治风又刮起来了。一股资产阶级阴风又刮起来了。

1961 年的恋爱风，直到 1964 年出杨绍武、黄时强事件、沈品章事件。

1962 年平反风，资产阶级知识分子又翘起尾巴，徐吁、龚继光等翻案风，一直翻到南宁和北京。

1963 年的进修计划、升官图风很重，刮得昏天黑地，连行政干部也不愿当了。

几年来，为名为利为个人奋斗，在1958年后即发现，但没有坚决加以修正。1958年曾经在交心革命中把个人主义是万恶之源这个资产阶级根源揭露出来了，但没有系统地加以解决。

1959－1961年在国家困难时期，怕饿、怕死、多吃多占、走后门等资产阶级歪风有增长。

应该好好地算算账，几年来把突出政治、以毛泽东思想挂帅一切这一问题没抓紧，政治空气不浓，资产阶级阴风很重，正确的世界观没有建立，这是一个深刻的教训。

下午三时四十分，到火烧山附近爬上最高峰，看到桂林全景，十分畅快。登高一览众山小，这座高峰有点气魄。桃花江的疗养房子，整排整排地竖立在那儿，独秀峰如一条石柱在桂林城中央。走曲折的道路有二十多里路，从直线望去，也不过十多里而已！

住院不久，孩子们两次来探望，可算是十分可贵了。小超英甚至来过了三次啦。

三月七日　星期一

今天是第四次去电疗了。护士态度顶好，心电图那个护士也很能干，她只一般看看就能说出病情，比起医学院的护士来是高明得多了。

早晨护士来量血压，高压118，低压112，吃了四粒依斯美林还未下来，过去出现血压正常的现象是推翻了，即使读书读报也不会高而不下！什么原因还得查查。

协理员和黄医生在上午来看，我提出这个礼拜出院，黄医生是同意的，经过这几天跑山路的经验，我又回到可以食物疗法来治疗此病了，病势是在减轻中。这里除散步之外，只能在房子里看书，走动得少，对血压不利，安心休养六天，在礼拜六出院休息为好。协理员和黄医生都很热情，要改伙食，我在这里的伙食已经吃得很好了，每天六餐，对我是十分适当的，连大师傅也来看我，部队的阶级感情是很浓厚的，应该迅速养好病回到阶级斗争前线来答谢他们。

那个农村小孩还未脱离险境，这几天是累坏了医生护士们了！廿四小时医生护士值班，为抢救一个小孩，大家都在战斗着，部队医院这种负责的革命精神很值得地方同志们学习呵！

写了一封信给世伟，要她礼拜六来算账，接我。

差不多把毛著第一卷几篇文章读完了，要善于思考，善于分析高等学校的主要矛盾，分析各种矛盾的相互关系，分析知识分子队伍的各种不同性质的矛盾，然后看我们这些年来暴露了哪些矛盾，解决了哪些矛盾，哪些矛盾没有得到解决。看我们的基本方针、政策对不对头，有什么教训，从而进一步找出系统解决矛盾的方针、政策。资产阶级知识分子也不是铁板一块，要掌握具体情况进行具体分析，不能否定一切，也不能肯定一切，那只是主观片面的观点，要实事求是地进行各种不同矛盾的具体分析，像中国革命战争的战略问题那样，对高等学校的特点作出深刻的分析，才能认识主观存在着的严重的、尖锐的阶级斗争情况，进而研究指导高等学校的阶级斗争的进一步发展，做到不断兴无产阶级思想，灭资产阶级思想，不断培养无产阶级革命接班人，来继承我们的无产阶级革命事业，使资产阶级知识分子在形势所逼之下，逐步日益改造自己，为无产阶级政治服务。对资产阶级知识分子中的最顽固势力加以孤立，必要时给予打击。用正面、反面的两方面的教员来培养新生力量，在斗争中发展无产阶级的新生力量、壮大新生力量。

三月八日　星期二

今天是第六次电疗了。晚上、白天，风呼呼响，天气转冷，寒潮来了，这正是冷头浸种暖尾播种的好时期。贺县"四清"地区的秧地犁好耙好了吧！今年丰收就靠它了。红庄水利得仔细去研究一下，做到保水才行，如果连水都保不住，想丰收就不易了。贺县地区对自然的斗争不是那么积极的，集体的一份有灾荒时连饭还不保，搞私人的太多了，开荒地、自留地、搞私捞，与集体争肥、争地、争劳力，50 岁以上的人大都在家搞自留地，实质上是挖集体经济的墙角，这一股风不改正，集体发展是不可能的。干部带头搞私捞、搞分散经营，这是一定要煞住的歪风。农村中阶级斗争、两条路线斗争是十分严重的、尖锐的，把"四清"搞好，把修正主义根子挖掉，集体经济就能大大地发展了。

早晨起床前的血压是124—96，服50gm的药起一定作用。气候冷，穿了棉大衣去理疗，回来时到外科门前小石凳上休息一下，风大天冷，几个护士走过，叫快回家休息。

一个年轻的战士也患失眠症，这病倒容易治好的，应该自觉地了解病情，认识清楚就完全能治好。

晚上电影是《妇女主任》，因冷没有去看，协理员来一谈，谈到近十时睡觉，情况很好，一直睡到天亮左右。

三月九日 星期三

早晨血压是128/88，可能是做了气功后量的。今天去做第七次电疗。

宋政委来看我，我表示本周礼拜六出院，他尽量劝多住一下，病好就应该出院的，对工作对个人都有好处。黄医生在我作电疗后又来看我，不必要再检查了，胃病基本已能稳定下来了，血压也有好转，我还是坚持礼拜六出院，这样可以把用脑时间减少，活动时间增多，多休息两周即可回到"四清"前线去了。

电疗时，遇到一个年轻人患高血压者，他还不懂得为什么要吃植物油，不能吃好的东西这些道理。建议给《实用心脏学》这本书给他看看，增加其对病的自觉性。他重80公斤，已经胖得很了，年纪轻轻，高血压是很可以克服的。

下午到农场散步，头寨那边来了两伙人：一伙在左前方的山上赶着猎狗打猎，狗汪汪地叫，虽然看不见人，知道有不少人在赶山。右前方那个出水洞的地方，有五六条狗走过来，人也有八九个，往靠近医院的一边山去赶山猪，吆喝着，山猪始终不见出来，山鸡也没有出现。正在备耕忙的时候，这两伙人能够有闲时间来打猎，可能这个生产队还有不少问题啦！

有那么多的狗，有那么多的人来赶山也赶不出什么，原因是没有调查研究，盲目地赶，是赶不出什么名堂来的。山猪、山鸡出入的规律是什么？不认真调查研究是弄不清楚的，正如我准备叫孩子们来打山鸡一样，总想好好地摸一摸山鸡下山的规律，仅有一次差不多用石块打着一个山鸡，但第二次只听到叫，鸡影也没有看到，必须三翻四覆地调查研究，摸清规律，才能打到山鸡的。打猎时如此，工作、革命更应如此。

回来时，遇到一位院长，向他谈了一下本周礼拜六要出院的事，这个医院的负责同志真热情，老劝人住院。正因为院方热情，自己更要自觉地出院呀！打算明天、后天就给家里打电话了。

三月十日　星期四

今天是第八天去电疗了。血压128/108，原因是晚上读了书的缘故。读书问题要设法解决。昨晚世伟打电话来了，说是礼拜六早上十点来算账。

八年多来在师院工作，从实践的结果来检查自己的工作，是运动一到来就抓革命，运动一过后即放松抓革命，抓革命有起有伏，起的时候抓得也不彻底，伏的时候甚至放松了抓革命，让单纯业务的资产阶级观点、为名为利为个人奋斗向资产阶级专家教授看齐的资产阶级思想行为突出出来，没有加以克服，而且是大大地泛滥成灾，毒害了青年和干部，对两条路线斗争、阶级斗争的严重性、尖锐性感觉太迟钝。虽然老早也发现了为个人奋斗、为小家庭奋斗的苗头，但没有当作阶级斗争的尖锐表现抓紧来解决，这是一个严重的教训。对红与专的关系上，没有以毛泽东思想统帅一切来处理红专问题，而且红专并列，折中论、调和论的观点来处理，其结果只能是只专不红的结果。

对工作的计划性是抓得不紧的，没有把上级指示与实际阶级斗争的情况联系起来处理，中心工作抓得不突出，主要矛盾和主要矛盾的主要方向分析解剖得不透，一步一个脚印地来解决高等学校的主要矛盾——资产阶级和无产阶级的矛盾，解决得非常不够，没有把这一主要矛盾表现在思想方面、世界观方面、教学方面、行政工作方面、劳动生产方面、科学研究方面的特点揭露出来，从而一个一个抓紧去解决。这就表现出斗争性不强，因而在培养接班人方面，不是培养了无产阶级接班人，而是培养了资产阶级接班人。

对高等学校的情况，缺乏周密的调查研究，即使有了一定的调查研究材料以后，去粗取精，去伪存真，由表及里，由此及彼的具体分析做得很差，主要矛盾抓不住，就自然产生许多主观片面的观点，一时过左，一时过右，对问题欠缺全面的考虑、研究、分析，粗枝大叶，夸夸其谈，工作做得不扎实。

在一切工作中突出政治、活学活用毛泽东思想十分欠缺，满足于处理日常事务，没有狠抓政治这个阶级斗争和两条路线斗争的纲。八年来在各方面出了许多问题，根源就在这里。尤其是带头革命不够，造成一种只革别人命不革自己命，对人马列主义对己自由主义的严重缺点。干部水平提高不快，工作进展不快。城乡“四清”的根本精神在于领导干部带头革命，消除修正主义根子，抓两个纲，从什么地方抓起，应从带头革命抓起，使领导核心革命化，才能带动大家革命。领导核心搞自由主义，是不能负起领导责任的。

在对具体事物具体分析上，粗与精、真与伪、现象与本质、表与里等等问题都分析得不够明晰、细致、深入。思索功夫不够，世界观与方法论的改造都不够。从1951年起，觉悟到一定要改造世界观方法问题，注意了调查研究，注意了从实际出发。当然，在打游击时期，由于从敌人的矛盾中发展起来，对敌我友的分析、对阶级力量的对比是着重进行了研究的，但胜利以后，这方面又注意不够了。注意看中敌我矛盾方面，对人民内部矛盾、对党内矛盾，看得不大清楚。剿匪反霸时注意抓党内矛盾，改造地方部队方面是抓了的，保证在土改前，武装掌握在无产阶级手中。在打游击时，阶级立场观点是明确的，反对了流寇主义的思想。建立适当的根据地，使部队得到适当的休整与隐蔽，而且以根据地为中心向四周发展革命势力。

搞工业时期，为了克服对工业生产缺乏必要知识的状态，经常下厂学习，但少独创能力，不能从实际中总结到理论的高度。尤其在工资工作上，由于缺乏根本的知识，有照抄苏联的教条主义思想。在后一段时间内，开始有觉悟，但根本上还是就按劳取酬论按劳取酬，认不清按劳取酬的资产阶级法权的本质，还不懂得政治挂帅为主，按劳取酬单纯去搞，只能走上高薪阶层路子，形成修正主义的基础。虽然在一次会议上批判过王董的工资上教条主义的思想，但说明得十分不透。在搞工业工作一段时间内，向黄敬同志学得一些下苦功搞调查研究的正确的工作方法，但学得不深，向总理学一些反复去摸矛盾的做法，但思想艰苦不够，学会用脑去思索问题，做得十分不够。

下乡去农场散步，从农场对面的大山回来只有2.7里路，来回不过五里地，怪不得所费时间十分短，即使从火烧山那边跑到能望见二塘的山坳，最多也不过4.5里路，来回也不过九里而已。

昨晚可能看书太多，今天特别少看书了，吃4粒依斯美林，大概够了吧！

三月十一日　星期五

今天是第九次电疗，原来说一个疗程十五天，可以两天作一次，到礼拜六已经做十次，是可以算一个疗程了。明天要出院，今天要和黄医生讲定了。

早上血压是120/96，比昨天好一些，原因是读书少一些了。

对金绍任，这次在八步集训时，曾和他谈过一次话，从总的来看，金绍任旧的思想意识作风正在开始突破一点的时候，要鼓励他在“四清”运动中求得一个根本性的转变，转变方针是坚决以毛泽东思想武装自己，不断从斗争中来清算过去的错误道路。这个斗争任务是艰巨的，他刚刚开始转向自觉革命，必须进一步加强党的领导，才能促进这个转变的继续。争取像金绍任同学这类人物的彻底转变，可以突破一点政治经验，为和资产阶级争夺年青一代，打开各种各样的缺口，对这类青年放任自流是错误的，把阵地让给了资产阶级。要求过急也是达不到目的的，应容许有一段时间来促进其摆脱旧的束缚，必须积极坚决耐心地进行帮助，促进他的主观世界进行激烈的兴无灭资的斗争。认为不可能争取，认为他中毒过深，这种畏难情绪也是不对的，不是遇难而进，而是遇难而退！

上午有小雨，下午小雨停，雾气蒙蒙，青山显得更淡了。明天要出院，最后到农场散步。农村妇女勤劳地在山上割草割竹，医院农场已经把地整好，礼拜天总可以种上花生了。下午初晴，招待所那边野鸡在叫，而农场这边人太多了，连野鸡叫声也没听到。外科的医生护士把拣出的干草，用马车拉在一起烧成肥料，毒草可以作为香花的肥料，的确不错，这是一个最简单的真理。高等学校有无数的毒草，我们应该向勇敢的劳动者那样，辛勤地把毒草除掉，培养出无产阶级的香花来！

吃过晚饭，打电话到家里叫明天早来一小时。老三接电话，三五说老二礼拜天到良丰去，问我是否了解哪一天是良丰墟。恰好，我们是廿二日车经良丰，那天是墟日。按此推算，廿五、廿八、三、六、九、十二是良丰，礼拜天是马面墟了。三五想跟我走，这些时日，孩子们尽找礼拜天去玩了。老二、老三接着在电话上问这问那，孩子们大了，究竟有些调皮了！

晚饭护士抬来一大盆，两张面饼、一盒肉菜、一盒榨菜肉丝汤，真的是盛情难却，只吃了一张面饼，喝了汤，吃了一些鸡蛋就吃不下了。胃病既不能饿，也不能抱，真娇嫩之极了！

一住医院就是十七天了，时间过得真快呀！工作队入村已一个多月了！

三月十二日　星期六

今天是第十次电疗，也是出院的一天。

早上原来是吃牛奶的，因为出院了，改为吃面条。理疗后，协理员、黄医生都来了，问寒问暖，直到政委、院长来陪着上汽车还依依不舍，部队关怀地方同志的热情，永不会让人忘掉！

以阶级斗争为纲，以两条道路斗争为纲，没有毛泽东思想挂帅，这两个纲是举不起来的！有人口头上是无产阶级立场、观点，行动上站在个人主义立场，这只能成为一个假革命，不可能领导群众进行阶级斗争和两条道路斗争的。

三月十三日　星期日

早起骑单车去买米粉，从北门市场买了几块豆腐，一直跑到乐群市场才把米粉买好了，跑了老半天，仅仅买了两三件东西。雾气蒙蒙，天还飞着细雨，早上血压感到不低。回家后，孩子们有的还睡在床上，超英老学着哭赖，此人十分娇气。三五也爱逗她，也是一个原因。

吃了早餐，孩子们四处跑了，老三去打乒乓球，三五骑自行车去喂兔子，超英也跑去玩了，家里的人已经不多。孩子们长大了，谁也掌握他们不住。

三五还可以，今天他到厨房借三轮车去买煤，还可以把两百斤煤运回来。幸而有老周的爱人照顾，不然怕还办不好。

下午把手表修好了，几天无表，十分不习惯，真的变了城市里的人了。

晚间，天空听到一两声雁叫，是南雁北飞的时候了，这正是春耕的好季节呀！

把原子笔没墨水的换了两支好的，对于水笔缺水的时间，它将是有用的。

整天蒙蒙细雨，想到外边跑也不行，只有到十五、六号再说了。

世伟忙碌一天，又发病了，幸而有人弄来一支止痛针，否则又要到医院去求援了。

老二要到张家去和小四睡，九点多钟也还未睡，孩子们在一起，没有人管实在不得了！

三月十四日　星期一

天亮起来，到南门市场走一趟。

齐来一谈，谈谈自我革命问题，谈到政治队伍问题，哲学课如何讲问题，蹲点究竟解决什么问题，值得研究。张平化论办点说得很系统，值得学习。

原来叫世伟已经打针，就不要去上班了，她硬顶着去，到十一点还是回来了。

下午老二的老师来谈借汽车，忙了一大阵子，车还是借不动，雁山还去不成。

天亮起来后，觉得头脑有些晕，可能血压高了，上午服两片药。下午起床后好像血压仍高，又服了一片。走了一趟，回来量量血压，110/78，连小蒋都信不过，既然低了就好办啦！瞎扯一顿中西医问题，想不到《人民日报》上竟登载了！

王延青[1]来谈，劝我不去了，根本没此必要。老齐谈，张来信也说不去，为什么如此呢？同志们关心我是好的，我得好好感谢他们。血压虽有波动，药是很有效的。我完全有条件去好好锻炼一下自己，同时也学习总结知识分子参加"四清"的经验教训。我们过去是在阶级斗争中成长的，今天应该有意识地培养他们在阶级斗争中成长，这是一件大事，是培养无产阶级接班人的大事，在这个大好时机，大好形势中，能够从根本上解决一些问题不是很好吗！

晚上黄刚来谈，说什么党委意见不一致等等。可以提意见，但不要把问题看得那么机械，又说政治部统管一切，陆不了解情况，齐不管等等。我看此人，骄傲自满得很！说刘庆仙拟提方天珍为人事处副处长。但一问他当前干部队伍中的阶级斗争情况怎样？当前干部中的主要矛盾表现在什么地方？就无从答话了。这种人当秘书，只能起一个办公室的抄抄写写的作用，如果在要求高一点就不行了！他是龙州师范的学生，考师院还是路璋[2]动员他才来考呢！

[1]王延青：时任师院副院长。

[2]路璋：父亲儿时好友，广西师专同学，路璋伯伯当时可能在广西龙州师范供职。

三月十五日

由三月十五日到四月七日这段时间，主要是在家休养。这段时间分三个阶段，第一阶段，是休养以补养为主，世伟曾为此买了好几个鸡，但吃不得，吃后痔疮发得厉害，每次大便血如注地流出，我认为这是初次的痔疮，中医可以医好。找谢医生吃了两剂药，血仍流不止，如是自己找方书，按肠道出血治，用下方：

生地，黄岑，杭芍，积壳，栀子，地榆，槐花，黄柏尖，银花等药。

服了两剂，血即止，但肚子又痛了，而且胃部有吞酸想呕等症状。坚持服乌贝散，加上西药合霉素，经历两周，才开始复原。第二阶段，是继续锻炼，天热去洗澡，下水游十五米，冻得厉害而停止，体力过弱了。回家一看温度是摄氏24°，照例是完全可以游泳的，但由于体力弱的关系，只有游而不泳，倒不如小超英还在水里认真地游了一下。在家煮菜、买菜也是一个锻炼，每天由菜场到南门经象鼻山大马路回解放桥，大概跑十多里路了。血压高，低压在100以上，有时110。停止看书，专做简单的劳动。第三阶段，胃开始好转，饮食渐思食，血压开始好转。这时，吴春叶同志来了，他们从前线回来，我得按此情况，实事求是地休息一段时间，到发动群众后再去跑它一段，到各地走走，贺城分团的工作只有不沾边了吧！

四月十三日

听了张绍森汇报以后，有三喜三忧。一喜大多数知识分子已敢于革命，突出政治已在我们队伍中开花结果。一喜抓建党抓队伍已有专人负责。三喜建党对象在艰苦地区搞“四清”，在改造客观世界的同时改造主观世界，涌现出群众大革命的形势。但是，知识分子队伍反复性大，指导不及时、不深入会使这种成果只是一时的表现。我们的专人都是缺乏经验的，有主观片面性，容易只看到一片忘记另一面。专人指导，自己不继续革命难以把工作搞得深入细致，把经验系统总结出来。建党对象只有很好表现，但指导不及时，太容易出现时冷时热、波浪式前进的现象。

针对这个情况，在头脑稍好一些的时候，打算给人们看一些信，敲敲警钟。

虽然远在千里，不经调查研究，难免有错，但敲敲警钟，总会有好处的。

今天血压是110/98，看来动脑还不大行。

四月十四日

老张[1]说，谢王岗[2]来谈王、周、张、杨[3]的退休问题，据说我是离职休养，组织上怎样安排就怎样安排吧。我相信，经过锻炼，我的身体是可以复元的，也许锻炼时间要长一些，但也不怕，五十多岁并没有老，少奇同志六十八岁了，主席七十多岁了，我实在还年轻，等锻炼好身体再说吧！

今天的血压是110/88，比昨天好些了。

[1]"老张"即师院院长张云莹。

[2]谢王岗：时任广西区党委宣传部部长。

[3]"王、周、张、杨"即师院副院长王延青、副院长周待旦、院长张云莹、书记杨江。

这份厚厚的“初步检查”共计 85 页，分 8 次，从 1967 年 7 月 15 日第一篇，到 9 月 5 日第八篇“未完待续”，费时一个半月，只写完“1965 年的工作”，后续的检查不知写了没有，在遗稿中未发现。细阅此稿，觉得父亲当时还尚存“底气”：我的错误充其量是一个“执行”的问题。诚恳卑微的陈述里，尚且隐着少许自信。这份检查当是急风暴雨式的轮番批斗后，父亲为回答革命造反派的批判与斥责，作了较系统的回忆后写出的检查。当时那一句“老革命遇到新问题”的话，或许正是父亲伏案检查，剖析灵魂时内心深处的一声叹息。

当时，我是小学四年级的学生，尚不入红卫兵之列，只能叫“红小兵”。由于父亲是“大走资派”，家庭成分登记时，我们已不敢写“革命干部”这个令我美滋滋的身份，删去“革命”，我成了“干部”家庭的孩子，那也是一种失落。一天，我兴奋地告诉父亲，我被批准参加红小兵了。父亲平静地说：“中央有规定，领导干部的子女两派组织都不要参加，你们也不要参加。”以后在我们学校里，看见大多数同学都带着红袖套，我会本能地感觉到别人的蔑视。后来，一位要好的同学来家邀我参加学校红小兵的步行长征串联队，我告诉他不参加的理由，就是父亲所说的那番话，其实当时我心里就有一种被列为另类的感觉，而且是“不好”的那类。

时隔四十多年，再读 55 岁的父亲当年这份自泼脏水掏心掏肺上纲上线的虔诚忏悔，心情很是沉重。现在的我正是 55 岁，换成我，我将怎样、我会怎样面对父亲当年面对的天崩地裂？这段保留在一篇“检查”里的心灵经历，对于当年的每个人、今后的读者来说，滋味迥异。我依然想追问：我们的前人究竟做了些什么，何至于让自己置身于无法拒绝的炼狱中，真诚地蹂躏自己本是淳朴的灵魂？

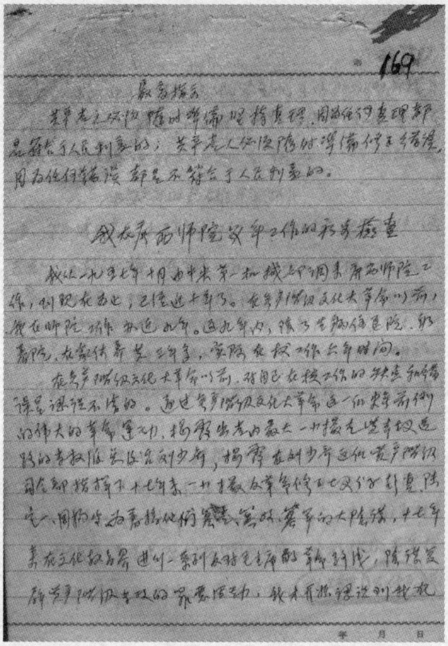

《我在广西师院几年工作的初步检查》手稿

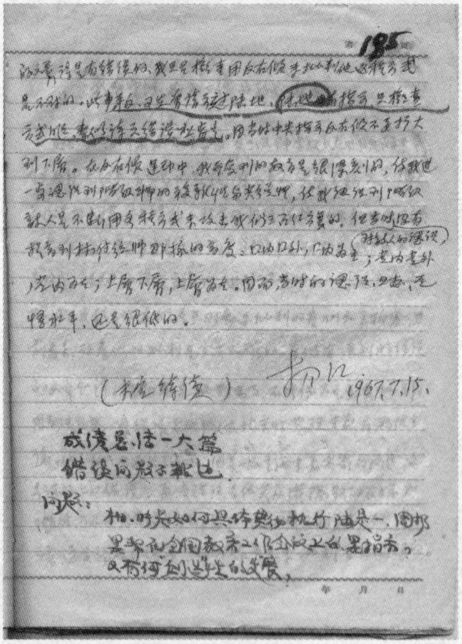

初步检查手稿上还有“文革”专案组写的红笔批注

最高指示

共产党人必须随时准备坚持真理,因为任何真理都是符合人民利益的;共产党人必须随时准备修正错误,因为任何错误都是不符合人民利益的。

◎ 我在广西师院几年工作的初步检查 ◎

我从 1957 年 10 月由中央第一机械部调来广西师院工作,到现在为止,已经近十年了。在无产阶级"文化大革命"以前,我在师院工作亦近九年。这九年内,除了生病住医院、疗养院、在家休养共三年多,实际在校工作六年时间。

在无产阶级"文化大革命"以前,对自己在校工作的缺点和错误是认识不清的。通过无产阶级"文化大革命"这一个史无前例的伟大的革命运动,揭露出党内最大一小撮走资本主义道路的当权派总后台刘少奇,揭露在刘少奇这个资产阶级司令部指挥下一小撮反革命修正主义分子彭真、陆定一、周扬等为着搞他们篡党、窜政、篡军的大阴谋,十七年来在文化教育界进行一系列反对毛主席的革命路线,阴谋复辟资产阶级

刚到师院就职的父亲手里抱着小肃和三五在王城独秀峰下留影,1957 年摄。

专政的罪恶活动，我才开始认识到，我在校几年工作的缺点和错误是十分严重的，应该加以彻底清算。现本自我革命的精神，以毛泽东思想为指导，来检查我在校多年的错误。

1957 年的反右派斗争工作

我和张云莹是 1957 年 10 月到校的，我校在我们到校以前已进行了反右派的斗争。据了解，1957 年 4 月，我校开始学习毛主席关于正确处理人民内部矛

父亲与教授们在七星公园合影，后排左起：冯振、何承聪、刘庆仙、外语系刘××（名字待考）、王延青、张云莹、唐肇华、郑显通，前排左起梁唐晋、父亲，1957 年。

盾问题的报告，5月，开始整风运动[①]，6月初，资产阶级右派藉我们整风的机会向党进行疯狂的进攻。6月中旬，转入大辩论坚决反击右派[②]。7月初，开始进行反对右派的斗争，经过暑期练兵以后，全校在继续进行反右派的斗争。

我和张云莹到校后，根据当时省委指示，先集中力量批判斗争全校全区大右派，把全区全校大右派批倒批臭后，再转入各单位批判斗争本单位的右派。再拿一段时间来对右派进行复查，并查是否有漏网的右派。我们根据省委指示，集中力量来批判斗争全校全区性的林焕平[③]、万仲文[④]、黄现璠[⑤]、罗敏兴、梁精华等大右派，从政治上、思想上把他们批倒批臭以后，就转入各单位批判斗争本单位的右派。当时，批判斗争右派规定一律由各单位支部负责领导，便于在批判斗争右派的过程中，把基层党组织的领导权确立起来。在批派斗争右派的同时，并由各支部整理每个右派的材料，经过党委审批上报定案。批判斗争右派结果，全校划定右派117名，计教工右派18名，学生右派99名。我院反右派斗争，在1957年12月胜利结束。

反右派斗争，从资产阶级右派藉党整风的机会向党疯狂进攻起，到我们领导群众坚决反击，直到最后划定右派为止，总共是半年的时间。在6月到9月这段时间，是原师院院长梁唐晋领导的。10月开始，我和张云莹负责领导，我们接手搞反对右派的斗争，已经是进入了对资产阶级右派进行大批判、大斗争，

① 1957年4月27日中共中央发布《关于整风运动的指示》，要求全党重新进行一次反对官僚主义、宗派主义和主观主义的整风运动。

② 1957年6月8日中共中央发出《关于组织力量准备反击右派分子进攻的指示》，《人民日报》发表社论《这是为什么？》，此后，反右派斗争在全国展开。

③ 林焕平（1911—2000），原名林灿桓，广东台山人，1930年在上海加入"左联"，中国著名文艺理论家、作家，原广西师范学院中文系教授，广西民盟常委，1956年被划为右派。

④ 万仲文（1911—1988），原名万蔚程，曾用名黄汉兴、万剑峰，别号云庵，海南省儋州市人。1935年在东京帝国大学留学，专攻中日政治外交史。归国后成为桂系智囊团"广西建设研究会"主要人物之一，历任广西大学、中山大学、台湾大学政治系教授。建国后任广西大学校务委员，广西师院总务长等职，1956年被划为右派，降职图书资料员。

⑤ 黄现璠（1899—1982），原名甘锦英，壮族，祖籍广西扶绥县。1926年考入北京师范大学，1935年留学于日本东京帝国大学，归国后历任广西大学、中山大学、国立桂林师范学院等校史学教授，为中国现代民族学奠基人之一。建国后曾任广西师范学院图书馆馆长，1958年被划为右派，1979年才彻底平反。

在叠彩山上看到的桂林全景,父亲摄于1957年。

以及组织处理的最后阶段。我在1957年到校后,三个月内主要是搞这个工作。这是一场政治战线上和思想战线上的伟大的社会主义革命,这一场大革命是在毛主席的革命司令部领导下进行的,在这次伟大的阶级斗争实践中,考验了每个同志,大大提高群众的无产阶级觉悟,我在这次阶级斗争中认识到社会主义社会仍然存在阶级斗争,特别是高等学校中这种阶级斗争是十分复杂和十分尖锐的。并使我感到,高等学校中,资产阶级思想泛滥成灾,需要认真进行批判。在反右派斗争中,我在工作上的主要缺点和错误,是对领导干部中的右倾思想和右倾行为批判得不够彻底。如副院长黄羽当时对杨组纲划为右派一再表示有意见,我仍一再容忍,曾开了三四次会后,才把杨组纲划右派的问题定下来,对黄羽同志这种右倾行为进行原则的批评是不够的。当时,思想上认为,我是初来学校,对过去情况不了解,一定要多尊重原来在校工作同志的意见。总的看来，在反右派斗争中，总的方向是按照中央的指示进行的，资产阶级右派在学校中彻底批臭了，群众、干部受到了阶级斗争的伟大教育，在思想上、政治上都得到提高。我在工作中也存在着一些错误与缺点，但所受到的阶级斗争的教育是极其深刻的。

1958 年的工作

1958 年，党中央提出了总路线、大跃进、人民公社三面红旗，提出了教育为无产阶级政治服务，教育与生产劳动相结合的方针。我们在党的总路线、党的教育方针的指引下，在反右派斗争胜利的基础上，主要做了两件工作。第一件是继续开展整风运动，第二件是贯彻党的教育方针进行教育大革命。现分述如下：

那时候漓江很热闹繁忙，在桂林解放桥上可以看到壮观的渔船场面和远处的象鼻山，父亲摄于 1957 年。

外语系教工,1958 年摄。

1958 年的父亲

教育系教工,1958 年摄。

在反右派斗争胜利的基础上，1958年初，召开全院党员大会总结反右派斗争经验，选举党委，要求进一步把整风运动搞好。党员大会后，立即开展一个反浪费、反保守的双反运动，揭露领导上的缺点错误，进而进行整改，紧缩机构，下放干部劳动锻炼，并在全校开展整风交心活动。深入批判资产阶级思想，批判形形色色资产阶级个人主义，批判忽视政治的现象，使师生在政治上、思想上和资产阶级右派划清界限，认识资产阶级个人主义是万恶之源，彻底把资产阶级思想搞臭。树立一切工作要政治挂帅，发扬敢想、敢说、敢干的共产主义风格，把师生的自我改造推向一个新的阶段。在党的总路线、大跃进、人民公社三面红旗指引下，冲天干劲大大发扬，各系纷纷订出五年跃进规划。

在教学领域方面，在整风交心批判资产阶级思想后，开始揭露教学上形形色色的资产阶级思想，批判资产阶级教授在教学上散布的封建主义、资本主义思想来腐蚀、毒害青年。在此基础上，开展党的教育方针的辩论。批判教育脱离政治、教育脱离生产劳动的资产阶级教育方针。与此同时，学校从开展勤工俭学活动发展为参加桂林市大跃进行列，参加农械厂的建厂劳动，参加瓦窑工地的建厂劳动，并在学校大办工厂、农场，1958年全校工厂产值达35万元。在大榕江烧炭，在学校炼铁，大办钢铁高潮也掀起来了。

在教学方面，师生纷纷下厂下乡劳动，调查研究，向工人、农民学习，自编讲义，大砍教材，形成一个打破脱离政治、打破脱离生产劳动、打破常规、全校人人政治挂帅、生动活泼的教育革命高潮。这是以支部为核心，领导各系进行教育革命的新成就。

当时，文科开始以毛泽东思想指导处理文科某些教材，并贯彻厚今薄古的原则，大砍古代教材。理科贯彻理论联系实际、与生产劳动相结合的原则，与工厂、农场挂钩，结合研究解决生产中所存在的问题，比之过去关门办学是一个极大的进步。

在教学方法方面，师生共同编讲义，大力精简教材，有现场教学、有一条龙教学等等，均属新的创造。对教学劳动安排方面，有的一段时间生产劳动，一段时间教学；有的轮班劳动，轮班上课，都作了新的安排。

1958年，在党的总路线、大跃进、三面红旗指引下，在党的教育方针指引下，由于贯彻了一切工作要政治挂帅的正确指导方针，全校师生员工积极性充分发挥，无论在克服保守思想、发挥敢想敢说敢干的共产主义风格方面，或者是贯彻党的教育方针进行教育大革命的实践方面，都取得了前所未有的新成就。

当然，我们工作上也存在着缺点错误，如整风运动中，我没有带头革命，因此，各级领导干部的自我革命工作，做得很差。在教育大革命方面，我没有很好总结各系所创造的新经验，使它巩固起来。同时，在培养目标方面，我在党员大会的报告中，提到培养又红又专的中学教师，这也是完全错误的，违反毛主席的教导——“我们的教育方针，应该使受教育者在德育、智育、体育几个方面都得到发展，成为有社会主义觉悟的有文化的劳动者”这个指示的。

从1958年两大工作来看，总的方向是对头的，但由于我体会毛泽东思想不够，工作中存在着缺点和错误，有些甚至是严重的错误，如培养目标方面的错误提法。但是，由于干部和群众在总路线的光辉照耀下，在教育方针的指导下，用冲天的干劲所创造的成绩还是主要的。

1959年的工作

我在1958年11月底，因大便出血，到南宁医学院附属医院进行检查，经医师诊断为十二指肠溃疡病后，即入南宁区干部疗养院养病，疗养三个月后，才初步医好，但未断根。在南宁养病期间，张云莹从北京开完全国教育工作会议以后，继续来南宁开会时期，曾到干部疗养院探望过我一次，他曾谈及北京开会和学校情况，要我安心养病。我记得比较深的是我们的任务很重，要赶综合大学的问题。

当我到南宁医病时，曾向区党委宣传部副部长陆地反映过：我院的领导力量不够，请求区党委派人去。当时，区党委正在考虑派党委副书记来，而且总务处长龙明勋也派来了。我是1959年2月底，十二指肠溃疡初步治好后回校工作的。

我在1959年主要进行六个工作。第一，师生参加桂林地区青狮潭水库工地劳动；第二，贯彻全国教育工作会议精神；第三，准备赶综合大学的准备工作；第四，大搞科学研究，搞技术革新运动；第五，逐步建立新系工作；第六，传达庐父亲在农村烧炭的照片。

山会议精神开展反右倾鼓干劲运动。现分述如下：

1959年上半年，齐才广同志已到校任党委副书记了，我是胃病刚好。当时，桂林地委新建的青狮潭水库工程，正在兴建中，考虑到要在夏季水涨前完成工程任务，要求我校全部出动支援。经校党委研究，同意地委意见，将全年学生劳动时间集中使用，全校开赴青狮潭水库工地，劳动近两个月。师生干劲冲天，日以继夜，辛勤劳动，与地方和部队同志共同努力，胜利完成工地党委交给我们的任务。

我是参加初期一小段时间的领导工作，青狮潭水库劳动，主要是由齐才广同志从头到尾全部指挥的。师生在工地劳动中得到极大的锻炼。锻炼了敢于向大自然作战，使高山低头、河水改道的坚强的革命意志，学习了工地劳动人民和解放军指战员的优良传统与艰苦奋斗的作风，又练了一身不顾疲劳不怕困难坚持工地劳动的本领，劳动与思想都获得了丰收。

1959年，青狮潭水库劳动胜利回来后，师生回校上课时间，是贯彻全国教育工作会议精神的，当时，强调教学为主，教师起主导作用，建立教学秩序等等。这是贯彻陆定一在全国教育工作会议的黑指示，是教育大革命后，在教学上的一个倒退。因为，教育大革命已经用党领导、教师、学生三结合来打破资产阶级教学以教师为主的做法；教育大革命已经用教育与生产劳动相结合，用师生下厂、下乡、办工厂、办农场、深入工农生产，向工农学习这种革命的办法，打破了资产阶级闭门读书的办法，从而粉碎了资产阶级的教学旧秩序，树立教育大革命的新秩序，这是好得很的事！但是，这些教育大革命的新事物，在反革命修正主义分子陆定一看来是糟得很，因而加以攻击、反对。而我由于资产阶级世界

背面写着:数学系烧炭队。

观没有改造好,头脑里有旧教育的旧框框,加上奴隶主义十分严重,不敢独立思考,所以,也就同意全国教育工作会议这些黑指示加以贯彻了。这是教育大革命后,在教学方面第一个反复。当时,在劳动方面,学校还办有工厂,数学系有教具厂,物理系有教学仪器厂、半导体厂,化学系有无水酒精厂、化学制剂厂,外语系有化肥厂等等,每年还保持三个月的劳动,叫做 1/3/8 制,即每年有一个月假期,三个月劳动,八个月教学。

从青狮潭劳动结束后,学校开始上课,由于我校准备创造条件赶综合大学,我对于今天国内的综合大学究竟是什么样子,从未了解。为着增长知识和吸收外地兄弟院校经验,我带了中文系兰少成、物理系毛婉宝、历史系罗毅生等几个同志组织一个小组到上海参观。

到了上海,我们参观了复旦大学,在该校学习了一周左右,对该校与我们有关的各系,都有专人进行访问,他们正在进行教改。复旦大学是一个老综合大学,他们的师资、设备、新生力量、教学水平与领导水平,在上海来说,都是第一流的。那时,他们就能创办提炼稀有元素——锗——的工厂了。以后,再到华东师范大学参观。当时,华东师大也正在准备改为综合大学,他们每个系办什么专业、每个专业开什么课程,都大体定下来了。如何办这些专业,正在着手准备教师和准备设备。他们各系准备办新专业的困难,主要是师资的准备,设备的准备在上海来说是没有多大问题的。

我们认真地向各个系学习,向他们了解各系各专业的课程、师资、设备方面的准备情况与困难问题,及其克服困难的经验教训。据了解,他们理科各系,办的都是高、精、尖的专业，培养师资，一是出国留学，或者在国内进修，一是在实践中锻炼，如搞电子仪器的则在搞静电加速器的过程中培养出人才来。他们的做法，有许多是很好的经验，值得我们学习的。此外，我们还参观一个上海师范学院，在这个学校参观时间很短，只了解他们一般改革情况。

为着我校积极赶综合大学，我个人参观完上海三学校以后，即先行回校。以后这个参观小组继续由齐才广率领，到南京大学、山东大学、北京大学、天津大学等兄弟院校参观，各系亦增加人员与齐才广一同北上参观。因齐才广同志初到学校，过去他也未搞过高等学院，让他到外地多学习兄弟院校的经验也是完全必要的。在上海参观这三个学校，给我印象较深的是复旦与华东师大两个学校，他们都是中央的重点学校，中央教育部、中央宣传部经常有人到他们学校中检查总结工作。他们的领导力量也很强，上海市委对他们也抓得紧，中央教育部、中央宣传部有什么指示，首先就在他们学校中贯彻，首先取得经验。因此，兄弟院校到他们那里取经的也很多。从旧的观点来看，我当时认为这两个学校是办得很不错的。但是，参观的时间太短，参加他们的实际活动很少，还未能深入了解其内部情况。他们两校都是全国所谓名牌大学，走马观花看一下名牌大学，增长不少知识。当时复旦正准备赶超莫斯科大学，对于他们那种谦虚、谨慎、不满足现状、赶先进、超先进的精神，我是很钦佩的。回校以后，对他们如何办新专业的经验，我和张云莹交换过意见，也参照他们的经验作了一些准备。但后来因

背面写有：去青狮潭公平取经。左起司机老许、左二（不详）、党办秘书文禧、覃承鼎，摄于1958年。

中央教育部在新乡开了一个座谈会，张云莹出席，把赶综合大学这一条否了，强调了师范学院的师范性，并介绍了河南长葛中学的经验，我们赶综合大学的工作，就停止进行准备了。

1959 年，也是我校大搞科学研究的一年。记得我从南宁疗养院回来时，张云莹正在布置搞科学论文报告会，曾邀请区内各兄弟院校派代表参加，校内各系师生都在大搞科学研究，中文系下乡下厂调查，参与自治区组织编写壮族文学等。历史系对太平天国史迹进行调查，对左右江革命根据地史迹进行调查。数学系搞电子计算机，物理系搞静电加速器及电子仪器、半导体等。化学系搞稀有元素提纯等。当时，在科学研究战线上，师生政治挂帅，干劲十足，热火朝天，都在准备大放卫星。下半年，自治区召开文教战线群英会，搞文教战线科学研究成果展览，我校科学研究成果大部分展出。1959 年全国在搞技术革新运动，我校也在下半年搞技术革新运动，从厨房烧煤、煮饭搞技术革新代替笨重劳动，到理科各系搞实验室的技术革新，形成一个校内技术革新的高潮。这对反革命修正主义分子陆定一在教育战线上刮起的教学为主、教师起主导作用、确立教学秩序、反对劳动过多的资产阶级妖风，是一个沉重打击。从实际上打破了当时所订的教学“正规”计划。

当时，我在思想上对这一问题是没有明确认识的。当时，我认为凡是上级的指示必须坚决贯彻，我是本着这种思想来指导大搞科研和技术革

师院副院长王延青一家，约摄于1959 年。

新运动的。现在看来，师生人人政治挂帅，鼓起冲天干劲，大搞科学研究，大搞技术革新运动，是继续贯彻 1958 年教育大革命的精神的，是正确的，对于执行党的教育为无产阶级政治服务、教育与生产劳动相结合的教育方针，是进一步的深入发展，对当时由上而下的刮起的否定教育大革命成果的资产阶级妖风，是一个大大的打击。我们当时是不自觉地执行上级的正确指示，还未提高到两条道路的斗争的高度来认识这个问题。

自从 1958 年以来，区党委宣传部、教育厅逐步增加我校培养中学师资的任务，我校原有中文、历史、物理、数学、化学五个专科，逐步改为系。根据区教育厅、区宣传部的具体要求，要我校逐步扩大，要新建政治系、外语系、生物系、地理系，甚至考虑建教育系等等。我们用自己的力量建立政治系、生物系，地理系是由区教育厅、宣传部调拨西大及区进修学院的师资与设备建立起来的，外语系原准备由广西大学调给一部分师资来校，但未能实现，因此，师资十分缺乏，只能招收少量学生，只能搭架子，然后再逐步充实。

我校扩大到九个系，新系四个，老系五个，领导力量、设备基础都是十分薄弱的，但我们劲头很足，认为新生力量，一定能由弱变强，由基础薄弱而逐步坚强起来。何况我们已有五个老系作为基础，一定能够把自治区给我们培养主要师资的任务胜利完成的。

现在看来，在逐步建立新系这个工作中，对全校各新、老系的优点与弱点，缺乏进一步作具体分析，根据分析结果，订出由弱到强的具体措施加以控制，使老系大力支援新系，新系亦能按正确方针发展其新生力量，新老系能并肩前进，新系能迅速壮大。我对新系发展过程，缺乏作具体的指导与采取有效措施控制其发展，这是我在全校大发展工作中的主要缺点与错误。

1959 年 9 月，我到南宁听了庐山会议的传达，知道毛主席亲自主持召开八届八中全会，粉碎了彭、黄、张、周反革命集团，发出了“反右倾，鼓干劲，提前完成第二个五年计划主要指标”的伟大号召。全党高举三面红旗，继续跃进。区党委召开三级干部会议，贯彻庐山会议精神。在三级干部会上，区党委提出反桂林地委徐瑞林和桂林市委阮庆的右倾，我也参加了这次反右倾的斗争。

在区三级干部会议以后，桂林地区继续开展反徐瑞林、阮庆的右倾，我也参加了桂林市委反阮庆右倾的斗争。这次斗争限于党内，在党外是正面教育反右倾鼓干劲。我校，我们提出秦似和王柏盛两个同志，经区党委宣传部和市委同意后，我们开始对这两个同志进行批判。以后，中央有指示，反右倾斗争不准往下扩大，我们便把斗争这两个同志停止下来了。秦似是有严重错误的，王柏盛也有错误，但他的错误不如秦似的严重。以后，在1962(?)年平反时，我在干部会上同样认为，秦似的文章、诗是有错误的，我只是检查用反右倾来批判他这种方式是不对的。此事平反，事先曾请示过陆地，陆地有指示，只检查方式问题，秦似诗文错误应肯定。因当时中央指示反右倾不搞扩大到下层。

在反右倾运动中，我所受到的教育是很深刻的，运动使我进一步认识到阶级斗争的复杂性与尖锐性，使我认识到阶级敌人是不断用多种方式来攻击我们三面红旗的。但当时对敌人的认识没有提高到林副统帅那样的高度：国内国外，国内为主；党内党外，党内为主；上层下层，上层为主。因而，当时的认识、思想、觉悟水平，还是很低的。

[注]原稿在此处有红笔批注："成绩总结一大篇，错误问题不沾边。问题：杨、张是如何具体贯彻执行陆定一、周扬黑帮在全国教育工作会议上白(黑)指示？又有何'创造'性的发展？"

对于1959年广西区党委在区三级干部会议上反右倾的斗争，今天看来，会议中，首先是彻底揭露不够，其次是揭下不揭上，最后是把反瞒产中坚持反对意见的徐瑞林拉出来，当作右倾机会主义来反，今天看来是不对的。桂林市委阮庆是有很多反对总路线、大跃进的错误言论的，进行认真的批判，是完全正确的。我校当作右倾重点对象来批判的秦似和王柏盛，目前看来，对秦似的批判是完全正确的。秦似有一系列错误的文章和诗。王柏盛是批判重了，不能作为重点来批判。因为，王柏盛一条错误是他说在北京时苏联专家有两派言论，他分析了这两派言论后，用某一派言论来看当前的问题，这是认识上的错误。再一条错误是他参加灌阳县的反瞒产工作时，认为农民没有什么瞒产，对农村工作发一些牢骚，这虽然也有错误，但当作重点来批判是过分了的。

从现在看来，王柏盛后来的平反是对的。而秦似的平反则是不对的，秦似父亲和小山、超英,1959 年。

是不应平反的。对秦似问题在斗争方式上认错,是执行党内最大一小撮走资本主义道路当权派刘少奇那里刮下来的翻案风,虽然这问题我请示过陆地,但我要负担错误的主要责任。对王柏盛批判过重,我也应负主要责任。因为我没有认真调查对证所有王柏盛犯错误的材料和事实,只听别人汇报,就据以为事实,这也是错误的。

1960 年的工作

1960 年,我在校工作时间是一月到五月底。六月初,我的胃病复发,于 6 月 5 日入桂林 181 医院医治,病较减轻后,即到军区招待所修养一个月。修养后,病不但不好转,反而转重。十二指肠再次出血,迫得在 8 月到南宁医学院附属医院就医,当时用快速疗法医了两个月的病,病仍未全好,入世又于 11 月中旬经桂林赴广东从化华南干部疗养院疗养。直到 1961 年 2 月初,才病好回校工作。这次病较重,一直病了八个月的时间。

1960 年在校工作这五个月中,凭现在记忆,主要是进行下列几项工作,第一,贯彻执行毛主席所提出的以农业为基础的方针,开荒、种菜、养猪,大搞农业。第二,继续贯彻国务院颁布的"关于全日制学校的教学、劳动和生活安排的规定",贯彻新乡教育座谈会的精神,加强师范学院的师范性,提高教学质量;在科研方面,继续由部分师生进行活动,做出成绩来迎接全国文教战线群英会的召开。第三,进行艰苦奋斗的革命传统教育,自己动手克服困难,丰衣足食。第四，减任务，适当缩小学校的规模。第五，进行新三反的准备工作。现分述如下：

1960年是我们国家遭受严重自然灾害的第二年，苏联修正主义领导集团乘我们困难的时候，背信弃义，撕毁合同，停止重要设备的供应，撤退苏联专家，还要向我们逼债。但是，伟大的中国人民并没有被严重的困难所吓倒，恰恰相反，伟大的中国人民在我们伟大的领袖毛主席领导下，团结一致，艰苦奋斗，自力更生，克服重重的困难，奋发图强，继续去争取一个又一个的新的胜利。我们学校就在这样的艰苦条件下进行工作的。

年初，我校广大的师生员工积极响应毛主席以农业为基础的伟大号召，到尧山去开荒，在独秀峰下开荒种菜，到桃花江搞农场，大办农业。学校中文系办的工厂，凡是原料来源没有问题、销路亦无问题的继续进行生产。全校大食堂下放各系自办，养猪由各系食堂负责。自己动手，丰衣足食。当时，开荒几百亩，养猪百头以下。全校大办农业活动，形成一个新的高潮。现在看来，动员广大师生员工的积极性，以系为单位，充分发挥集体力量，大搞农业活动，积极从事粮食的生产、蔬菜的生产，开展养猪的活动，以减轻国家的负担，这是完全对的。

但对猫儿山一带和独秀峰下教师员工搞自留地种菜，缺少原则的控制，以致个别教师员工因搞自留地种菜，劳动过多，而影响了日常的工作，在群众中造成不良的影响，因而产生一些缺点和错误。至于由大食堂分散为小食堂，有利亦有弊。就其性质而论，是大集体和小集体问题，基本上仍属于集体性质，有利之处是促进各系改善群众生活的积极性，弊端是领导力量各系不平衡。领导积极努力的，群众生活改善得较好，领导力量弱的，工作有缺陷的，群众生活改善不大，形成苦乐不均的现象，在群众中的政治影响是不好的。以后，我们曾用互相学习、交流经验的办法来改善这方面的缺点。

在这个困难时期，我的主要缺点和错误，是没有带头深入群众和群众同艰苦、共患难，而是当官做老爷，脱离群众，不能在困难的时候当群众的表率，这是与党的领导干部的身份完全不相称的错误的行为。

在教学方面，继续贯彻受陆定一等指使下1959年国务院颁布的《关于全日制学校的教学、劳动和生活安排的规定》，贯彻新乡教育座谈会加强师范学院的师范性的精神（新乡会议由杨秀峰主持，张云莹参加），强调教学为主，强调教师起主导作用，强调稳定教学秩序，提高教育质量，以及恢复教育学、心理学等课程。从实质上看，是采取否定教育大革命成果的主要措施。

因而劳动时间，每年由三个月逐渐减少到两个月左右，校办工厂，如外语系的农药厂、数学系的教具厂、校办的教学仪器厂、化学系的化学制剂厂、物理系的半导体厂等等，仅保持继续维持现状的状况。科学研究，亦在继续，但规模比之1959年是小得多了。只由各系留一小部分人员，继续活动，总结过去经验，并创造新成绩来迎接六月份全国文教战线群英会的召开。

1960年，一方面由于大搞农业开荒活动，继续维持教育大革命所开展的学校办工厂、学校搞科学研究的活动，冲破了旧的资产阶级教育的旧框框、旧制度，使教育大革命继续向前发展。但是，另一方面又继续贯彻陆定一及高教部杨秀峰的黑指示，一再地把教育工作的方向扭转到教学为主、教师起主导作用、稳定教学秩序等由资产阶级知识分子统治学校、闭门读书、培养精神贵族的修正主义的教育路线方面。今天看来，在教育工作上，两个阶级、两条路线、两条道路、两个司令部的斗争是十分尖锐，十分复杂的。广大革命师生员工响应毛主席的伟大号召点燃起来的教育大革命的烈火，是永远熄灭不了的，而党内最大走资本主义道路当权派刘少奇及其干将陆定一、杨秀峰等，总是千方百计来破坏教育大革命。

我当时对这场复杂尖锐的阶级斗争是缺乏明确的认识的，那是由于我的资产阶级世界观没有改造，头脑里有旧教育的框框，也是站在资产阶级立场上，没有用毛泽东思想来改造自己的思想，加上奴隶主义思想严重，因而，正确的指示也执行，错误的指示也执行，不能坚持正确的指示，坚决抵制错误的指示。

［注］原稿在此处有红笔批注："在我校如何具体贯彻陆定一、杨秀峰的黑指示？"

也正由于有了毛主席的革命路线的正确指导，全校师生员工才能在大办农业、继续办工厂、继续搞科学研究活动中得到锻炼、改造与提高。这是教育大革命后第二年的反复。

从这次反复里，应得到深刻的教训。毛主席教导我们："共产党员对任何事情都要问一个为什么，都要经过自己头脑的周密思考，想一想它是否合乎实际，是否真有道理，绝对不应该盲从，绝对不应该提倡奴隶主义。”我是违反毛主席这条马克思列宁主义真理的教导的。长期以来，我有严重的奴隶主义思想，受刘少奇黑修养的毒害很深，没有按照毛主席的教导，遇事要独立思考。所以，辨别不了上面来的两个司令部的命令，加上世界观没有改造，对资产阶级司令部方面来的黑指示，也坚决去执行，这是我犯错误的主要思想根源。

1960年，投机倒把、贪污腐化、怕艰苦、贪图享受、迷恋过去的好生活、多搞自留地种菜养猪之风甚盛，冲击了我们学校。当时，我们对师生进行艰苦奋斗的革命传统教育，请老红军战士、老工人、老农民对师生进行教育，取得了一定成效。但主要缺点是我没有进行身教，没有提倡领导干部层层以身教与言教进行教育，并侧重身教为主。所以，这股歪风表面上是压下去了，实际上并没有压下去。当时，李维春是转卖单车的，杨绍武后来查明是报假案贪污的。因而做不到用领导干部以身作则的示范来扭转歪风，这也是我的错误。

1960年，由于严重的自然灾害所造成的困难，我们在招生任务上有所削减，学校规模不能办得太大，区党委宣传部、区教育厅对我们学校的规模有所约束。我们过去是考虑办到五千人以上的，1960年就从五千人以下来考虑我校的规模了。各系的发展，也从适当进行缩小来考虑。我校中文、外语、数学是作为大系来办的，其他历史、政治、生物、地理、物理、化学都是作为小系来办的。定规模，对一个学校来说是一个远景规划的问题，从长远来看，区宣传部、教育厅适当缩小我校的规模是对的，而我们过去贪大的思想是脱离实际的。

1960年，在我将到医院前一个月，上级要求各单位搞新三反运动。经过党委的研究，决定以总务处为重点，各单位以管钱管物的单位为重点，总务处并先搞食堂，并决定派人事处干部科长秦智圆率领几个同志到食堂去摸底。全院由当时党委办公室主任诸葛鑫同志主持新三反办公室工作，党委由齐才广负责专搞新三反工作。当我正在和大家布置新三反的工作，胃病又复发，我便因病进入181医院医病了。

[注]原稿在此处有红笔批注：“新三反运动如何开展，需找秦、诸来了解。”

1961 年的工作

1961 年 1 月底，我从广东从化疗养院回校，2 月初到校，在校工作十个月，在 1961 年 12 月下旬，我的胃病又复发，如是，又第二次到桂林 181 医院医病去了。

1961 年，由于我国遭受了三年严重的自然灾害，以及苏联修正主义领导集团背信弃义的破坏。我们遭遇了暂时的困难，党中央提出了大办农业、大办粮食的方针。1961 年，我们在提前完成第二个五年计划以后，进入了调整、巩固、充实、提高的时期。在这段时间内，国际上帝国主义、现代修正主义和各国反动派，三尼一铁在大肆反华。在国内，党内最大一小撮走资本主义道路当权派刘少奇、邓小平，配合社会上的牛鬼蛇神，鼓吹"三自一包"、"三和一少"，大刮单干风、翻案风，妄图复辟资本主义。教育方面，反革命修正主义分子彭真、陆定一、周扬、杨秀峰等在刘、邓这个资产阶级司令部指挥下，疯狂攻击教育大革命，顽固地推行修正主义教育路线，教育战线上出现了大反复。我校 1961 年的工作，就是在这样条件下进行的。

凭记忆，1961 年，我校进行下列主要工作：一、贯彻执行中央调整、巩固、充实、提高方针；二、贯彻执行大办农业、大办粮食方针，开荒、种菜、到龙胜检茶籽补充食油等工作；三、贯彻执行修正主义教育路线，试行教育部直属高等学校暂行工作条例(草案)；四、贯彻执行陶铸对知识分子脱帽加冕的指示，贯彻执行广东统战会议精神，对资产阶级知识分子采取投降政策；五、开始右派脱帽工作。

这一年，上半年搞大办农业、大办粮食，同时也大砍校办的工厂。下半年，全面贯彻修正主义教育路线，实行高教 60 条。从全年来看，1961 年是我校在教育路线上大反复的第一年。这是一股反对教育大革命的逆流，虽然是刘少奇、邓小平这个资产阶级司令部由上而下地刮起来的，但我没有学好毛泽东思想，奴隶主义严重，自己的资产阶级世界观没有改造，因而，坚决地贯彻执行这条修正主义的错误的教育路线，在我校来说，这个严重错误的主要责任，应由我来负担。现分述如下：

1961 年，我校贯彻执行毛主席提出的调正、巩固、充实、提高的方针，着重充实内容，大力提高质量，适当控制发展。区党委宣传部召开会议，大砍农业中学，对各专区大专学校进行调整，工学院与西大合并。我校保留，侧重巩固、充实、提高，规模以三千人为最大规模。我校各系规模，亦按此方针作适当调整。准备逐步停办地理系，考虑政治系与历史系合并。学校工厂，由于原料来源与销路问题，数学系的数学教具厂、化学系的无水酒精厂、外语系的农药厂等均停办，仅保留全校的教学仪器厂、化学系的化学制剂厂，但缩小规模。物理系还保留半导体这个试办工厂。

当时，一股纷纷下马之风甚盛。桂林市办的工厂，许多都下马了，我们学校更不在话下。当时，我们是强调服从全国一盘棋来克服困难，许多工厂是忍痛下马了。我们在市郊将军桥外边相人山附近建立一个土法制硫酸厂，厂房建好，机器也安装好了，由于下马风，也把厂房拆掉了，我心里是有不满情绪的，但当时也没有决心与勇气来阻止大砍校办工厂这股歪风，实事求是地来保留一些十分必要的工厂。因而大大削弱了我校师生工厂劳动的基地。

1961 年，我校继续在 1960 年大搞农业活动的基础上大办农业、大办粮食，继续在尧山开荒，在独秀峰下、在猫儿山附近、在桃花江农场，种粮、种菜、养猪、养鱼。为了补充食油供应，曾派师生到龙胜检茶籽，由于师生政治挂帅，干劲冲天，积极努力，在大办农业、大办粮食运动中，师生得到的思想锻炼和劳动锻炼都是很大的，师生生活有所改善，国家负担有所减轻，对于国家克服暂时困难是有一定贡献的。这是广大师生响应党中央的伟大号召所取得的优良的成果。

1961 年，是毛主席的革命教育路线在我校大反复的第一年。在这一年里，初期，我们根据中央指示，要总结 1958 年以来教育工作的经验。学校行政根据上级指示做了一些调查研究，党委没有作专门的调查研究。在劳动方面，据张云莹的调查，各系最多的是每年三个半月，最少的有两个半月，一般在两个月。对于教学方面，也做了一些调查。当时有的系大砍不必要的教材，这是很好的事，而我和张云莹认为这是不对的。有的系搞单科独进，一个月内即讲完一门重要课程，这也很好，是一种创造的尝试，而我和张云莹也觉得不大妥当。对师生合编教材方面，师生敢想、敢说、敢干，编了很多革命的教材，而我们却认为临时仓忙编出，质量不好。总之，当时我和张云莹的观点，都是用错误的资产阶级老爷的态度来对待教育大革命中出现的新生事物，因而调查得到的结论，与当时反革命修正主义分子陆定一叫嚣“科学研究多了、劳动多了、活动多了、教学为主的秩序不稳定、质量是有所提高，也有部分有所下降”等的黑指示是一致的。

我当时对“教学为主”、“教师起主导作用”、“要建立稳定的教学秩序来提高教学质量”这种关门读书、用资产阶级知识分子来培养资产阶级精神贵族这一套修正主义教育的货色是认识不清的。而且我有旧教育的框框，反而认为这些修正主义的旧货色是对的。所以，不仅没有能力来辨别陆定一这个反革命修正主义分子的黑货，反而做这些黑货的俘虏。

自从无产阶级“文化大革命”以来，才开始认识到所谓教育为主，是要学生关起门来读死书，其目的是反对学生在阶级斗争、生产斗争、科学实验三大革命运动中，锻炼改造自己成为无产阶级事业的接班人。所谓教师起主导作用，实质上是使资产阶级知识分子来统治学校，把学生培养为资产阶级的精神贵族，反对青年学生向工农兵学习，反对学生与工农兵结合成为无产阶级事业的接班人。所谓建立教学为主的秩序，是用资产阶级的秩序来反对无产阶级教育大革命。这一套，实质上是资产阶级用来培养资产阶级精神贵族的方针，我们无产阶级决不能用资产阶级培养资产阶级接班人的办法来培养无产阶级接班人。无产阶级接班人，只能按照毛主席提出的无产阶级事业接班人的五个条件，在阶级斗争、生产斗争、科学实验三大革命运动的大风大浪的伟大的革命实践中成长。这是我过去在教育工作中认识上的错误，也是我过去在教育工作中指导思想上的错误，这个错误是十分严重的错误，它引起了严重的政治后果。

广西贯彻执行修正主义的教育路线、贯彻执行高教60条前后，区党委宣传部葛震是事先作了许多积极的准备工作的。首先，高教60条草案，是事先由区党委宣传部、区教育厅发下来进行酝酿的。当然，我们没有在酝酿中提出鲜明的反对意见，我们是有责任的。其次，执行高教60条以前，区党委宣传部指定广西大学对系总支如何其保证监督作用，学校实行党委领导下的校长为首的校务委员会负责制实行试点，取得“经验”来说服高等学校的领导同志。再次，在执行修正主义教育路线以前，区党委宣传部、区教育厅一再把陆定一在全国教育工作会上的黑指示，陆定一、周扬在文科教材编审会议上的黑指示，陆定一、周扬、彭真、蒋南翔、邓小平、刘少奇等反革命修正主义分子在讨论高教60条会议上的黑指示认真传达并印发下来，实质上是为执行修正主义教育路线、执行高教60条制造反革命的舆论准备。最后，高教60条在内部公布后，区党委宣传部、区教育厅又下令我院实行高教60条。所有这些事实说明，区党委宣传部、区教育厅是贯彻执行刘、邓资产阶级司令部修正主义教育路线的急先锋，葛震实难逃罪责的！

当时，贯彻执行修正主义教育路线一个关键问题，是削弱和取消党对高等学校教育工作的领导问题。当时，每个学校都在1957年下半年开始，已经从反右派斗争中确立了党的领导。经过教育大革命以后，各校在系一级又确立了在系总支领导下的系务委员会负责制。系一级党的基层领导权的建立，是1957年以后，学校进行一切运动的坚强可靠的保证。反革命修正主义分子陆定一、林枫、杨秀峰、蒋南翔以及刘、邓这两个黑司令是恨之入骨的，所以千方百计要把系一级的党领导取消，使党委成为有名无实的党领导的空架子，使修正主义路线得以顺利通过。于是制造了许多反动舆论来迷惑干部：什么党的领导人包揽行政事务过多啦！什么政治思想工作削弱啦！什么行政组织和行政负责人的作用不能尽量发挥了！但是，还不能压下去。有人提出教育部不能修改党章，于是，蒋南翔拿出最后一张王牌，说系总支的保证监督作用，是党中央决定的，用组织上的奴隶主义来压服下级执行这一条修正主义教育路线。

在广西，葛震是巧妙一些来解决这个问题的：一是强调调查研究党的各级负责人如何包揽行政事务的情况，二是指定广西大学实行系一级保证监督的试点取得“经验”来说服大家，再加上蒋南翔这一条由于中央决定的组织纪律，所以，在区党委宣传部召开的专门贯彻高教60条会上，没有什么人提出反对。在我校贯彻高教60条的时候，李维纯是表示反对的，黄时强表示不满。但由于有蒋南翔这一条中央决定的组织纪律，这个问题也算勉强贯彻下去了。对于这个问题，我当时的认识是：党、团、工会工作、政治思想工作，系一级党组织仍然是起领导作用的。教学方面才起保证监督作用。实际上，我也不敢抗拒蒋南翔提出的组织纪律。而张云莹，对保证监督作用则十分欣赏，要求不折不扣地执行。

我校是在1961年9月以后贯彻修正主义教育路线高教60条的。在贯彻前后，为了稳定教学秩序，学校行政方面，由张云莹主持，修订了二十项有关教学、行政、生活的规章制度，这些规章制度都经党委讨论通过后，由院务委员会通过颁布实行。这是建立资产阶级修正主义教学秩序的非常错误的措施。当时的学生守则，是张云莹按照共青团当时提出的卅五条进行翻版的。我当时也认为共青团卅五条总结出来的经验是对的，所以没有反对。

总之，这二十项有关教学、行政、生活的规章制度，是严格控制劳动、控制政治活动、控制科学研究，加强以教学为主、加强基本功训练、加强资产阶级知识分子统治学校，培养闭门读书，培养脱离无产阶级政治、脱离生产劳动的资产阶级精神贵族的具体措施，是大大地加强了行政领导，削弱了党的领导的许多错误的措施。对于过去的教育大革命的成果来说，是起了倒行逆施的促退作用的。

1962年的工作

1962年，我胃病第二次复发，先在181医治一个多月，稍好后在家休息一个月，胃病又发，在1962年3月，第二次到广东从化华南干部疗养院疗养三个月。这一次经过疗养院医师检查，我除了胃病以外，还患了初期的高血压病。所以，直到6月18日才由从化回校。1962年上半年，就完全在医院、疗养院度过了。

1962年是阶级斗争十分复杂、尖锐的一年。国际上美帝国主义、苏联现代修正主义、印度反动派再次掀起反华的新浪潮。苏联修正主义领导集团在新疆对我进行颠覆活动为我所粉碎，印度反动派在我边境进行武装挑衅，亦为我彻底粉碎，我反击自卫战争取得伟大胜利。美帝唆使蒋介石匪帮阴谋窜犯大陆，所派的若干股武装特务为我全部歼灭，我批判了和平麻痹思想，加强了战备，彻底粉碎了蒋匪窜犯大陆的阴谋。国内，以刘、邓为首的资产阶级司令部，配合社会上的牛鬼蛇神，鼓吹三和一少、三自一包，藉我困难时假造财政赤字，散布悲观论调，把黑修养重新修订出版，并大刮单干风、翻案风，妄图复辟资本主义。我们的伟大领袖毛主席，顶着这股逆流，坚持社会主义方向，在这一年八月，在党的八届十中全会上发出了千万不要忘记阶级斗争的伟大号召，开展社会主义教育运动，击退了这股资本主义复辟的逆流。

我校在1962年，在贯彻执行刘、邓这个资产阶级司令部的黑指示方面，是做了许多错误工作的。上半年，我虽然患病，但还对学校工作有一些了解。我校当时是张云莹代理党委书记。这一年是继续贯彻执行党的调整、巩固、充实、提高的方针，开始贯彻执行高教60条这个修正主义教育的黑纲领，并传达一月召开的中央扩大会议（七千人大会）贯彻毛主席提出民主集中制的精神，加强了我校党内外的民主生活。在此同时，市委也传达党内最大走资本主义道路的当权派刘少奇攻击三面红旗的黑指示，这个中国的赫鲁晓夫，对党的三面红旗进行极为恶毒的攻击。

1962年，我校在2月15日召开了第三次党员大会，由张云莹负责起草一个报告，由齐才广负责报告。这个报告的起草、讨论，以及党员大会的召开，我都没有参加，因为我在病中。这个报告是完全错误的，是彻头彻尾地执行高教60条这个修正主义教育路线的黑纲领的报告。张云莹起草后，曾经给我看过一次，我当时也没有提高到阶级斗争的高度来看出这个报告的根本错误，只是觉得这个报告把行政上的事情讲得太多，党的工作谈得太少，由于当时急于开会，也就没有修改了。现在看来，这个报告是疯狂地攻击教育大革命的。

报告认为生产劳动过多，科学研究过多，社会活动过多，影响了教学质量；认为过去忽视了基本理论、基本知识、基本技能和教育业务的训练，也影响了教学质量；报告认为同党外知识分子的团结合作，特别是同老教师的团结合作有所忽视，在贯彻党的知识分子政策上，存在简单粗暴的作风，影响了部分教师的积极性；报告进而攻击党组织包揽行政工作，放松了党的自身的工作，影响了党的建设工作，同时说党的统一集中领导做得不够，在系一级实行系党总支（支部）领导下的系务委员会负责制，造成系一级权力过大，使党的权力分散，影响系行政负责人作用的发挥。这就完全否定了1958年以来教育大革命的全部成绩，为进一步贯彻高教60条这条修正主义教育路线鸣锣开道。

为了把修正主义教育路线强加于全党，这个报告还从正面提出了贯彻修正主义教育路线的具体做法：要改变领导体制，发挥行政组织的作用，加强党的建设；要贯彻以教学为主的方针，稳定教学为主的秩序；要修正教学计划，加强基本理论、专业基本知识的教学和基本技能以及教育业务的训练以提高教学质量；要认真贯彻知识分子政策，贯彻双百方针，发挥教师的积极性等等。这实际上是削弱和取消党对学校教育工作的领导，进一步放任资产阶级知识分子来统治学校，使资产阶级知识分子在教学领域大放封建主义、资本主义、修正主义毒素，为资产阶级复辟制造舆论。这个报告的起草、讨论，我虽在病中没有参加，但张云莹在起草以后，曾给我看过一次，我没有提出正确的意见。所以，这个报告的出笼，我也应负重大的政治责任。这个责任就是我把修正主义教育路线强加于全党。

1962年，由于开了第三次党员大会，进一步贯彻高教60条这个修正主义教育的黑纲领，在教学方面，为了加强三基教育，各系绝大部分课程，采用了教育部编定的文科和理科的教材，并普遍强调了加强基本功的训练。中文系、历史系要背诵古文、练毛笔字，物理、化学抓课堂教学、抓考试、抓实验，数学系抓基础课的教学、抓作业批改等等。教师方面，老教师上教学第一线，老教师带徒弟，教师中普遍抓业务进修、外语进修，不少系请老教师介绍其在旧社会中个人奋斗的学习经验。工厂已砍剩一个教学仪器厂了，化学制剂厂人员已调区工业厅，半导体厂也停办了，科学研究已由教师为主、结合带一部分高年级学生来进行，低年级学生已停止科研活动了。虽然，劳动还在继续进行，但由于时间已加以控制，锻炼也就减少了。这一年闭门读书风气，已逐步形成风气，这是教育大革命在我校继续大反复的一年。

在贯彻中央统战部对资产阶级知识分子投降政策方面，只讲团结，只讲照顾，不讲改造。这一年，通过区统战部与广州统战部的关系，把陈伯康、冯振、赵佩莹送到广东从化疗养院疗养，区统战部还给每人补助了100元。陶铸在从化召开的高级知识分子座谈会，把资产阶级知识分子捧上了天。

校内在继续调整关系，强调与知识分子交朋友，强调安排使用。区统战部把赵佩莹(原稿此处红笔批注："对资产阶级知识分子投降政策的表现。")安排为全国政协的特邀代表，派到北京开会，在开会期间，区党委书记覃应机还个别同赵佩莹谈过话，区统战部副部长李隆为赵佩莹买一部德文化学书，并答应把赵佩莹的儿子赵立宁(脱帽右派)调来师院当赵佩莹的助手。还为陈伯康、赵佩莹配备专门的实验室,配备助手当徒弟。通过这一系列的活动,真是大长资产阶级知识分子的威风,大灭无产阶级的志气,这是我们执行修正主义教育路线中越陷越深的结果。

1962年8月,我们伟大的领袖毛主席,在党的八届十中全会上发出千万不要忘记阶级斗争的伟大号召,向我们这些朝着修正主义教育路线方向奔跑的同志们大喝了一声,我们的头脑才开始清醒一些,立即在师生中开展阶级、阶级斗争的教育。以后,中央又揭露了蒋介石匪帮企图进攻大陆这个大阴谋,我校随着揭露了师生中大量阶级斗争的具体事实,同时,社会上也揭露了大量地、富、反、坏、右阶级敌人在积极阴谋进行反革命活动,这就给全校师生上了一堂生动的阶级斗争的课,使师生受到极为深刻的阶级斗争的教育。

而我对于党外的阶级斗争的情况,对社会上地、富、反、坏、右这些牛鬼蛇神在困难时期向党进攻,是开始察觉了的。对于学校中师生们反映的社会上的阶级斗争,以及学校中资产阶级知识分子中的坏分子在教学中放毒,也是察觉了的。但是,对阶级斗争在党内的反映,当时还感觉不敏锐,只限于注意党员中的违法乱纪、贪污腐化分子,以及注意党员中资产阶级个人主义十分严重的同志的错误行为的批评。但还没有觉悟到自己是执行着一条错误的路线,使得学校出现资产阶级知识分子到处放毒,为资产阶级复辟制造反革命舆论这种极为严重的错误。

1962年8月,中国赫鲁晓夫刘少奇抛出他修订后再版的黑修养。9月、10月各级党委层层地布置学习黑修养。区党委宣传部副部长罗立斌做了学习黑修养的报告,我院宣传部苏永贻提出了我校学习黑修养的计划(我曾经对计划作了一些修改),并要我做动员报告。我当时身体不好,但当时思想上认为黑修养是对的,曾看了两遍后就去做动员报告。报告分两部分:一为对此书的认识,二为如何学习。对这本黑修养的认识,我错误地认为:这本书是建党的重要指示,目前我校党内出现的问题都可以从黑修养中得出答复,所以我们不仅现在要学习,而且这本书值得我们一辈子学习。在如何学习方面,我错误地认为,我校剥削阶级出身的党员很多,应认真学习黑修养,才能进一步加强党性锻炼,与剥削家庭划清界限，提高阶级觉悟。由于我这样错误地吹捧黑修养，以致后来各系在建党工作中，都要建党对象先行学习黑修养，党员犯了错误也有自动去学黑修养的。我校党员中黑修养的毒极深，在推销黑修养、使全校党员中毒这个罪恶的行为方面，我应负最主要的责任。

我为什么这样去吹捧黑修养呢？检查起来，解放前，1946 年在重庆乡建学院，我第一次读到刘少奇的论党，还没有读过黑修养，当时觉得刘少奇对党的工作还能讲出一套。解放后看过一次黑修养，那时是搞工业，对黑修养印象不深。1962 年修订出版后，我曾请组织部、宣传部的同志，把旧版新版修改过的地方对照了以便看看修改了一些什么东西，并把新版的看了两遍，当时我感到黑修养是对的，能解决党内的问题。当时，我根本没有认识到这是刘少奇篡党的大阴谋。从我犯错误的主要原因来看，是我的资产阶级世界观没有改变，对黑修养的这种修正主义的建党错误理论，就容易接受。同时，更主要的原因，是我对毛主席的建党学说，几年来没有进行认真的学习，从而在建党问题上缺乏一个马克思主义、毛泽东思想的标准，从而无法辨别出刘少奇黑修养的反动性。同时，这个中国的赫鲁晓夫——刘少奇当时是以党内第二号人物这个假面孔出现的，我的奴隶主义思想严重，思想认识水平低，对黑修养当时是不敢怀疑的，因而对黑修养推崇备至，使全校党员受了黑修养长期的极为严重的毒害，对党对人民犯下了严重的罪恶，造成对党对人民不可挽回的损失。这是我犯的又一个极为严重的错误。

1962 年，我虽然在校工

父亲和小山、超英，1962 年。

作近半年，但从我们执行上级的方针、政策方面来看，除了贯彻毛主席八届十中全会上提出的千万不要忘记阶级斗争的伟大号召进行阶级、阶级斗争教育，贯彻中央扩大会议毛主席提出的民主集中制，加强学校党内外民主生活外，大部分是贯彻执行刘、邓为首的资产阶级司令部的黑指示，从而使我校出现坚决执行一条修正主义的教育路线和统战方面的投降路线，造成了教育大革命以来更大的反复，这个错误是十分严重的。从这个错误来看党委成员的责任，我认为张云莹是积极执行这条修正主义教育路线的，我是支持张云莹的，因为我是班长，主要责任应由我来负责。班长带头不对，支持错误的路线在我校推行，我的罪责应由我来承担，我决不会推卸责任的。至于我去医病，谁代理我的职务，谁负责主持当时的工作，当然就是由他负责。我也无法为他们负担罪责的。

1963 年的工作

1963 年，我全年都在学校工作，但因胃病始终不断根，加上又患了初期高血压病，不能用脑，一用脑则血压上升。这一年内是上午上班，下午休息，只能维持一种半休的办法。在工作上，也只能抓一些主要的工作，其他工作则由齐才广处理。

这一年，我校继续贯彻调整、巩固、充实、提高的方针，继续贯彻高教 60 条这个修正主义教育黑纲领，强强基本理论、基本知识、基本技能的训练，搞十年师资培养计划，总结经验，进行十年校庆庆祝活动。同时，由于去年十中全会我们伟大领袖毛主席发出了千万不要忘记阶级斗争的伟大号召，我校在抓阶级斗争方面，是继续进行阶级、阶级斗争教育，进行反对现代修正主义的教育。3 月，毛主席发出向雷锋同志学习的伟大号召，我校也掀起一个学习雷锋运动。

中央发布《关于目前农村工作中若干问题的决定(草案)》以后，中央曾提出过农村进行“四清”，城市进行“五反”的指示。我校除调部分干部教师参加农村“四清”运动外，还在校内开始进行“五反”运动。国务院规定大学毕业生毕业后应下乡劳动一年，我校毕业生全部集中全州农村进行劳动。留校师生，也分批下乡下厂参加工农业生产劳动。全校在 10 月、11 月调整了工资。我在本年中处理黄时强毒害妻子的案件。

广西干部疗养院的入院通知开出的时间：1958 年 10 月 15 日，这个日期，正好是父亲从北京调桂林工作的一年之后。这所疗养院后来统称“江滨医院”，除了供广西的高干疗养外，有几幢小楼是给越共领袖准备的。

广西僮族自治區干部療养院

入院通知書

同志：

關于你的病歷，經我院病案討論会研究合乎入院療养，故同意入院療养 个月。

現已騰出床位，希于 月 日以前持本通知書和机關介紹信按下列各項办理妥善后，前來办理入院手續，如逾期不來時，本通知无效。我院另外通知他人入院療养。

注意事項

1. 必須攜帶戶口，油、粮轉移証（本市的不須轉戶口）。
2. 入院時需預交住院費，人民幣100元（該款由原机關或公費医療机構預支），作為本院墊支療养員的各項費用週轉金，出院時結帳，多退少補。
3. 伙食費由本人自理。
4. 不需攜帶行李，只可隨帶衣服，牙膏、手巾、牙刷等日用物品。
5. 党团員應將組織關係按系統轉好帶來，以便过組織生活。
6. 入院后必須遵守本院住院規則。
7. 如不按上列手續办理入院者，屆時一律不收，其往返路費及其他損失，應由原机關或本人負責。

1958 年 10 月 15 日

这一年的特点，是两条教育路线在我校的斗争十分复杂和尖锐。一方面，我们还顽固地执行刘、邓这个资产阶级司令部的修正主义教育路线，一方面已开始贯彻毛主席的革命路线，在学校中抓阶级斗争，进行阶级、阶级斗争及反对现代修正主义的教育，抓学习雷锋运动，开始搞“五反”运动，并加强师生的劳动锻炼，开始冲破这条修正主义教育路线的缺口，现在分述如后：

1963 年，在继续贯彻高教 60 条这个修正主义黑纲领方面，全校和各系，都在搞有关基本理论、基本知识、基本技能的措施方案，强调练基本功，贯彻了教育部关于高等学校高年级教学工作的通知和教育部直属学校学生成绩考核暂行规定（草案），抓教师的认真教学，抓学生的业务学习的考查、考试，贯彻苏联凯洛夫一套资产阶级的教学方针方法，真是害死学生了。因为，教育部编的教材分量太重，加上满堂灌，学生十分紧张，又贯彻“少而精”、“因材施教”的原则。实际上，对于课程、教材、教法的问题，是在凯洛夫的基础上搞改良主义，根本没有触动资产阶级教学方针、方法一根毫毛。

在这一年，以教学为主的资产阶级的教学秩序可谓登峰造极了。教师进修方面，搞了一个十年师资培养规划，这是贯彻高教部培养资产阶级师资队伍的黑指示，这件事据我所了解的是：高教部有指示要搞师资培养规划，并附发了某大学一个具体计划下来作为蓝本，区教育厅要求我校试点，经过区教育厅的一再催促，张云莹出点子，陈克抓各系党员副主任商量，逐步拟出计划初稿，经张云莹亲自修改后交党委讨论。我在讨论此计划时，是认为这个计划，订得还是好的。

现在看来，这个十年师资培养规划，是要把我们的教师队伍变为资产阶级知识分子队伍的黑计划。以多少年内要培养多少教授、副教授、讲师为钓饵，以专搞提高业务、不讲改造资产阶级世界观、用只专不红的道路来培养我们的师资队伍，实质上是要培养一支资产阶级知识分子队伍来贯彻执行资产阶级修正主义教育路线。这个十年培养师资规划是完全错误的，它是顽固地执行高教60条这个修正主义教育路线的进一步发展，要求培养一批新的资产阶级知识分子的教师队伍来传宗接代，这是刘、邓这个资产阶级司令部的大阴谋，我们没有识破这个资产阶级复辟的大阴谋，上了黑司令部的当，执行了高教部的黑指示，是我校当时教师中出现一股要求保证六分之五时间、只钻业务、不问政治、一心只想升讲师、升副教授、升教授的资产阶级黑风，我们的错误是十分严重的。

在1963年底，我校搞十年校庆活动，我写了一篇《十年历程》的错误的文章。在这篇文章中，对学校培养目标的提法是完全错误的，对高教60条的看法和对执行高教60条的经验总结也是完全错误的。对十年成绩，对政治思想工作成绩，对教师进步，对教师队伍政治进步的估计，都是过高了的。一句话，对执行这条修正主义教育路线，当时是根本没有认识的，因而就产生一系列的错误的看法，得出一系列错误的结论：如确立社会主义高等教育的根本制度，如认为贯彻以教学为主，加强三基，稳定教学秩序，教师认真教、学生认真学就能提高教育质量等等结论都是错误的。对教育大革命的缺点的结论，尤其是严重的错误。这篇错误的文章，是站在资产阶级立场上，用修正主义教育观点来观察问题，因而把资产阶级教学方针、方法当作香花，把无产阶级教育大革命的香花看成毒草，这是在教育战线上两条路线的斗争中倒向修正主义教育路线方面去了，所以产生一系列的错误看法与得出一系列的错误结论。

我对这篇错误文章的认识，是在1966年6月以前，中央揪出彭真、罗瑞卿、陆定一、杨尚昆这几个反革命、修正主义分子后，开始有了初步的认识。6月以后，红卫兵小将贴出大字报对这篇文章进行批判，使我进一步认识这篇文章的系统的错误。从这篇错误文章的发表说明：我三年来受高教60条这个修正主义教育的黑纲领的毒害是很深的，同时，也说明我受旧教育框框的毒害也是很重的。如果没有毛主席发出千万不要忘记阶级斗争的伟大号召，我还不知道沿着错误的道路走多远呢！

在1963年，遵循我们伟大领袖毛主席千万不要忘记阶级斗争的伟大号召，我们开始抓阶级斗争，继续对师生进行阶级、阶级斗争的教育，进行反对现代修正主义的教育，并响应毛主席向雷锋同志学习的伟大号召，在学生中掀起一个学习雷锋的运动，学习毛主席为人民服务的教导，做好事，读红书，唱红歌，请老工人、老农民来校作报告。5月，毛主席亲自主持制定的中共中央关于目前农村工作若干问题的决定（草案）发表，使全校师生进一步认识阶级斗争的严重性，并初步揭露学校中阶级斗争的现象。我们派了部分教师、干部参加桂林郊区和灵川农村的“四清”运动。9月，我们遵照国务院的规定，把我校毕业生集中全州农村劳动一年，对校内师生，则采取分期分批下乡下厂参加工、农业生产劳动，向工人、农民学习。8月，我校遵照中南区党委的规定，在党政工作人员中开展反对贪污盗窃、投机倒把、铺张浪费、分散主义、官僚主义的“五反”运动。在“五反”运动中，通过洗温水澡，干部进行自我检查和群众帮助，揭露了领导干部在困难时期，革命意志衰退、多吃多占、生活特殊化、养猪、种自留地，甚至有投机倒把、贪污盗窃等严重违法乱纪的行为。由此可见，干部队伍受资产阶级思想的侵蚀是十分严重的。

我在“五反”运动中带头做了检查，当时对自己在困难时期多吃多占、医病买药、欠厨房伙食账等生活特殊化等等错误行为以及官僚主义、主观主义等思想作风方面的问题进行了检查。但由于当时认识、觉悟水平都很低，对执行修正主义教育路线问题时根本没有认识的。

在“五反”运动第一阶段，领导干部层层洗温水澡以后，正组织力量进行“五反”摸底，还未发动群众大揭贪污盗窃、投机倒把的活动以前，上级党委有指示，“五反”暂停。因此，只能逐步对“五反”摸底的一些严重的案件进行一些处理，有一些轻的案件，至今还未处理。就“五反”运动来看，只搞了一个开头，对干部多吃多占、生活特殊化、贪污盗窃、投机倒把，煞了一下歪风，开始揭开干部队伍一些阶级斗争的盖子，还未能提到两条路线斗争的高度来认识这些错误的本质。通过以上一系列的活动，使我感到阶级斗争在学校内部的反映是十分严重的。

除了“五反”运动外，在教学领域，在反对现代修正主义的学习中，地理、中文、外语、历史等系反映过去许多教材长期宣扬苏联修正主义的毒素，中文、历史等系教师长期宣扬封建主义、资本主义的毒素，不少青年学生，由于中毒很深而思想落后走上歧途。资产阶级与无产阶级争夺年青一代的情况是十分严重的。但当时我只看到现象，本质是什么，当时是认识不清的。经过史无前例的无产阶级“文化大革命”运动，我才真正认识到：这是由于党内存在一小撮走资本主义道路当权派，他们纠合资产阶级知识分子以学校为基地来搞资本主义复辟的反革命活动的缘故。党内存在着毛主席的无产阶级革命司令部与“中国赫鲁晓夫”刘少奇这个资产阶级黑司令部的尖锐斗争，一切资产阶级复辟的阴谋活动，是与党内刘少奇这个资产阶级黑司令部密切相关的。只有彻底摧毁党内最大一小撮走资本主义道路当权派刘、邓这个资产阶级黑司令部，彻底挖掉刘少奇这条修正主义老根，才能保证我们的社会主义江山，保证我党我国永不变颜色。

对于这个无产阶级专政条件下阶级斗争的本质问题，过去我是迟迟认识不清的。今天，我一面感到十分惭愧，一面感到无比的愤恨。惭愧的是，党培养我多年，由于我没有以毛泽东思想来不断改造自己的资产阶级世界观，没有识破党内最大一小撮走资本主义道路当权派的种种复辟阴谋，奴隶主义地、盲目地执行着一条修正主义的教育路线，为了阶级敌人当帮凶，对党对人民犯了大罪，对不起党，对不起毛主席，有负党对我的委托。同时，当我认识了这个党内资产阶级司令部的坏头头“中国的赫鲁晓夫”刘少奇的时候，认识他在历史上每个重要关头都跳出来代表资产阶级反对毛主席的革命路线的时候，我感到无比的愤怒！尤其是这个党内最大的走资本主义道路的当权派刘少奇，在中国革命胜利的前夕和中国革命胜利以后，进行一系列的为在中国复辟资本主义的阴谋活动，要把千百万烈士鲜血培育起来的革命胜利果实双手奉送给蒋介石，要把社会主义红色的江山变为半封建半殖民地，使我感到万分的愤怒！同时，对于我们伟大领袖毛主席亲自领导亲自指挥这场史无前例的无产阶级文化大革命，领导千千万万的红卫兵小将，领导千千万万的浩浩荡荡的造反大军、革命群众，把“中国赫鲁晓夫”刘少奇这颗定时炸弹从毛主席身边挖了出来，把刘少奇这个党内走资本主义道路的总后台揪了出来，斗倒！斗垮！斗臭！则感到欢欣鼓舞，无比的喜悦！

我过去错误地执行了刘、邓修正主义的教育路线，并对这条错误路线迟迟认识不清，对党对人民犯下了严重的罪恶，毛主席挽救了我，“文化大革命”挽救了我，使我从错误的路线上觉悟过来了。今天，我应该老老实实地认错，认真地改正错误，彻底与刘、邓这条修正主义教育路线决裂，与党内走资本主义道路当权派彻底划清界限，坚决回到毛主席的革命路线方面来，同红卫兵革命小将们和革命造反派的同志们一道继续闹革命，在革命大批判的斗争中，彻底打倒党内最大一小撮走资本主义道路的当权派！彻底摧毁以“中国赫鲁晓夫”刘少奇为首的资产阶级司令部！把我们学校办成红彤彤的毛泽东思想大学校！

1963 年，我还处理了化学系黄时强毒害爱人的案件。在未发生毒害爱人案件以前，黄时强与爱人闹离婚，我是支持他的爱人，不同意黄时强闹离婚的。并批评过黄时强闹离婚的错误。1963 年×月，刘庆仙打电话给我，说黄时强给妻子吃水银。当时，我同意刘庆仙的意见，一面送黄时强的爱人到医院抢救，一面由化学系派人与黄时强同住，以免发生意外事故。次日，经党委研究，公安局同志把黄时强拘留。党委指定监委、人事保卫部门专人专案查明黄时强犯罪的罪证。在查明罪证的基础上再酝酿对黄时强的处分问题。

对黄时强的处分，当时有两种意见，一是开除党籍，法办，这是化学系党内外的意见；一是留党察看，这是我和一些经办案件部分同志的意见。当时，我先派吴春业到化学系征求党内意见，以后，我又亲到化学系党内进行说服。我当时的看法是，有人藉黄时强事件来攻击党，我们不能一棍子打死黄时强。最后，召开党委扩大会来讨论黄时强的处分意见。会上，绝大多数同志主张开除党籍送法院法办，我虽没有同意，但少数服从多数，我即将党委扩大会议的决议报请市委批准后执行。

关于处理黄时强问题，我在党委决定以后是没有什么错误的。但在党委未决定以前，我在处理黄时强事件过程中，是有严重错误的。首先是认识黄时强事件的错误性质上有错误，黄时强用水银毒害妻子，这是一个共产党员已经变质，发展到毒害人命这种极端利己的反革命犯罪分子的程度了。而我还认为未全变质，属于人民内部矛盾，这是思想上严重右倾的错误。其次，黄时强的犯罪行为激起化学系群众的公愤，群众要求从严处理黄时强，这是完全正确的，即使其中有些过火的议论，也是可以理解的。而我听到过火意见后，认为有人利用黄时强事件来攻击党，这是站在资产阶级立场上来对待群众，对群众的正确意见施加压力，这是完全错误的。第三，我当时认为黄时强入党后还为党做了一些工作，在化学系工作时也是积极的，并且对他毒害妻子事件也坦白承认错误，因而有从轻处分他的要求。实际上，这种毒害妻子的共产党员，是已经变质了的，他犯错误这种行为把自己放在与人民对立的地位上了，对于这种与人民为敌的共产党员，还企图减轻他的处分，实质上是属于包庇犯罪分子了。这是我在党委未决定以前，处理黄时强毒害妻子一案过程中所犯的错误。幸而党委扩大会绝大多数同志主张对黄时强开除法办，作出正确的决定，使我的错误没有发展下去，否则，将犯更严重的错误。

1964年的工作

我在1964年初，因高血压病严重，2月下旬到3月上旬到南宁医学院附属医院检查身体，检查结果，高血压病已由初期发展为第二期高血压。在1963年下半年到1964年上半年这段时间内，学校领导人员人力是十分紧张的：张云莹1963年下半年在上海医病，1963年下半年，陈克患癌症到上海医治，1964年2月在上海病故，张云莹直到陈克死后才回校。校里只剩下我和齐才广和周待旦，区党委派王堪来任院长办公室主任，当时，只有让王堪逐步抓一下教学方面的工作，但王堪的积极性不高。我的高血压病又发展到第二期，胃病也始终没有断根，只能半工半休地支持工作。这一情况，我到南宁市即向区宣传部反映，要求区党委迅速增派干部到我校来。我检查身体后，在明园饭店，区宣传部长葛震对我校工作作如下指示：张云莹、杨江退到第二线，区派李德韩先去，崔毅已报中央请示，经中央批准后再去。杨江暂时休息，由齐才广暂代书记一段时间，将来崔毅去后，可代理院长一段时间。

1964年3月初，我从南宁回校后，即将葛震指示在党委中传达，传达后，我就在家养病了。工作暂由齐才广代理，在这段时间内，区宣传部、区教育厅有事则来找齐才广，没有找我。后来葛震曾到桂林一次，知道我还多少插手一些工作，他通过齐才广要我和张云莹全休，把病养好再说。所以，在1964年我实在没有干多少工作。

1964年，我校贯彻执行毛主席的春节指示，响应毛主席"农业学大寨、工业学大庆、全国学解放军"的伟大号召，大学解放军，以及贯彻执行中共中央和国务院关于组织高等学校文科师生参加社会主义教育运动的通知，到兴安参加"四清"运动，都是齐才广负责贯彻执行的。直到齐才广身体不好，入181医院医治，我才又出来主持党委工作。那时，崔毅已经来校，主要任务是由他带领党员干部、党员教师到南宁参加区党委宣传部召集的高等学校学习会。我和张云莹，因病未好，经请示区宣传部同意后，留在家里搞日常工作。

虽然1964年我因病在家休养，没有参与学校整个工作的领导，但在年初3月以前及年底10月以后齐才广入医院治病以后，还是我负责的。现就我负责领导时期的工作，来检查自己的缺点和错误。

1964年2月，陈克病故，关于陈克丧事处理不当的错误，应由我负主要责任。陈克死，开追悼会是必要的。但我没有严格控制在勤俭办校的原则上来办丧事，在处理丧事时有铺张浪费(原稿此处红笔批注："仅仅是这样？铺张浪费表现如何？")。丧事的规模，搞得过于隆重，不必要地扩大了规模。如派几部汽车载师生到车站接骨灰，停丧守灵，隆重的全校公祭。这种大办丧事的做法是违反我党艰苦奋斗的光荣革命传统的，给群众、给社会上的印象都很坏。从思想上来检查，我的资产阶级的官气没有打掉，认为陈克是个副院长，在校是带病工作，应该隆重一些。忘了毛主席教导我们"每个共产党员都应该以一个普通劳动者的姿态出现"，因而犯了错误，带头搞了一股资产阶级的歪风，对不起死者。

1964年7月14日，人民日报编辑部、红旗杂志编辑部九评苏共中央的公开信《关于赫鲁晓夫的假共产主义及其在世界历史上的教训》在《人民日报》上发表，上级党委通知要当作重大的反修防修的重要文件来学习。我校本着上级指示精神，先在干部中组织学习，不久即放暑假，在第二学期开学后，党委布置在10月份开始，认真拿出一段时间来学九评，要求通过九评学习，联系思想，提高认识。

校内，在10月开始，由各系总支、支部组织师生员工认真开展这一重要文件的学习活动。在开展学习一段时间以后，我听到刘达元的汇报，说他带头检查他和剥削家庭的关系，带动了教工、学生联系思想，提高了认识，并在学生中采取自我革命写小字报办法来揭露和平演变、阶级斗争盖子，收效也好。刘达元汇报后，我觉得化学系这种做法不错，并亲自到化学系去，进一步了解他们的具体做法，并抽调学生干部所写的自我革命的小字报来看，看后也觉得很好。当时，即决定在化学系蹲点，并决定立即抽调党委办公室覃承鼎，宣传部张绍森等四五个同志来看一个小班所写的自我革命的小字报。当时，六二级那个小班的干部已经发动起来了，他们带头写出一本一本的小字报，积极分子正在跟着动起来，后进层还有顾虑。我认为首先应抓干部带头这一关，我看了两个写小报最多的干部材料以后，以为他们暴露还不够，要总支进一步了解干部有何顾虑，我再对干部作动员。

办公室来的人员，当时我指定他们的主要任务是看干部和同学的小字报，然后，在听他们的汇报。我在化学系蹲点的第一步工作，是向干部进行动员。当时，记得我找了七八个干部进行座谈，在动员中，我宣扬了陶铸在广州整训工作队报告中“自我革命是姜太公钓鱼愿者上钩”的谬论，并肯定干部自我揭露的成绩，继续要求干部带头开展思想斗争，敢于暴露，敢于革命，要求从各方面来揭自己受阶级斗争、和平演变的影响。在我动员以后，听说有好些干部，由于开展思想斗争，吃不下饭，睡不着觉，这个罪责，实由我造成，应由我来承担。

在学生干部暴露了各方面的问题以后，我的第二步工作，是就已暴露出来的问题进行分析提高。我曾以李成珊同学所暴露的材料为主，在化学系做过一次较长时间的分析提高的讲话，那次讲话有讲稿，存办公室我的笔记本中。以后叫覃承鼎、张绍森他们按我的这种做法，就每个学生所写的小字报中每个问题，进行个别帮助、分析、提高。同学之间，是用互相参观小字报的方式，取得启发与帮助的。

在这次讲话以前，还专调宣传部朱天恩来整理材料，准备写总结。我要求朱天恩把该班每个同学所写的小字报都写过，对暴露的问题进行分类整理。后来，朱天恩写了一大本材料，我认为还达不到精简的要求，还准备要她改写。在这段时间内，我要刘达元向全员总支、支部干部和青年团学生干部介绍化学系九评搞自我革命写小字报的经验，我也发表意见表扬了他们的工作。刘达元介绍经验以后，数学系六二级一个小班经我同意也进行试点。他们借了化学系学生干部自我革命小字报去陈列，经过动员后，也开始搞起来了。此外，我还派了张绍森去查化学系一个同学的家庭情况。

这次学九评搞自我革命事件，直到我读了新华总社出版的处级以上干部阅读的参考资料××期上刊载批评天津××学校学九评在学生中搞自我革命是错误的搞法那篇文章以后，觉得我们的搞法也是不对的，并将这篇文章批准给刘达元阅读，并对刘说不搞了。但我没有向同学说明，过去搞法是不对的，也没有对同学写出来的材料订出处理原则进行处理。

在这次“文化大革命”中，数学系六二级一个小班首先揭出这个问题，经过查问，才知道数学系六二级写的自我革命的材料存在化学系团总支那里。这次化学系革命造反派进一步揭出这个问题，我才知道刘达元已动员六二级的同学把自我革命的材料写进自传里去了。

通过这次史无前例的无产阶级“文化大革命”运动，我开始认识到，1964 年学九评我在化学系蹲点，在六二级同学中搞自我革命试点，和数学系六二级一个小班试点的推广，这是完全错误的。九评这个显示着光焰无际的战无不胜的伟大的毛泽东思想光辉的具有伟大历史意义的文件，我们应该一辈子反复认真地学习。但我这种学九评的方法，是完全歪曲了九评的学习，是完全违反毛主席的教导的。毛主席教导我们：“青年是整个社会力量中的一部分最积极最有生气的力量，他们最肯学习，最少保守思想，在社会主义时代尤其是这样。”又说：“世界是你们的，也是我们的，但归根结底是你们的。你们青年人朝气蓬勃，正是兴旺时期，好像早晨八、九点钟的太阳，希望寄托在你们身上。”我在学九评搞自我革命时，却贯彻党内头号走资本主义道路当权派刘少奇的黑指示，在革命学生中大揭“和平演变”，往革命学生脸上抹黑，把革命学生描画成黑漆一团，这是把刘少奇、陶铸这一套整训工作队的形左实右的资产阶级反动路线，贯彻到学生学九评中来，这是一个极为错误的在政治上迫害革命学生的政治迫害事件。

革命的实践证明，革命学生在这次史无前例的无产阶级“文化大革命”运动中，是敢想、敢说、敢干、敢闯、敢革命，高举毛泽东思想伟大红旗，坚决执行捍卫毛主席的革命路线，坚决反对刘、邓资产阶级反动路线的急先锋。他们在毛主席亲自领导下，和千百万革命群众在一起，挖出了党内头号走资本主义道路当权派刘少奇这颗埋在毛主席身边的定时炸弹，挖掉了中国修正主义的老根，彻底摧毁了隐藏在无产阶级内部的这个资产阶级司令部，他们为中国人民和世界人民，立下了不可磨灭的丰功伟绩，对中国和世界的无产阶级革命有着极为重大的极为深远的伟大的意义。革命小将身上所沾染的旧社会中的旧思想，是完全可以在无产阶级“文化大革命”中，在今后三大革命运动中，以毛泽东思想武装自己，自己教育自己，自己解放自己，加以克服的。

毛主席教导我们：“要特别警惕像赫鲁晓夫那样的个人野心家和阴谋家，防止这样的坏人来篡夺党和国家的各级领导。”我们副统帅林彪同志指示我们：“我们的社会现在还是建立在阶级对立的基础上。资产阶级、地主阶级、一切剥削阶级是被打倒了，但是没有完全消除。……他们是想复辟的……城乡小资产阶级的自发势力不断地生长新的资产阶级分子，工人当中也掺杂着一些复杂成分，党和国家机关有某些人腐化，加上帝国主义和现代修正主义的包围和颠覆活动，这些都是使我们国家产生资本主义复辟的危险。这种危险是综合的，这种反动力量是互相联合的，国内国外，国内是主要的；党内党外，党内是主要的；上层下层，上层是主要的。危险就出在上层，苏联出了赫鲁晓夫，全国就变了颜色。”我在学九评搞自我革命中，违反了毛主席的教导和林副统帅矛头向上的指示，而是站在资产阶级立场上，执行了党内头号走资本主义道路当权派刘少奇形左实右的资产阶级反动路线，把矛头指向革命师生，实行打击一大片保护一小撮的资产阶级反动路线。

在任何革命运动中，矛头指向谁的问题，始终是一个大是大非的问题，这次事件中，我把矛头指向革命群众，所以犯了方向性的路线性的错误！

对于这次化学系学九评搞自我革命这个迫害革命学生的政治事件，虽然先由刘达元提出，但我对他的错误搞法不但不纠正，反而肯定他的搞法是对的，并加以推广，因此，错误的主要责任，应由我来承担，我校其他各系如搞了自我革命的，其错误责任均由我来承担。因为我把刘达元的错误经验，要他向全校介绍，并在停止搞后，并未向全校承认自己的错误。

至于刘达元动员化学系六二级学生把自我革命材料写入自传中去，我虽然不知道，但也由于我在停止搞自我革命后，没有采取有效措施，如没有对全校宣布自我革命搞错了，没有要求把每个同学写的自我革命材料交还本人等等而产生的错误，我也应负主要责任。

我的上述错误是十分严重的，我在化学系学九评在学生中搞自我革命，是执行刘少奇形左实右的资产阶级反动路线的错误，是迫害革命学生的政治性的严重错误。由于我的错误，使化学系、数学系六二级参加试点的同学，把受家庭、学校、社会影响的思想认识统统上纲，进行自我抹黑，颠倒是非黑白，抹杀革命学生的主流，给革命学生在思想上套上了党内最大走资本主义道路当权派刘少奇所提出的“和平演变”的精神枷锁，严重地压制了革命学生的革命造反精神。特别是，由于刘达元动员化学系六二级学生把自我革命的黑材料写入自传，造成对革命学生终身的政治迫害。我今天已认识到这次事件的严重错误，我诚恳地向学九评搞自我革命受政治迫害的同志们低头认罪！为着改正这一严重错误，我向校文革建议：

一、将此次化学系六二级和数学系六二级学九评搞自我革命参加试点受政治迫害的每个同学写出来的自我革命小字报交还本人处理，有关党委办公室、宣传部工作人员及党总支、支部干部所摘录的学生的自我革命材料，一律交还学生本人处理。

二、化学系六二级同学在1964年写的自传，从档案中抽出，另行由同学按学校规定要求重新写过，再放入人事档案。由于自我革命自行改变成分的，一律照旧不改。朱天恩整理的材料，交化学系六二级同学处理。

我为什么犯了这样一个严重错误呢？从外部影响来看：1963年9月，刘少奇的形左实右的后十条已经出笼，华北有介绍工作队搞自我革命的经验，广州有陶铸整训工作队搞自我革命的经验。1964 年 7 月，刘少奇到广西来宣扬他的形左实右的资产阶级反动路线和桃园经验，大谈当前阶级斗争的新形势、新特点是和平演变，两面政权，合法斗争。1964 年 9 月，兴安社教，在工作队集训期间，贯彻刘少奇形左实右的资产阶级反动路线，在工作队中搞自我革命，这些对我都有很深的影响，这是外因。毛主席教导我们“外因是通过内因而起作用”，根本问题，还是我的内因。

我在师院多年以来，在历次运动中，总是革别人的命，不革自己的命，受黑修养的毒害很深，总把自己当作诸葛亮，把群众当作阿斗，而且奴隶主义思想严重，把刘少奇这个资产阶级黑司令在南宁的讲话，当作圣旨来执行。没有用毛泽东思想来改造自己的世界观，没有用毛泽东思想来鉴别一切香花毒草。所以，在学九评搞自我革命时，执行了刘少奇形左实右的资产阶级反动路线，把矛头指向学生，实际上是打击一大片保护一小撮，麻痹了革命学生的革命意志，企图使青年学生充当修正主义的奴隶，起了保护一小撮走资本主义道路当权派的极为反动的作用。

我的错误是十分严重的，经过化学系同学的揭发、批判、斗争，使我认识了过去的错误，认识了这次错误的性质和根源，使我受了一次极为深刻的教育。我坚决和刘少奇这条形左实右的资产阶级反动路线彻底划清界限，愿意同大家一道来批判党内最大一小撮走资本主义道路当权派所制定的资产阶级反动路线，彻底摧毁这个资产阶级司令部，同时，在革命大批判斗争中，以毛泽东思想为统帅，彻底清除我执行资产阶级反动路线的流毒与影响，以回到毛主席的革命路线上来。

1964 年，关于贯彻毛主席春节指示这件大事，是由齐才广、张云莹负责的。我在家养病，没有参加听传达和讨论。现在看来，这一大事是搞错了，是按反革命修正主义分子陆定一、杨秀峰的黑指示办事，没有按照毛主席的指示办事。我虽没有参加听传达与讨论，但我知道这件事，由于当时思想、觉悟水平低，没有认识反革命修正主义分子陆定一、杨秀峰的大阴谋，因而没有坚决起来贯彻毛主席的春节指示，我也有严重的错误的。

1964年,在兴安社教整训工作队时,开始揭开师院党内外阶级斗争的盖子,我听了李德韩一次向党委的汇报。在南宁学习会又继续揭开师院党内外阶级斗争的盖子,给我教育是深刻的。但我当时是忙于组织力量来调查有关党员干部如杨××等的专案,正开始认识学校阶级斗争的现象,对于在无产阶级专政条件下阶级斗争的本质问题,还是认识不清的。有关这些问题,准备在1965年的工作中,再进行检查。

1964年10月左右,我校派韦家权、欧阳若修等参加杨秀峰在广州召开的文科教改座谈会,会前张云莹要求文科中文、历史两个系,初步搜集了阶级斗争在文科各系的具体反映,对于教学中的阶级斗争有所揭露。韦家权等开完了广州座谈会回来后,即传达会议精神,张云莹亲自指挥,发动教改。韦家权在数学系发动师生大揭凯洛夫的修正主义教学方针、原则,全校既揭凯洛夫的毒害同时也继续揭开教学中阶级斗争的盖子。当时,教改的重点,在揭党外阶级斗争盖子,党内揭的不多,党委更没有揭到。后来,区宣传部副部长谢王岗知道我们搞教改,认为现在不适宜搞运动,即下令停止。到南宁学习会结束回来后,才停止了这个运动。

这次教改运动,为时甚短,只初步揭了党外阶级斗争的盖子,随着运动逐步深入,进一步揭到教学中贯彻什么阶级路线问题。当时,群众中有唯成分论思想,揭了使用学生干部上的阶级路线,还未提高到今天的认识来揭开教育上贯彻一条修正主义教育路线。因而,在学校中的阶级斗争现象是开始揭露了,对学校中阶级斗争的本质,对党内存在着走资本主义道路当权派这个本质问题,是没有接触到的。

我虽然身体有病,参加这次教改活动很少,但从思想上来检查,当时觉得,几年来搞贯彻高教60条,在凯洛夫幽灵复活这个问题上,我们的责任是很重的。但始终没有提高到自己既是革命的一份力量,同时,又是革命对象这个原则高度来看待自己的错误。而且,满足于已经揭开学校阶级斗争盖子,所以,就深入不下去了。

实际上,文科各系出现阶级斗争的严重现象,其根本原因在于我执行了"中国赫鲁晓夫"刘少奇这个资产阶级司令部所制定的修正主义教育路线的结果，是我执行高教60条这个黑纲领的结果，是我执行了中央统战部所制定的统战政策上投降路线的结果。对于我的这个方向性路线性的错误，只有在史无前例的无产阶级"文化大革命"中，揭露了党内最大一小撮走资本主义道路当权派刘少奇这个中国赫鲁晓夫以后，我才真正认清了自己的错误。

1964年11月，由崔毅、周待旦、刘庆仙率领我校党内干部、党员教师参加区党委宣传部召开的高等学校南宁学习会，我和张云莹身体不好，经请示宣传部后没有参加，留在校内主持日常工作。

南宁学习会进一步揭开我院阶级斗争盖子：揭开了困难时期的恋爱风、跳舞风等资产阶级的歪风邪气；揭开了党内蜕化变质分子杨××、王×、沈××等等突出的人物；揭开了困难时期资产阶级知识分子在教学领域大量放封建主义、资本主义、修正主义的毒素，和我们争夺青年一代；揭开了领导上丧失立场为反革命分子送葬，以及陈克死大办丧事等突出事件。我虽没有参加，崔毅回校时带回学习会一份简报，我是看过的。当时觉得高等学校中的阶级斗争是十分尖锐十分复杂，没有认识到南宁学习会虽然揭了学校中一些阶级斗争的现象，但是，由于南宁学习会贯彻执行中国赫鲁晓夫形左实右的资产阶级反动路线，揭下不揭上，揭外不揭内，区党委宣传部的领导干部只革别人命不革自己命，揭了将近两个月，没有揭出区党委坚决执行这条自上而下的修正主义教育路线，没有动到区宣传部、区教育厅以及区党委一根毫毛。搞来搞去的最后结果，是打击一大片保护一小撮，不折不扣地执行刘少奇的形左实右的资产阶级反动路线。

1964年8月，李德韩率领中文、政治、历史三个系高年级同学与部分教师、干部四百余人参加兴安地区"四清"工作。在工作队集训期间，由于执行刘少奇的形左实右的资产阶级反动路线，在工作队中搞自我革命，矛头对准学生，搞人人过关，造成对学生的政治迫害事件。"文化大革命"中，倒海翻江战斗队回校揭露此事，我当时在家全休，只听过李德韩一次汇报，据倒海翻江战斗队揭露，所有毕业生和非毕业生受政治迫害写出来的全部材料已放入人事档案，造成对学生的终身迫害。此事，有关毕业生档案中受政治迫害材料的处理问题，已由倒海翻江战斗队直报区党委处理。对于未毕业同学的政治迫害材料已放入档案问题，我校是可以自行处理的。因此，我向校文革建议：

一、在将来，中文、历史、政治62级同学毕业分配时，应将每个同学在兴安工作队集训时写的那一份受政治迫害的材料，从本人的档案中抽出，交给本人自行处理；

二、对这一政治迫害事件的责任，在“文化大革命”后期，请校文革进一步查明事实，对有关人员进行处理。

1965年的工作

1965年，毛主席亲自主持制定的23条已经公布，我校根据上级指示，在校内党内搞面上“四清”运动，处理一批违法乱纪的党员干部，在市委领导下搞杀风运动，并组织第二批师生参加农村的“四清”运动，这是我校遵照毛主席的千万不要忘记阶级斗争的伟大号召，继续上年抓阶级斗争、两条路线斗争为纲，积极组织师生参加阶级斗争的锻炼，进一步揭开学校阶级斗争盖子的一年。

现在看来，当时对毛主席的伟大号召的理解是十分肤浅的，对二十三条的认识也是十分幼稚的。当时，主观上企图抓阶级斗争、两条路线斗争这个纲，但抓外部，内部抓得不够狠，抓下层，上层没有抓，那时还完全不理解矛头向上这个真理。受“中国赫鲁晓夫”刘少奇形左实右的资产阶级反动路线影响很严重。所以，这两条纲表面上是抓了，但始终未抓到关键问题上去，现分述如下。

1965年2月到5月，根据中央二十三条和区党委工作会议精神，我们在校内搞面上“四清”运动。这次运动是我和崔毅领导的，张云莹因病没有具体抓工作，只参加一些重要性会议。我负主要责任，崔毅做我的助手，齐才广病在医院没有参加，李德韩在兴安搞“四清”。

这次运动，按区党委规定，在学校主要搞党内，党外是进行正面教育，并听取他们的意见。参加这次运动的人员，为党内各级领导干部及党员教师以上的干部约二百余人。运动开始，由我和周待旦作动员报告，学二十三条，联系实际，揭露师院阶级斗争盖子，在此基础上，由领导干部带头革命，洗手洗澡，在适当范围内作自我检查，听取群众的批评和意见。一般党员干部，一般不搞斗争，着重帮助重点人，批判重点事。

这次运动的重点，规定是整党内那些走资本主义道路的当权派。但由于在运动过程中，中南最大走资本主义道路当权派陶铸来一个黑指示，说区、公社一级干部都存在走资本主义道路当权派，这是搞形左实右的资产阶级反动路线，阴谋把斗争目标转向下面。同时，也由于我没有认识到自己是在错误地执行一条修正主义教育路线，所以，斗争目标是抓得不紧，抓得不准的。在整个运动中，我虽然带头做了检查，张云莹也写了书面检查，周待旦、王延青也都作了检查，由于当时认识和觉悟水平都很低，只接触到多吃多占、生活特殊化、革命意志衰退，个别立场观点问题，以及思想作风问题这个范围内，我们带头革命是革得非常皮毛的，根本没有接触到执行修正主义教育路线这个根本问题。

运动中也暴露出一批违法乱纪的党员干部，当时只能组织力量选择最突出的人物进行查证材料，经党委研究提出意见报上级审批。运动中暴露出来的一般性问题或者比较严重的问题，当时都没有力量及时进行查对，再谈不到进行研究处理了。

这次面上"四清"运动，由于受南宁学习会形左实右的资产阶级反动路线指导思想的严重影响，虽然学习的主要文件是二十三条，而执行的是形左实右的资产阶级反动路线。从揭露的矛头来看，不是矛头向上，而是矛头向下的；从揭露的对象来看，重点不是指向院党委几个主要领导干部，而是揭了下面一大片。因此，虽然揭露了不少校内阶级斗争的现象，但从实质来看，仍然是打击一大片，保护一小撮。正由于这样，党委内部阶级斗争盖子揭不开，自然谈不到进一步揭区党委阶级斗争的盖子了，至于刘、邓这个资产阶级司令部，当时是连想都不敢想的，原因是自己站在资产阶级立场上，没有用毛泽东思想武装自己，对于"中国赫鲁晓夫"刘少奇这个披着羊皮的狼是根本认识不清的。

1965 年，我们处理一批严重违法乱纪的党员干部，如杨××、王×、沈××等，现将处理经过及情况分述如下：

关于杨××的问题。在困难时期，中文系的同志对杨××的反映是：打麻将、跳舞是严重的，还和一些人吃吃喝喝，如和沈××关在房里吃喝受煤气熏倒送医院，给群众印象极坏；如和银行一个姓张的女人有来往，关系不明。我曾找过杨××批评一次，他表示对生活作风愿意改正。当时，还没有发现杨××乱搞男女关系。在兴安"四清"工作队整训期间，杨××才开始坦白他同沈××乱搞男女关系，对银行那个姓张的女人，他坚不承认有关系，对女生的关系亦坚不承认。后经我们组织力量专案调查，银行姓张的女人已坦白他们乱搞的情况，女生亦揭露杨××侮辱她们的情况，经过反复查明罪证后，我们召开了党委会，决定开除杨××的党籍，送劳动教养，经过区监委批准后即执行了。

对杨××问题，我认为在未发现他有违法乱纪行为以前，我对他的批评是不够严格的。在发现杨××有些可疑的男女关系的现象以后，没有进行认真的调查研究，查明事实，及早地发现问题。尤其是在困难时期出现的麻将风、跳舞风，没有当作资产阶级歪风进行纠正，这是我的缺点和错误。至于发现杨××有乱搞男女关系事实后，我是积极组织力量迅速进行查对罪证，并根据已查清的罪证进行严肃处理的。

关于王×的问题。王×是 1963 年由区党委派来师院任院长办公室主任的。对于王×的过去情况，我完全不了解。来校以后，因张云莹病到上海留医，校内人手特别缺乏，我曾和王×谈，要求他着手抓教学，当时，他表示的态度是不够积极的。以后从区党委组织部门了解，才知道他原想到民族学院当副院长没有达到目的，到师院来是不大积极的。1963 年底，王×的前爱人徐希到我家谈她怀疑王×与外甥女的关系问题，徐希怀疑的根据是拿到他外甥女给王×的一封信，说此信中谈的值得怀疑。当时，我觉得王×与其外甥女关系，应凭事实作根据，夫妻之间，随便怀疑是不大好的。以后听说王×的外甥女来桂林过春节。有一天晚上，刘庆仙打来电话，说王×和他的外甥女乱搞男女关系给徐希抓住了。这时，我在病中，这事都由齐才广处理。齐才广亦将事情经过用电话告诉我，他并组织力量在第二天去查对王×的外甥女。齐才广并说，接到王×的电话约定第二天同他谈话。当时，我估计王×可能对组织承认错误。但事实恰恰相反，齐才广派人同王×外甥女了解情况时，王×的外甥女一口否认此事，王×同齐才广谈时，也一口否认此事。当时，由于只有徐希方面的报告，而王×和他的外甥女则坚决否认，所以没有进一步查对。王×的外甥女走后，又发现沈××经常到王×处吃吃喝喝，当时，我们怀疑王×与沈××有不正当关系，但未查明。一直到南宁学习会中，沈××首先承认与王×有不正当的男女关系，进一步揭露王×，最后，王×才承认早在北京工作期间，他已和他的外甥女发生不正当的关系了。王×乱搞男女关系的问题，经我校组织、人事部门派出专人到南宁、玉林、河南、山东等地进行专案调查，历时两月，才系统地查清王×的罪证，经党委研究讨论决定后，全案报区党委审批，经区党委批准：王×留党察看，降级使用。对王×问题，我认为是老问题新暴露，在处理他的问题的过程中，我根本没有任何袒护与包庇他的行为，所有处理此案的人员都在学校，革命造反派可以调查对证。

关于沈××问题。沈××和别人乱搞男女关系，我所了解的第一个是田××。事情经过是这样，沈××的丈夫李祖立向组织上写报告，他怀疑沈××与田××乱搞，经组织人事部门找沈××与田××谈话，沈、田均承认了错误，并对组织表示，今后坚决改正这一错误，沈××并向丈夫李祖立承认错误，所以，组织上作为偶犯来处理，没有把他们的问题提到党内进行批判教育。以后，在困难时期发现沈××和杨××吃吃喝喝，两人在杨××房内吃喝被煤气熏倒送医院。继杨××之后，发现沈××和王×有吃吃喝喝的关系。当时，都没有反映沈××和杨××，沈××和王×在乱搞男女关系。直到1964年10月，我校师生参加兴安“四清”运动，在整训工作队时，由于杨××坦白交代他和沈××的关系后，沈××的问题才大暴露。经过我校监委、人事、组织部门专人进一步查问沈××，以及沈××的丈夫李祖立的检举，沈××初步供认，在校内有田××、石××、杨××、周××四人，在西大有一人，沈××当时还没有暴露王×与黄×的关系。当时，正值区党委宣传部在南宁召开高等学校学习会，按规定沈××、王×都应该参加学习会，我们认为必须在学习会中进一步查清沈××与王×的关系，所以，沈××的问题来不及处理。11、12月，在南宁学习会上已经把沈××与王×的关系查清。南宁学习会结束后回校，根据沈××的丈夫李祖立进一步的检举，发现沈××有贪污行为，并继续与王×勾搭，同时，区监委派人到校调查，又发现沈××早已与黄羽乱搞男女关系，结果将沈××隔离反省，最后，沈××全部承认自己的错误，经党委研究决定后报区监委批准开除党籍撤职降级当一般干部使用。对于沈××问题，在组织上发现她与田达海乱搞男女关系后，我没有当作一个严重的问题在党内开展对他们的错误行为的批判，使党员对沈××进行群众性的监督，这是我的缺点和错误。至于沈××问题在1964年大暴露以后，我是抓紧组织力量认真进行严肃处理的。

1965年上半年，在桂林市委统一领导部署下，我校搞了一次杀风运动。这次运动是在全市已经大搞杀乱搞男女关系之风中进行的。我校因为准备不及，在市运动后期才开始进行。因为这次运动要处理一些坏的典型，必须查证每个反、坏分子的罪行材料，并经党委讨论报上级批准后，才能执行法办的。

记得处理的反坏分子中有杨××，有历史系诱奸幼女的学生，有反革命分子曾××，有中文系一个在树林中强奸少女的学生，有体现宽大政策的生物系邓春匡等5人。此外，由于在校乱搞男女关系，处理十多个男女学生。我和张云莹、崔毅都参加此次运动的领导，原来，准备处分面较宽，后和区监委的同志交换意见后，认为处理不宜过多，应缩小面，作为典型处理仅5人，体现党的镇压与宽大相结合的政策。所处分的反、坏分子，每人的犯罪材料，都经有关部门反复调查对证并专案报经市委区党委批准后才执行的。现在看来，在处理有关男女学生因乱搞男女关系饬令退学、休学、开除学籍、记过等等方面，处理面是过宽一些，处分方面有些学生是过重一些，这是我在这些运动中的缺点和错误。

1965年，我院师生第二批参加桂林地区和梧州地区农村“四清”运动。参加桂林地区的师生，由崔毅负责领队，参加梧州地区的师生由吴春叶负责领队。他们都在7月15日左右出发，分别到临桂及梧州参加工作队集训。8月，中南局陶铸指示，广西厅局长一级干部参加“四清”数目过少，要求有更多的厅局长干部去参加“四清”。我那时胃病是较好一些，高血压病仍然不大好，估计到张云莹这样的身体是不可能参加“四清”的，家里有李德韩一人在主持，但留校学生不多，暂时主持是可以的。因此，我就自动向区党委提出，要求参加此次“四清”运动，经过区党委批准，8月在家做一些准备，9月初我即到梧州地区参加“四清”运动了。

（未完待续）

杨江

1967年9月5日

[注]原稿此处有黑笔批注：“未见再有”。

中国共产党广西师范学院委员会

中共梧州地委　并

中共梧州市委招待所：

兹有我院党委书记杨江同志前往梧州地委社教总团参加四清运动，需途经你处住宿，请予协助解决为荷。

此致

敬礼！

中共广西师范学院委员会

一九六五、九、五

赴梧州参加“四清”的介绍信，是父亲在广西师院任职期间最后一次出公差用的，那枚公章可能已经很少见了，下半截的字母不会是英文，应该是当时刚使用的新壮文。

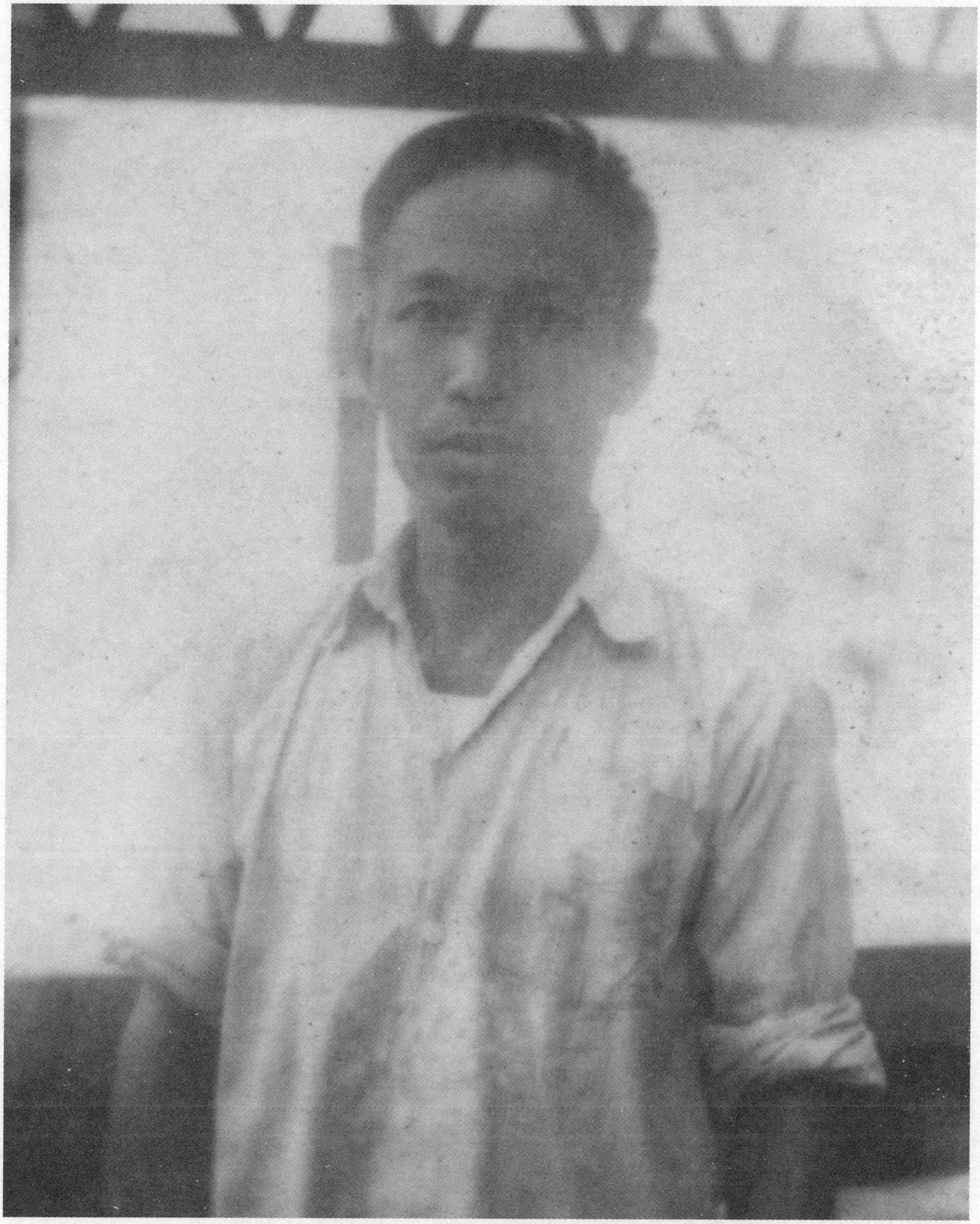

这张照片像是父亲刚下乡回到家后拍摄的，1963 年摄。

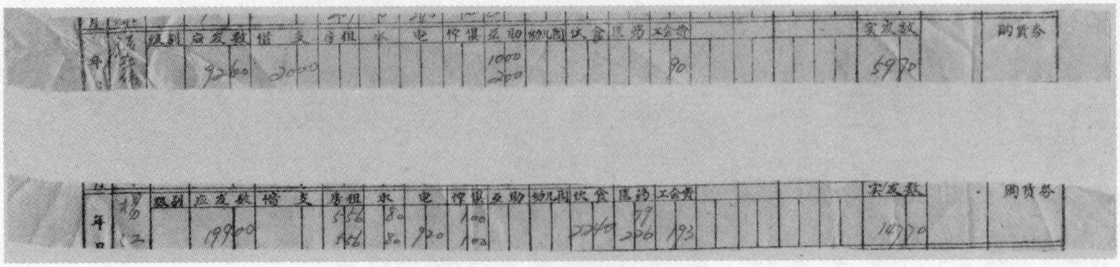

父母的这两份工资单没有注明是哪年的，但是我们知道，父母的工资从来就没有增加过，就是“文革”中父亲被降两级，直到 1984 年平反后才补发。

那时候父亲私人用学校的汽车总是付费的，这在当时是很自然、正常的事情，收据留着也是备查。其实，父亲也很少用车，除了老战友来要接站外，更多的时候是骑自行车。

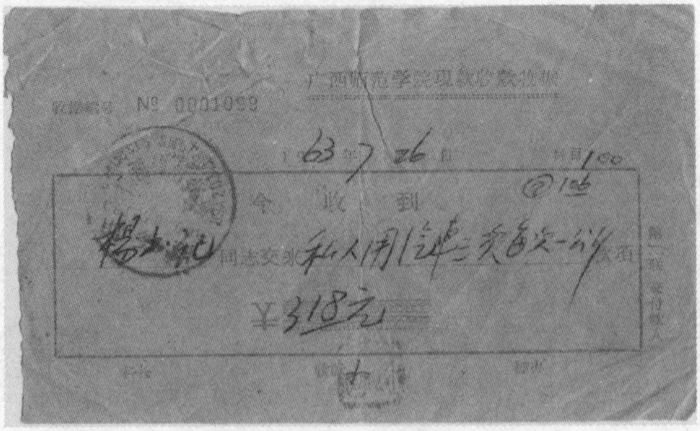

1963 年用汽车付汽油款的收据

附：十年历程[①]

广西师范学院成立十周年了[②]。十年来，我院在党中央、区党委和桂林市委的领导下，经过政治战线和思想战线上的社会主义革命、教育革命、贯彻执行"教育部直属高等院校暂行工作条例（草案）"以后，在各方面都发生了巨大的、深刻的变化。

我院是1953年院系调整时，在前广西大学文学院、理学院和师范部的基础上建立起来的。刚成立时，只有中文、数学、历史、物理、化学五个专科，学生694人，教师48人；物质设备也不齐全，图书只有13万册。根据国家社会主义建设事业发展的需要，我们学校在各方面都有很大的发展。从1954年起，中文、数学、历史、物理、化学先后由专科发展为本科；1958年以来，又先后创办了外语（俄语、英语两个专业）、生物、地理、政治教育四个系五个专业。现在，在校生2375人，比1953年增长3.4倍。学生中的工农成分和少数民族学生也有很大增长。1953年工农成分学生233人，占学生数的33.5%；现有1493人，占62.5%，比1953年增长5.4倍。少数民族学生在初办时只有54人，占学生数7.8%；现有七种少数民族学生，计437人，占学生数的18.7%，比1953年增长

① 据《广西师范大学校史》——1963年11月14日，在院大礼堂举行"庆祝广西师范学院建校十周年"的校庆大会，自治区党委书记伍晋南在会上讲话，院党委书记杨江作了讲话。父亲在会上的讲话就是《十年历程》一文。查阅父亲有关回忆文章，以及父亲长期养成的亲历亲为的习惯，我认为此文是父亲写的，尽管是一篇官样程式文章，但仍可作为其他文稿的参照，所以附录在此。

② 广西师范学院：据《广西师范大学校史》——1953年8月全国院系调整，广西大学奉命撤销，以原广西大学文、理各系部分教师及师范专修科全体学生为基础，在广西大学原址（桂林市将军桥）组建广西师范学院。1954年学校迁入桂林市王城。1983年广西师范学院更名为广西师范大学。

7倍，教职工人数也成倍增长，由成立时的229人增至现在的850人。在这十年中，我院为国家培养了大批人才，毕业生共达4572人，相当于解放前旧西大22年的毕业生3141人的1.5倍。这些毕业生分布在全国和广西各中等学校，为培养新的后一代而辛勤地工作着。不少人担任了学校领导工作或被评为优秀教师。十年来，学校基建和物质设备也有很大的扩充。校址从将军桥迁至王城，又扩布到叠彩山、猫儿山。现有建筑面积82074平方米，比1949年解放时旧广西大学建筑面积36820平方米增加1.2倍。图书增加到75万册，相当于1949年解放时旧西大图书总数15万册的5倍。仪器设备有7211套(件)，比建校时366套(件)增长18.7倍。这些都为教学和科学研究提供了良好的物质条件。

此外，我院函授教育也有发展。现有中文、数学、物理、化学本科函授生1850人，并编写了适合在职中学教师学习的函授教材。从1957年开办以来，中文、数学函授毕业生共有620人。

过去的十年，不仅学校有了巨大的发展，而且，教育制度也发生了根本变化。由于我们坚决贯彻了党中央和毛主席提出的“使受教育者在德育、智育、体育几方面都得到发展，成为有社会主义觉悟的有文化的劳动者”和“教育为无产阶级政治服务，教育与生产劳动相结合”的教育方针，因而，从根本上改变了脱

读高中的超英与父母摄于师院北区寓所，1974年。

离生产、脱离实际的旧的教育制度,确立了社会主义高等教育的根本制度。

在这十年中,教育质量也在逐步提高。中文、数学、历史、物理、化学五个老专业有了发展和提高;俄语、英语、生物、地理、政治教育五个新办专业正在努力加强建设。专业和课程,经过不断调整、改革,逐步完善,初步稳定了教学计划和教材,明确了发展方向,并积累了一些教学经验。有些课程,经过多年的教学实践,不断修改、充实,课程内容的思想性、科学性和系统性有所提高。贯彻高教 60 条以后,各系都加强了基础理论、基本知识和基本技能的教学以及教育业务的训练。在教学中贯彻了"少而精"的原则,学生在这些方面获得比较扎实、系统的知识。在学生中,也开始形成了好学深思、勤学苦练的优良学风。又红又专的优秀学生不断涌现,劳动人民出身的知识分子和少数民族知识分子正在成长。

随着学校教育工作的发展,一支又红又专的教师队伍也在成长壮大起来。现有教师 478 人,比 1953 年学校成立时增长 9 倍。在党的教育培养下,这支队伍不仅在数量上增长很快,在质量上也有很大提高。老教师有了进步,在政治上、业务上都有提高,是教学上的重要力量,在教学和科学研究中起着重要作用;青年教师迅速成长,政治思想水平、学术水平和教学能力,都有很大提高,成为教学上的主要力量。在开课的教师中,青年教师占 70%,部分人成为教学骨干力量。青年教师虚心向老教师学习,老教师热情指导青年教师,老青合作,共同提高,为党的教育事业贡献自己的力量。

科学研究也有发展。在学术研究中,贯彻了"百花齐放,百家争鸣"的方针,系与教研组经常举行各种类型的科学报告会和讨论会,积极开展对各种学术问题的自由讨论;论文、著作不仅数量增多,质量也有提高,有的论文、著作得到了学术界的好评,对提高教学质量起了促进的作用。

建校十年来,学校的政治、思想领域也发生了根本的变化。党在学校工作中确立了领导权,并且不断加强对教学工作和其他工作的领导。党的光荣、伟大、正确已深入人心,党的威信在群众中空前提高了;绝大多数人接受了党的领导,"听党的话,跟党走,坚持社会主义道路",成为全院师生的意志和行动。由于加强了党的领导,学校教育事业得到了根本保证。在党的教育下,师生员工的社会主义觉悟有了很大提高，思想面貌发生了很大变化。愈来愈多的人在努力学习马克思列宁主义、毛泽东思想，并通过生产劳动、阶级斗争和实际工作的锻炼，世界观和阶级立场在逐步转变，无产阶级的阶级观点、劳动观点和辩证唯物主义观点在不断地树立和加强；辨别大是大非的能力有了提高；马克思列宁主义思想阵地正在不断加强，共产主义新人正在成长。

十年来，我们取得的成就是巨大的，我们学院已经成为一所新型的社会主义的高等师范学校，担负着培养又红又专的灵魂工程师的崇高使命。

十年来的变化和发展，是过去旧中国的教育制度所不能比拟的，只有在社会主义制度下才有可能。党的教育方针为我们指明了方向，党的领导使我院工作有了根本保证，人民政府的关怀与支持为我院教育事业的发展提供了条件，全院师生员工的辛勤劳动、共同努力是学校建设的动力。这些都是发生巨大变化和取得成就的根本原因。十年来工作的胜利，是党的领导的胜利，是党的三面红旗的胜利，是党的教育方针的胜利，是全院师生员工高举毛泽东思想红旗而取得的胜利。

建校以来，我院教育工作是随着我国社会主义革命和社会主义建设的发展而前进的，是同整个社会主义教育事业的发展相一致的。我院教育工作的发展同我国整个教育事业的发展一样，是政治战线和思想战线上的社会主义革命与教育革命深入发展的过程。

十年来，我院教育工作的发展，大致经过两个阶段。

1953 年我院成立到 1957 年为第一阶段。这是我国第一个国民经济计划时期。在这五年中，中国人民在党和毛主席的领导下，胜利地完成了五年计划，并完成对农业、手工业、资本主义工商业的社会主义改造。为了适应国民经济建设的要求，1953 年以来，我们根据党中央和国务院的指示，进行教学改革。改革旧的教学计划、大纲和教学内容，也相应地改革旧的教学形式、方法和教学组织；并根据国家需要，新设置一些专业，开设必要的专业课程和马克思列宁主义的理论课程。注意执行教学计划和教学大纲，逐步克服教学上的自由主义，加强教学责任感，努力改进教学方法，加强各个教学环节的教学，提高课堂讲授质量，并注意对学生加强辅导，因此，教学质量有所提高。此外，还加强对师资队伍的培养，选派教师到兄弟院校进修提高。

在这个时期，我们在政治战线和思想战线上，对资产阶级意识形态进行了一系列的斗争。开展对胡风反革命集团和以胡适为代表的买办资产阶级学术思想的批判，在广大知识分子中宣传了唯物主义，批判了唯心主义，打击了资产阶级思想。并开展了肃反斗争，清除了隐藏在知识分子内部的反革命分子。

1957年5月，我院根据省委的指示，开展了整风运动。资产阶级右派分子利用整风机会向党发动疯狂的进攻，他们反对社会主义制度，反对无产阶级专政，反对学习马克思列宁主义和知识分子的思想改造，等等。但是斗争的焦点则是集中在党的领导权这个问题上。他们极力反对党的领导，叫嚣"外行不能领导内行"、"取消党委制"、"实行教授治校"，同我们争夺领导权的斗争达到了十分尖锐的程度。这是政治战线和思想战线上的社会主义革命，是一场你死我活的阶级斗争。在党中央、省委和桂林市委的领导下，院党委领导全院师生员工坚决打击和粉碎了右派分子的猖狂进攻，彻底批判了各种反党反社会主义的谬论。右派分子在群众中孤立了；广大师生的政治觉悟大大提高了，分清了敌我，辨明了大是大非；党在群众中的威信也大大提高了，确立了党在学校中的领导权。

在反右派斗争取得决定性胜利的基础上，在上级党委的领导下，我院党委又领导全体师生开展了全民性的整风运动。整风运动仍然是两条道路、两种思想的斗争，但是，同反右派斗争的性质有根本的区别，不是敌我矛盾，而是人民内部矛盾，是一场极其深刻的"兴无灭资"的思想革命运动。在运动中，我们贯彻了"团结—批评—团结"的原则，采用自我教育、批评与自我批评的方式进行。

整风运动是从"双反"运动开始的。1958年初，掀起了一个声势浩大的反浪费反保守的运动。揭发了学校工作中的浪费现象，批判了右倾保守思想，紧缩了机构，下放了干部，改善了党群关系，改变了领导作风。"双反"运动以后，党委还及时地领导运动向纵深发展，在师生中广泛深入地开展了自我改造的思想革命运动和教学改革运动，批判了资产阶级的世界观、政治立场和个人主义，批判了只专不红、忽视政治的倾向；并揭发和批判了教学中形形色色的资产阶级教学思想和唯心主义、剥削阶级反动的没落的思想对青年学生的腐蚀和影响。广大师生认识到了改造自己的必要性,决心加速自我改造,因此,他们的政治立场都有程度不同的转变,愿意接受党的领导,走社会主义道路,并开始走向又红又专的大道。

整风运动和反右派斗争是政治战线和思想战线上的社会主义革命,由于这个革命的胜利,就为贯彻党的教育方针、进行教育革命,在政治上、思想上准备了必要的条件。

1958年到现在为第二阶段。1958年党中央制定了社会主义建设总路线,我国人民在党的领导下,英勇奋战,实现了历史上空前未有的国民经济大跃进和伟大的人民公社化运动。在这个时期,党中央提出了文化革命的伟大任务,提出了"教育为无产阶级政治服务,教育与生产劳动相结合"的方针。我们学院同整个教育事业一样,在党的三面红旗和党的教育方针指引下,广泛深入地开展教育革命,使我院教育事业进入了一个新的时期。

1958年的教育革命,经历了这样一个过程:1958年春,在反右派斗争和整风运动的基础上,开展勤工俭学,进行教育改革;同年夏季,广大师生分批到工厂、到建筑工地、到农村参加生产劳动;同时,在学校里大办工厂、农场,打破了脱离政治、脱离生产、关门教学的局面。十月间,中共中央、国务院颁布了党的教育方针,党委组织广大师生学习党的教育方针,开展教育方针大辩论,进一步批判了资产阶级的教育制度和资产阶级的教育思想,提高了广大师生对党的教育方针的认识,并修改了教育计划,把生产劳动列为正式课程。这样,就在我院树立了社会主义高等教育的根本制度,使我院教育工作有了一个明确的马克思列宁主义方向。

党的教育方针的贯彻,是在社会主义道路与资本主义道路、先进思想与落后思想的尖锐斗争中实现的。教育同生产劳动分离,是一切阶级社会教育制度的共同特征。资产阶级教育观点同我们党的教育方针根本对立。资产阶级教育家虚伪地标榜"为教育而教育",主张教育脱离政治,教育同生产劳动分离,教育由他们领导。在教育革命运动中,我们彻底批判了这些资产阶级教育观点,树立了教育必须为无产阶级政治服务,为社会主义革命和社会主义建设服务的政治方向;确定了学校的培养目标是培养又红又专的人才;加强了思想政治工作，从根本上克服了忽视政治、只红不专的倾向，使广大师生在又红又专的道路上阔步前进。经过教育革命，解决教育与生产劳动相结合的问题，为实现知识分子与工农群众相结合找到了一条具体途径。师生参加劳动，与工人、农民同吃、同住、同劳动，向工农学习，在劳动中锻炼提高自己，养成劳动习惯，培养劳动观点和群众观点，并在实际阶级斗争中受到阶级教育，增强阶级观点；增长实际生产知识和技能。所以，教育与生产劳动相结合是培养全面发展的共产主义新人的一条正确道路，是教育史上一次伟大的革命。在教育革命运动中，还批判了“政治由党领导，业务由专家领导”的资产阶级观点，进一步加强了党对教育工作的领导。

教育革命以后，我们以教学为中心，全面安排了教学、劳动和学生生活；强调教师在教学中的主导作用；提倡学生认真读书、刻苦钻研，教学秩序曾在一段时间得到了稳定。1960年，我们又进行了教学改革，使教育革命向纵深发展。

在这段时间，在党的三面红旗和党的教育方针的光辉照耀下，由于全体师生员工的共同努力，学校不仅胜利进行了教育革命，而且各个方面都实现了大跃进。由1957年的5个专业发展成为10个专业。学生和教职工人数成倍增长。教师队伍迅速壮大，补充了大量的新鲜血液，组成了一支拥有四百余人的教师队伍。科学研究有了很大的发展，改变了1957年以前少数人从事科学研究的状况，广大教师积极参加科学研究活动；贯彻了“双百”方针，活跃了学术空气。与此同时，学校基建和教学设备也有很大的增加，为教学和科学研究提供了更多的物质条件。函授教育也在这个时期开展起来，并初步建立起一支函授教师队伍。

这个时期是我院教育工作的大革命和大发展的时期。

1958年以来的教育革命所取得的成就是巨大的、根本的。在我院确立了社会主义高等教育的根本制度，党的教育方针逐渐为群众所掌握而成为全院一切工作行动的指南，从而出现了我院教育工作的全新的局面。这是具有深远意义的大事。当然，在教育革命运动中，由于我们缺乏经验，也出现过一些缺点和问题。这主要表现在：在一段时期，以教学为主的思想不够明确，生产劳动、科学研究、社会活动多了一些，致使教学秩序不够稳定；基础课教学有所忽视，基本技能训练和教育业务训练有所削弱以及对某些教材不适当地大拼大改，因而在一定程度上影响了教学质量。此外，对知识分子的团结合作也注意不够，在有些问题上挫伤了一些人的积极性。但是，这些缺点，同教育革命的伟大成就对比起来，毕竟是次要的、个别的；我们所做的事业是前人从未做过的革命事业，在革命运动中，发生一些缺点和问题是不足为奇的。

为了巩固和发展教育革命的成果，1961年以来，我院根据党中央和区党委的指示，贯彻了“调整、巩固、充实、提高”的方针，执行高教60条[①]，贯彻全国师范教育会议的精神，大力改进了学校工作。建立了以教学为主的学校工作秩序；加强基础理论、基本知识和基本技能的教学以及教育业务训练；正确执行党的知识分子政策，加强对教师队伍的培养；改变领导体制，加强党的集中统一领导；改进思想政治工作；加强总务工作和生活管理，使我院教育工作向更巩固、提高的方向前进。

坚持以教学为主，努力提高教学质量，是贯彻高教60条的中心，是巩固与发展教育革命成果的关键所在。为了提高教学质量，两年多来，我们进行了许多工作。逐步建立了以教学为主的正常的学校工作秩序：广大师生员工对以教学为主的思想更加明确、巩固了；专业教学计划、教材和教师任务比较稳定了；教学与生产劳动、科学研究、社会活动等方面的关系也比较合理和协调了；切实保证了教师六分之五的教学时间和学生充裕的学习时间。这些都为进一步提高教学质量创造了有利条件。

两年多来，我们大力加强了基础理论、基本知识和基本技能的教学以及教育业务训练。在文化知识方面，到底让学生掌握什么知识，是掌握基础理论知识，还是离开基础去贪求“高、精、尖”科学知识？这个问题在过去的教学中没有得到很好的解决，并且曾一度偏重提高课，对基础课的教学注意不够。我们总结了过去的经验，确定了基础课教学和基本技能训练是教学工作中一项长期性

① 高教60条：1961年9月，中央批准《教育部直属高等学校暂行工作条例（草案）》（简称《高教60条》）。条例规定：高校必须以教学为主，努力提高教学质量，对参加社会活动和生产劳动应作适当的安排，但不宜过多；在教学中，必须发挥教师的主导作用；科学研究工作，必须坚持“双百”方针；高等学校实行党委领导下的以校长为首的校务委员会负责制等。

的基本任务。院、系都制订了“加强基础理论、基本知识和基本技能教学的措施方案”，明确规定了学生在专业基础知识和基本技能方面所要达到的基本要求，从而使我们对培养合格的中学教师在专业文化方面的具体目标更加明确了。各系还采取了一系列措施，加强基础课的教学：增加基础课教学时间；充实基础课师资力量；教师努力改进教学方法，加强对学生的指导，严格要求学生。在基本技能训练方面，文科加强阅读、写作、口头表达能力和使用工具书的训练；理科加强实验、运算、绘图和基本操作的训练，并都加强了教育业务的训练。

加强基础理论、基本知识和基本技能教学以后，教学工作有了很大变化，教师认真教，学生认真学。但是，在教学工作中也还存在着脱离实际，教学内容过多过杂，对学生要求过高过急，学生负担过重，学习消化不良，知识掌握不巩固，以及劳逸结合不好等现象。这不仅影响学生德育和体育的发展，也影响智育的发展。为了改变这种状况，使学生真正把知识技能学到手，1962 年以来，我们在教学中贯彻了“少而精”的原则，取得了初步成效。不少教师从实际出发，改进教学，把最基本的最主要的知识讲深讲透；并贯彻了“因材施教”和“劳逸结合”的原则，减轻学生学习负担，提高教学质量，使学生真正把知识技能学到手。但是，还不是所有的专业、所有的课程都这样。有些教师对“少而精”的看法还不一致，思想不够重视，贯彻不够有力。同时，贯彻“少而精”的原则也是一个不断提高教师队伍的思想认识，提高教师队伍的教学水平的发展过程。因此，进一步贯彻“少而精”的原则，仍然是今后教学上的首要任务。

为了更好地贯彻高教 60 条，提高教学质量，在这一段时期，我们大力贯彻了党的知识分子政策和“双百”方针，调动了教师的积极性，充分发挥教师在教学上的主导作用；并且还采取多种多样的方法，加强对师资队伍的培养，制定了“十年培养提高师资规划”，为建立一支又红又专的教师队伍，提出了明确的奋斗目标。在这段期间，我们还加强对教学工作的具体指导，初步建立与健全教学工作的管理制度。并加强总务工作和生活管理，加强图书馆、资料室和实验室的工作，从而为教学和科学研究，为师生员工的生活，创造了良好的条件。

在过去的十年中，我们取得了巨大的成就，也积累了丰富的经验。这些经验告诉我们：教育是上层建筑，必须同经济基础特别是农业经济相适应，并为经济基础服务，学院的规模、专业设置、招生人数必须根据国民经济的发展水平和需要来决定，同时又必须把培养为社会主义建设所需要的又红又专的人才作为基本任务；必须全面贯彻执行党的教育方针和高教60条。既要坚持以教学为主，不断提高教学质量，又要注意把教育与生产劳动很好地结合起来，忽视以教学为主或者忽视生产劳动的思想、行为都是错误的、有害的；必须不断加强政治思想工作，高举毛泽东思想旗帜，深入开展"兴无灭资"的斗争，把政治战线和思想战线上的社会主义革命进行到底；必须坚持群众路线，注意充分发挥群众的积极性和创造性；必须正确执行党的知识分子政策，培养一支又红又专的教师队伍，充分发挥老教师在教学和科学研究中的积极作用，加强对青年教师的培养；党的领导，是学校工作的根本保证，党委不仅要加强政治思想工作的领导，还要加强学校工作中重大问题的领导，并要善于发挥学校行政组织和行政负责人的作用，注意同党外人士密切合作，充分发挥他们的积极性，只有这样，党的领导才能不断加强与巩固，学校的各项工作才能正确地向前发展。

过去的十年，我们做了许多工作，取得了很大的成就，但是，这仅仅只是为我院今后的教育工作打下一个良好的基础，如果按照党的要求来衡量我们的工作，我们距离党的要求还很远，因此，我们必须奋发图强，艰苦奋斗，戒骄戒躁，继续前进！根据党和国家对我们的要求和我们现有的条件，我们今后的任务主要是：高举毛泽东思想红旗，高举总路线、大跃进、人民公社三面红旗，在阶级斗争、生产斗争、科学实验三项伟大革命运动的鼓舞下，全面贯彻党的教育方针，按照高教60条的要求，逐步把我院办成一所先进的高等师范学校，为国家培养完全合乎规格的、又红又专的中学教师。为了实现这个任务，在政治战线和思想战线上，必须继续深入开展"兴无灭资"的斗争，进行以阶级和阶级斗争为纲的社会主义教育，不断巩固和扩大无产阶级思想阵地；在教学上，坚决贯彻"少而精"和"因材施教"的原则，扎扎实实地进行基础理论、基本知识和基本技能的教学以及教育业务的训练，努力提高教学质量；正确执行党的知识分子政策，大力培养一支又红又专的教师队伍；认真贯彻"双百"方针，积极开展科学研究；进一步改进总务工作和图书、仪器设备等工作，更好地为教学和科学研究服务，为师生员工生活服务。

我们今后的任务，虽然是十分艰巨的，但是，应当看到我们已具备着充分的有利条件：党的教育方针，为我们指明了方向；高教60条，使我们办好学校有了具体的政策、措施和办法；党的领导，使学校工作有了根本保证；十年来形成了一支又红又专的教师队伍；并且还有十年的经验教训作为借鉴。只要我们全体师生员工，树雄心，立壮志，奋发图强，埋头苦干，光荣而艰巨的任务是一定能够完成的。

在庆祝建校十周年的时候，回顾过去，欢欣鼓舞，展望将来，信心百倍，让我们全院师生员工在党的领导下，团结一致，鼓足干劲，为完成党交给我们的新任务而奋斗！

（原载《广西师范学院建校十周年纪念》专刊）

有关广西师院“文革”初期的情况，在父亲留下的许多文稿中，《我的检查》、《“文革”初期几个问题的交代》和《张云莹逝世前后的情况汇报》这三篇文章比较完整、系统，所涉及的内容，主要集中在“文革”爆发之初（1966年6月初）至1966年底（也可以算到1967年元月19日父亲被戴高帽，挂黑牌游街，彻底离开他的工作岗位为止），在这半年的时间里，“革命”形势风起云涌，变幻莫测，以小城桂林对比首都北京，以大学校长参照国家主席，这期间发生在现代中国的种种异闻奇事，无论纲常伦理、黑白敌友、底线价值、人兽虚无等等原有的平衡和秩序，统统砸烂打翻搅浑，绝对可以说是旷古无有。正是在这段诡谲狂躁的6个月里，父亲需要履行他在广西师院职业生涯中的最后一段公务：“主持”日常工作。

现在看来，当时无论“造反派”、“保皇派”、“逍遥派”还是“当权派”，谁都不能“主持”什么了，而谁都被别人“主持”着呢。父亲这些四十多年前留下的文稿，今天读来恍若噩梦中的一个个逼真场景，我觉得把这些历史细节留存下来，就是我们这代人的法定责任。

为了方便阅读，我把后两篇文章《“文革”初期几个问题的交代》和《张云莹逝世前后的情况汇报》，作为附录辑入。

◦ 我的检查 ◦（原文无标题）

革大[1]井冈山红色根据地分队同志们：

现将我写的检查送上，请你们审查、指示！

在六月廿二日工作队入院以前[2]，我是六月三日参加我院“文化大革命”领导的，当时，是从退休思想转过来，认为既然革命需要，就投入运动。六月五日、六日，我院出现反击围攻革命大字报情况，七日、八日张云莹[3]下令停止反击，我由于严重的反右经验主义思想，对反击是反革命的行动，是迟迟认识不清的。匡亚明事件[4]出来了，敲起警钟，觉得反右经验主义思想是错了，但究竟错在哪里，在十九日的师生大会检查中有了一些初步的认识，知道是颠倒了敌我关系，站错了立场，但未加清算。

“文革”中的父亲，1974 年摄

工作队入院以后，市委要我正式上班。那时，我始终以“四清”时对工作队的态度来看工作队，认为工作队代表党的领导，所以，工作队叫我干什么，我就干什么，根本没有认识到派工作队这件事，就是执行资产阶级的错误路线。当时，工作队除了要求常委进行检查错误并管理日常行政事务外，还要求常委到群众中引火烧身，对群众贴革命大字报要表态，工作队有时还要向

1980年69岁的父亲

我们了解一些情况。我在工作队入院以后，就在常委中强调一切听工作队的领导。在实际行动上，工作队要常委干什么，我就干什么。因此，在工作队入院以后，我是充当工作队执行资产阶级反动路线的工具。这一点是长期以来没有觉悟到的，自然根本谈不到清算自己的错误了。

工作队撤退以后，市委已明确我们无权领导“文化大革命”了。在我思想上，我院“文化大革命”是应该由市委、区党委来领导了。我们只能就当时的情况来处理总务处方面的工作，常委在实际上是靠边站了。当时，我院革命造反派是对准市委、区党委的资产阶级反动路线开火。这时，王任重为韦国清保镖的电报[5]，陶铸给广西区党委、桂林市委保桂林市委的电报，对我都有影响，同时，我在思想上存在着严重的错误认识：我当时是根本认不清这条资产阶级反动路线的。我认为从1958年“大跃进”以来，区党委、市委是执行三面红旗的。在广西、在桂林，工农业都有很大发展，区党委、市委成绩是主要的，缺点是次要的。根本不懂得建国十七年来，党内就存在着两条路线的斗争，存在着毛主席的无产阶级革命路线与刘、邓的资产阶级反动路线的斗争，根本看不到区党委、市委十七年来执行刘、邓资产阶级反动路线的滔天罪恶，也看不到区党委、市委在“文化大革命”以来坚决执行刘、邓资产阶级反动路线的罪恶。所以，我在思想上、认识上是这样认为：区党委、市委有缺点是应该无情揭露的，但从我到广西这九年来的情况看，他们的成绩还是主要的，因此，保市委、保区党委的思想在我的头脑中是很坚定的，我的许多罪恶行为，是从这个主导思想而来的。直到十月中旬，多数派同学从北京回来，带来很多大字报，主要是揭刘少奇的，这些大字报我反复去读。根据我在党内所了解的，这些大字报揭的罪恶都是事实，如在上海刘少奇作的报告我也听过，确实如此。并联想到刘少奇的《论共产党员修养》，没有一句话提到高举毛泽东思想。再从大字报贴出的北京文化大革命大事记中，看到在制定资产阶级反动路线中，刘少奇好像是一个总根子，因而，开始对刘少奇怀疑。到十一月，中央工作会议的大字报出来了，才开始认识到从中央就有两条路线的尖锐斗争。十二月初，我院"敢革命战斗组"造刘竹溪[6]的反，中央工作会议的文件看到了，才真正地认识到从中央到地方，毛主席的无产阶级革命路线和刘、邓的资产阶级反动路线斗争很尖锐，很复杂，从而真正认识到过去我保市委、保区党委，实质上是保刘、邓这条资产阶级反动路线，是站在毛主席无产阶级革命路线的对立面去了。我在这次"无产阶级文化大革命"中，在两条路线斗争中，犯了执行刘、邓资产阶级反动路线的严重错误。这是我入党多年以来[7]，所犯的政治上的一次最严重的错误。回忆到师院九年来，做官当老爷，不高举毛泽东思想，盲目地执行一条旧中宣部、旧高教部的修正主义教育路线而不自觉。去年六月毛主席亲自发动"无产阶级文化大革命"以来，我又先后犯了执行刘、邓资产阶级反动路线的严重错误。想到这些，我的心情十分沉重：我对不起我们伟大的领袖毛主席！我辜负了党对我多年的培养！对不起和我一同干革命而为革命事业流血牺牲的烈士！对不起响应毛主席的伟大号召在这次文化大革命中坚决起来闹革命的革命造反派的同志们！我为什么犯这样重大政治错误而觉悟这样迟呢？保区党委、保市委，实际上是保自己，本质上是一个私字的资产阶级世界观没有改造，灵魂深处还没有闹革命。在革命造反派同志们给我戴高帽游街回家的那天晚上[8]我受了极深刻的教育：我想，为什么许多革命小将能理直气壮地揭发批判韦国清的罪恶呢？他们的特点是：为了保卫毛主席，保卫毛泽东思想不怕杀头！他们这样的革命造反精神，我在过去地下工作，搞武装斗争时期也是有的。为什么现在处处怕犯错误，怕受处分，怕罢官，怕开除党籍呢？想来想去，实质上是解放后做官当老爷，奴隶主义严重，革命意志衰退了！解放前，跟党、跟毛主席闹革命，就凭一个"敢"字，解放后做官当老爷换了一个"怕"字，这是一个共产党员向资本主义的倒退。今天，我开始认识了自己的错误，并已下决心坚决改正自己的错误，抛弃一切私心杂念，向革命造反派同志们学习，在思想上行动上彻底与资产阶级反动路线决裂，坚决回到毛主席的无产阶级革命路线方面来，按照《红旗杂志》十五期社论五项要求，认真改正错误。我要本着林彪同志指示来保持无产阶级的晚节：林彪同志说："保持革命晚节没有别的办法：一个就是相信毛主席，一个就是相信群众，一个就是正确地对待自己"，"我们要把自己当作革命的一份力量，同时又要不断地把自己当作革命的对象。革命，也得革自己的命。不革自己的命，这个革命是搞不好的"。我认为林彪同志的指示是完全正确的，这个指示将成为我今后行动的指南。

[1]"革大"乃"广西革命大学"的简称。广西师院的前身为1932年桂系创办的"广西省立师范专科学校"，父亲是师专第一届学生，入学时20岁。爱好写作和文艺的父亲显然是学生中的激进人物，他的调查报告《从苗山中出来》曾在《民国日报》(南宁版)连载，他甚至在沈西苓导演的话剧《怒吼吧！中国》中扮演过码头苦力的角色。更戏剧性的是，26年以后，46岁的父亲竟然成了母校的党委书记。这篇《检查》就是1967年1月18日广西师院14个造反组织以"广西革命大学行动委员会"的名义夺权几天后，勒令56岁的父亲写下的。

[2]1966年5月28日中央发出通知，宣告中央文化革命小组正式成立，组长陈伯达，隶属于政治局常委之下(《文化大革命简史》97页)。6月5日，广西成立"文化大革命小组"，组长伍晋南，副组长贺亦然，段纯和。6月14日，自治区党委派出工作队(或工作组)进驻各大专院校、文艺团体、广西日报社(《广西文革大事年表》2页)。

[3]张云莹，1912年生于天津。国立北平师范大学毕业，1937年在陕北公学高级班入党。新中国成立后任全国总工会干部学校副校长和党委书记，1957年9月与父亲同时调广西师院就职，张任院长，父亲任党委书记。

[4]1966年6月16日《人民日报》报道南京大学校长兼党委书记匡亚明因批评学生的过火行动，被撤销一切职务，并被定性为"镇压革命群众运动的反革命事件"(《文化大革命简史》)。

[5]1966年8月17日，中南局第一书记、中央文革副组长王任重，给广西师院学生打来电报，决定派韦国清全权解决桂林问题(《广西文革大事年表》)。到1967年元月初，王任重、陶铸亦被打倒。

[6]刘竹溪：时任桂林市委副书记。

[7]父亲是1936年(25岁)在南宁秘密宣誓入党的。他在一篇文章回忆道：7月初的一天，他和同学郭英布来到徐敬伍(南宁工委书记)住地"桌上摆着一本百科全书，揭开书中的马克思像，徐敬伍同志领导我们在马克思像前举手宣誓参加中国共产党……"此后11年，父亲以中学校长的身

份在广西做“地下”工作。1947年以后，他在广东、云南搞武装斗争。1950年云南解放时，他任司令员的滇桂黔边纵第三支队已是万余人的正规军。到1966年的“文革”，父亲党龄是整30年。

[8]据《广西文革大事年表》，1967年元月19日桂林市“造反大军”、“老多”两个造反组织，连续三天，在桂林市体育场召开几万人大会批斗自治区党委第一书记韦国清、桂林市委书记黄云等一大批省、市主要领导干部。会后，数十辆汽车进行大游斗。父亲也大游斗之列，挂黑牌、戴高帽……我至今记得父亲那天回家时的情景：一米多的高帽和打了大红叉的黑牌，是在家门口才摘下的。面对我们几个儿女疑惑的眼睛，父亲阴沉着脸，直视我们，只说了一句话：“你们要永远记住这一天。”也许是那种惊骇的场景，滞重、悲壮、压抑的气氛所致，我果然记住了。但我一直不知道这篇《检查》，就是在那次游斗10余天后所写。

兹就我所执行资产阶级反动路线错误事实作如下交代：

一、我和市委、区党委有什么联系？对市委、区党委反映了些什么情况？

我和市委关系可以分为几段时间：1.工作队到院前；2.工作队到院后；3.工作队撤退后到现在。现分别交代如下：

在工作队来院前，我院“文化大革命”区党委指示归市委领导，当时，我还没有直接负责院的工作，我是六月三日参加我院“文化大革命”的，这段时间就不谈了。在工作队来院后，七月四日张云莹停职反省[1]前可作为一段，张云莹停职反省后又是一段，兹就记忆中的主要事件来谈。

张云莹停职反省以前——七月四日以前，我和市委接触过二次。

第一次，是我个人去见过徐为楷[2]一次，时间是中午，徐正在吃午饭的时候，地点是在徐为楷家中，主要是谈张云莹问题。因为四天前，陆毅[3]到我家单独和我谈过，她怀疑张云莹是打着红旗反红旗的人物，后来陆毅又提出她的证据，说是学习中南局指示时，张发表的谬论。听了陆毅谈后，我开始对张云莹有怀疑，并从和张相处九年的事实来研究张云莹，特就这个问题，向徐为楷汇报，并希望市委多加强对我们的领导。

第二次，是市委通知我和陆毅两人去的，地点是在黄云[4]家中，参加的人有徐、黄及其秘书、工作队王文湘，谈师院的情况和张云莹问题，我检查了自己的错误并提出对张云莹的一些看法，陆毅也谈了她对张云莹的一些看法。这两次会，主要研究张云莹问题，从市委要求来看，当时主要是要解决张云莹的问题。

张云莹停职反省以后，有一次市委要我和陆毅到黄云家中，参加谈的有徐为楷、黄云和黄云的秘书，主要谈诸葛鑫[5]等六七人写批判文军那篇批判陆地的文章的错误，黄、徐向我们了解诸葛鑫、罗启业、杨福廷、林宝全等同志情况，说他们准备将他们的文章寄到全国各大报发表。后来，区党委第二篇批判陆地文章出来后[6]，诸葛鑫等同志说区党委调子高了，要即收回他们的文章。黄云在这个会上谈，要我们注意形势，从大字报去看形势，要我们做工作。徐为楷也谈了一些，记不清楚了。会上我就所了解的谈了诸葛鑫等四个人的情况，我谈的如下：诸葛鑫是党委办公室副主任，是长期病号，七年不干工作了，他是前中文系的总支书记，和这几个人谈得来，诸葛鑫为什么最近积极起来，我不清楚，但此人个人主义思想严重。罗启业平常表现还好，但也有个人主义。杨福廷在困难时期对三面红旗有些抵触，其他也不大了解。林宝全据记忆好像有些海外关系。其他的人我就不了解了。黄云当时还要求我和陆毅协助工作队工作，可找一些人来谈，名单由我们定。回来后和陆毅商量，提出了七八人的名单，我的意见是这些人必须由工作队通知他们来和我们谈，我们才谈。名单中记得有这些人：刘学厚、何火宗、覃承鼎、李俊秀、钟敏芳、梁贯珍，还有两个政治系的，由陆毅提出，我忘了名字。以后，由陆毅拿名单去请示，后据陆毅谈，工作队不要我们谈了。名单可请陆毅同志一同回忆出来。

黄云、徐为楷被撤职前一二天，我和陆毅到黄云家请示常委要求我们去请示的几个问题。黄云个人接见，地点是黄云家。记得我还问了黄云：是否“八七”事件[7]时，军分区司令员打电话给市委后，才派人去处理的。黄云否认。这次请示，黄云已经不表态了，他说市委已是当事人了，区党委有工作组在榕湖饭店，要我们直接打电话请示。这次会时，黄云曾叫我们注意甘恒彩是否烈士子女，说贺希明[8]来师院时，提问题的是甘恒彩。我回来后，并没有查甘恒彩的材料。请示内容记不清了，可请陆毅同志回忆出来。这两次会，黄云是带有找多数派幕后指挥人的企图的。

在张云莹停职反省后，在黄云、徐为楷撤职以前，我还个人参加过市委的一次传达区党委文化工作会议的精神，地点是榕湖饭店，参加听传达的人很多：市委各部委、“四清”总团、工作队负责人。主要是伍晋南的总结，说这次许多干部犯错误，主要是由于反右派经验主义等等。传达后，分组讨论，我参加文教组，徐为楷作了指示，认为文教界主要是封建主义、资本主义、凯洛夫所统治，并总结工作队出专栏，专人揭露大字报的经验，工作队反映许多革命师生纷纷起来揭工作队的情况，徐当时指出，还是放的方针。我在会上作一些检查，并说明高等学校过去受封、资、凯毒害之深。这次会我问徐为楷如何传达，徐说："你是以市委委员身份来参加会议的，不作传达。"我回来后也没有传达，申本田[9]也参加这次会议。

在黄云、徐为楷宣布撤职以前，我看到工作队已控制不住我院革命群众了，在革命群众进行院内游行第二天，我写一封信给黄云，主要是说明我院武器库仍有机枪四五挺，冲锋枪十几支，步枪四五十支，小口径步枪卅多支，这些枪支，就我打游击的经验来看，是足够武装一个游击团。为了防止万一，我建议市委立即采取措施加以处理。这封信是我亲自骑单车送到黄云家门前的，因黄云不在，交给一个开门的说广东话的老年女人。这事可说明我当时十分害怕革命群众。

黄云、徐为楷撤职以后，因我院武器未见处理，我亲自到市委去一次。那时，市委已驻有解放军。市委无人接见，我找到一个解放军负责接待人员，将我院现有武器情况向他汇报，并要求市委设法处理，以防万一，并请他将情况转报市委。

我们多数派学生要求发给去梧州活动旅费，要求去西安、兰州串联，要求发上北京旅费[10]，经常委讨论后要我去请示市委。当时，解放军已撤出市委了。我一个人到市委去找王同连同志，向他请示，估计王同连已听过十一中全会传达，他说："毛主席讲党委可以炮轰，让他们去吧！"同意发给同学去梧州的旅费。此外，我向他谈了常委的情况，他问我身体如何？我表示在"文化大革命"中已把身体置之度外，不考虑身体问题了，并表示我要跟党联系，并说市委办公室人员是否可靠，请注意。也谈了学校的情况，如多数派接管了门卫，武器未处理，徐为楷戴帽游街后校内有不同意见，我是当权派，大家都怕接近我，了解情况不多等等。（以下一段划掉：记得他曾说过，前两天陆毅也到榕湖饭店找他们，找到没有他没说，我也没有问，此事可查对一下王同连，加以确证。）

（原附注：一、划掉这件事，这是我的检查，此事与我的检查无关。二、近年来我的记忆力差，王同连仿佛有这句话，又仿佛没有，为实事求是，不冤枉别人，还是以王同连、陆毅的交代为准。）

在九月上旬左右，我怕师院出乱子，为防止万一，请陈仕金到市委机要室建议撤退我院机要室所存的中央文件。当时，梁族打电话问我，来的机要员怎样，我说可以。梁族接受我的建议，即指定陈仕金、何汉文、文禧、刘学厚负责撤退文件。刘学厚参加撤退文件，是我写条子通知他的。以后由他们负责具体撤退。在撤退第一晚，由于市委机要室收不到文件打电话来查询，以后我专问了刘学厚，才知文件已撤退到武装部转交区党委。我在这次撤退文件中，只和刘学厚谈过十多分钟话，查文件是否送出，并要刘学厚保护武器，刘表示，即使师院烂掉也不要紧，从请示处理我院武器及撤退中央文件两事，可见我当时的思想是十分害怕是十分害怕师院出乱子的。

（原附注：撤退中央文件是事实，现在考虑这还不是执行反动路线问题，只表现我个人思想上害怕革命群众，所采取防止万一的措施，所以不列入执行反动路线罪行。）

撤退文件后，梁族曾有一次打电话问我三个人的情况，因为这三个人在市委都有爱人，一是文禧，一是翁志英，一是蔡凤。我说文禧在撤退文件后还好，翁志英老老实实，蔡凤和我爱人还好。据梁族说，现在一般爱人都是观点相同的。梁族究竟有何企图，应由梁族向革命造反派交代。

[1]1966年7月4日，院长张云莹，党委副书记陆文中，政治系副主任吴元庆，以及副院长崔毅等相继被停职反省。

[2]徐为楷：时任桂林市委副书记，驻广西师院工作队队长。

[3]陆毅：时任党委副书记。

[4]黄云：广东阳江人，1921年生于广州，1938年入党。时任中共桂林市委书记。

[5]诸葛鑫：时任广西师院党委办公室副主任。

[6]1966年6月15日《广西日报》发表批判陆地长篇小说《故人》的文章，28日区党委决定撤销陆地党内外（区党委宣传部副部长、作协广西分会主席）一切职务。（《广西文革大事年表》）

[7]“八七事件”：1966年8月7日，驻广西师院工作队撤出学校时，一些学生贴出“借问瘟君欲何

往，纸船明烛照天烧”的对联，致使“保皇派”和“造反派”发生冲突。开始是辩论，后来形成武斗，打伤了十几个学生。广西区党委第一书记韦国清参加八届十一中后，8月13日从北京到桂林，召开区党委书记处会议，解决桂林问题。8月17日宣布撤销桂林市委书记黄云、副书记徐为楷的职务，任命王同连为桂林市委副书记。(《广西文革大事年表》)

[8]贺希明：时任自治区党委书记处书记。

[9]申本田：自治区监委副书记，时任驻广西师院工作队副队长。

[10]1966年9月5日，根据中央组织外地师生代表来京参观“文化大革命运动”的通知，广西各高、中等学校师生开始公费大串联。10月16日，中央发出了“关于革命师生徒步串联的通知”，自治区党委群众接待站拟定计划：凡是学校师生、下乡知青或是机关干部参加“长征”串联的，每人每月补助人民币7元，45斤粮票，还给参加长征的一些红卫兵发了一套军服和铺盖。(《广西文革大事年表》)

我和市委的联系，除了上述事实外，党委集体去的我就不谈了。

此外，在见过王同连以后，到多数派4人上北京串联这一段时间，大概是八月十九以后，到九月下旬这一个多月内，我经常打电话向市委办公室汇报，都是市委办公室人员接电话的。汇报内容有这两方面：第一方面，是属于学校发生事件的汇报，如朱天恩、张小儒、王均戴高帽在院内游行后，常委研究后所反映的。红旗斗张云莹，抄张云莹、陆文中家反动书籍，也是由我反映情况的。多数派刘振林集中院系当权派宣布要自己挂牌劳动、多数派接管门卫、多数派刘振林和红旗代表要求挖张云莹坟固尸[1]等等。第二方面，是属于听到多数派的紧急广播后，向市委办公室的汇报。如听到多数派广播要到电表厂去支援电表厂工人的斗争，如有一次听到广播说有一南下串联队同学被捉到公安局，同学们紧急集合去援救。我怕出事，当时我思想认识是串联队和我院同学故意制造事件把责任推给市委（这是受街上及全国的执行资产阶级反动路线反动宣传的蒙蔽宣传，和自己的保皇思想而发生的观点）。所以，凡有什么事件发生，多数派要动员上街时，我听到后都向市委办公室报告的。这属于多数派一些外部活动情况的汇报。现在看来，是当市委的特务来侦察革命师生行动，实在是极端错误的，对革命群众犯了罪。我除了这些电话汇报外，没有向市委办公室，或市委任何个人写过有关个人材料的汇报，也没有在电话中对每个革命群众的个人材料向市委作汇报。此事请查一查市委办公室接电话的人员，加以核对。

此外，大概在十月份中旬，多数派同学上北京快要回来的时候，周待旦同志要去市委请拨“文化大革命”经费问题，我曾写一信给刘竹溪和王同连同志，由陈仕金从机要部门送去的，信内容如下：

竹溪、同连同志：

周待旦同志即来请拨“文化大革命”经费，周已为多数派俘虏，我院经常住千余串连队，多数派在分化中，关于看文件问题，常委陆毅、李德韩要求很迫切，准备报市、区请示，请你们准备。

杨江。

此信发后第二天，市委即寄来两个文件，即当众宣读的关于中央批准中央经委的十条初步意见和中央对红卫兵组织一般在青少年中进行，工厂、农村、机关已建立红卫兵、赤卫队的，只搞“文化大革命”，不要搞到民兵武装中去的指示(大意如此)。此信只陈仕金一人知道，可请陈仕金回忆一下内容是否有遗漏之处，或者即查市委机要室，要原件来看。

周待旦同志在经济方面是支持多数派革命同志的，我这封信是向市委告密，是极端错误的，是充当执行市委资产阶级反动路线的帮凶了！

[1]1966年9月12日，院长张云莹几经迫害致死(《广西师范大学史稿》)。我们家与张家是邻居，院子相通。那天早晨，张院长的小儿子张士跑来叫我母亲快去他家，说叫不醒爸爸了，母亲即刻去了张家，我们几个孩子也尾随而去。二楼张的卧室里，蚊帐垂落，张仰卧凉席上，如睡着一般，并无异常。母亲很冷静，一边推着他，一边轻唤“张院长……张院长”，还在他手腕上试了脉搏。见到我们在一旁，母亲把我们赶下楼。接着，就在楼下给医务室打了电话……12年后，1978年6月17日，广西师院为张云莹补开了追悼会(《广西师范大学大事记》)。

乙：区党委关系

黄云、徐为楷撤职以前，从黄云口中知道区党委有工作组在榕湖饭店五号楼，曾打电话联系几次，没有联系得上。那时，多数派同学要求上北京，到各处串联，请求发给旅费，经过市委研究，曾经发一个由榕湖饭店工作组转韦国清同志请示有关串联经费问题的报告，这个报告，党委办公室有存底稿的，韦国清、区党委都没有答复。从此以后，就从没有再和区工作组接触过了。

和区党委联系的第二件事，是在工作队撤退，我院无人管时，那时徐为楷未被撤职，经党委研究，党委会后怎么办问题须请示。我和齐才广二人去找徐为楷，徐在市委接见我们。对我们请示问题，提出三点指示：一是两个革命组织，都是革命组织；二是院党委不能领导"文化大革命"，应由上一级党委来领导；三是组织生活还可以过，大家多谈意见，不作结论。回来后向常委传达，常委认为徐为楷说的话能否代表上级党委，有人怀疑，要我马上挂电话请示区党委。当时是区党委宣传部贺亦然[1]接的电话，贺亦然说：现在你们那里情况复杂，你不能动。以后，我就按照他这个指示办事了。

和区党委联系第三件事，有几个学生代表要求发给1500元上北京请示中央的旅费，我当时不敢做主，打电话请示贺亦然是否同意，贺问是哪些人，我问办公室，说是少数派的，贺同意发一些旅费，同时告诉我，学生上北京可以免费坐车，叫他们尽量节约。

和区党委联系第四件事，是刘振林和红旗代表要求我开常委会讨论他们挖坟固尸时，打电话请示区党委贺亦然同志，开始请示时，贺表示张已死三天，尸体可能腐烂，最好说服学生不挖。后经刘振林直接反映情况，贺研究后，同意他们挖坟固尸的意见，由我执行。

[1]贺亦然：时任自治区"文革"小组副组长，宣传部部长。

此外，我曾向区党委发过四个电报，电文如下：

1. 在九月廿一、二日左右——即多数派一千余人上北京串联时，我向韦国清发出一个电报，内容如下：我院多数派学生一千多人赴京，领一个半月粮票，三千多元活动费，据传一定要求中央首长接见，不搞垮市委不回来。多数派幕后指挥人之一诸葛鑫（党委办公室副主任，七年病号）对党员说，不搞垮桂林市委，我们一定被划成右派，我们要同生死共患难，不能动摇，革命到底，同时，表示区党委刘三姐问题比海瑞罢官问题还大，由此可见多数派的领导人的思想动态。杨江。

2. 在张云莹死后第四天——时间大概是九月十六日，刘振林和红旗代表(这是一个女的，我不认识其名)要求常委作出挖坟固尸决定，当晚去挖，红旗在临挖前不去，事后常委同意将情况反映到区党委，此电稿由陈仕金、江国金起草，经我修改后，未经常委阅，即以个人名义发出，电文大意如下：

张云莹死后，刘振林等多数派代表和红旗代表认为死因不明，共同要求挖坟固尸，经常委讨论，认为请示市委，市委没有答复，即用电话请示区党委贺亦然同志，贺当时答复，张已死三天了，尸体可能腐烂，劝说学生不挖。当时，刘振林提出意见，认为杨江报告不能反映他们的意见，后由刘振林亲自打电话向区"文革"办公室提出他们的要求，以后，贺亦然亲自打电话答复，同意学生挖坟，由杨江负责办理请桂林市协助解决技术医生等事。当天晚八时，通知专区医院、医专、181医院、公安局法医来协助，经医专某医生介绍张云莹死后解剖情况，后医专来三个医生和若干学生，当晚挖坟临走时，红旗退出，不参加挖坟行动。十二时左右，周待旦同挖坟固尸队伍出发，到张云莹墓地后，挖坟开棺，据医专医生检查，张尸体皮下已如水豆腐一样，不能固定，固定亦无用处。结果，学生决定不再取尸固定，回校时已是次日晨，特将经过情况上报，杨江(这电报记得讲的具体，电报长，讲的过程大致如上述)。

3. 在1966年十月中旬左右，我院中文系在梧州"四清"同学有十个代表前往梧州黄田区要求平反，经吴春业报常委同意后出发，我曾发一电报报区党委，电文内容如下：我院中文系代表十人于十月某日晨搭车赴贺县黄田区"四清"分团要求平反。杨江。

4. 在1966年十一月十日，区三级干部会议期间，多数派潘国球等到我家中，说明目前火车很挤，搭不上，要求院开小吉普车送七八个同学去南宁办急事，我同意开去，但怕在南宁有吉普车后，可以随便出入区党委各部门，特向区党委发一电报，电文如下：十日多数派学生因火车难搭，要求派小吉普车一辆送七八个同学来南宁，车已开去，动向不明。杨江。

上述四个电报，第一个是直接发给韦国清的，第二个是发给区"文革"小组的，第三、四两个是发给区党委的。第一、二两个并抄给市委机要室一份，估计市委会存有，可找出对证，即可查清原文如何了。这四个电报，只有第二个电报是常委意见要将情况上报区党委，但未看电报内容我改后即签发了。其他三个电报都是我个人发的，均由陈仕金送发。在发第四个电报时，陈仕金请示一下，以前的电报稿如何处理，我说烧掉算了。陈烧了没有我不知道，估计可能烧了，如果已烧可请陈仕金回忆一下电报内容可作参考。

除此以外，在张云莹停职反省、我正式上班以来一直到现在，没有和区党委任何人有过接触，亦未向区党委任何人反映过其他情况，区党委也没有派过人来和我谈，更没有要求我写什么材料给他们。

在和区党委的关系上，我的错误是主动地向区党委用电报反映上述多数派一些活动情况，我当时受市委的影响，错误地认为诸葛鑫同志是多数派的幕后指挥人之一，现在看来，我院革命造反派响应毛主席的号召起来造党内走资本主义道路当权派的反，造修正主义的反，造资产阶级反动路线的反，这是完全正确的，诸葛鑫同志支持革命师生造反也是完全正确的。错误的是我，我站在资产阶级立场上，把敌我关系颠倒了，从而得出错误的结论，造成错误的行动，对人民犯了罪。

一、我和工作队的关系：

我对工作队的认识是错误的，已在前面讲了，这里不再多说。

我和工作队的关系，在张云莹停职反省以前，由于我和陆毅反映了张云莹的情况，市委对我和陆毅是比较重视的，当时市委徐为楷兼工作队长，他主要要求我们写出党委前段时间内犯反击的错误向区党委作检查，当时，大家认识不一致，初稿由李德韩起草，把一切责任推给陆文中，我和陆毅都不同意。第二稿由张云莹起草，表面上张也负一部分责任，但实际上是推在陆文中身上，对我的错误他也没有提，我也不同意。第三稿由我起草，还没有写出，徐为楷已经将群众揭发的材料向区党委汇报，区党委已决定张云莹、陆文中、吴元庆停职反省了，结果向区党委的检查报告就没有必要写下去了。

在张云莹停职反省以后，申本田未来以前，工作队人少，师院问题复杂，市委黄云、徐为楷要叫我们帮忙做些工作，所以，就有上述我和陆毅提出七八个人的名单来谈话的事，后来不要我们谈了，原因我估计可能是工作队人数已陆续增加，同时，我们都是当权派，已经不好使用了。

申本田来了以后，工作队接着就要我们常委准备检查，开党委扩大会来揭发批判我们，这时，我们是斗争对象，只能谈谈引火烧身及搞自己的检查了。

以后，火烧伍晋南[1]大字报出来，烧徐为楷大字报出来，已发展到揭工作队的问题了，这时，我不了解情况，工作队只有一次由徐为楷的秘书来找我，问我有没有听过伍晋南的三不指示，我说：凭我的记忆区里只有谢王岗[2]、李晓光对陆文中、齐才广有过指示，没有伍晋南的指示。另外，插入一个处理崔毅[3]撕大字报问题，是申本田在处理崔毅问题时，找我谈一次，接着他亲自到常委来作指示了，在要崔毅作检查第二天晚上，徐为楷在工作队申本田住的房间，要我来谈情况，我只就自己的思想情况及常委讨论崔毅的情况，向他汇报。以后，革命师生的斗争锋芒转到工作队以后，我和工作队的关系就断绝了，他们不来找我，我也没有到他们那里去了。

[1]伍晋南：时任自治区党委书记处书记（主管文教）。

[2]谢王岗：时任自治区党委宣传部副部长。

[3]崔毅：时任广西师范学院副院长。

二、我和各级干部的联系：

自从工作队来院以后，党委决定开党委扩大会来揭露党委在“文化大革命”中所犯的错误以来，各级干部除了有日常行政事务到办公室找我外，到我家来的是极为个别的，据记忆只有孙明魁在处理62级一班学九评自我革命材料时，到过我家一次，谈已经把62级一班的事情妥善处理了。附中黄其猷有时到办公室谈要钱及附中一般情况，这都是有办公室其他同志在一起谈的。孙明魁过去也来办公室谈过，革命群众要他们挂牌劳动，他问我怎样处理，我也不表示态度。总之有关“文化大革命”中的问题，各总支、支部到办公室谈的不多，他们也了解我已无能为力来处理他们的问题了，我也没有向他们了解什么情况。但对党委办公室的同志，我的错误认识可能对他们有坏的影响：如我认为办公室人员自己可以有不同的看法，但最好不要参加哪一派，避免处事有偏见；如我认为我们对各个革命组织的态度，都应该一视同仁，不能偏于哪一派；如我曾对陈仕金个别谈过，别人向你反映情况，就希望他们的情况能够反映给党知道。在办公室我和阳启竣也交换过一次意见，主要是交换对区党委、市委的看法，没有搞任何人的材料。在处理公安局来院查张云莹死因时，和黄萱接触过，也没有搞任何人的材料问题。陈仕金向我反映一些情况，我从没有向市委、区党委任何人反映过。陈仕金受我的错误认识蒙蔽，这个责任主要由我来负责。但是办公室在徐为楷戴高帽游街以后，我已经指挥不灵了，一般常委会记录都没有人干了，后来一直发展到开会通知都要我自己通知了。因为，我是当权派，谁都怕接近我，所以我也不好主动去接近他们，怕引起别人的误会。

三、对各个革命组织态度如何？对他们的处理有无偏见？

对各个革命组织的态度，我是根据周总理讲话的大字报精神来办的，就是一视同仁。常委也同意这种态度的。现在看来，总理讲话时北京的情况是保守派占优势，总理讲一视同仁，实质上是支持少数的革命造反派。而我们学院是革命造反派占优势，我们强调一视同仁，事实上是起着支持少数派的作用，这是我现在的观点，但过去我对这个观点是没有认识的。根据这个新的观点来看，虽然过去我们处理钱的问题上、物资问题上，虽然本着一视同仁的原则进行处理，现在看来，都有着一定的支持保守派的作用在内。这事直到红旗七千元印刷费问题发生后，我才警惕到资产阶级反动路线的问题，而没有进行处理，准备等双方心平气和后再行处理。另外，我和红旗没有任何关系，虽然我的头脑中有红旗观点，但组织上没有任何联系。因为我有一个思想，认为我倒过任何一边，就要造成挑动群众斗群众的重大错误。

四、反经济主义犯了什么错误?

错误有三:一是党委作出决定发厨工工作服,这个决定是错误的,后来在征求三个革命组织意见时,同学们提出了正确的意见,所以我不敢处理,拖到中央反经济主义指示出来后,这个决定没有执行。二是我院幼儿园放寒假一个半月的错误,这是违反中央抓革命促生产的指示精神的。三是发给1965年毕业实习生学生证也是错误的,不符合中央抓革命促生产指示精神的。为什么发生这些错误,主要是在群众向我提出意见时,不敢坚持原则,以致中央指示精神不能贯彻而堕落到资产阶级反动路线的新反扑的泥坑中去,这也是怕字当头的资产阶级世界观没有改造的缘故,教训是极为深刻的。应该深刻地接受这个教训:即使是杀头,也绝不能放弃党的原则!

杨江

1967年2月9日

广西师范学院

出入證

編号：110989

姓名：楊江

1969 年6月19日发

“文革”期间使用的出入证。以前，师院看大门的老头我们都很熟，后来，师院成了红卫兵的总部，增加了执勤的学生，出入证就派上了用场。

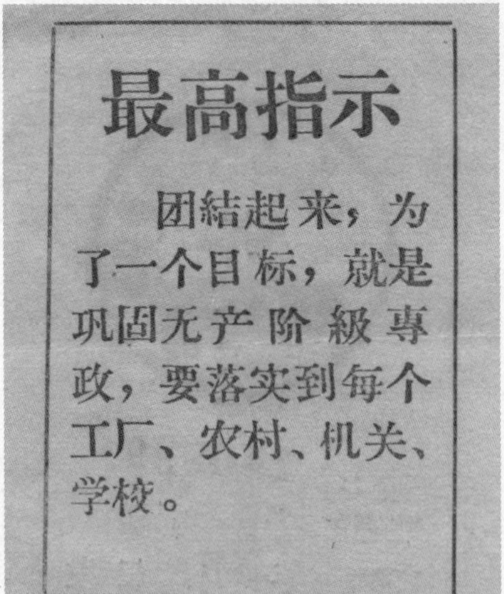
最高指示

团結起来，为了一个目标，就是巩固无产阶級專政，要落实到每个工厂、农村、机关、学校。

师院出入证(背面)

附一："文革"初期几个问题的交代

原件无标题亦无写作日期，父亲自写的页码，共存稿纸 17 页。据文中所提到的时间推测，此文应写于 1966 年底或 1967 年初。

周业昌、曾道宏同志：

你们那天晚上要我交代四方面的问题，兹评述如下：

一、电报底稿及写给市委的信，经过系统的回忆，事实如下：

1. 在九月廿一、二日左右——即多数派一千余人上北京串联时[1]，我向韦国清发出一个电报，电报内容如下：我院多数派学生一千多人赴京，领一个半月粮票，三千多元活动费，据传一定要求中央首长接见，不搞垮市委不回来。多数排幕后指挥人之一诸葛鑫（党委办公室副主任，七年病号）对党员说，不搞垮桂林市委，我们一定被划成右派，我们要同生死共患难，不能动摇，革命到底。同时，表示区党委的"刘三姐问题"比海瑞罢官问题还大[2]，由此可见多数派的领导人的思想动态。杨江。

[1]据《广西文革大事年表》：1966 年 9 月 5 日，根据中共中央关于组织外地高、中等学校师生代表来北京参观"文化大革命运动"的通知，广西各高、中等学校师生开始公费大串联。10 月 16 日，中央发出了"关于革命师生徒步串联的通知"，自治区党委群众接待站拟了一个计划：凡是学校师生、下乡知青或是机关干部参加"长征"串联的，每人每月补助人民币 7 元，45 斤粮票，还给参加长征的一些红卫兵发了一套军服和铺盖。

[2]1966 年 9 月 20 日，广西艺术学院音乐系师生贴出了《剥开刘三姐的画皮看伍晋南的修正主义面目》的大字报，对广西地方戏《刘三姐》和主管文教的区党委书记处书记伍晋南进行批判。伍晋南坚持说《刘三姐》是好戏，但是很多造反组织揪住伍晋南不放，勒令伍晋南做检讨，广西大学等

8 所大学院校造反组织轮流揪伍晋南到学校批斗。

2. 在张云莹死后第四天——时间大概是九月十六日，刘振林和红旗代表（这是一个女的，我不认识其名）要求常委作出挖坟固尸决定，当晚去挖，红旗在临挖前不去了。事后常委同意将情况反映到区党委，此电稿由陈仕金、江国金起草，经我修改后，未经常委阅，即以个人名义发出，电文大意如下：

张云莹死后，刘振林等多数派代表和红旗代表认为死因不明，共同要求挖坟固尸。经常委讨论认为请示市委，市委没有答复，立即用电话请示区党委贺亦然同志，贺当时答复，张死已三天，尸体可能腐烂，劝说学生不挖。当时刘振林提出意见，认为杨江报告不能反映他们的意见，后由刘振林亲自打电话向区"文革"办公室提出他们的要求。以后，贺亦然亲自打电话答复，同意学生挖坟，由杨江负责办理请桂林市协助解决技术、医生等事。当晚八点，通知专区医院、医专、181 医院、公安局法医来协助。专区医院、181 医院、公安局法医均未来，只医专答应协助。经医专某医生介绍张云莹死后解剖情况，后医专来三个医生和若干学生。当晚挖坟临走时，红旗退出，不参加挖坟行动。十二时左右，周待旦同志同挖坟固尸队伍出发，到张云莹墓地后，挖坟开棺，据医专医生检查，张尸体皮下已如水豆腐一样，不能固定，固定亦无用处。结果，学生决定不再取尸固定，回校时已是次日晨。特将经过情况上报，杨江。（这电报记得讲得具体，电报长，讲的过程大致如上述。）

3. 在 1966 年 10 月中旬左右，我院中文系在梧州"四清"同学有十个代表前往贺县黄田区要求平反，经吴春业报常委同意后出发。我曾发一电报报区党委，电报内容如下：我院中文系学生代表十人，于十月某日晨搭车赴贺县黄田区"四清"分团要求平反。杨江。

4. 在 1966 年 11 月 10 日区三级干部会议期间，多数派潘国球等到我家中说明目前火车很挤搭不上，要求院开小吉普车送七八个同学去南宁办急事，我同意开去，但怕在南宁有吉普车后，可以随便出入区党委多部门，特向区党委发一电报，电文如下：十日，多数派学生因火车难搭，要求派小吉普一辆送八个同学来南宁，车已开去，动向不明。杨江。

以上四个电报，第三个上次和你们调查组谈时已忘记了，这次陈仕金他们揭发，想起确有此事。第一个是直接发给韦国清的，第二个是发给区"文革"小组的，第三、第四个是发给区党委的。第一、第二两个并抄给市委机要室一份。估计市委会存有，可找出对证，即可查清原文如何了。这四个电报只有第二个电报是常委意见，要将情况上报区党委，但未看电报内容，我改后，即用个人名义签发了。其他三个电报都是我个人发的。均由陈仕金送发。在发第四个电报时，陈仕金请示一下，以前的电报稿如何处理，我说烧掉算了。陈烧了没有我不知道，估计可能烧了。如果已烧可请陈仕金回忆一下电报内容，可作参考。你们那一晚来要材料时，忘交代陈请示及我处理的意见。

5. 大概在10月中旬多数派同学上北京快要回来的时候，周待旦同志要去市委请拨"文化大革命"经费问题，我曾写一信给刘竹溪和王同连，由陈仕金从机要部门送去的，信内容如下：

竹溪、同连同志：

周待旦同志即来请拨"文化大革命"经费，周已为多数派俘虏，我院经常住千余串联队，多数派在分化中。关于看文件问题，常委陆毅、李德韩要求很迫切，准备报市、区请示，请你们准备。

此信发后第三天，市委即寄来两个文件，即当众宣读的，关于中央批准中央经委的十条初步意见，和中央对红卫兵组织一般在青少年中进行，工厂、农村、机关已建立红卫兵赤卫队的，只搞"文化大革命"，不要搞到民兵武装中去的指示(大意如此)，此信只陈仕金一人知道，可请陈回忆一下内容是否有遗漏之处，或者即查市委机要室要原件来看。周待旦在经济方面是支持多数派革命同志的，我这封信是向市委告密，是极端错误的，是充当执行市委资产阶级反动路线的帮凶了。

二、常委的两次讨论烧材料问题

记在我的笔记本上，凭记忆经过常委讨论的，只有是贯彻中央关于处理无产阶级"文化大革命"中档案材料的补充规定。经过常委讨论，此事可以查对一下常委会记录，把日期对一对即行。常委从没有讨论其他方面烧材料问题，所谓讨论两次，可能是常委讨论后，再开了总支书记、办公大楼干部参加的会议来贯彻中央这个指示，并同三个革命组织协商过这个问题。

三、在红河笔记本上剪了的材料拿出来问题

那本红河笔记本剪出来的材料，确属于过去处理个人保有中央同志讲话记录的记录，是以前处理的，处理后放在书架上。因近来感到有必要专用一部分时间来学林彪同志过去的指示，所以从书架中抽出来。在那本笔记中，我保证根本没有什么黑材料。

四、和市委、区党委、黄萱线如何联系？和红旗如何联系？做何指示等问题

市委关系：我和市委关系可以分为几段时间，(1)工作队到院前；(2)工作队到院后；(3)工作队撤退后到现在。现在分别交代如下：

在工作对来院前，我院"文化大革命"区党委指示归市委领导。当时，我还没有直接负责院的工作，我是六月三日参加我院"文化大革命"的，这段时间就不谈了。

在工作队来院后，七月四日张云莹停职反省前可作为一段，张云莹停职反省后又是一段。兹就记忆中的主要事件来谈。

张云莹停职反省以前——七月四日以前，我和市委接触过二次。

第一次是我一个人去见过徐为楷一次，时间是中午，徐正在吃午饭的时候，地点是在徐为楷家中，主要是谈张云莹问题。因为四天前陆毅到我家单独和我谈过，她怀疑张云莹是打着红旗反红旗的人物。后来陆毅又提出她的证据，说是在学习中南局指示时，张发表的谬论。听了陆毅谈后，我开始对张云莹有怀疑，并从和张相处九年的事实来研究张云莹，特就这个问题向徐为楷汇报，并希望市委多加强对我们的领导。

第二次，是市委通知我和陆毅两人去的，地点是在黄云家中，参加的人有

徐、黄及其黄的秘书，工作队王文湘，谈师院情况和张云莹问题。我检查了自己的错误并提出对张云莹一些看法。陆毅也谈了她对张云莹的一些看法。这两次会，主要是研究张云莹问题。从市委要求来看，当时主要是要解决张云莹的问题。

张云莹停职反省以后，又一次市委要我和陆毅到黄云家中，参加谈的有徐为楷、黄云和黄云的秘书，主要谈诸葛鑫等六七人写批判文军那篇批判陆地的文章的错误。黄、徐向我们了解诸葛鑫、罗启业、杨福廷、林宝全等同志情况，说他们准备将他们的文章寄到全国各大报发表，后来区党委第二篇批判陆地文章出来后，诸葛鑫等同志说区党委调子高了，要即收回他们的文章。黄云在这个会上说，要我们注意形势，从大字报去看形势，要我们做工作。徐为楷也谈了一些，记不清楚了。会上我就所了解的谈了诸葛鑫等四个人的情况，我谈的如下：诸葛鑫是党委办公室副主任，是长期病号，七年不干工作了，他是前中文系总支书记，和这几个人谈得来。诸葛鑫为什么最近积极起来，我不清楚，但此人个人主义思想严重。罗启业平常表现还好，但也有个人主义。杨福廷在困难时期对三面红旗思想上有些抵触，其他也不大了解。林宝全据记忆好像有些海外关系，其他的人我就不了解了。

黄云当时还要求我和陆毅协助工作队的工作，可找一些人来谈，名单由我们定。回来后和陆毅商量，提出了七八个人的名单，我的意见是这些人必须由工作队通知，他们来和我们谈，我们才谈。名单中记得是有这些人：刘学厚、何火云、覃承鼎、李俊秀、钟敏芳、梁贯珍，还有两个政治系的，由陆毅提出，我忘记了名字，以后由陆毅拿名单去请示，后据陆毅说工作队不要我们谈了。名单可请陆毅同志一同回忆出来。

黄云、徐为楷被撤职前一二天，我和陆毅到黄云家去请示常委要求我们去请示的几个问题，黄云个人接见，地点是黄云家。记得我还问了黄云：是否“八七事件”时分区司令员打电话给市委后，才派人去处理的，黄云否认。这次请示，黄云已经不表态了，他说：市委已是当事人了，区党委有工作组在榕湖饭店，要我们直接打电话去请示。这次会时，黄云曾叫我们注意甘恒彩是否烈士子女，说贺希明来师院时，提问题的是甘恒彩。我回来后，并没有查甘恒彩的材料。请示内容记不清了,可请陆毅同志回忆出来。

在张云莹停职反省后[1],在黄云、徐为楷撤职以前,我还个人参加过市委的一次区党委文化工作会议精神传达,地点在榕湖饭店,参加听传达的人很多:市委各部委、"四清"总团、工作队主要负责人。主要是伍晋南的总结,说这次许多干部犯错误,主要是由于有反右经验主义等等。传达后,分组讨论,我参加文教组,徐为楷作了指示,认为文教界主要是封建主义、资本主义、凯洛夫所统治,并总结工作队出专栏、专人揭露大字报的经验。工作队反映,许多革命师生纷纷起来揭工作队的情况,徐为楷指出还是放的方针。我在会上作了一些检查,并说明高等学校过去受封、资、凯毒害之深。这次会我问徐为楷如何传达,徐说:"你是以市委委员身份来参加会议的,不做传达。"我回来后也没有传达。申本田也参加这次会议。

在黄云、徐为楷宣布撤职以前,我看到工作队已控制不住我院革命群众了,在群众进行院内游行第二天,我写了一封信给黄云。主要是说明我院武器库仍有机枪四五挺,冲锋枪十几支,步枪四五十支,小口径步枪三十多支。这些枪支,就我打游击的经验来看,足够武装一个游击团。为了防止万一,我建议市委立即采取措施加以处理。这封信是我亲自骑单车送到黄云家门前的,因黄云不在,交给一个开门的说广东话的老年女人。

黄云、徐为楷撤职后[2],因我院武器未见处理,我亲自到市委去一次。那时,市委已驻有解放军,市委无人接见。我找到一个解放军值班负责接待人员,将我院现有武器情况向他汇报,并要求市委设法处理,以防万一,并请他将情况转报市委。

我院多数派学生要求发给去梧州活动旅费,要求去西安、兰州串联,要求发上北京旅费,要求发红布制红袖章,经常委讨论后要我去请示市委。当时,解放军已撤出市委了,我一个人到市委去找王同连同志,向他请示。估计王同连已听过十一中全会传达,他说:毛主席讲党委可以炮轰,让他们去吧。同意发给同学去梧州的旅费,同意发红布制红袖章。此外,我向他谈了常委的情况。他问我身体如何,我表示在"文化大革命"中已把身体置之度外,不考虑身体问题了,并表示我要跟党联系,并说市委办公室的人员是否可靠,请注意。也谈了学校的情况，如多数派接管了门卫，我无权处理，徐为楷戴高帽游街后，校内有不同意见，我是当权派，人家都怕接近我，了解情况不多等等。

在九月上旬左右，我怕师院出乱子，为防止万一，请陈仕金到市委机要室建议撤退我院机要室所存的中央文件。当时，梁族打电话问我，来的机要员怎样，我说可以，梁族接受我的建议。即指定陈仕金、何汉文、文禧、刘学厚负责撤退文件。刘学厚参加撤退文件，是我写条子通知他的。以后由他们负责具体撤退。在撤退文件第一晚，由于市委机要室收不到文件打电话来查问，以后我专问了刘学厚，才知文件已撤退到市武装部转交区党委。我在这次撤退文件中，只和留学后谈过十多分钟话，查明文件是否送出，并要刘学厚保护武器。刘表示，即使师院烂掉也不要紧。

（此段原文已划掉并注：撤退中央文件是事实，现在考虑这还不是执行反动路线问题，只是表现我个人思想上害怕革命群众，所采取防止万一的措施。所以，不列入执行反动路线罪恶检查中去。）

[1]1966年6月下旬，广西区党委派出的文化革命工作队进驻师院，7月4日，院长张云莹，党委副书记陆文中，政治系副主任吴元庆，以及副院长崔毅等相继被停职反省。

[2]8月17日宣布撤销桂林市委书记黄云，副书记徐为楷的职务，还宣布撤销徐为楷驻师院工作队队长的职务，任命王同连为桂林市委副书记。8月18日，师院学生和南下串联队学生拉徐为楷戴高帽游街，这次给领导干部戴高帽游街在广西是先例。

我和市委的联系除上述事实外，常委集体去的我就不谈了。此外，在见过王同连以后，到多数派千人上北京串联这一段时间，大概是八月十九以后到九月下旬这一个多月内，我经常打电话向市委办公室汇报，都是市委办公室人员接电话的。汇报内容有这两方面：第一方面是属于学校发生的事件的汇报，如朱天恩、张小于、王均戴高帽在系内游行后，市委研究后叫反映的；多数派刘振林集中院系当权派宣布要自己挂牌劳动；多数派接管门卫；多数派刘振林和红旗代表要求挖张云莹坟固尸等等。

第二方面是属于听到多数派的紧急广播后，向市委办公室的汇报，如听到多数派广播要到电表厂去支援电表厂工人的斗争；如有一次听到广播说有一南下串联队同学被捉到公安局，同学们正紧急集合去援救。我怕出事，当时我思想认识是串联队和我院同学故意制造事件把责任推给市委（这是受街上及全国的执行资产阶级反动路线的蒙蔽宣传和自己的保皇思想而发生的观点），所以凡有什么事件发生，多数派要动员上街时，我听到后都向市委办公室报告的。

这属于多数派一些外部活动情况的汇报，现在看来是当市委的特务来侦察革命师生行动，实在是极端错误的，对革命群众犯了罪。我除了这些电话汇报外，没有向市委办公室，或市委任何个人写过有关个人材料的汇报，也没有在电话中对每个革命群众的个人材料向市委作汇报。此事可查一查市委办公室接电话的人员，加以核对。

五、和区党委关系：

黄云、徐为楷撤职以前，从黄云口中知道区党委有工作组在榕湖饭店5号楼，曾打电话联系几次，没有联系得上。那时，多数派同学要求上北京到各地串联，请求发给旅费，经过常委研究，曾经发一个由榕湖饭店工作组转韦国清同志，请示有关串联经费问题的报告。这个报告，党委办公室是有存底稿的。韦国清、区党委都没有答复。

和区党委联系的第二件事，是在工作队撤退，我院无人管时。那时徐为楷未被撤职，经党委研究，党委今后怎么办问题须请示。我和齐才广二人去找徐为楷，徐在市委接见我们。对我们请示问题，提出三点指示。一是两个革命组织，都是革命组织，二是院党委不能领导"文化大革命"，应由上一级党委来领导，三是组织生活还可以过，大家可多谈意见，不做结论。回来向常委传达，常委认为徐为楷说的话能否代表上级党委，有人怀疑，要我马上挂电话请示区党委。当时是区党委宣传部贺亦然接的电话，贺亦然说："现在你们那里情况复杂，你不能动。"以后，我就按照他这个指示办事了。

和区党委联系第三件事，有几个学生代表要求发给1500元上北京请示中央的旅费，我当时不敢做主，打电话请示贺亦然是否同意，贺问是哪些人，我问办公室说是少数派的，贺同意发一些旅费，同时告诉我，学生上北京可以免费坐车，叫他们尽量节约。

和区党委联系第四件事，是刘振林和红旗代表要我开常委会讨论他们挖坟固尸事，打电话请示区党委贺亦然同志。开始请示时，贺表示张死已三天，尸体可能腐烂，最好说服学生不挖。后经刘振林直接反映情况，贺研究后，同意他们挖坟固尸的意见，由我执行。

除此以外，就是发给区党委上面所述的那四个电报了。在张云莹停职反省，我正式上班以来一直到现在，没有和区党委任何人有过接触，亦未向区党委任何人反映过其他情况，区党委也没有派过人来和我谈，更没有要求我写什么材料给他们。

在和区党委的关系上，我的错误是，主动地向区党委用电报反映上述多数派一些活动情况，我当时受市委的影响，错误地认为诸葛鑫同志是多数派的幕后指挥人之一。现在看来，我院革命造反派响应毛主席的号召，起来造党内走资本主义道路当权派的反，造修正主义的反，造资产阶级反动路线的反，这是完全正确的，诸葛鑫同志支持革命师生造反，也是完全正确的，错误的是我。我站在资产阶级立场上，把敌我关系颠倒了，从而得出错误的结论，造成错误的行动，对人民犯了罪。

和黄萱关系：对黄萱受公安局长指使搞学生材料，我是在苏玉山游街后，看到黄萱、林庆和贴出的大字报后才知道的。黄萱从没有向我谈过这件事，我也不知道黄萱搞过这件事。过去刘庆仙曾向我和齐才广反映过黄萱搜集传单和到档案看档案的事，当时，记得我没说什么，因为以前党委对看档案问题曾作决定，除外调人员外，一律不准看档案，凡看档案，必须经齐才广批准。黄萱看档案，当然受到看档案同志制止的。

我和黄萱没有什么接触，记得接触的是多数派接管门卫时，黄萱、林庆和来汇报，他们提出门警照样在那里不撤，我也同意这个意见。此事齐才广和其他常委都知道的。张小儒、朱天恩、王均戴高帽过系时，黄萱、林庆和也来反映此事，常委也都在，当时，我的意见是大家要冷静，如朱天恩受伤，叫他去医院检查，并叫林庆和通知朱天恩写一个报告来，朱天恩以后写出来了，我交给常委看后，只口头用电话报告市委办公室，朱天恩原来的报告，在接到中央有关"文化大革命”材料处理补充规定后，已交出封存在三个革命组织暂存的材料中。

此外，关于公安局来查明张云莹死因事，我与黄萱也接触过，时间是在九月下旬，公安局派人进院查明张云莹死时情况时，我和黄萱有一些接触，但均无谈到整谁的材料问题，也没有谈到公安局问他要材料问题，公安局向黄萱要材料，我完全不知道。

我和红旗的关系：我和红旗教工、学生都没有接触过，只有张绍森在未参加红旗前，他从“四清”回来后，曾有两个晚上到我家去，说他对两派学生的看法，我没有表态，我只说应以毛泽东思想作为鉴别一切是非的最高标准。以后张上北京我不知道，直到现在没有和张绍森个别谈过话。钟毓芳也从没有谈过话，更没有谈到整谁的材料问题了。既然从无接触，更谈不到指示了。

六、6个月来，我的思想变化的情况：

在六月二十日工作队入院以前：我是六月三日参加我院“文化大革命”领导的。当时，是从退休思想转过来，认为既然革命需要，就投入运动。

六月五日、六日，我院出现反击、围攻大字报情况，七日、八日张云莹下令停止反击，我由于严重的反右经验主义思想，对反击是反革命的行动，是迟迟认识不清的。匡亚明事件出来了，敲起警钟，觉得反右经验主义思想是错了，但究竟错在哪里，在十九日的师生大会检查中，有了一些初步的认识，知道是颠倒了敌我关系，站错了立场，但未加清算。

工作队入院以后，市委要我正式上班。那时，我始终以“四清”时对工作队的态度来看工作队，认为工作队代表党的领导，所以，工作队叫我干什么，我就干什么，根本没有认识到派工作队这件事，就是执行资产阶级的错误路线。当时，工作队除了要求党委进行检查错误并管理日常行政事务外，还要求党委到群众中引火烧身，对群众贴革命大字报要表态，工作队有时还要向我们了解一些情况。我在工作队入院以后，就在常委中强调一切听工作队的领导，在实际行动上，工作队要常委干什么，我就干什么。因此，在工作队入院以后，我是充当工作队执行资产阶级反动路线的工具。这一点，是长期以来没有觉悟到的，自然根本谈不到清算自己的错误了。

工作队撤退以后，市委已经明确我们无权领导“文化大革命”了，在我的思想上，我院“文化大革命”是该由市委、区党委来领导了。我们只能就当时的情况来处理总务处方面的工作，常委在实际上是靠边站了。当时，我院革命造反派是对市委、区党委的资产阶级反动路线开火。这时，王任重为韦国清保镖的电报，陶铸给广西区党委、桂林市委的电报，对我都有影响，同时，我在思想上存在着严重错误的认识。我当时是根本认不清这条资产阶级反动路线的。

我认为从1958年“大跃进”以来，区党委、市委是执行三面红旗的。在广西，在桂林，工农业都有很大的发展。区党委、市委成绩是主要的，缺点是次要的。根本不懂得建国十七年来，党内就存在着两条路线的斗争，存在着毛主席的无产阶级革命路线与刘、邓的资产阶级反动路线的斗争。根本看不清区党委、市委十七年来执行刘、邓资产阶级反动路线的滔天罪恶，也看不到区党委、市委在“文化大革命”以来坚决执行刘、邓资产阶级反动路线的罪恶。所以，我在思想上、认识上是这样认为：区党委、市委有缺点是应该无情揭露的，但从我到广西这九年来的情况看，他们的成绩还是主要的。因此，保市委、保区党委的思想，在我的头脑中是很坚定的。我的许多罪恶的行为，是从这个指导思想而来的。

直到十月中旬，多数派同学从北京回来，带来很多大字报，主要是揭刘少奇的。这些大字报，我反复去读，根据我在党内所了解的，这些大字报揭的都是事实，如在上海刘少奇作的报告，我也听过，确实如此。并联想到刘少奇的《论共产党员的修养》，没有一句话提到高举毛泽东思想。再从大字报贴出的北京“文化大革命”大事记中，看到在制定资产阶级反动路线中，刘少奇好像一个总根子，因而，开始对刘少奇怀疑。

到十一月，中央工作会议的大字报出来了，我开始认识到从中央就有两条路线的尖锐斗争。十二月初，我院敢革命战斗组造刘竹溪的反，中央工作会议的文件看到了，才真正地认识到从中央到地方，毛主席的无产阶级革命路线和刘、邓的资产阶级反动路线斗争很尖锐、很复杂，从而真正认识到我过去保市委、保区党委，实质上是保刘、邓这条资产阶级反动路线，是站在毛主席无产阶级革命路线的对立面去了。

我在这次“无产阶级文化大革命”中，在两条路线斗争中，犯了执行刘、邓资产阶级反动路线的严重错误。回忆到师院九年来，做官当老爷，不高举毛泽东思想，盲目地执行着一条旧中宣部、旧高教部的修正主义教育路线而不自觉。去年六月毛主席亲自发动“无产阶级文化大革命”以来，又先后犯了执行刘、邓资产阶级反动路线的严重错误。想起这些，我的心情十分沉重：我对不起我们伟大的领袖毛主席！我辜负了党多年对我的培养！对不起和我一同干革命而为革命事业流血牺牲的烈士！对不起响应毛主席的伟大号召在这次文化大革命中坚决起来闹革命的革命造反派的同志们！

我为什么犯这样重大政治错误而觉悟这样迟呢？保区党委、保市委实际上是保自己，本质上是一个私字的资产阶级世界观没有改造，灵魂深处还没有彻底闹革命。在革命造反派同志们给我戴高帽游街回家的那天晚上，我受了极深刻的教育：我想，为什么许多革命小将能够理直气壮地揭发批判韦国清的罪恶呢？他们的特点是：为了保卫毛主席，保卫毛泽东思想不怕杀头！他们这样革命造反精神，我在过去地下工作，搞武装斗争时也是有的。为什么现在处处怕犯错误，怕受处分，怕罢官，怕开除党籍呢？想来想去，实质上是解放后做官当老爷，奴隶主义严重，革命意志衰退了！解放前跟党跟毛主席闹革命，就凭一个“敢”字，解放后做官当老爷换了一个“怕”字，这是一个共产党员向资本主义的倒退。

今天，我开始认识了自己的错误，并已下决心坚决改正自己的错误，抛弃一切私心杂念，向革命造反派同志们学习，在思想上、行动上彻底与资产阶级反动路线决裂，坚决回到毛主席的无产阶级革命路线方面来，按照《红旗》杂志十五期社论五项要求，认真改正错误。

我要本着林彪同志指示来保持无产阶级晚节。林彪同志说：“保持晚节，没有别的办法：一个就是相信毛主席，一个就是相信群众，一个就是正确地对待自己。”“我们要把自己当作革命的一份力量，同时又要不断地把自己当作革命的对象。革命，也得革自己的命。不革自己的命，这个革命是搞不好的。”我认为林彪同志的指示是完全正确的，这个指示将成为我今后行动的指南。

附二：张云莹逝世前后的情况汇报

◦(原文无标题)◦

区"文化大革命"领导小组 并
区党委：

现将张云莹逝世前后的情况报告如下：

7月4日，市委在全院师生员工大会上宣布了区党委关于张云莹、陆文中、吴元庆三人停职反省的处分决定后，张云莹便在自己的家里作自我检查。先后给市委和我院"文化大革命"、"四清"工作队交了"补充检查"(原文以下划删)，"我的反毛泽东思想的罪行"，"我的修正主义教育路线一些问题的初步检查"等部分检讨。

8月22日下午，我院红旗战斗队在体育馆召开大会，令张云莹到会向群众检查交代问题。张云莹在会上照念"我的反毛泽东思想的罪行"检查稿，群众听了很气愤，认为他检查不老实，中途停止了他的检查，要他当场回答群众提出的问题。群众纷纷提出质问。其中主要的有，群众问张云莹："你反对毛泽东思想的目的是什么？"张云莹当时神情紧张，说："我没有什么目的，只是资产阶级世界观没有改造好和没有学好毛主席著作。"群众问："你反对毛泽东思想是不是一贯的？"张云莹答："……贯彻高教六十条后，我错误严重，业务挂帅，不突出政治。"群众又问："你的四个儿女是不是名字叫'中华民国'(原注：张云莹有四个儿女，大儿子张苏中，二女苏华，三儿苏民，最小的叫小四)？"张云莹答："是'中华民族'。"群众听了更气愤，高呼口号，并责令他站起来检查，不许抽烟，低头。

后来群众见他站着打颤，便叫他坐下。这个会在下午两点半开始，到五点左右结束。会议结束前对张云莹宣布：要将当天的检查写成大字报向群众公布；从明天起劳动、打扫卫生、打开水。红旗队员护送张云莹进出会场。在护送张云莹回家途中，张云莹站不稳，于是红旗队员便搀扶他回到家，并到院卫生保健科请来医生给他注射了葡萄糖。红旗队员临走前，告诉张云莹，在家做好检查交代，劳动的事听候通知。过了不久，张云莹才负责打扫他家前面一二座教室的厕所卫生。

8月30日，张云莹的儿子苏民（中学生）要求去北京，张云莹知道后，问他的儿子是否准备去京，苏民说："你管不着。"张云莹找杨江反映这事，认为他在停职反省期间，儿子不宜去京，并要求杨江同他儿子说一说。杨江请他儿子进一步考虑去还是不去。后来，他儿子自愿取消了去北京之行。

9月2日，我院"多数派"（后称"红卫兵"）学生勒令张云莹等人同黑五类分子、反动资产阶级"权威"一块儿劳动。张云莹很激动，劳动完后对杨江说："想不到革命几十年，今天和五类分子在一起劳动啊！"（原文以下划删）杨江告诉他："要准备接受更多劳动的考验。"

9月3日上午，红旗战斗队到张云莹家，封他一些住房，并要他在下午七点前将他家修正主义、资本主义、封建主义的书画送到红旗战斗队队部。张云莹即打电话来院党委，要求派人去将内部文件、笔记、资料收回。院党委派党委办公室的二名干部到他家清理收回一批文件、笔记，下午四点左右才搞完。当时，张云莹说下午七点前不能完成红旗战斗队对他的要求了，提出要去他家清理文件的干部帮他到红旗队说一声，清理文件的干部说："我们是按党的原则来收回机密文件资料，你自己的事要你自己去说，我们不能帮你说。"当天，张云莹到卫生保健科开了一些安眠药，计有：……

9月4日上午，张云莹同他的儿子挑了一些书画到红旗战斗队部。

9月8日，红旗战斗队代表到张云莹家，令他在四天内写好检查，张云莹答应了。

9月10日下午七点左右，张云莹的女儿苏华对张世伟（杨江爱人）说："我爸爸这几天头晕。"世伟吩咐她："告诉你爸爸到卫生保健科或医院看病。"接着，世伟将苏华的话告诉了杨江，杨江同志说要张云莹到卫生保健科或医院去看病。世伟便和冯桂兰（周待旦爱人）到张云莹家，对张说："你可以到保健科打针、吃点药。"张云莹回答："好的，我星期一去看看。"世伟、桂兰还建议他买个鸡来吃。晚上，张云莹的烟没有了，叫苏民上街买回两条香烟。

9月11日上午八点左右，张云莹照往常一样，手执一根胶皮管去打扫厕所。冯桂兰上街帮他买回一个一斤多重的鸡，下午杀了鸡，他全家人吃。晚上，张云莹对女儿说："鸡蛋没有了。"叫她买鸡蛋。此外，还叫她学习当天《人民日报》社论（《桂林日报》转载的）。晚上10点多张云莹家便休息了。

9月12日上午，张云莹儿子张小四醒来以后躺在床上看书，看完已经是八点四十五分，就起来下楼刷牙、洗脸、吃早餐馒头，这时看到张云莹的早餐馒头和牛奶都没有吃，也没有动，张小四就上楼到张云莹的卧室去看，见张云莹的蚊帐还夹着，便叫张云莹起床，一连叫了数声都不醒，推也推不醒，立即到杨江同志的家去，告诉张世伟同志说张云莹病了，还未起床。张世伟同志即与张小四到张云莹的卧室，连声叫张云莹，并推动他的身，也不见醒来，口里呼吸较微弱，身上和脚上还是热的，脸上发红。这时，张世伟同志便马上下楼，打电话告诉杨江同志说，张云莹已经叫不醒了，叫马上派人到张云莹的家去。电话打完后，张世伟同志又马上上楼去叫喊张云莹，张云莹还是不醒，这时在床旁边地板上，发现一颗安眠药。

杨江同志接了张世伟同志的电话后，即叫党委办公室江国金同志找医生到张云莹家看，又马上指派周待旦副院长亲自前往。江国金同志立即到院长办公室叫骆云同志同去，这时已是九点十分左右。江国金、骆云同志便到保健科叫王世匡医师同往，周待旦同志直接回家一下。大约九点十五分左右，江国金、骆云同志和王世匡医师到了张云莹的卧室，周待旦同志也随后赶到。

到张云莹的房间以后，王世匡医师进行了检查。先是量张云莹的血压，后按脉搏，并摸了一下张云莹的胸部和腹部。这时，骆云、张世伟、周待旦同志都站在张云莹的床边，江国金同志在桌子旁边看桌面上的东西。检查完后，张世伟同志问王世匡医师："血压怎样？"王医师答："正常。"张世伟同志再问："脉搏怎样？"王医师又答："正常。"之后，骆云同志也问王世匡医师："怎么样？"王医师答:“血压正常,脉搏一分钟跳 82 次,比平时稍慢点。”并说“要送到医院去”。这时,骆云同志也摸了摸张云莹的脉搏和身上、脚上的温度。脉搏确实在跳动,但比较慢点,身上和脚上也是热的。脸上还是发红的,呼吸中有痰的响声。当时,张世伟同志拿一条蓝色的长裤给骆云同志给张云莹穿上,江国金同志即帮助把裤子穿上,但未有扎皮带。之后,又由王世匡医师叫抽出一个枕,并用双手托起张云莹的头部,骆云同志扶着张云莹的手,江国金同志抽出张云莹一个枕头,王世匡把张云莹的头放下,头向外稍歪了一下,呼吸呼呼作响了几声,呼吸中仍有痰的响声,肚皮抽动之状。江国金同志问:“怎么这个样?”王医师答:“不要紧,是呼吸。”在检查和给张云莹穿裤子这段时间,张云莹一直还是昏迷不醒。检查完后,没有服药打针及任何治疗处理,只是说要送医院。

约在九点半钟左右,张世伟同志叫江国金同志下楼给杨江同志打电话,汇报张云莹的病情和请示送到哪个医院。杨江同志答复:送到哪个医院都行。江国金同志给杨江同志打完电话后,立即给管理科打电话,叫马上派小轿车来送张云莹到院。当时,接电话的是杨瑞芬。江国金同志打完电话后,马上上楼到张云莹卧室,传达杨江同志的意见说送到哪个医院都行,并问王世匡医师送到哪个医院,王医师说:“送到哪个医院你们决定,随便送到哪个医院都行,你决定吧!送到工人医院、专区医院,不是近一些吗?”这时张世伟同志插话说:“这属于你的业务范围,你决定吧,王医师!”骆云同志也说:“送哪个医院都行。”接着,王世匡医师说:“那就送到桂林医专吧,那里有心电图。”就这样决定送桂林医专,大家就下楼,王世匡医师回保健科拿住院的三联单了。这时,大家在楼下看小汽车还没有来,江国金便向管理科第二次打电话催小汽车,没有打通,即打到财务科找庄之机同志接。江国金同志在电话中说:“张云莹已经倒下来了,请你帮催管理科赶快开小汽车来救急,杨瑞芬已经知道了的。”在这时,骆云、张世伟同志都说要把张云莹的女儿张苏华、张苏民叫回来,动员张小四去附中叫,他不愿意去。又由江国金同志向附中打电话,首先打到附中党支部,由于学生占用了这个电话,没有去找人。接着一连打了两次,才打通找到附中党支部副书记黄其猷同志,告知速找张苏华、张苏民赶回来。这时王世匡医师已经拿张云莹的住院三联单来,交给骆云同志并说:“你们送去吧!”骆云同志接过三联单对王医师说:“我们去,你也去,你不去怎么行?”王医师说:“我门诊很多。”江国金同志马上接着说:“你不去不行,我们讲不清楚的。”张世伟同志也说:“你不去怎么行!”说完,王医师接过三联单,同意一起送张云莹到医院。

不久,王世匡医师上楼去,刚刚走到张云莹卧室的门口,骆云同志也走到楼梯的转弯处,张世伟同志站在楼下的梯口,王世匡医师问:“有没有电筒?”骆云同志立即向楼下问张小四,他回答没有。骆云同志马上转告王世匡医师,王世匡医师说:“没有不要紧,我回去拿。”他便马上下楼回卫生保健科拿电筒。王世匡医师拿电筒来后,骆云、江国金、张世伟同志和周待旦副院长又一同上楼去。王世匡医师用两个手指掰开张云莹的眼皮,一只手对着张云莹的眼球打着电筒照,第一次叫江国金同志看,江国金同志看着说:“我看不出什么变化。”接着,又叫骆云同志看,骆云同志看到,在电筒光未亮前,张云莹的眼睛完全失去光色,眼珠不动,没有神色;电筒光亮后,眼球马上变得较明亮,眼里的瞳人变小,便用较大声音讲:“瞳人变小了啊!”张世伟同志站在王世匡医师旁边也顺着电筒看着并说:“瞳人变小,那有问题啊!”王世匡医师说:“还有光反射,不要紧。”看完张云莹的眼睛后,由江国金、骆云同志把张云莹的身子放平(原是侧睡),并由江国金同志给他扎好短裤的裤带,骆云同志给他扎好长裤的裤带。这是大约是在九点四十五分左右,大家又下楼了。

大家下楼在楼梯口闲谈,见小汽车还没有来,大家都有点着急,江国金第三次向管理科打电话催车。王世匡医师插话说是救急的。江国金同志在电话中说赶快开小卧车来,救急的,时间过了就救不到!接电话的王仲樵说:“没有轿车,吉普车开去了。”江国金同志说:“吉普车也行,赶快开来。”刚打完电话,张苏华由后门回来(王世匡医师开门),大家对她说:“你爸爸病了,你和我们一起把他送到医院去。”她说不去。张世伟同志即把张苏华叫到后院个别谈话。这时大约是十点左右,见小汽车还没有来,非常着急,江国金又第四次给管理科打电话催车,打到财务科找庄之机同志接,叫他代催。小吉普大约在十点零五分来到。正在江国金同志打第四次电话时,王世匡医师向门外走去,骆云同志上楼,张世伟同志还给张苏华谈话,周待旦副院长在楼下。骆云同志上楼,一进张云莹的卧室,就发现他的脸色完全变成了死人的脸色,便马上向楼梯下大声呼叫:

"王医师快来,脸色完全变了。"骆云同志见王医师还未有来,马上走到阳台门口向外大声呼叫:"王医师快来,脸色完全变了!"那时王医师正走在陈仕金同志宿舍的窗户那里,便马上回头跑来。这时,江国金同志马上跑上楼一看,又马上跑到保健科要担架。接着,王世匡医师、张世伟同志、周待旦副院长和张苏华都上楼来了,王世匡医师摸了一下张云莹的脉搏,马上跑回卫生保健科去拿针。这时,骆云同志摸了张云莹身上和脚上的温度,十分微弱。江国金同志拿了担架到保健科的窗口,王世匡医师正好回到那里。江国金同志拿来担架,就马上和骆云同志把张云莹放在担架上。这时,王世匡医师在担架上给张云莹打了针。之后,立即把张云莹抬下楼,装在小吉普车上,在楼上抬下来上车约要 5 分钟左右,送到桂林专区人民医院。到医院时间是上午十点 15 分左右。抬到急诊室后,骆云同志即速摸张云莹的脉搏,发现已经不跳动了,全身都冷了。专区医院立即进行人工呼吸、输氧气、打针等抢救约半小时之久,但已经无效了。

为了检查死的原因,是日下午五时进行大解剖。现在还未得出结论。一俟作出结论,即另行专题报告。

13 日上午九时许送尧山埋葬。从张云莹的卧室所见到的现场是这样:

在他的床外放着一个瓷烟灰缸,一盒火柴,一个"大前门"的空烟盒。九月十日和十一日的《桂林日报》两张,一个手表,枕头底下放一颗纸包糖。在桌子上面放有《毛主席语录》一本,"新四篇"一本,"十六条"一本,"毛主席论教育工作"一本,一支钢笔,一本笔记写有 30 条检查提纲,暖瓶一个,茶杯两个。抽屉里放有九月九日、十日写的两份检查:《我为什么反对毛泽东思想》、《我的反对毛泽东思想是不是一贯的》,共两式四份。这是九月八日"红旗战斗队"要他写的,并限于九月十二日下午交卷。除此外,并未发现其他可疑东西和张云莹的呕吐痕迹。张云莹被抬去医院后,由保卫科拿出来了他的检查材料和笔记本等物,房间立即封闭。

中共广西师范学院委员会
1966 年 9 月 15 日

左起：父亲、陈克（张云莹夫人）、张云莹、梁唐晋（广西师院前任院长）。这张照片是1957年10月父亲和张院长刚到广西时，在南宁人民公园内拍摄的。

教授和新来的张院长在桂林七星公园的合影，拍摄者是父亲，1957年。

这是张院长与机关同事的合影，前右一是母亲的挚友蔡凤阿姨，后右一是张院长，左三是总务处长刘庆仙，约摄于 1958 年。

这是中文系一位叫张任孙的学生赠给父亲的合影，背面写有：杨江书记存念，1958 年 4 月 12 日。学生中间坐着张院长（左）和杨书记。

张院长的女儿张苏华，小名叫“小石头”。约摄于 1959 年。

张云莹院长一家，前排左起苏华、苏民、张士(小四)、苏中，约摄于 1958 年。

最高指示

我们的责任,是向人民负责。每句话,每个行动,每项政策,都要适合人民的利益,如果有了错误,定要改正,这就叫向人民负责。

老实人,敢讲真话的人,归根到底,于人民事业有利,于自己也不吃亏。爱讲假话的人,一害人民,二害自己,总是吃亏。

无数革命先烈为了人民的利益牺牲了他们的生命,使我们每个活着的人想起他们就心里难过,难道我们还有什么个人利益不能牺牲,还有什么错误不能抛弃吗?

◦ 关于三个问题的交代 ◦

化学系六三级革命小将要我交代下列三个问题,兹如实地做如下交代:

第一个问题:你如何贯彻执行陶铸在广州关于知识分子问题的黑报告的[①]?你对化学系有何具体的指示?

关于这个问题,据我记忆是这样的。我到南宁开会听到陶铸的黑报告,回校后分两次传达这个黑报告。先在党员干部中传达,再按规定在党外进行传达。传达内容有下列几点:一是认为党内有人低估了知识分子的作用,不懂得建设社会主义一定要知识分子;二是知识分子和我们一同度过困难时期,可以

① 1961年9月28日,中南局书记兼广东省委书记陶铸在有中科院学部委员、高级知识分子中的全国人大代表和全国政协委员参加的座谈会上,发表了在党内外引起强烈反响的讲话,陶说:"今后一般不要用资产阶级知识分子这个名词,因为这个帽子很伤害人。其次,凡属思想认识问题,一律不准再搞思想批判斗争会。第三,不准用'白专道路'的帽子……"1962年春的广州会议(全国科学技术工作会议)上,周恩来赞成这个提法。3月6日陈毅有言:"你们是人民的科学家,社会主义的科学家,无产阶级的科学家,是革命的知识分子,应该取消资产阶级知识分子的帽子。今天,我跟您们行'脱帽礼'……"史称"脱帽加冕"。

打三分了，今后中南不再叫资产阶级知识分子了，叫劳动人民知识分子；三是在困难时期，对知识分子要雪中送炭，要各级领导人和知识分子交朋友，要解思想疙瘩，在物质上，工作条件方面照顾他们，陶铸并说他带头和一个统战对象交朋友，送文房四宝给那个人。贯彻这个黑报告时，记得曾开支书会议进行讨论，会上我首先检查自己过去对知识分子的看法不对，认为过去对知识分子作用是估计过低了，本着陶铸的黑指示，要求各支书和他们交朋友，解除思想疙瘩，主动去照顾他们的困难，为他们在工作上创造条件，帮助他们做好工作。黄时强送猪肉到雁山给赵佩莹[1]，就是在我这种错误思想指导下进行的。黄时强送猪肉后，据反映赵佩莹很感动。以后中南局宣传部长李尔重到桂林视察，桂林市委书记陈亮要我和张云莹去汇报学校情况，当时陈亮也在场，由张云莹汇报学校进修情况、知识分子情况，也谈到黄时强送猪肉给赵佩莹效果很好，并要求送陈伯康、冯振、赵佩莹到从化疗养，李尔重答应考虑。以后，黄时强送猪肉的事就反映到陶铸那里，陶铸后来一再表扬黄时强，就是为此。

当时，我对化学系统战工作，除根据陶铸黑指示作上述一般要求外，没有特别指示。因为贯彻陶铸这个黑报告不久，我在1961年12月就因病到181医院治病了。当时，全校各支部都是按陶铸这个黑报告和我的错误指导思想来执行的。中文系陈克、杨绍武和冯振、彭泽陶交朋友，照顾冯振吃饭过多补粮问题；生物系文禧和陈伯康交朋友，学校为陈伯康搞个人实验室，以及各系教授、副教授带徒弟，老教师上第一线等等，都是这个时期贯彻执行陶铸黑指示的具体表现。所谓和资产阶级"权威"交朋友，调整关系，解思想疙瘩，实质上是向资产阶级"权威"投降，在这个问题上的主要错误是缺乏阶级斗争观点，模糊敌友关系，并已发展到认敌为友的严重错误的程度。因而形成了教授治校、资产阶级"权威"合法地毒害青年教师和青年学生的资产阶级知识分子统治学校的反动局面，这个严重错误的主要责任，应由我来负主要责任，是我在全校贯彻执行了这

---

① 赵佩莹(1900—1989)，壮族，广西天等县人，毕业于武昌师范高等学校(武大前身)，1933年到德国海德堡大学、布列斯特劳大学学习炸药、毒气化学，后曾在南宁军校、第四集团军总部研制枪炮炸药并教授战场防毒，抗战后在广西大学任教。据说1955年国庆，赵氏受邀天安门观礼，毛泽东会见广西代表时对他说："你是广西壮族的状元啊！"引自赵平先生《桂系化学教官赵佩莹》。

个黑报告的。

第二个问题：你在从化与赵佩莹有何勾当？你是如何把赵佩莹捧成人民代表的？

我是1962年3月中旬由桂林去从化疗养院养病的。在疗养一段时间后，赵佩莹从北京开会回来也到从化疗养院疗养。他到疗养院后，即约我谈话，说是向我汇报情况，大概谈了两个半天，并带来杨东莼（前师专校长，现民进中央秘书长）给我的信。他谈的问题，大概属于这几个方面的：一是在北京开政协会议时，和区统战部长李隆在一起，关系很好，练会了太极拳，他在旧书店看到一部德文化学书要700元才买得起，李隆借钱给他买了书，他还和区党委覃应机书记谈了话，覃应机书记答应把他的儿子赵立宁调给他当助手，还请他去广西炸药厂去看看炸药的质量问题，他表示他究竟在什么地方工作，他还不敢决定，还说这次上北京开会，心情很舒畅，统战部又为他向体委买了几十颗猎枪子弹。二是说他对化学系的意见，对1958、1959年搞教学时，学校广播他带领学生走白专道路，他很不满。其次，他对李干孙和他的关系不好，他也不满。三是他认为他的儿子赵立宁在农学院被划成右派是替死鬼，因为他认为农学院党委书记陈清源想划他为右派不成功，只好划他的儿子当右派，把他的儿子当替死鬼。四是他表示愿意晚年为社会主义服务。这两个半天几乎全部时间都是他谈的，他谈了以后，我简单表示几点意见：一是他的工作问题，他究竟在什么地方工作，回广西后由区党委决定。他愿意晚年为社会主义服务，我表示欢迎。二是他在师院期间，如果对他处理有正确的地方，那是区党委的指示，如果处理有错误的地方，那是我的责任。三是解释广播他带学生走白专道路问题，不一定是学校的意见，对于化学系李干孙和他的关系不好，我以为主要是我对李干孙帮助不够而产生的。四是认为他的儿子赵立宁被划为右派是替死鬼，这种看法是不对的。赵立宁一定有右派言行而划为右派的，应该相信党不会冤枉你的儿子。我谈完这一条后，他马上说："我这个人爽直，就是错误的我也肯暴露出来，求得改正。"

我和赵佩莹在从化疗养院主要是谈这些问题。对他谈区党委书记覃应机答应他的问题，我未表示意见，因是否确实如此，还须证实。

1962年6月我先离开从化疗养院，赵佩莹仍继续在该院疗养。此后，我到南宁开会，即向区统战部副部长李隆问明情况，据李隆说，赵佩莹当政协特邀代表到北京开会，即向中央写报告，请求调离广西到中央工作，李隆说中央统战部马上将赵佩莹的报告交给他们处理。以后由李隆介绍和区党委书记覃应机谈话一次，花700多元为赵佩莹买一部德文化学书，当作区图书馆的财产，暂借赵佩莹使用，调他的儿子赵立宁当助手是答应了的。要赵佩莹到炸药厂看看炸药的质量问题，李隆不知道，他要我亲自问覃应机同志。以后，我直接找到覃应机同志，他说赵佩莹和他谈过这个问题，赵佩莹表示对炸药问题有兴趣，可以给他去看看。后来我问明炸药厂是谁管的，覃应机同志要我和钟仑同志商量处理。

我回到学校后，曾将此事在党委中谈过，大家都没有什么意见。以后由人事处与农学院联系调赵佩莹儿子赵立宁来师院，农学院不答应，说要调即要人来换，此事无结果。赵佩莹疗养回来后，我和他谈过：他的工作问题，区里决定仍在师院工作。到炸药厂以后联系好再去。赵立宁调来问题，正商量中。以后，区统战部副部长李隆知道他的儿子未调，据说李隆即通过区人事部门立即将他的儿子调到师院来了。1963年区安排全国人民代表时我校首先是安排陈伯康，这是区决定、我们也同意了的。对赵佩莹安排意见，我们原提出安排区人民代表，区里没有做最后决定。据谢森同志反映，后来区里也征求过我们的意见，我当时的思想状态是投降主义思想占上风，当然希望多有一人当全国人民代表更好，当然同意。常委讨论过没有，我确实记不清楚了。总之，把赵佩莹捧上全国人民代表宝座，我应负主要责任。

在处理赵佩莹问题上，我犯了以下的严重错误：赵佩莹在农学院有右派言行，我是知道的，调来我院后，在整风运动后期，我院曾经批判过他。赵佩莹在教育革命中表现很不好，在教学中散布资产阶级思想，革命师生批判他，这是完全正确的。我在从化和他谈话时，对他道歉，进行平反，是完全错误的。错误性质是向资产阶级反动"权威"投降。以后调他的右派儿子赵立宁来当他的助手，支持他带徒弟，支持他搞人工降雨、烟雾杀虫、烟雾防霜冻，以及到炸药厂提建议，使他得以到处招摇撞骗，并在物质上对赵佩莹特殊照顾，送他到从化疗养，批准他买贵重药品治病。后来，竟同意赵佩莹当全国人民代表，把我校反动的资产阶级“权威”赵佩莹捧上了天，使资产阶级反动“权威”登上了人民代表的宝座，使资产阶级知识分子长期统治我校，把权双手奉送给资产阶级反动“权威”，这是我执行统战投降主义路线、犯了包庇资产阶级反动“权威”的极其严重的错误。

第三个问题：你在统战方面，何时推行投降主义路线的？

我在整风“反右”以后，认为政治战线和思想战线的社会主义革命已取得决定性胜利，资产阶级右派已彻底孤立，资产阶级思想已彻底批臭，资产阶级知识分子已认错，向党靠拢，我们可以团结使用他们了。这是只看到他们的进步，没有看到他们资产阶级的本性，没有高度警惕他们有反革命的两手，没有警惕他们还可能多次地向党进攻，没有认识意识形态方面的阶级斗争是长期的、曲折的、复杂的斗争。所以，在1960年左右，我曾经贯彻执行统战上的安排使用政策，全面安排过一次教研组长以上的资产阶级知识分子的工作，只讲团结，不讲斗争，使他们掌握全校教研组及各系教学行政上的大权，并提升了一百一十一个讲师，使他们掌握了教学大权，这是整风“反右”教育大革命后，使资产阶级知识分子统治我校合法化了。1961年贯彻试行修正主义高校60条及贯彻反革命两面派陶铸的知识分子黑报告以后，强调改变领导体制，削弱和取消党的领导，取消系一级党的领导，改为保证监督，削弱党委大权，改为抓全校重大问题和党的建设工作、党的思想工作的领导，强调发挥各级行政领导负责人的作用，实质上是把领导权让给党外资产阶级知识分子，并把资产阶级知识分子捧到校务委员会去当权，把资产阶级知识分子推到教学第一线去放毒，把青年教师交给资产阶级“权威”去毒害。1963年搞十年师资规划，把教师队伍交给资产阶级知识分子去领导，用校内进修和校外进修这种资产阶级教育制度、方针以及培养资产阶级精神贵族的办法来毒害、摧残青年教师，用提升教授、讲师这种资产阶级钓饵，引诱青年教师走上资产阶级成名成家的错误道路，这是让权给资产阶级来培养他们的接班人。同时，1963年，还把资产阶级“权威”陈伯康、赵佩莹捧上了全国人民代表的宝座。

毛主席教导我们:“世界上一切革命斗争都是为着夺取政权,巩固政权。而反革命的拼死同革命势力斗争,也完全为着维持他们的政权。”党派我到广西师院工作,为的是巩固无产阶级专政,为的是夺取党在意识形态方面的无产阶级的领导权。但是,我到校以后,违背了毛主席的教导,执行一条统战上的投降主义路线,把权奉送给资产阶级知识分子,培养他们,安排他们,重用他们,为他们在政治上贴金,倒行逆施,使资产阶级知识分子长期统治学校,毒害青年教师青年学生,形成对学校革命师生的资产阶级专政的反动局面,检查起来,我在掌权问题上违背了毛主席的教导,执行刘、邓、陶统战上的投降主义路线,使我成为刘、邓、陶在旧广西师院复辟资本主义的帮凶,成为执行修正主义路线的罪魁祸首,成为历史的罪人。检查过去工作,心情万分沉痛,我辜负了党和人民的委托,我犯了极为严重的错误,我对不起毛主席!对不起革命群众!我向毛主席请罪!我向革命师生员工认罪!

杨江

1968年1月10日

最高指示

无数革命先烈为了人民的利益牺牲了他们的生命，使我们每个活着的人想起他们就心里难过，难道我们还有什么个人利益不能牺牲，还有什么错误不能抛弃吗？

附： 关于处理秦似、赵佩莹问题的检查

我在广西师院工作十年，在“无产阶级文化大革命”以前，在教育工作上执行了一条修正主义教育路线，在统战工作上执行了一条投降主义路线，因而使资产阶级知识分子统治学校，使我校成为封建主义、资本主义、修正主义长期防毒的资本主义复辟的阵地，使我校培养的是脱离政治、脱离实际、脱离工农的修正主义苗子，不是无产阶级革命事业的接班人，造成对党对人民不可挽回的损失，辜负了党和人民的委托，我犯了极为严重的错误，对不起毛主席！对不起革命群众！心情万分沉痛！

1967 年 12 月 28 日，党群兵团在批判、斗争我的大会上，提出我包庇秦似①和赵佩莹的问题，在会上我开始思想是转不过弯来的，所以，我的态度表现得很不好，会后，我反复学习毛主席著作，毛主席教导我们：“无数革命先烈为了人民的利益牺牲了他们的生命，使我们每个活着的人想起他们就心里难过，难道我们还有什么个人利益不能牺牲，还有什么错误不能抛弃吗？”我是一个犯了严重

① 秦似（1917—1986），广西博白人，著名语言学家王力的长子，原名王缉和，曾就读广西大学化学系，1940 年向桂林《救亡日报》投稿，受夏衍赏识并参与创办著名杂文刊物《野草》，从此以“秦似”笔名行世。1947 年在香港加入中共，新中国成立后任广西省文化局副局长。1956 年在《人民日报》、《新观察》发表杂文，批评浮夸风和教条主义，1958 年被撤销党内外一切职务、工资降二级、下放玉林县大路公社当农民。1959 年 8 月调广西师院中文系任教。1963 年到北京大学他父亲王力处进修音韵学，1975 年出版影响颇大的《现代诗韵》，发行近百万册。秦似后任广西大学中文系主任，广西政协副主席、作协副主席。（引自潘茨宣《散文大家秦似》）

错误的干部，我觉得要不要用毛泽东思想来检查自己的错误，敢不敢在革命群众面前公开承认自己的错误，这是对毛主席，对毛泽东思想，对毛主席的革命路线忠不忠的问题。经过认真的思考与反复的思想斗争，我认为我没有把许多错误罪恶提高到毛泽东思想高度来认识，是头脑中存在着私心杂念，怕事事上纲错误严重，因而和同志们在认识上有很大差距。毛主席号召我们"要斗私批修"。我坚决响应毛主席这一伟大号召，做到今后在认识和批判自己的错误中，以《老三篇》为座右铭，破私立公，不断革命，坚决站在毛主席的革命路线的立场上来检查和批判自己的错误。衷心感谢同志们在斗争会上对我的积极帮助，使我认识我在处理秦似、赵佩莹问题上所犯的错误是十分严重的。由于我在"文化大革命"以前在教育工作上执行一条修正主义教育路线，和在统战工作上执行一条投降主义路线，因此，在党内外干部政策上就执行一条招降纳叛的错误路线。对秦似、赵佩莹问题的错误处理，就是在党内外执行这条招降纳叛的干部政策的具体表现。

秦似在来校时，我知道他犯了严重错误，受到撤销党内职务和降职、降薪的处分，是下放锻炼后抽上来的干部。到师院后，原来说是来教书的，以后我同意他当副系主任。1959 年反右倾时，在我院是重点斗争对象，在斗争中，群众开始揭露秦似的右派言行。1962 年我公开为秦似平反，这是完全错误的。以后又恢复秦似的党内职务，由小组长起，逐步到系总支委员，实质上是把党权交给秦似。后来又拟提秦似为副教授。在送秦似到北大进修时，我要求秦似在进修期间要写出著作来，以便以后提他为副教授。这就是把犯有严重错误又有右派言行的秦似当做主要干部来培养。1963 年，文禧提出秦似一面在北大进修，一面在《桂林日报》搞自留地向我反映，我没有处理。1964 年，秦似在兴安"四清"工作队集训时，群众揭露他家窝藏地主当保姆问题，我也没有进行处理，仍然由他任兴安"四清"工作队副领队。以上一切，说明我对秦似问题的处理，存在着两大错误：第一，明知他过去犯了严重错误，又有右派言行，却重用他为中文系副系主任，为他恢复党内职务，又拟提他为副教授，更送他到北大王力处进修，要求他在进修期间写出著作，好将来提升为副教授，把这面黑旗当作红旗来培养，这是在党内干部使用培养方面属于方向路线性的错误。第二，1959 年反右倾对秦似的批判，原来是正确的，我却当作错误的进行平反，这是向秦似投降。对秦似在《桂林日报》上放毒，攻击党，攻击伟大的毛泽东思想，攻击社会主义，当时我虽然认识不清，但文禧已提出这个问题，我都没有处理，对秦似窝藏地主保姆也没有处理。总之，对秦似的错误，我既不进行严肃批判，又不进行严肃处理，而是采取包庇的态度，这是完全错误的。

……

（注：以下关于赵佩莹的部分与《关于三个问题的交代》大致相同，故从略。）

杨江

1968 年 1 月 6 日

“文革”期间，父亲在师院被批斗、写检查、接受组织审查、劳动改造这段时间，主要发生在1968年9月广西武斗结束后，到1974年区党委对他作出降两级、留党察看两年的决定前的6年间里。之后，他被安排在师院中文系资料室，接受党的基层组织“察看”。

劳动改造，主要是在物理系的校办工厂干活，同他一起被改造的齐才广（师院副书记）、董其昌（教授）等都是“走资派”，革命中必须“靠边站”，干体力活。当时，一种新型的宣传武器——压电陶瓷喇叭——被广为应用，师院物理系“文革”前就研制出单晶硅，此时更是技术领先，派上用场。父亲在《思想汇报》里详细描述的“钼片”，就是这种喇叭的“核心技术”之一。

《思想汇报》的手稿有好多本，大约是一星期“汇报”一次，每次两三千字不等。这里只选择了其中的五篇。

◎思想汇报◎

一

这一周工作，主要是磨小钼片，磨二十安的钼片，我们磨的是两种小钼片。一种是已经粗磨过并且镀了镍的。这些片已磨过一次了，片已磨薄，现在再把一面磨平。如果是磨粗糙的一面，平滑一面已经镀了镍的很容易脱皮。因为用砂布磨钼片，会发生高热，引起镀镍的一面那一层镍皮部分脱落，这就不能用了，要重新镀镍。另一种情况，如果磨平滑的已镀镍的一面，有些片仍然有裂纹，需要磨去裂纹则片已磨得很薄了。有些片需要磨到一张纸那样的薄，才能把裂纹磨掉。另一种情况是，不管是磨粗糙或者平滑方面，但是由于用力偏，把片磨歪了，需要细心纠正，到了把片磨得平整时，片已磨得很薄了。每次磨片，一到换了一种新特点的片的时候，则需要仔细琢磨，从调整工具到磨法，要用一套新的措施来适应其特点，才能逐步从克服困难过程中，积累一些经验。另一种钼片，是已经镀了镍，用冲模冲下来的片，比原设计大五六个丝，需要用电动砂轮把它改小，磨到恰好直径是十一毫米左右，然后再把它磨平。这种片，在改小过程中，已经习惯一些了。只有在磨平过程中，出现磨歪的问题。这就是磨的面已平整，但一边厚一边薄，这是把片磨歪了。为什么磨歪？深研其根本原因，在于磨时手用力不平衡的缘故。现在采取每次每片都得把工具修理得平整，磨时，同时在一个工具上磨两片来平衡其力量，再就是反复经常查看每片磨的结果，这样细心注意以后，把片磨歪的现象初步克服下来，但用力不平衡的根本缺点还未全面地改正过来，有待于进一步创造条件来克服这个困难。这一周，因为机修车间用砂轮磨东西的人不少，我们已开始在木工车间安装一个旧砂轮，这是为进一步用砂轮磨片创造了良好的条件，今后，将为进一步改进磨片工作而积极奋斗。

二

这一周学习毛主席在延安文艺座谈会上的讲话这篇光辉著作，深感多年以来，自己犯了那样严重性质的错误，主要是资产阶级世界观没有得到改造，更主要的是，没有用战无不胜的毛泽东思想来改造自己的世界观。千错误、万错误，没有用伟大的毛泽东思想来改造自己的灵魂是一个最根本性的错误。我在旧社会，虽是一个贫苦家庭出身的知识分子，但我受的是资产阶级的教育，头脑中存在的是资产阶级的世界观。马克思列宁主义、毛泽东思想，不是天生而来的，而是通过阶级斗争、生产斗争、科学实验三大革命运动的实践，走知识分子与工农相结合的光辉道路，并且认真地用马克思列宁主义、毛泽东思想改造自己的世界观，才能出现的。我虽然在组织上入了党，但在思想上还未完全入党，过去只作革命动力，不作革命对象，革别人命，不革自己命。毛主席教导我们："世界观的转变是一个根本的转变。"我违背了毛主席的指示，因而在过去犯了最严重的错误。在党和群众的挽救与帮助下，我开始认识自己的错误，认识自己犯错误的根本原因，在于没有用伟大的毛泽东思想来改造自己的灵魂。因此，在"无产阶级文化大革命"运动中，在认识自己的错误与改正错误的斗争过程中，我把自己的主要精力放在学习毛主席的著作，特别是放在学习毛主席的哲学著作方面，联系实际，进一步认清自己在世界观方面的主要问题是主观唯心主义和形而上学的资产阶级的反动立场、观点、方法。认识这个资产阶级世界观的形成是由来已久，是比较顽固的。认识到要克服这个顽固的反动的世界观，要长期地艰苦地继续不断地刻苦地奋斗！尤其重要的是必须遵照林副主席的教导："学习毛主席著作，要带着问题学，活学活用，学用结合，急用先学，立竿见影，在'用'字上狠下功夫。"因此，无论在与疾病进行斗争方面，在劳动方面，在开展思想斗争坚持在无产阶级专政条件下继续革命方面，以及在一切工作方面，现在我正在学习活学活用毛主席著作，坚持用毛泽东思想来改造自己的错误思想，求得每进一步都经过思想斗争，求得每前进一步，都用伟大的毛泽东思想给自己领航！现在我正在开始这样工作，我相信这是一条促进自己矛盾转化的道路，我相信这是一条改造自己成为新人的道路。

1971年9月19日

（其二）

一

本周工作：一是磨片，二是到桂钢氧气厂要氧气，三是参加东方红广场宣判大会，四是庆祝国庆搞环境卫生工作。

磨小片时间不多，已上交六七十片，又磨好了二十多片。

到桂钢氧气厂提氧气，原说要半个月，到了十一天以后，我们到该厂要，两瓶都拿回来了。我们在该厂连续去灌了四瓶氧气，还未交款，这次该厂人员已交代，下次来灌气时，就要全部结账了。下次不管是谁带氧气瓶去灌氧气，都要把款带去。

这次由毛婉宝领头，带莫树春、齐才广、陈翰新同我去东方红广场参加宣判大会。

毛主席教导我们："为了维护社会秩序和广大人民的利益，对于那些盗窃犯、诈骗犯、杀人放火犯、流氓集团和各种严重破坏社会秩序的坏分子，也必须实行专政。"

我对于这次宣判那些犯罪分子的处分，是坚决拥护的。我对于这些破坏社会主义社会秩序的深为群众所痛恨的犯罪分子是非常痛恨的。对于犯罪分子，如果执迷不悟，顽抗下去，反动到底，只有死路一条。像我这样犯严重错误的人，必须坚决走坦白从宽的道路，努力改造立场、观点，认错、认罪，促进矛盾转化，继续跟毛主席干一辈子革命，改造一辈子世界观。

国庆二十二周年纪念快要来临了，全院热气腾腾欢欣鼓舞地在搞环境卫生工作。我能为庆祝二十二周年搞环境卫生工作尽一点力量，感到十分愉快。我们在三天的时间内，用辛勤的劳动，把东区外围墙壁粉刷一次，惟围墙外边，还有一处正在堆放着高五六尺，长两丈余的瓦堆，还未运走。瓦堆靠一面墙壁，还需待瓦堆搬走后，再行补刷干净。瓦堆的主人，已在星期六下午开始运瓦，但未运完。大概在下星期国庆节以前，等待他们将瓦堆全运走，我们才能把未粉刷的一小段墙壁，补刷完毕。

二

国庆纪念快要来临了。在万众欢腾迎国庆的全国的社会主义革命和社会主义建设新高潮中，全国人民在毛主席为首林副主席为副的党中央领导下，必将创造更伟大的成绩来迎接这个大喜的节日的。经过史无前例的“无产阶级文化大革命”的伟大胜利，经过全国人民活学活用毛主席著作，用战无不胜的毛泽东思想来武装头脑，全国工农业生产高潮一浪高于一浪地奔腾向前，把中国这个世界无产阶级的革命根据地建设得更加巩固了。全世界革命人民，在伟大领袖毛主席领导下，结成广泛的反美统一战线，向美帝、苏修、各国反动派进行持续不断的英勇的进攻。美帝、苏修、各国反动派正在内外交困，走投无路，日暮途穷，进行垂死的挣扎。全世界革命人民的革命斗争，正打出一片空前大好的革命形势，埋葬帝、修、反已经为期不远了。伟大领袖毛主席教导我们：“无产阶级必然能够战胜资产阶级，社会主义必然能够战胜资本主义，被压迫民族必然能够战胜帝国主义。”“世界上一切侵略者及其走狗，统统都被埋葬掉，为期不会很远，他们一定逃不掉的。”瞻望国内外大好革命形势，心潮澎湃！我虽犯了严重的错误，但我一定要跟毛主席干一辈子革命，革命到底！

1971 年 9 月 26 日

（其三）

一

本周工作，主要是为国庆廿二周年纪念服务的工作。如割除杂草，粉刷墙壁，马路周围的清洁，收获花生和新米，送黄范到猫儿山五七农场等等。一切都为庆祝这个大喜节日，尽自己一份力量，精神上感到十分愉快。在粉刷墙壁时，因不习惯使用石灰水，十个指头，有七个指头，伤破了皮。幸而，事后领了一双防护手套，还能坚持工作到底。对我这个娇嫩的知识分子来说，离开磨成一手老茧这个目标，还是距离很远呢！

二

中华人民共和国已满廿二岁，正向廿三岁进军了！

回忆过去中国解放前有文字记载的几千年的历史，都是剥削阶级奴役劳动人民血泪斑斑的历史。中国人民，只有在伟大领袖毛主席和中国共产党领导下，经过艰苦的奋斗，消灭蒋匪军八百万，推翻压在人民头上的三座大山，在1949年全国人民才从苦海中得到翻身与解放，建立光荣的中华人民共和国。向反动阶级进行无产阶级专政，进行伟大的社会主义革命与社会主义建设。二十二年来，全国革命人民在伟大领袖毛主席的英明领导下，在战无不胜的毛泽东思想指引下，彻底粉碎叛徒、内奸、工贼刘少奇一伙复辟资本主义的阴谋，我们工农业得到空前的大发展，开始把贫穷、落后的中国，建设成为初步繁荣昌盛的伟大的社会主义国家。廿二年来，在社会主义革命和社会主义建设中取得一个接着一个的伟大的胜利，是战无不胜的毛泽东思想的胜利，是伟大领袖毛主席革命路线的胜利！是伟大领袖毛主席英明领导的伟大胜利！

我们中国革命人民，解放以前，推翻头上的三座大山，打倒美帝国主义的走狗蒋该死，靠的是伟大的毛泽东思想，靠的是毛主席的革命路线，靠的是毛主席的马克思列宁主义的领导！我们中国革命人民，在全国取得胜利以后，干社会主义革命，干社会主义建设，也是靠伟大的毛泽东思想，靠毛主席的革命路线，靠毛主席的马克思列宁主义的领导！在庆祝国庆廿二周年的时候，我们回忆过去，展望未来，不禁热情地高呼："伟大领袖毛主席万岁！万岁！万万岁！"

1971年10月3日

（其四）

一

这一周，除了送氧气瓶到桂钢氧气厂，到北站取离心机，到北站取石英玻璃外，在校内是搞磨片工作。在磨片方面，是改小钼片，把小钼片磨平，共完成160多片。这些片，都是比较好磨的。难磨的，有裂纹、有麻点的其他小片，有待于进一步去磨平。当前，还有50安的大钼片，共七八百片，还未着手磨，打算下一步就要磨好这些大片。为着要磨大钼片，首要的问题，要着手制造一个改小大钼片的检查模型。以前，丘师父曾交给我们一个石墨的大钼片改小的模型，后来因为清洁组要用，他们拿走了。现在交给我们这一批大钼片，因为冲片的冲模已用了很久，已不合标准，近来冲出来的50安大钼片，每一个比直径17毫米大15个丝到30个丝左右。

磨片时，首先要把大钼片改小，改成直径17毫米。这就要我们搞一个直径17毫米的标准圆洞，用这个圆洞来检查我们改小的钼片。目前，我们正在暂时制造一个坚硬木板的圆洞。我们在实习工厂借一个17毫米的钻头来钻硬木板，钻了一个洞，我拿千分尺来测量这个洞，洞的上端比17毫米大8个丝，洞的中部比17毫米小30个丝，洞的底部则更小一些，这个标准洞是不标准的。这两天，我用砂布把洞磨大一些，但已经大的就难予补救了，除非重新钻过。但是，这个硬木模型，仅能作为过渡的，因为木质易起变化，不标准。我想一定要集中力量打算用铁板来钻洞，搞一个更标准的模型。

二

这一周学习伟大领袖毛主席的《中国的红色政权为什么能够存在?》、《井冈山的斗争》这两篇伟大的著作。深感毛主席的英明、伟大！在1928年那个革命环境中，毛主席高瞻远瞩，高举马克思列宁主义伟大红旗，确定了武装夺取政权、用乡村包围城市最后夺取城市的马克思列宁主义正确路线，坚强地领导中国革命人民搞革命，经过千辛万苦的英勇斗争，创建了最坚强的井冈山革命根据地，从而点燃了伟大的中国人民的革命的星星之火，奠定了中国革命的基础。这是伟大领袖毛主席把马克思列宁主义的普遍真理与中国革命实践相结合的典范！从而发展了马克思列宁主义，为世界无产阶级革命，作出了伟大的、新的贡献！

今天，武装斗争的烽火，烧遍全世界！不管是亚洲各弱小国家反对美帝的武装斗争，不管是亚洲各国反对各国反动派的武装斗争，不管是非洲各国人民反对美帝及各国反动派的武装斗争，不管是拉丁美洲各国人民反对各国反动派的武装斗争，不管是美帝国内人民反对美国反动派的武装斗争，不管是苏修国内外人民反对苏修社会帝国主义的各方面的斗争，凡是世界革命人民的革命运动，都在互相呼应，互相支援，蓬勃兴起，方兴未艾，蔚为壮观！现在正是伟大领袖毛主席教导我们的："四海翻腾云水怒，五洲震荡风雷激"！伟大领袖毛主席在井冈山点起星星的革命之火，早已是中国红遍，把最顽固的美帝的走狗蒋该死的反动统治彻底推翻了。世界革命人民高举伟大的战无不胜的毛泽东思想旗帜，早已点燃了世界无产阶级革命的星星之火，现已打出一片大好的革命形势。世界革命的发展趋势表明，革命烈火必然使世界红遍，把世界上的帝、修、反统统扫光！

1971年10月10日

（其五）

一

本周三分之一时间，是写外调材料；三分之一时间，是磨片；三分之一时间，是协助老董搞油印及送氧气瓶到桂钢。有关氧气问题，近来有一个新变化。据管氧气那个人说，近来要用氧气炼钢，以前我们送去的氧气瓶还未灌气，何时灌好气，要我们先打电话去问，灌好气再去要。我们拿款去结账，他说待灌好这两瓶后，一起再结账。我们问他，究竟何时灌好气？他也没有把握，叫我们经常打电话去联系。这样看来，如果还有一个星期或半个月，灌不好氧气，我们用氧气可能发生问题，这是要领导上事先有思想准备才好。

有关磨片方面，陈光旨同志前送来一千零几个小片，我们已磨好有六百多片了，剩下三百多片，大部分是有裂纹须重磨镀镍，或镀镍已氧化，须重磨镀镍的。这些小片，须全部改小、重磨，再拿去镀镍。另有大片七八百片，正在准备磨好。这里也有两种情况：一种情况是已镀好了镍，只要磨平就可用了。另一种情况，是镀镍镀得不好，已脱皮或变色，须重磨再镀的。这两部分大片，都比规定的要求大30个丝或十几个丝，都要改小后，才能磨平。磨大片，即使是最好磨的片，一个人一天也不过磨好四五十片。李桂堃同志鼓励我们搞技术革新，我虽然对技术一窍不通，我觉得这是我们的正确方向。我已和董其昌商量，打算朝着这个正确方向去努力。

二

伟大领袖毛主席号召我们："认真看书学习，弄通马克思主义"、"要教育干部懂得一些马列主义，懂得多一些更好"、"要搞马克思主义，不搞修正主义"。的确，从我参加革命以来，因为没有认真看书学习，所以就辨别不清什么是马列主义，什么是修正主义。加上自己的世界观没有改造，因而在历史上常常犯了严重的错误，使人民的革命事业遭受了不可挽救的重大损失。今天，我深深地感到，以往最严重最根本的错误，是没有认真学习战无不胜的毛泽东思想。今天，我认为，不管是正确认识自己过去的错误方面，不管是促进自己矛盾的转化，在无产阶级专政条件下继续革命方面，不管是认真彻底改造自己世界观方面，不管是在紧跟伟大领袖毛主席伟大战略部署继续革命一辈子方面，都必须用伟大的毛泽东思想来武装自己，用伟大的毛泽东思想来改造自己，用伟大的毛泽东思想来指导自己的一切，才能使自己在政治思想方面获得新的生命。因此，我打算从现在起，认真地通读毛选四卷，把毛选四卷这部伟大的马克思列宁主义的顶峰的著作，一篇一篇结合自己的思想实际来学，以促进自己世界观的改造。

1971年10月17日

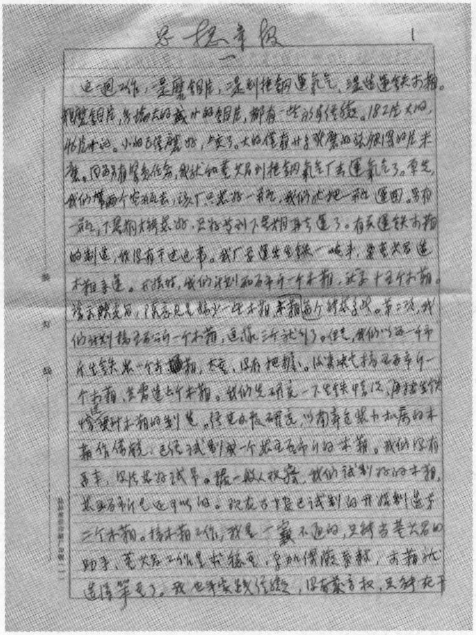

《思想汇报》手稿 1

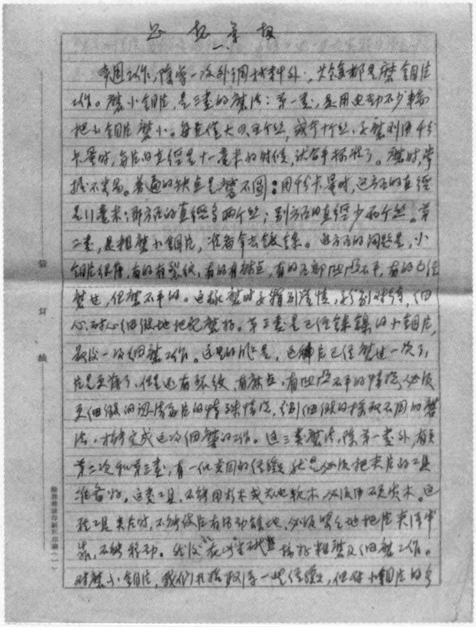

《思想汇报》手稿 2

附一：对支部大会所提意见的补充意见

（注：原文无标题）

我参加一月十四日下午的支部大会，感到同志们对我提的意见都很好。现在提出两点意见，作为补充：

一是我留党察看这两年来还存在着什么问题和缺点。我认为，我当前存在着的主要问题，是在无产阶级专政下继续革命的途程中，认真改造世界观工作做得很不够。原因是我过去受唯心论和形而上学的影响很深，学习马列主义、毛泽东思想不够好，改造自己的立场、观点、方法不够彻底，因而自己的阶级觉悟、路线觉悟水平都比较低，所以，深感在党的第十一次路线斗争中，对被“四人帮”颠倒了的路线是非、思想是非、理论是非，是分不大清楚的。因此，今后必须刻苦学习《毛泽东选集》第五卷，提高在无产阶级专政下继续革命的觉悟，刻苦学习毛主席的矛盾论、实践论及其有关哲学的著作，认真逐步改造自己的立场、观点、方法，刻苦学习华主席的指示和党中央的重要指示，把被“四人帮”颠倒了的路线是非、思想是非、理论是非，一一端正过来。所以，我在上面说过，在我的晚年，要刻苦学习伟大的毛泽东思想，在华主席为首的党中央领导下，为坚决贯彻执行党的十一大路线而努力奋斗，要学到老，改造到老，革命到老！

二是关于香港邹剑卿寄救心丹来桂的情况。我现患心脏病，闻香港有一种药叫救心丹，效果好。去年年初，粟捻（前南宁专区副专员，后调广东暨南大学东南亚研究所所长，现已退休，在广州中山医学院长期医病）的儿子粟小海（火车头司机），因到柳州修火车头，途经桂林，来到我家。他对我爱人张世伟说：钱兴(前广西地下党省工委书记,已光荣牺牲)的爱人邹阿姨在香港,我可以写信叫她代买此药。钱兴同志爱人邹雪贞,我以前是认识的,她在省训团工作过。我1947年到香港时也见过她,但我和她从来未有过联系。这次粟小海写信叫她买药,我的通讯地址,可能是小海告诉她的。因此,她买了药后,就直接把药寄给我了。邮局只准一瓶一瓶寄,她买了两瓶,就分两次寄来了。粟捻的爱人冯娱修告诉我,邹现名剑卿,在香港九龙旺角劳工子弟学校当校长,救心丹是日本药,每瓶50粒,价共人民币拾元左右。这件事,主要是我在托人从香港买药以前没有报告组织,这是我两年来留党察看时期中所犯的无组织无纪律的严重错误,应从此事吸取深刻的教训,今后要加强党性锻炼,做到一切都要自觉地听从党的指挥。

杨江

1978年1月17日

(注:其实,此前父亲曾"报告组织"的文字仍有保留,见下文)

关于香港邹剑卿寄药来的情况

我现在患心脏病,主要的病状是心绞痛。我听别人说,心绞痛病,香港有一种药叫做救心丹,效果好。今年年初,粟捻(前南宁专区副专员,后调广东暨南大学东南亚研究所所长,现已退休,在广州中山医学院长期医病)的儿子粟小海,他是一个火车头司机,他到柳州修理火车头,经过桂林,他说钱兴(前广西地下党省工委书记,已光荣牺牲)的爱人邹阿姨在香港,他可以写信叫她代买此药。钱兴同志的爱人,我以前是认识的,她曾在广西省训团图书馆工作过,以前她叫邹雪贞,我1947年到香港时也见过她,解放后我知道她在香港,但具体情况不知道。她离开广西省训团后,直到现在,我和她一直没有通过讯。这次粟小海叫她代买药,我的通讯地址,也可能是粟小海告诉她的,因此,她买了药后就直接把药寄来给我了。

据粟捻的爱人冯娱修写信告诉我,邹剑卿现在是在香港九龙旺角劳工子弟学校当校长，她从邮政寄来的药是日本制造的救心丹一瓶，共五十粒。粟捻、冯娱修、邹剑卿都是中国共产党员，请组织上详查。

杨江

1977 年 5 月 7 日

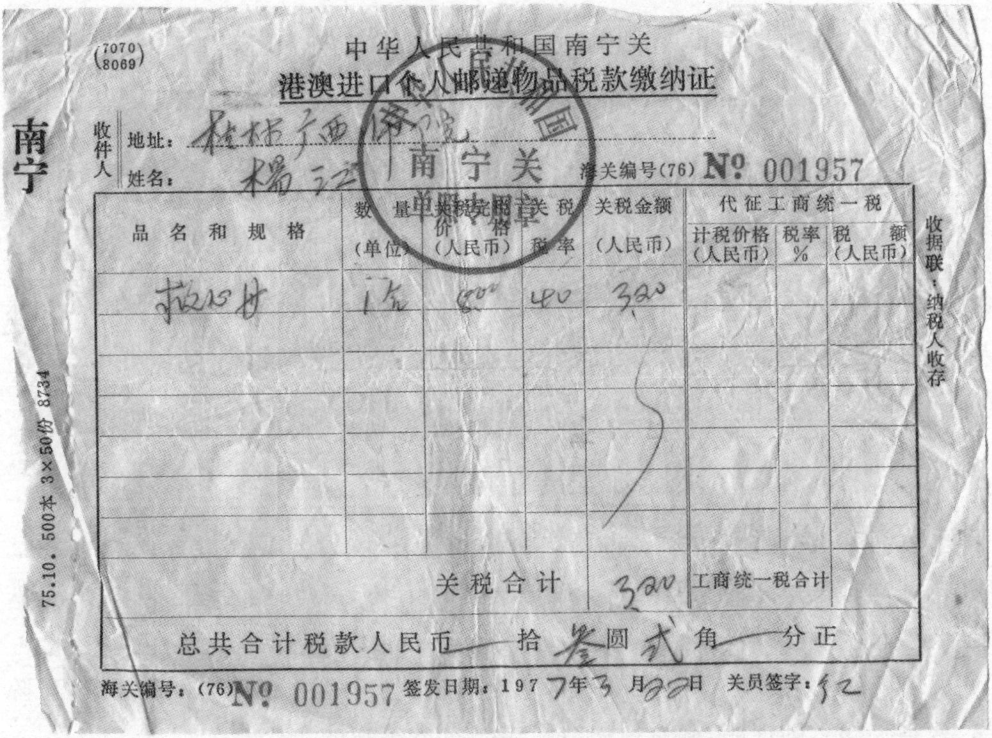

(7070/8069)

中华人民共和国南宁关

港澳进口个人邮递物品税款缴纳证

南宁

收件人 地址：桂林广西师院

姓名：杨江

海关编号(76) No 001957

品名和规格	数量(单位)	关税完税价格(人民币)	关税税率	关税金额(人民币)	代征工商统一税 计税价格(人民币)	税率%	税额(人民币)
救心丹	1瓶	8.00	40	3.20			
		关税合计		3.20	工商统一税合计		

总共合计税款人民币——拾叁圆贰角——分正

海关编号：(76) No 001957 签发日期：1977年3月22日 关员签字：

收据联：纳税人收存

75.10. 500本 3×50份 8734

这是那张进口救心丹的纳税单，1977 年。

附二：对杨江同志三次失掉组织关系及参加国民党等问题的审查结论

（初稿）

杨江。原名路伟良，男，45岁，广西融县人，家庭出身贫农，本人出身学生，1935年入党。

杨江同志入党后，长期从事地下工作。在广西工作的十余年中，曾先后三次失掉组织关系，集体参加国民党及三青团，并到中央训练团受过训练。上述几个问题，杨江同志在云南工作时，云南省委曾对其做过初步审查，但无结论，故又在这次审干中进行了审查。

经调查证明：

1937年杨江同志在南宁民团干校（国民党政府机关，下同），因发生托派王公度案，我党遭受破坏，杨江同志失掉组织关系，躲避至家乡。经陈岸同志证明，杨江同志失掉党的关系后，政治上表现动摇，过数月后，经过陈岸的审查恢复了党籍。

1939年在桂林地方建设干校时，集体参加国民党及三青团的组织，经陈岸、曹瑛二同志的证明，确系由南方局组织批准参加的。

1941年在桂林省训练团任股长时，去重庆伪中央训练团受训一个月，经黄贻嘉（又名黄骏如，当时的党支部书记）证明，是因工作需要，经组织同意后去的。

1942年6月在桂林省训团因党的直接领导同志苏曼被害，杨失掉组织关系，于同年 9 月在贺县中学由吴赞之同志接上关系，经钱兴同志恢复了党籍。

1947 年 5 月在全州中学时奉钱兴（又名谷风，当时广西省委负责人之一）同志的指示，凡在广西没有足以掩护自己的社会关系者，进行撤退。因无指定撤退地点，杨失掉组织关系。本人交代，于同年秋经重庆转香港，找到钱兴同志恢复了组织关系。现在钱兴同志已死，不能直接取得证明，但根据当时在港之粟捻同志证明及杨江同志失掉组织关系的具体情况，和杨与钱之关系（钱在广西领导杨多年），我们认为钱兴在港给杨将恢复组织关系是可能的。

杨江同志几次失掉组织关系和参加国民党、三青团等问题，经调查证明与本人交代相符，并多有负责同志证明，政治上无问题。

中共第一机械部机关工作委员会

1957 年 3 月

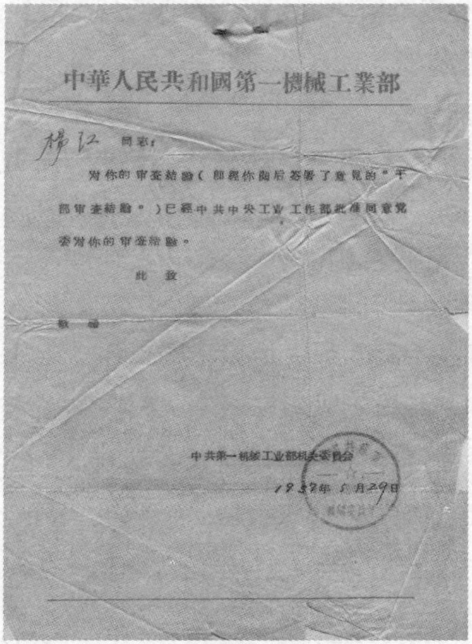

中華人民共和國第一機械工業部

杨江 同志：

對你的審查結論（即經你閱后簽署了意見的"干部審查結論"）已經中共中央工業工作部批准同意黨委對你的審查結論。

此致

敬禮

中共第一機械工業部機关委員會

1957年5月29日

父亲保留的 1957 年一机部审查结论

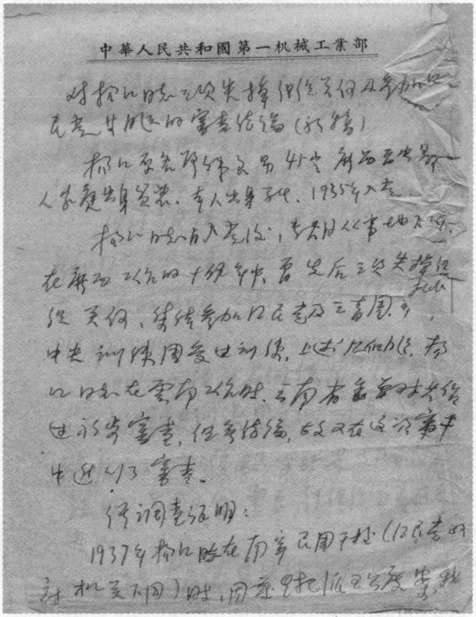

中華人民共和國第一機械工業部

一机部审查结论初稿

附三：关于杨江同志政治历史问题的复查结论

（送审稿）

一、杨江同志入党时间问题，从一九三六年十一月，经广西地下党员代表会议批准加入中国共产党之日算起。

二、杨江同志第一次和第三次与党组织失掉联系未发现新的问题，维持中共第一机械部机关委员会一九五七年三月已作“政治上无问题”的结论。

但杨第二次（一九四二年六月）与党失掉联系前后，有三个问题“无产阶级文化大革命”前没有向组织交代：一九三九年九月至一九四零年十二月，担任国民党“广西地方建设干校”区党部筹备委员、执行委员；一九四一年十月至一九四四年三月，担任国民党广西省党部直属第五区党部执行委员；一九四二年十一月参加“广西省训团”中央训练团学员通讯小组。任职期间，参与发展了国民党和三青团员一千人左右，积极推崇国民党中央训练团的“组织性”、“严肃性”。杨任上述伪职，事前不向组织报告，事后又不交代，问题性质严重。在“文化大革命”审查期间，才基本做了交代。经复议撤销：区党委一九七五年八月二十八日给予留党察看两年，行政工资从十级降为十二级之处分决定；改为给予撤销党内职务的处分。

中共广西壮族自治区委员会

（注：“送审稿”抄在一张活页册的那种带孔的白纸上，纸背另抄录了父亲对“送审稿”的“意见”。）

意见

一、关于我的入党时间问题：我是广西师专学生，在校读书时曾参加该校中国反帝反法西斯同盟，是一个盟员。广西地下党曾批准该校反帝反法西斯盟员集体转党，我在“文化大革命”中才听到传说。我事实上不是经过集体转党手续入党的，我是在广西学生军住在南宁初中时，经过南宁初中学生我党党员黄孔修介绍我班同学郭英布入党后，由郭英布介绍我参加中国共产党的。我和郭英布两人曾到在教育厅工作的南宁共产党领导人徐敬五处共同宣誓参加中国共产党，时间是一九三六年冬，是在广西省府还未撤回桂林的时候。为了尊重事实，特作如上申述。

二、关于一九四一年至一九四四年三月，担任国民党省党部直属第五区党部执行委员的时间问题。一九四四年，我已调到贺县中学当校长，那时，桂林已沦陷，为日寇所占领，疑为一九四三年之误。

三、关于一九四二年十一月参加“广西省训团”中央训练团学员通讯小组一事，我认为必须与参加重庆中央训练团一事联系起来观察，不能单独孤立来观察。因为不是在中央训练团受训过的学员，不可能参加通讯小组。我在一九五零年到一九五二年在云南工作时就将曾在重庆中央训练团受训一事，提出来请组织审查，即到一九五七年，一机部机关党委曾对在中央训练团受训一事做过结论，在“文化大革命”中，认为我参加中央训练团受训是一个大问题，我希望在这次结论时，能对我参加中央训练团受训的严重错误有一个明确的结论。

四、我在历史上犯了错误，组织上如何给我处分，我没有意见。

杨江（路伟良）

1979 年 1 月 25 日

[附录1]父亲最早看到有关方面对自己的“定案材料”应是在1973年底，并被要求写出自己的意见。我没有找到那份“定案材料”，只有一份父亲写的“意见”草稿，署名日期为1973年12月29日，以及之后几天写的补充意见，全文如下：

我看了上述定案材料后，有下列十点意见

一、1948年我在云南罗盘区任职是：先是讨蒋自救军第二支队政委兼司令员，以后是滇桂黔边纵第三支队政委兼司令员。

二、入党问题：我是1936年6、7月间经郭英布介绍，在南宁参加中国共产党，监誓人是徐敬五，入党后我才到南宁民团干校工作。

三、我在地干校发展多少国民党员与三青团员问题：我承认是发展国民党员二百多名、三青团员四五百名。因为我在该校各期发展的国民党员，我应该负责，估计约二百多人。发展三青团员，第一期我也应负责，因我当时是三青团分团筹备委员，以后各期发展的三青团员我不能负责，因我已不是三青团分团负责人了。

四、有关我在地干校向学员灌输“总裁言行”、“三民主义”、“三自政策”方面的问题，因我当时不是指导员，没有负责这三门课讲授，据我记忆，当时该校讲“总裁言行”是陶勋，讲“三民主义”是潘北辰，讲“三自政策”记不清了。特此呈明。

五、在地干校，我曾批准莫矜在第三大队发展黄仁海入党。当时，张海鳌已离校，时间是集体参加反动党团前，没有填表。

六、广西省训团的学员每期小组讨论的题目都不是我拟定的，而是处长詹北辰、潘昆华拟定经教育长倪仲涛批准的。

七、我在广西省训团写的十多篇论文汇编成册，并没有出版，送黄旭初看，黄旭初当时送一张170元伪币的支票给我。

八、我没有吹捧过蒋介石的《中国的命运》，据大会斗争我时江国金揭露我的材料说，这是孙淑轩提供的材料。“文化大革命”后知道，孙淑轩是当时该团谢慰慈派来监视我的广西特务。

九、“七九事件”后，我在广西省训团时期，曾因陈超宇自首，曾通知过潘伯津离开广西的事实，当时，潘伯津在桂林省职工学校。

十、1942 年“七九事件”以后，我并没有得到通知撤离广西，正因为我没有得到撤退通知，我才留在该团。

其他无意见。

杨江（路伟良）

1973 年 12 月 29 日

对我的定案材料补充第十一点意见如下

我的定案材料，经龙师父、萧观桓同志交给我看后，本着实事求是的精神，我提了十点意见，附在定案材料之后。现经过反复思考，再提出第十一点意见如下：

关于我到中央训练团受训的问题。我到中央训练团受训的问题，从 1950 年起，每次填表上报，我都提出这个问题。1952 年 9 月在云南、1954 年在北京，组织上审查我的历史时，我都当作重点提出来交组织上审查。1954 年我在北京写交中央的自传中，对到中央训练团受训情况也曾写过，此事经黄骏如证明。一机部党组在 1956 年作出结论。“文化革命”中，经过调查，查明我过去到中训团受训的时间写的是 1941 年，而我实际受训的时间是 1942 年 11 月。时间问题，的确是我记错了，我在前写的材料中，提出更正。但是，我去中训团受训，是否经过领导批准呢？我记得在桂林“七九事件”以前，黄骏如在桂林广西省训团时，确实是他叫我争取去中训团受训的，桂林“七九事件”

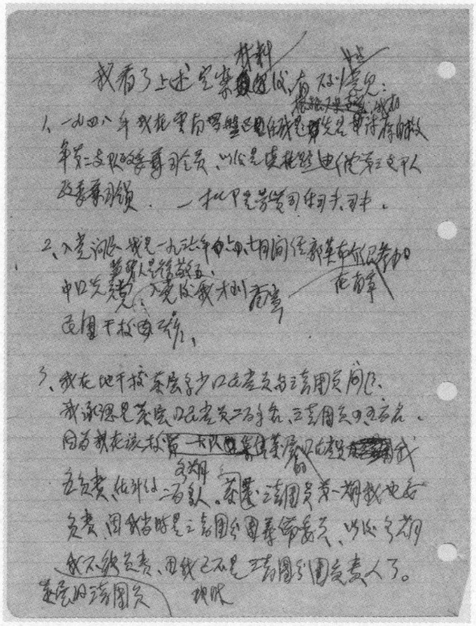

父亲对自己的定案材料提出的意见

以后，他虽离开桂林，但他没有通知我从广西省训团撤退，也没有叫我不去中训团受训。现黄骏如还在，可以查证。我认为我去中训团受训，是按照黄骏如指示而去的，请组织上再到黄骏如处详细查明情况。

杨江

1974年1月7日

[附录2]父亲遗存文件中，有一份1981年4月28日填写的《干部履历表》，内中在"其他需要说明的问题"栏下，全文抄录1975年和1979年两次对他的审查结论："历史上没有被捕、没有被俘，没有自首变节行为，只有三次脱党。""文化大革命"前，经过中央第一机械部机关党委审查。"文化大革命"中，经过广西区党委审查，在1975年8月28日作出《对杨江同志问题的审查结论》全文如下：

对杨江同志问题的审查结论

杨江，又名路伟良，男，1911年生，广西融水县人，家庭出生贫农，个人成分学生，1936年冬参加共产党，原任广西师范学院党委书记。

根据这次调查，杨的入党时间应为1936年冬。其三次脱党问题：第一次(1937年左右)和第三次(1946年5月)未发现新的问题，同意维持中共第一机械工业部机关委员会1957年3月已作的审查结论，但对第二次(1942年6月)脱党前后的情况，没有向党老实交代；这次调查发现，杨1939年秋到1940年冬，担任国民党广西地方建设干校区党部筹备委员、执行委员；1941年10月至1944年3月担任国民党直属第五区执行委员，任伪职期间，杨发表了《论训练实施中的设计问题》等十几篇反动论文，参与发展了国民党和三青团员。1942年我广西地下党"七九事件"发生，杨第三次脱党后，于1942年10月25日至11月29日到国民党中央训练团受训。由于杨受训期间成绩"优良"，被评为"见解有独到之处"、"富责任心"，结业后参加"广西省训团学员通讯小组"，积极推崇国民党中央训练团的"纪律性"、"严肃性"。上述问题，杨事前不向我地下党请示报告，事后又不向组织交代，长期隐瞒，问题性质严重。但在这次审查期间，经过批判教育，基本做了交代。根据党的"审查从严，处理从宽"的方针，作为人民内部矛盾处理，给予杨江同志党内留党察看两年，行政工资由十级降为十二级之处分。

中共广西自治区委员会

1975年8月28日

1979年2月27日，广西区党委作出关于我的政治历史问题的复查结论，全文如下：

关于杨江同志政治历史问题的复查结论

一、杨江同志入党时间，从1936年11月，经广西地下党贵县代表会议批准加入中国共产党算起。

二、杨江同志第一次和第三次与党组织失掉联系未发现新问题，维持中共第一机械工业部机关委员会1957年3月已作“政治上无问题”的结论。

但杨江第二次（1942年6月）与党组织失掉联系后，有三个问题在“文化大革命”前没有向组织交代：1939年9月至1940年12月，担任国民党广西地方建设干校党部筹备委员、执行委员；1941年10月到1944年2月，在广西省地方行政干部训练团，担任国民党广西省党部直属区党部执行委员，1942年11月参加国民党中央训练团学员通讯小组为成员。任上述职务期间，参与发展了国民党员和三青团员，积极推崇国民党中央训练团的“纪律性”、“严肃性”。担任上述职务，事前不向组织报告，事后又不交代，错误是严重的，但杨在“文化大革命”中已作交代。经复议撤销区党委1975年8月28日，给予留党察看两年，行政工资从十级降为十二级之处分决定。改为党内严重警告处分。

中共广西壮族自治区委员会

1979年2月27日

[附录 3]父亲所存文件中还有一份 1982 年对他的"复查"结论的铅印件，以及对他参加革命时间"更正"的附件，全文如下：

关于杨江同志政治历史问题的复查结论

一、杨江同志入党时间，从 1936 年 11 月，经广西地下党贵县代表会议批准加入中国共产党算起。

二、杨江同志第一次和第三次与党组织失掉联系未发现新问题，维持中共第一机械工业部机关委员会 1957 年 3 月作的"政治上无问题"的结论。

但杨江同志历史上有两个问题在"文化大革命"前没有向组织交代：1939 年 9 月至 1940 年 12 月，担任国民党广西地方建设干部学校区党部筹备员、执行委员；1941 年 10 月到 1943 年 7 月，在广西省地方行政干部训练团，担任国民党广西省党部直属区党部执行委员。杨任上述职务，事前不向组织请示，事后又不报告，是错误的。但杨在"文化大革命"中已作交代，免予处分。撤销区党委 1975 年 8 月 28 日，1979 年 2 月 27 日对杨江同志政治历史问题所作的审查、复查结论和处分决定。

中共广西壮族自治区委员会

1982 年 3 月 25 日

同意上述结论

杨江　1982 年 3 月 25 日

关于更正杨江同志参加革命工作时间的通知

杨江同志，1936 年 11 月入党。按照中组发(80)17 号文件精神，其参加革命工作时间，更正为 1936 年 11 月。

中共广西壮族自治区委员会组织部

1981 年 7 月 27 日

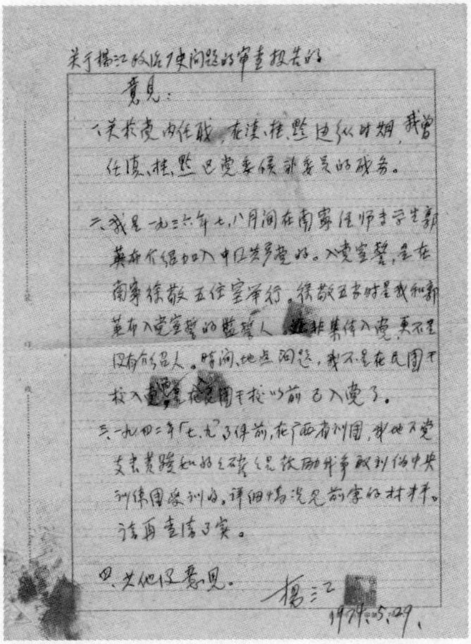

关于杨江的政治历史问题的审查报告的

意见：

一、关于党内任职，在滇、桂、黔边纵时期，我曾任滇、桂、黔边党委候补委员的职务。

二、我是一九三六年七、八月间在南宁[illegible]师专学生[illegible]介绍加入中国共产党的。入党宣誓，是在南宁徐敬五住室举行。徐敬五当时是我和[illegible]入党宣誓的监誓人，[illegible]非集体入党，更不是没有介绍人。时间、地点问题，我不是在[illegible]校入党，[illegible]校以前已入党了。

三、一九四二年"七、九"事件前，在广西[illegible]，[illegible]

[illegible]

四、其他没意见。

杨江

1974.5.29.

对政治历史问题审查报告的意见(1974 年)

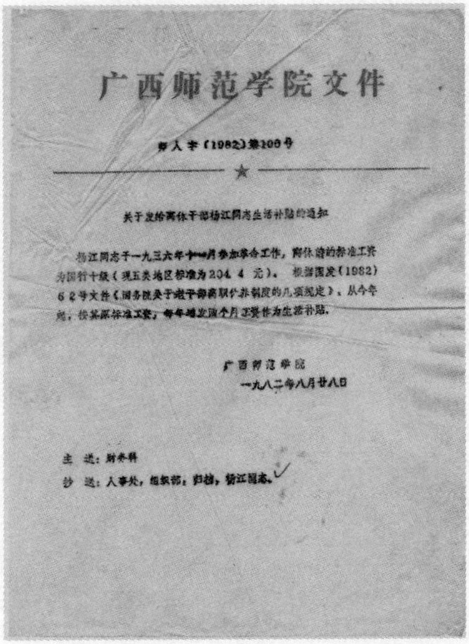

广西师范学院文件

[illegible]人字(1982)第[illegible]号

关于发给离休干部杨江同志生活补贴的通知

杨江同志于一九三六年[illegible]月参加革命工作，离休前的标准工资为[illegible]十级（现五类地区标准为204.4元）。根据国发（1982）62号文件《国务院关于老干部离职休养制度的几项规定》，从今年起，按其原标准工资，每年增发两个月工资作为生活补贴。

广西师范学院
一九八二年八月廿八日

主送：财务科
抄送：人事处，组织部，归档，杨江同志。

父亲正式离休后，每年多发两个月工资额的生活补贴。

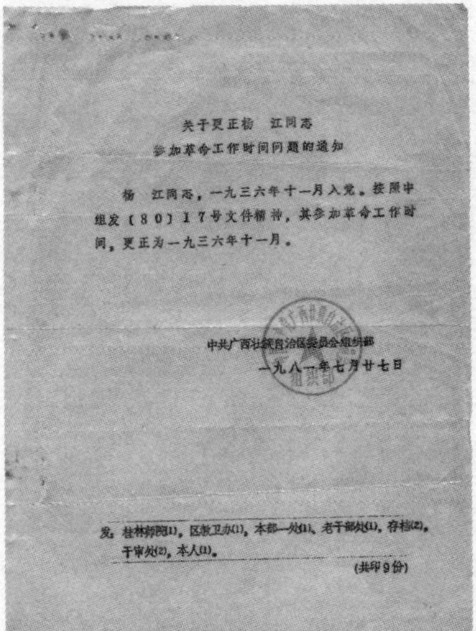

关于更正杨　江同志
参加革命工作时间问题的通知

杨　江同志，一九三六年十一月入党。按照中组发（80）17号文件精神，其参加革命工作时间，更正为一九三六年十一月。

中共广西壮族自治区委员会组织部
一九八一年七月廿七日

发：桂林师院(1)，区教卫办(1)，本部一处(1)、老干部处(1)，存档(2)，干审处(2)，本人(1)。

（共印9份）

入党时间更正

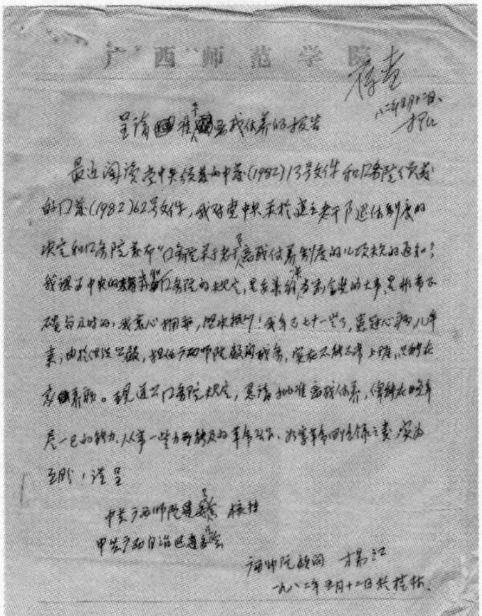

广西师范学院

呈请批准离职休养的报告

[illegible]

1982 年 5 月父亲呈请离休的报告

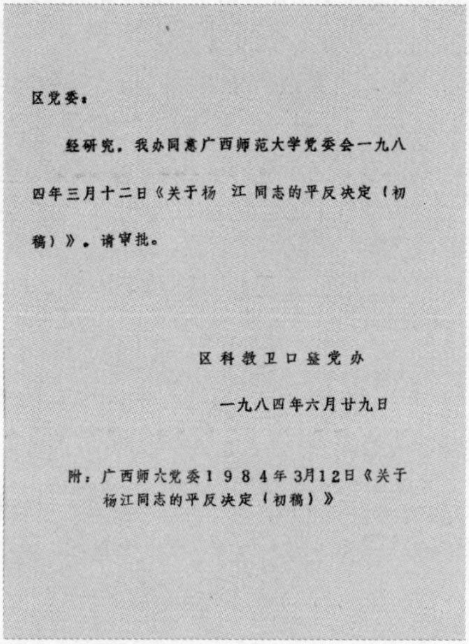

区党委：

经研究，我办同意广西师范大学党委会一九八四年三月十二日《关于杨 江 同志的平反决定（初稿）》。请审批。

区科教卫口整党办

一九八四年六月廿九日

附：广西师大党委1984年3月12日《关于杨江同志的平反决定（初稿）》

为杨江平反的批复 1984 年(一)

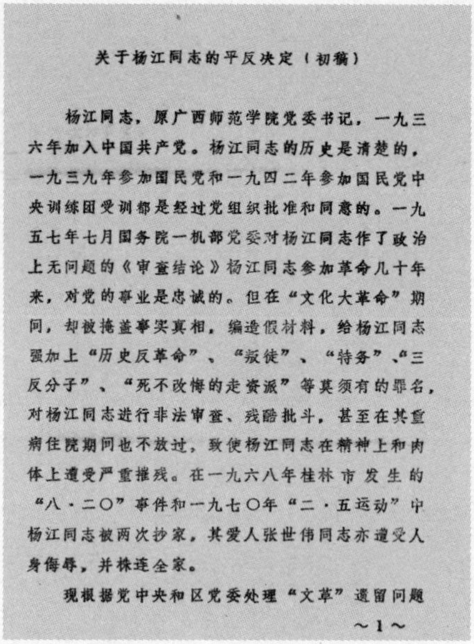

关于杨江同志的平反决定（初稿）

杨江同志，原广西师范学院党委书记，一九三六年加入中国共产党。杨江同志的历史是清楚的，一九三九年参加国民党和一九四二年参加国民党中央训练团受训都是经过党组织批准和同意的。一九五七年七月国务院一机部党委对杨江同志作了政治上无问题的《审查结论》杨江同志参加革命几十年来，对党的事业是忠诚的。但在“文化大革命”期间，却被掩盖事实真相，编造假材料，给杨江同志强加上“历史反革命”、“叛徒”、“特务”、“三反分子”、“死不改悔的走资派”等莫须有的罪名，对杨江同志进行非法审查、残酷批斗，甚至在其重病住院期间也不放过，致使杨江同志在精神上和肉体上遭受严重摧残。在一九六八年桂林市发生的“八·二〇”事件和一九七〇年“二·五运动”中杨江同志被两次抄家，其爱人张世伟同志亦遭受人身侮辱，并株连全家。

现根据党中央和区党委处理“文革”遗留问题

～1～

为杨江平反的批复 1984 年(二)

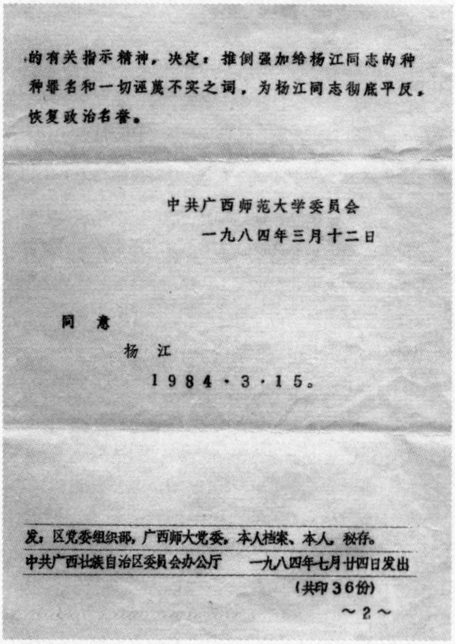

的有关指示精神，决定：推倒强加给杨江同志的种种罪名和一切诬蔑不实之词，为杨江同志彻底平反，恢复政治名誉。

中共广西师范大学委员会

一九八四年三月十二日

同 意

杨 江

1984·3·15。

发：区党委组织部，广西师大党委，本人档案、本人，存。

中共广西壮族自治区委员会办公厅　　一九八四年七月廿四日发出

（共印36份）

～2～

为杨江平反的批复 1984 年(三)

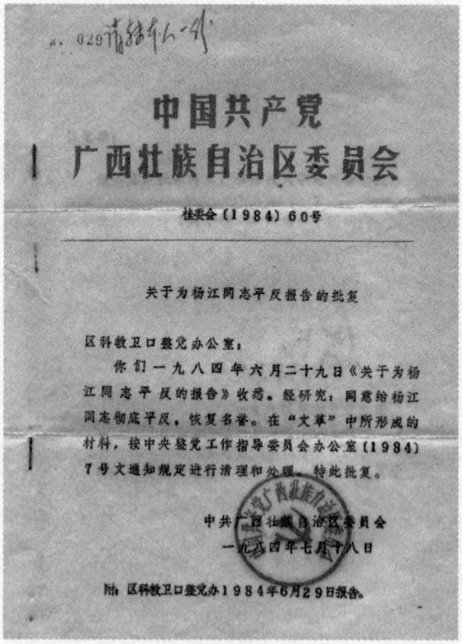

中国共产党
广西壮族自治区委员会

桂委会〔1984〕60号

关于为杨江同志平反报告的批复

区科教卫口整党办公室：

你们一九八四年六月二十九日《关于为杨江同志平反的报告》收悉。经研究：同意给杨江同志彻底平反，恢复名誉。在“文革”中所形成的材料，按中央整党工作指导委员会办公室〔1984〕7号文通知规定进行清理和处理。特此批复。

中共广西壮族自治区委员会

一九八四年七月十八日

附：区科教卫口整党办1984年6月29日报告。

为父亲平反的红头文件 1984 年

背面写着:在师院南区宿舍,1981 年 12 月,应是父亲 70 岁生日的照片。这时父亲虽未彻底平反,但已担任师院顾问。这里的家要宽敞一些,三室一厅。

当时，为了说服母亲做这篇口述费了好多口舌。母亲的谦逊在骨子里，她坚持“我没什么可写的”，让我“写写你爸爸”。我知道，母亲是从心底里觉得自己这辈子什么也没做，作为个体，自己既普通又渺小，实在也没做过什么值得流芳后世的大事。我说，哪怕就是妈妈你的个人经历，也应该记下来给孙子们看哪……尽管母亲那时已73岁，而且偏瘫在家已经20余年，但她依然真的没兴趣。我曾想：一个普通人的故事真的没有记下来的意义吗？如果这个故事的场景和人物以后再也不会出现的话，也没有记录的价值吗？这个问题，即使在现在对我来说也是模糊的。反正后来我干脆把手提电脑摆在母亲面前说：“我问，你说，我记总行了吧？”母亲似乎也不愿让我失望——幸好我坚持了，到2004年第二次在想补充这篇口述时才发现，母亲的记忆和意志力远不如前——于是就有了母亲口述自己的故事的唯一版本。

与父亲的家庭相比，母亲的家庭可算是昆明大户人家，她的爷爷是一位被张家招做女婿的川籍茶叶商，她的父亲“蒋营长”又是一位“上门”的四川女婿，但却是上过云南讲武堂的军官，这层层复杂的关系发生在八九十年前昆明一个商人家庭，应是很正常的事。其时，对我们这一辈人而言，前三代(也就是曾祖辈)人以上，不仅一律没有谋过面，就连他们姓名、胖瘦、嗜好几乎一无所知。比如，父亲的父亲，也就是我们的爷爷，我只从父亲的《自传》知道，他叫路子筠，1920年左右“在桂林被人杀掉”(据说他是警局局长，但无从查证)，关于我的爷爷，我也只在融水老家他的墓前同“他”相见过而已，当时好像还特意把碑文抄了，后来也不知在哪个本子上。像母亲的父亲，我的外祖父，有头有脸还算个人物，他的死算是个意外，大约在1934年左右因从云南讲武堂的操场“练单杠时不幸摔了下来，当时就吐了血……”，结果不治身亡。2009年我在昆明拍《百年讲武》这个纪录片的时候，母亲还在世，我特别希望查到外公蒋绍武的资料，结果，在昆明市档案馆翻看那几本残缺的《云南讲武堂同学录》时，我的心跳得很快，因为里面带照片，有一眼瞥见“绍武”两字，我大气都不敢出了……结果还是挺失望的，没见到我外公的“面”。

母亲很小的时候的照片还在（那几张早期的照片是母亲去世前几个月，我从昆明剑波表哥那里翻拍回来），拿给已82岁的母亲看时，她已经不能十分肯定，照片上的女人，谁是她的生母，谁是她的养母。不过，幸而有她老人家这篇口述，我终于大致知道了外祖母、曾外祖母的模样，唉！真够曲折的。

母亲的性情、性格与她的云南籍贯和早年的经历很有关系。在我的成长记忆中，母亲基本上就是父亲的“办公室主任”或者“公关经理”，家中一切琐屑几乎都归母亲操办——如今回想起来似乎很清晰，但当时我们根本意识不到这些。早餐的牛奶、去卫生室打针、红领巾在哪个柜子里、学习小组的“免费午餐”、该理发了、邻居家剩余的购货券额度、医院最好医生、病床和管制药品（杜冷丁是母亲胆绞痛发作时的最佳镇痛药）、便宜的古巴糖和“文革”武斗期间论筐买的紧俏马铃薯等等烂事，无不在母亲手中迎刃而解，而她最拿手的技巧之一就是云南人的热情，爱人之所爱，想人之所想，解人之所难，由此在我们家周围建立了一个友好的、礼尚往来的朋友圈。随便举个例子吧，母亲这辈子，很多时间是跟医院打交道，她身上大手术的刀口不低于四条，可是她每次住院都会新交几个朋友。“文革”前去北京天坛医院做胆囊手术，交了中国歌剧舞剧院的王辉明阿姨（当时还是姑娘），先是通信，后来连介绍男朋友的事都是母亲在桂林替她张罗，我们也因此熟知了山楂糕和茯苓夹饼的味道。“文革”中，我和我的工友们、哥弟妹和他们的“插青”们、母亲的医生朋友们经常能读到禁书，如《红与黑》、《悲惨世界》、《罗密欧与朱丽叶》、《第三帝国的兴亡》等等什么的，也是得益于母亲——她的新工作是图书馆资料员，带几本书回家，神不知鬼不觉地定期更换周转，对一个云南罗盘区的地下女交通员来说易如反掌，而且理直气壮。

1978年12月，当时正参与师院体育系筹建工作的母亲突发脑溢血，当晚把她送到医院抢救室，一位她的医生朋友安慰我说：“不要紧，你妈的生命力强着呢！”在抢救室的三天里，在门玻璃外探视母亲的人络绎不绝，一位老教师说：

“就是师院院长病了也不会有这么多人来看望。”母亲的生命力果然十分顽强，之后，她落下了右半身偏瘫，当年50岁。出院后，经历过数不清的康复治疗，这期间，母亲坚持用左手写字，独手漱口、洗脸、上厕所，指挥保姆做她身边以外的事情。比如给猫咪弄点吃的，去幼儿园接孙女或孙子，乘轮椅去看望父亲的、她的老朋友，要不就是给云南我们的六外婆汇点钱，还有一点是不能忘记的，给一位师院老教授的遗孀送钱（善举可能是“文革”之前开始的，而我2008年才得知）……

母亲的资料没有保留多少，尽管她留下了这篇口述，可是我们对她的身世，童年、少年时的家庭生活，特别是她思想最激进的学生时代的行为，几乎不了解，而恰是在那个段时间里，她作出一个大胆的决定：没有继续考大学（这几乎是家庭要求），而是按照“民青”组织的指示去了（她参加革命的地方）罗平县罗雄镇。为什么呢？是社会的大背景，还是个人情绪？就像北平的青年学生（也是在1947年）投奔革命圣地延安一样，我们读过宏大叙事约定俗成的回忆，可是很少读到用平和心态真实记录的个人史。母亲留下的那本《板桥日记》，字里行间流露出这样一些信息：她外表倔强，内心却多愁善感，城市女生的细腻腼腆却需承受真刀真枪的生死历练，既决心直面婚姻大事，却依旧放不下爷爷和姐姐的牵连。在我看来，如果能够还原中共根据地当时激昂火热的生活场景，母亲在日记中流溢出的新女性既矛盾又充实的心境，则是一份小人物在大事件中的难得记载。

我努力找出更好的注释，便于读者了解我的母亲，甚或喜欢她。

往事的回忆

◦张世伟(口述)◦

第一次记录:2001 年 11 月 25 日

第二次记录:2004 年元月

一

我的生母叫张光槐,养母叫张光媛,生母和养母是姊妹俩。我出生在昆明市崇仁街云龙巷 13 号一幢老房子里,是年为 1928 年旧历三月初三(1928 年 4 月 22 日,星期日)。我父亲叫蒋绍武,人家都叫他“蒋营长”,当时是龙云的部下,他有一个哥哥叫蒋义理,可我从来没有见过面,只是听母亲说过。六岁的时候,我父亲就去世了。我依稀还记得父亲出葬的那一天,家人为了让我们给他戴孝,把我和姐姐打扮成男孩的样子,参加出殡的队伍。

父亲的死因是这样的:他在云南讲武堂的操场练单杠时不幸摔了下来,当时就吐了血;在医院治疗一段时间,由我母亲一直陪着他,后因伤重不治而死,死的时候才 36 岁。他的部队当时驻扎在宣威,我的父母就住在火腿富商浦在亭的家里。

我祖辈姓张,张家世居昆明的大耳村。从昆明坐火车先到官渡村,然后就是大耳村。母亲在世的时候也曾带我去过。那时候,大耳村的女人多缠小脚,带“鸡冠帽”,说话也不同于昆明,他们说“吃饭”叫“瓷亚”,说“坐”叫“那倒”。听左起:母亲的养母张光媛、母亲的祖母、姐姐张世经、生母张光槐。大约拍摄于母亲出生前2—3年,约为1925年。

说他们是少数民族,是倮倮族[1],究竟是不是,我也说不清楚。

张家大约在我曾祖那一辈时是兄弟俩,一个到昆明的李家做了上门女婿,后来他做了官,用我奶奶的话说是做了"红顶子"。虽然是上门女婿,但有了地位以后,人们也称"李张家"。另一个是风水先生,他就留在大耳村落户了。

"李张家"这一支也没有儿子,只生了一个女儿。女儿长成以后,招进一个姓王的做上门女婿,他是与人合伙做茶叶生意的四川人,这个人就是我的爷爷。我姐姐的名字"世经",我的名字"世纬"就是爷爷给起的。爷爷仍然没有生儿子,也是只生了一个女儿,就把大耳村兄弟家的两个曾孙女接到爷爷家做闺女,她们就是我的生母和养母。由于"李张家"三代都没有生儿子,到我母亲这一辈就要"还姓",所以叫"光槐"和"光媛"。我的生母和养母很小就过继到了"李张王家",偶尔生病的时候,还是大耳村的张家奶奶到昆明来照顾她们,我的张家奶奶就是裹小脚的,奇怪的是,昆明的女人就很少裹脚。

我一岁三个月的时候,生母张光槐就去世了。我们家住的云龙巷13号是个大院子,有个摆摊卖烧饵块的回民马大爷和马大婶租我们家的房子住,跟家

① "倮倮"或"夷族"为彝族旧称。新中国成立后,在对各个少数民族定称时,毛泽东提议把"夷"字改为"彝"字,因鼎彝是宫殿之物,房子下面有"米"又有"系",有吃有穿,代表日子富裕。从此"彝族"就被正式定为彝族各支系的统一族称。

养母张光槐与母亲姐妹俩，看上去，母亲两岁左右，她的生母已经去世。

里的关系很好，断奶之前，我吃的是马大婶的奶。马大婶做的烧饵块放有芝麻酱、白甜酱、辣椒酱还加点酱油，味道特别好，买的人特别多。我还清楚地记得，马大爷是死于一场事故。当时，我已经在忠爱小学读书了。那一次，从来没有看过电影的马大爷去当时青年会馆旁边的那家电影院看电影，片名叫《少奶奶的扇子》。不知什么原因，突然间，电影院的房顶整个塌了下来，当场死了好多人，马大爷也在其中。[①]

后来，我生母的妹妹张光媛嫁给我父亲，她成了我的养母。因此，我是跟着养母长大的。我上中学之前，养母因血崩而死，以后，我和姐姐就跟着奶奶住。

我读了 6 年的"忠爱"小学，校址就在顺城街上，这是一家公立学校。学校的课程有国文、算术、体育、音乐等等。12 岁时，我考入校址设在绥靖路上的昆华女子中学，那是 1941 年 9 月 1 日，在那里我从初中一直念到高中。

① 导致马大爷非正常死亡的事故其实是当时特别大的一起人为灾难，颇可一记。据万揆一《昆明掌故》：发生倒塌的是宝善街的"大逸乐影戏院"，惨剧发生时间是 1941 年 2 月 27 日晚 11 点 15 分左右，之前，6 点、8 点的前两场没事，10 点开始的第三场临近片尾的时候，灾难突然降临。……那一场共卖了 600 余张票，最初统计共死 16 人（省府委员会议定的赔偿标准是：死者补偿 800 元，约合黄金 1 两 4 钱，重伤者补 400 元），重伤 30 多人，后来还有死在医院的。后来的调查表明，"大逸乐"戏院方为了赶工期，做成豆腐渣工程，做银幕的高墙"营业仅一个多月就出现轻度歪斜"，偏又时逢日机频繁轰炸，26 日空袭，宝善街多处中弹，银幕墙"已出现了两寸左右的裂隙"，结果终于酿成墙倒人亡。母亲当时 12 岁多一点，清楚记得"死亡电影"的片名，正是《少奶奶的扇子》。昆明后来流传两句顺口溜：《少奶奶的扇子》，扇倒了"大逸乐"的房子。

二

昆女中[①]创建于1908年，以前叫省立女子中学。在昆女中，初中我在55班，唐振华、王润裳[②]、王佩都是我同班同学。唐振华是我最要好的同学，她初中没读完就退学了。高中我是48班。我们这一届高中有两个班，47和48班。高二时，经王润裳、王佩介绍，我参加了中国共产党的秘密外围组织“民青”，批准加入的时间是1946年6月。

1945年12月1日，昆明发生有名的“一二·一”学生运动[③]。我和同学们一起到“联大”校园集会，后来抬着遇难的4位学生的遗体，上街游行。

1946年7月的一天，当时我刚刚被批准加入“民青”。我和昆华女中的同学去过五华山的云南大学，在大礼堂里，亲耳聆听了闻一多教授的演讲[④]。那天下午，我和唐振华还有其他许多同学得知消息后，一起去了云大。礼堂里挤满了昆明各学校赶来的学生，连两边的窗户上都爬满了人。长着大胡子的闻一多站在讲台上的人群中，情绪非常激动，大声说着话。至今我还记得他说的那句

① 云南省立昆华女子中学，创办的时候叫“云南省会女子师范学堂”，校址在土主庙街附近，有初小、高小，师范预科生则从高、初班里考选。辛亥革命后，学校奉令改名为省立女子中学，学生从小学、初中、高中到师范。母亲珍藏的毕业证书是1947年7月秦淑珍校长签。据查：邓小平夫人卓琳(原名浦琼英)，1936年从昆华女中毕业后考上北大。

② 王润裳的父亲王嗣顺，是昆明文明街二十五号以经营旧书闻名的“东方书店”的老板，北大毕业，曾在昆女中任教。王润裳后考入云南大学，并加入中共，解放后在丽江工作，离休前曾任云南省妇联主任。1989年初，我旅行结婚携妻游滇，母亲嘱咐如去丽江，一定看看王润裳阿姨，到大理后因我们改道西双版纳，故未得一见。

③ 史载“昆明一二·一”惨案：1945年11月25日，昆明几大学师生在西南联大召开反内战演讲会，遭防守司令部特务冲击捣乱。26日，昆明3万学生举行罢课，抗议军警暴行。12月1日，军警特务数百人，围攻西南联大、云南大学等校，投掷手榴弹，炸死李鲁连、潘琰(女)、荀继中、于再4人，伤学生60余名。消息迅速传遍全国，各地集会游行，声援昆明学生。兹后，云南省代主席李宗黄被调离，3月17日，四烈士出殡，当晚安葬在西南联大(现云师大)墓地。(参见王润裳回忆文章)

④ 闻氏的演讲后称“最后一次演讲”。据《昆明党史》此为1946年7月15日，地点在云南大学至公堂，闻教授的演讲中有这样几句激愤的话：“我们有牺牲的精神，我们随时像李先生一样，前脚跨出大门，后脚就不准备再跨进大门……”当日下午，闻一多主持另一记者会后，返回西南联大宿舍时，遭特务枪击，身中8弹，当即殉难，儿子闻立鹤身受重伤。闻氏时年47岁，湖北浠水县人，著名诗人，中国民主同盟中央执委兼民盟云南支部执委。

这张照片应该是在滇池旁的海埂拍摄的。这些衣着入时的女孩是昆华女中的学生,后排右一是母亲的姐姐张世经,那时也就十七八岁的样子。

昆明青年合唱团成员合影,后排右二是母亲。根据母亲的回忆,拍完这张照片 4 个月以后,她就到罗平参加革命去了。

昆华女中读书时的母亲

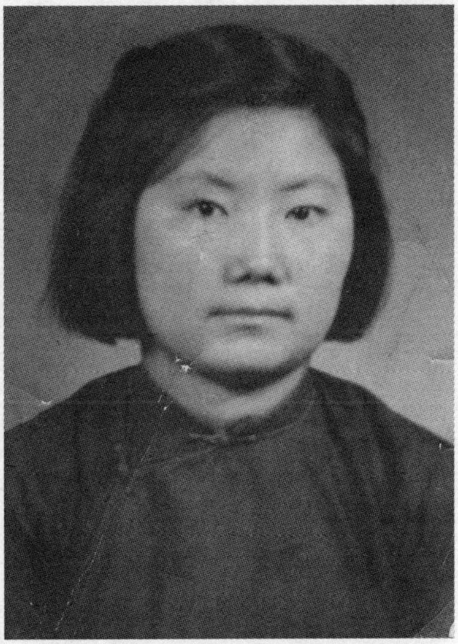

话："今天我来这里演讲，就没有准备活着回家了……"当时听到这句话，我们激动得流下了眼泪。谁也没有想到，就是那天演讲之后，闻一多返回他在篦子坡住处时，被国民党特务杀害了。

加入"民青"之前，我已是歌咏队的成员了。石明辉当时是昆明青年歌咏队的队长，我是女声一部的负责人，余嘉惠是女声二部的负责人，她有一个化名叫"余路"。当时我们唱的歌曲有：《黄河大合唱》、《义勇军进行曲》等抗日救亡歌曲。早在上初中的时候，我和唐振华还参加过昆明合唱团。

1947 年毕业前夕，我们 48 班全体同学曾在首饰店为每人定作了一枚银戒指，戒指上刻有"昆女中 48"几个字。毕业后，同学们各奔东西，王润裳考上了云南大学。

我到罗平县的罗雄镇小学当教师，就是在毕业之后不久。一天，在学校的操场上，52 班的"民青"成员李福英突然叫住我（当时我并不知道她也是"民青"的），她对我说："组织上派你去罗平，到了那里以后，会有一个叫××的人来找你……"到了临行前的那天晚上，所有准备去罗平的学生集中在一个屋子里，刘清同志还给我们讲了话。屋里的人大部分我都不认识，只认识余路和唐振华。开了这个会后，我就去罗平了，从此走上了革命的道路，时间是 1947 年 7 月前后。

去罗平是石明辉开汽车送我们去的。当时我们家已搬到书林街 77 号，大约在我念高中的时候，我的家从云龙巷搬到了书林街。由于家境困难，爷爷把原来的大房子卖了，另买了书林街这块房产。这是一个小院落，临街一面是三层楼房，楼旁有个小门，通到楼后的院子，平时就从小门出入；楼房是我们一家

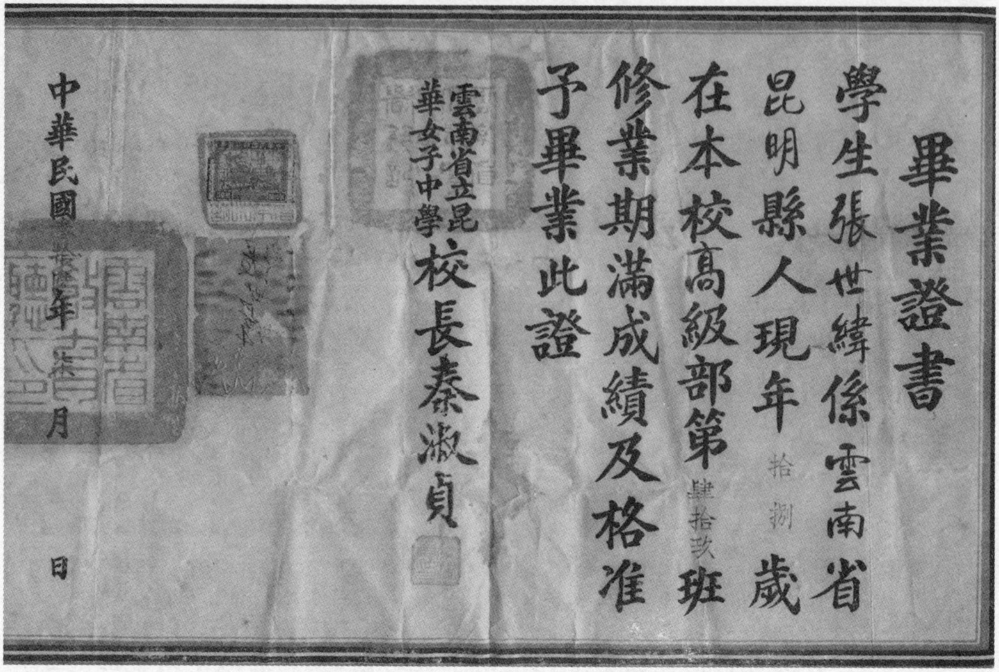

畢業證書
學生張世緯係雲南省
昆明縣人現年拾捌歲
在本校高級部第肆拾玖班
修業期滿成績及格准
予畢業此證
雲南省立昆華女子中學校長秦淑貞
中華民國　年　月　日

母亲保存的昆华女中毕业证书

人住，院里有几间平房租给了别人。在搬到书林街77号之前，我的老祖和奶奶都已经过世。搬家后，姨奶奶、爷爷、还有姨奶奶的孩子都住进了新的家，而我姐姐从昆女中毕业后，已到海口的光学仪器厂（即后来的“300号信箱”）小学当老师去了。[①]

我的房间在三楼，三楼有两间住房，我住东边的一间，西边那间是我家的丫环秋香住。我的房间里放着有一整套《全集小学生文库》，我喜欢的课外读物几乎都来自那里。那是一套很漂亮精致的系列丛书。全部书册都装在木制的书

① 1938年，南京军事光学器材厂迁昆明后改称二十二兵工厂，中国第一具望远镜——6X30双眼三棱军事望远镜即该厂研制。1940年遭日机炸毁后再迁昆阳县海口，即今日的云南光学仪器厂（对外称“300号信箱”）。母亲的姐姐张世经，我们叫大嬢嬢，她丈夫李文东是留德著名光学专家，该厂总工，“文革”被迫害致死。

柜里，柜顶刻有“全集小学生文库”几个字。打开玻璃的橱门，就可以取出书来。如果要拿上层的书，要站在凳子上才能取到。现在还记得起来的书名有《水浒》、《岳飞》、《格林童话》几本，书的内容涉及古今中外。记得这套书好像是父亲专门在商务印书馆定做的，买来送给我姐姐，当时我太羡慕姐姐了。爷爷也喜欢我姐姐，他曾送给姐姐一册古色古香的《钦定三希堂字帖》，因为我姐姐的毛笔字也写得好。

平时，我和姐姐在家都叫小名，我叫“玉寿”，我姐姐叫“祖寿”。我们姐俩的小名和大名都是爷爷给起的。

我离开家的那一天，大清早，我穿了一件士林兰的旗袍，带着行李：一个小皮箱，几件洗换衣服和一套被褥。离家之前，我到一楼爷爷住的房间道别，当时爷爷还没有起床。现在已记不起当时爷爷对我说了些什么，但那一天的情景至今还常在眼前浮现。唐振华前一晚就住在我那里，与爷爷告别后，我们出门走了不远，上了石明辉开来的那辆有棚的“大汽车”，里面坐满了去罗平的昆明学生……

三

罗雄镇[①]当时有一条长街，印象中有两华里长。石板铺的地面，街的两边都是店铺和饭馆，木头的房子，有一些楼房，每天都是人来人往的，还挺热闹。罗雄镇中心小学就在这条街的尽头，小街的另一头是中心分校。我去了以后，就住在中心小学。在中心小学，我主要是给一、二年级上课，国文、算术、音乐、体育什么课都教，上音乐课的时候，要一边弹风琴，一边教孩子唱歌。在分校，我主要教三年级的英文课。

每天我都要在这条街上来回走几趟。时间长了，走过街道的时候，经常碰到学生和家长，人家就要招呼：“张老师！到家里来坐坐，喝杯茶啊。”学生见到老师都是恭敬地鞠躬，口中说道：“老师你家好……”有时候，校长宋维蘖或熟悉

① 罗雄镇为罗平县治所在，民国二年(1913年)始有罗平县。罗平位于滇东，滇、桂、黔三省结合部，有“鸡鸣三省”之称。县东沿黄泥河与贵州兴义市接壤，南与广西西林县隔南盘江相望，距省会昆明240公里。

的老师晚上还请我们出去吃宵夜，那是很开心的时候。晚上没有电灯，点的是那种瘦长玻璃灯罩的“洋油灯”，煤油还是学校供应的。晚上都不敢出去解手。街上的饭铺里倒有“煤气灯”，最好的宵夜就是“白切鸡”和鸡汤面。

我和余路还到罗平中学上过音乐课，因为她的风琴比我弹得好，而我歌唱得好，所以我们就一块儿去。我当时胆子小，余路就鼓励我“不怕，不怕”。

昆明来的学生我和余路分在罗雄，唐振华则分到了钟山乡小学。我在罗雄镇小学任教只有半年多的时间，这期间，没有领过一分钱薪水。宋校长为此还专门向我们道歉，说“学校暂时发不出老师的薪水，请你们原谅”。

从昆明来的时候，李福英曾交代我：“你的组织关系已转到罗平，到时候会有一个叫××的人来找你。”这个名字现在我已经忘记了，但当时我是记得牢牢的。可是，到了罗雄学校后，“那个人”一直也没有来找我。我一直等啊等，有一天，我和余路到罗平中学找杨重喜玩，杨重喜是赵若池的妻子，赵若池是罗平中学的老师，他们的家就在罗中。刘清[1]同志的宿舍也在罗中，我到罗平后就认识他了。杨重喜的家就在刘清宿舍不远，我顺便到了刘清那里，当时也没有别人，刘清突然说出那个名字来，那是一个单名！我吓了一跳，连忙说：“我不知道！”刘请说：“你怎么就不知道这个人啊？”我这才恍然大悟，还说：“原来是说他来找我的呀！”刘请说：“现在不是来找你了吗？”这件事，想起来当时的我真是很幼稚的啊。没想到，我们常见到的“刘老师”就是组织上说的“那个人”。那次与刘清同志接上关系后，刘清还让我多了解一下余路的情况，并说，以后有事可以向他汇报。

我记得当时的罗平中学就在文庙里面，我和余路经常去那里玩。李一凡同志当时也在罗中教书，他教我们唱过“红豆词”这首歌，因为风琴就放在他屋里，他一边弹一边教我们唱：“泣不尽相思血泪抛红豆，开不完春柳春花满画楼，睡不稳纱窗风雨黄昏后，忘不了新愁与旧愁，咽不下玉粒金波噎满喉。瞧不尽镜

---

① 刘清：原名石秀夫，江西九江人。1937年加入中共。曾在川南自贡等地从事地下工作。母亲在罗平与他接头时，应是罗平地下党负责人。刘后任滇桂黔边区罗盘地委书记，父亲为副书记，二人关系很好。建国后，两家结伴同调北京，刘叔叔在一机部基建局任副局长、局长，父亲亦在一机部劳资司任副司长、司长。两家在京城常来往，孩子们合影的照片均在。“文革”后，刘曾任六机部副部长等职。

里花容瘦，展不开眉头，捱不明更漏，恰似遮不住的青山隐隐，流不完的绿水悠悠。”[1]这首歌的词和曲，一直到今天我都能清楚地记得。

当时在罗中教书的老师有刘清、李一凡、杨重喜、赵罗池、杨汝林、甘庭芳等，我当时只知道刘清是我在“民青”的领导人，罗中其他老师与组织有什么关系，开始时我并不知道。

1948 年学校放寒假的时候，我和余路都没有回昆明，当时，唐振华已经离开钟山乡回昆明去了。开学后不久，大约是 4 月的一天，宋校长和李主任叫我到罗中刘清同志的家有事找，当时，刘清与甘庭芳已经结婚了。我到那里一看，只有甘庭芳在家，甘庭芳对我说：“要你马上去钟山乡，朱家壁的部队要来了。到了板桥后，吴世淹（老冲动）在那里接你，然后送你到钟山乡。”第二天，宋校长做了安排：“把分校你教的学生调到本部来，好让你去钟山乡。”并且，对外说我的祖父病重，让我赶回昆明。然后，由李主任送我去钟山乡，到了板桥，吴世淹果然在那里接我。他把我送到鲁邑安顿下来，在路上，正好碰到刘清同志，我刚想同他打招呼，只见他急忙对我使眼色，意思是不要暴露身份……这样，我从罗平到了钟山乡，当时，朱家壁同志领导的部队（讨蒋自救军）已经到了钟山乡[2]。

在鲁邑，我被分配在宣传队工作。一次宣传队开会，碰到了昆华女中的同学马莉，她那时已经改名叫丁莉，她让我改了一个名字，叫“张坚”。一到开群众大会的时候，宣传队要表演歌舞，有一首叫《插秧谣》的歌我还记得几句：“布谷声声，田里水漂漂，我们大伙儿从早到晚，弯背插秧苗。你一束来我一把，不要叹辛苦；这儿完了那儿再来，同把苦来熬。……”

---

① 《红豆词》是《红楼梦》中贾宝玉所唱《红豆》曲的歌词。原词为：“滴不尽相思血泪抛红豆，开不完春柳春花满画楼；睡不稳纱窗风雨黄昏后，忘不了新愁与旧愁；咽不下玉粒金莼噎满喉，瞧不尽菱花镜里花容瘦。展不开的眉头，捱不明的更漏。恰似遮不住的青山隐隐，流不断的绿水悠悠。”母亲所记仅略有漏误，足见记忆至深，唯不知母亲当年唱的《红豆词》是否刘雪庵谱曲的那一首？母亲晚年，病痾缠身，却常用左手抄写王维《红豆》诗“红豆生南国，春来发几枝，愿君多采撷。此物最相思”以勉励自己。

② 据《板桥镇大事记》：1948 年 4 月 18 日，朱家壁率部到达板桥炭山，次日进驻浙都村。伍方叔叔的《杨江与罗盘区》记有，父亲是 1948 年 6 月 11 日到达板桥的，画面是：“钟山乡地下党的负责人牵着一匹驮马，带来了一位游医一样的人，径直走进清水河小学校的院内……”没过多久，父亲就是在这个小院里成为母亲的入党监誓人。

云南罗平县罗雄镇中心校师生毕业合影 1948 年 1 月。前左三是雷文波，左五就是母亲文章里提到的校长宋维蘖，后右一是母亲，二是甘庭芳。

以后，朱家壁的部队去了河阳，刘青同志让我留下来，在鲁邑小学做老师。“张坚”这个名字后来叫的人也少了，大家又为我改了个名字，叫“元宝”，这个名字以后成了我“正式”的诨名。

四

我是在钟山乡的清水河村的村公所里入党的，那是 1948 年的 5 月（或者 6 月）的一天，和我同一天入党的还有杨重喜和宋光，那是我正式参加“民青”的两年之后。早在鲁邑的时候，有一天，刘清同志在张明良家门前对我说：“根据你的表现，我们认为可以介绍你加入共产党了，以后，组织上会指定一个人找你谈话。”没多久，我们宣传队从鲁邑搬到了清水河的村公所。村公所在山坡上，宣传队的任务是教唱歌、刻蜡版、印传单、访贫问苦等等。一天，我、杨重喜和宋光被叫到杨江同志的屋里（也在村公所里），杨江同志郑重地对我们说：“组织上现在已确定你们为候补党员了，候补期是半年……”我们立刻意识到自己已经被批准为共产党员了！出了门以后，宋光高兴地跳了起来，我们三个乐呵呵地还唱起了歌。那时，我们都知道党员的身份还是不公开的，即便是在部队里也是如此。

那个时候我们都叫杨江同志“广杨”，和“KK 杨”，叫“广杨”是因为他是从广东来的；叫他“KK”，那是因为他教我们打枪的时候，喜欢模仿枪响发出“KK”的声音，所以，我们也叫他“KK 杨”。

二支队改为三支队之后，我被任命为二大队教导员。不过当时没有人称我“教导员”，大家还是叫我“元宝”。

罗平和平解放几天后，我们搬到县里面住。当时住在一个不大的房子里，大门右侧小屋住着警卫员（我记得警卫员有吴能宽、赵卫帮、老陈等几个人），进大门就是一间不大的厅，厅的右边一间屋当作会议室用，厅的后面有两间住房，刘清同志和杨江我们两家各住一间。当时刘清和杨江都很忙，有时候遇到事情要商量，他们俩就在屋里碰头研究，此外再没有别的办公的地方，所以，这所房子就是他们的宿舍兼办公室。

我和杨江是在板桥小学结的婚，举行婚礼的那天，就是我从师宗调到板桥的当天。我穿的是一套从师宗穿来的士林兰唐装，脚上穿的也是从师宗穿来的草鞋；老杨穿的也是一身普通的衣服。参加婚礼的人都是罗盘区司令部、政治部的熟人，反正凡是认得的人都来了。我印象中好像连喜糖都没有，就是喝杯茶，说说笑话，大家一起唱歌。大家仍然像往常一样称老杨叫“广杨”，叫我“元宝”，与平时没有什么两样。婚礼是既简单朴素又隆重热烈。现在我已记不起那天的具体过程了，只有婚礼上用来签名的一块粉红色的绸布我们一直保留着。

直到搬到罗平后，我姐姐才专程来看了我一次。那一次，姐姐把爷爷送给我的一块“罗马”手表带来给我，算是我的结婚礼物；姐姐也送给我一件礼物：一件灰色的呢子大衣。

五

杨江在文山的警卫员叫薛虎山，是一个北方人。我们是1950年3月到文山工作的，杨江担任文山地委书记兼边防区司令员，我在文山边防区司令部当机要秘书。那时文山的主要工作就是征粮、剿匪、减租、退押、反霸、镇反，为土改做好准备工作。1951年12月，我们又调武定工作，杨江担任武定地委书记。我在武定地委组织部。

在武定的时候，我们生了一个男孩。那是1952年的3月5日上午，我突然觉得肚里的孩子临盆了，当时，我们请了个阿姨做家务，我赶紧叫上阿姨陪我去医院。我们住的地委宿舍在山腰上，离县医院还有一段路，我和阿姨几乎是小跑着赶去医院，差一点就生在半路上了。当时正是“三反五反”的时候，因此就起了个名字“三五”。杨江当时负责武定分区和地委的工作，忙得不可开交，照顾孩子主要是我和阿姨。

没生孩子之前，我在组织部当干事，正营级，当时是供给制，地委的干部几乎都在“大灶”吃饭，杨江在“小灶”吃饭，所以我们是分开吃。生了孩子以后，在家里阿姨为我做点好吃的，所谓“好吃的”，顶多也是熬点骨头汤，吃点鸡蛋什么的。

在武定不到一年时间，1952年12月，我便随杨江一同调到了北京，开始时住在复兴门外的中组部招待所里，不久，杨江分配在一机部劳资司当副司长，我分配到一机部工教司做机要秘书，后来，我在一机部保育院做股长，托儿所任所长。我们家住进了一机部在东总布胡同南小街的宿舍。

刘清、甘庭芳一家人是和我们一起离开昆明前往北京的，刘清同志分配在四机部，甘庭芳同志分配在全国妇联。他们的家在东四一条胡同里。

在北京的几年里，杨江除了开会等工作需要之外，从来不用公家的小汽车。国家干部从供给制改为工资制以后，自己花钱买了一部东德产的自行车，上班就骑自行车。这件小事，后来在选举党委成员时，有的同志提出来称为杨江同志艰苦朴素的一大优点。这辆自行车后来又带到广西，我们家4个孩子都是用这辆车学会骑自行车的。

到一机部工作不久，杨江被任命为司长，一直到1957年10月调桂林以前，他一直都是负责一机部的劳动工资工作，一年里面，他基本都是出差、考察和工作。从他留下来的工作日记里可以看出，那几年里，他把全部心思都投入到新的工作上。

关于杨江同志调回桂林工作的情况，据我记忆，大概是1957年9、10月，有一天，杨江对我说，中宣部已经找我们谈过话了，要调他到桂林的广西师范学院当党委书记，张云莹任院长。在这之前，记得是已经听说杨江要调动工作了，我曾对老杨说，要调最好是调回云南工作。杨江同志的特点是，对组织上的安排总是绝对服从的。当时，我们家二儿子小肃两岁多，三儿子小山刚满半岁，婆婆胡翠云，小姑路伟苍带着一个孩子也在北京与我们同住。在去广西的火车上，我才认识张云莹同志和他一家人。

在广西师范学院，我开始在人事处的档案科当副科长。人事处处长是刘庆仙，秘书是王江存，组织部部长是吴春叶。人事科科长秦智园，保卫科科长苏炳康，学生科副科长蔡凤。当时院长是张云莹，副院长有王延青、黄羽。

“文革”中，杨江胃出血4个加号住在工人医院，天天还要拉到学校里批斗。我对老杨说，这样下去不行了，我要去告状。第一次是到桂林当时的“革命委员会”告状，我找到“革委会主任”(姓杨)的家，当时他不在家，我就坐在他家等，等到他回来直接向他讲了老杨的境况。以后，大概他对进驻师院的工宣队打了招呼，对杨江批斗的次数就少多了。

向市“革委会”告状之后，我又赶到南宁，直接到自治区“革命委员会”上访。当时，“革委会接待组”接待了我，我对他们说，杨江不是坏人，现在胃出血都4个加了，还拿去批斗，人死了怎么办！当时我已经什么都不顾了，尽管老杨头上被戴上了一堆“莫须有”的大帽子：走资派、叛徒、历史反革命……但是我不相信，我不认为他是坏人，我认为这是冤枉的，所以我要为他去上访。同接待组两人谈了没几句，对方说，可以，明天你再过来谈。然后，他们问我住哪里，我说，我没有介绍信，没有地方住。我问他们能不能帮找个地方住？他们说不行。晚上，我只好到火车站的候车室，挤在人堆里，打算蹲一晚，第二天在去接待组。半夜里，突然来了一队拿枪的“工人纠察队”，在候车室里挨个地把人叫醒，检查证件。我告诉他们我是桂林来上访的，明天要去革委会接待组申诉。人家说，没有介绍信就不行。最后，我和许多人一起被带到他们纠察队的队部。在那里，我发现他们在给桂林打电话，查问我的情况。第二天一早，一个臂上扎了红袖章的头头对我说，今天你必须归原单位，我说，今天我要到接待组去上访，已经说好了的。他们说，不行，我们只负责首府的安全，别的不管，你今天必须返回桂林。没有别的办法，我只能回桂林。当我走回火车站的时候，无意中发现有一个男人一直跟在我后面，像是盯梢。当我好不容易买了车票，准备上车了，回头还瞥见那人就在候车室里看着我……回桂林的第二天，我就被单位带上了批斗会，说我是为杨江“翻案”。

……

这张照片大概是 1952 年母亲调北京之前与姐姐张世经的合影。

这张合影我推测可能拍摄于 1947 年 6 月，当时母亲刚从昆华女中毕业，她姐姐则已在昆明海口的光学仪器厂（即当时的二十二兵工厂）子弟学校工作了。

这是母亲即将随父亲调到广西工作前，与托儿所同事们的合影。也许，拍过这张照片后，母亲再没有同他们见过面了。背面题字是：赠给世伟同志留念 曾口瑶、王爱联、李秀英、叶琪瑛、叶善英、盛志华、姜芫兰、李章岭、侯就珍、郭丽芳、鞠海样、张秀荣、崔建仁、杨淑英、柳世英，1957 年 9 月。

这是 1952 年母亲从云南到北京后第一次爬长城，那时她 24 岁。

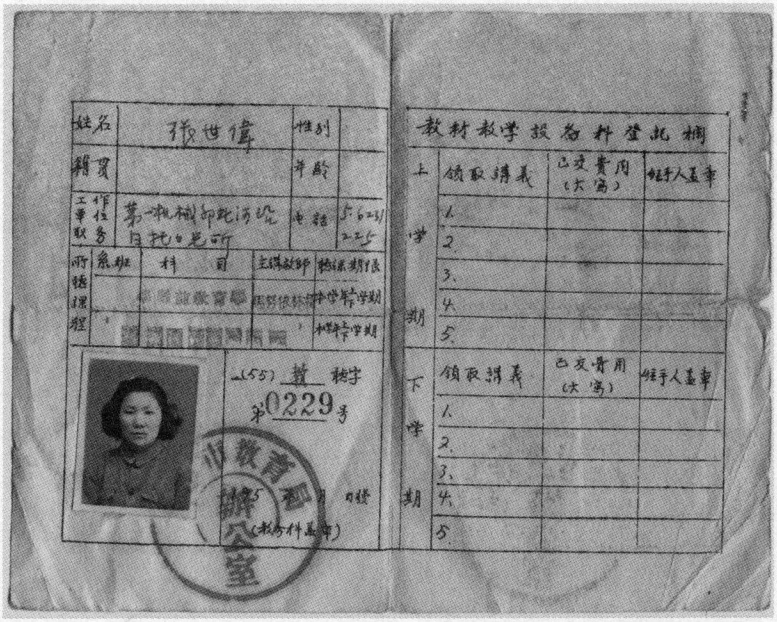

母亲生前曾告诉我们她曾于 1955 年在北京师范大学进修过，后来果然从那堆档案里找到这张北师大的听课证。

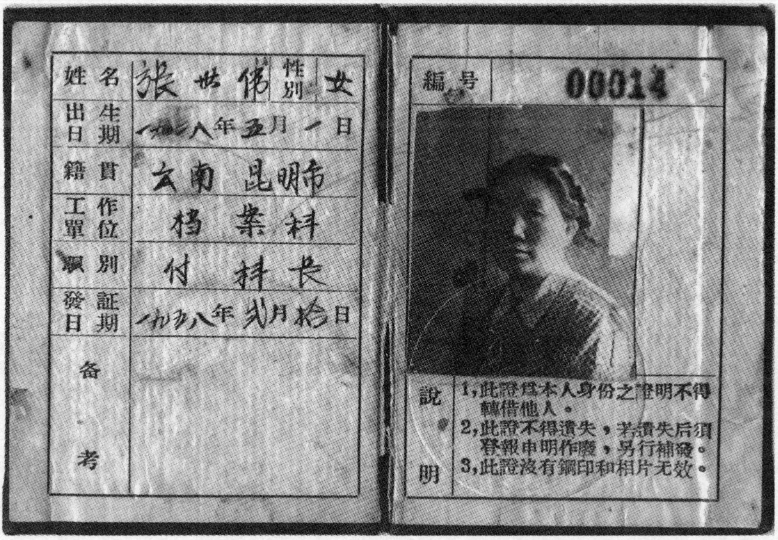

母亲到广西师院的第一本工作证，照片是父亲在桂林家中拍摄的。

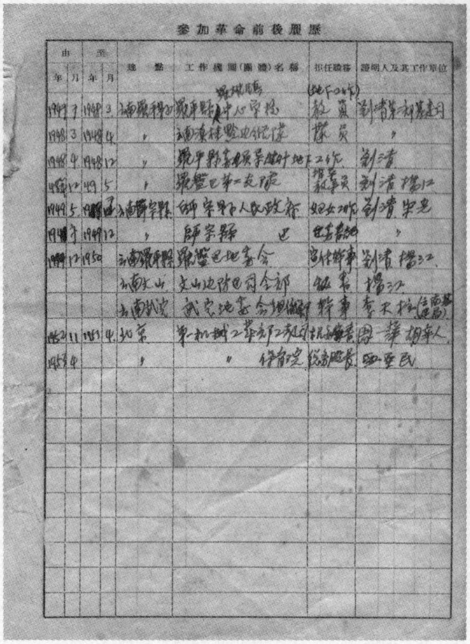

参加革命前後履歷

由 年	由 月	至 年	至 月	地點	工作機關(團體)名稱	担任職務	證明人及其工作單位
1947	7	1948	3	云南[illegible]	[illegible]县中心学校	教员	刘清[illegible]
1948	3	1948	4	〃	[illegible]	[illegible]	〃
1948	4	1948	12	〃	[illegible]地下工作		刘清
1948	12	1949	5	〃	[illegible]第一支队	[illegible]	刘清 杨江
1949	5	1949	[illegible]	云南[illegible]	[illegible]人民政府	妇女工作	刘清 [illegible]
1949	7	1949	12	〃	[illegible]	[illegible]	〃
1949	12	1950		云南[illegible]	[illegible]地委会	宣传干事	刘清 杨江
				云南文山	文山边防区司令部	秘书	杨江
				云南武定	武定地委会组织部	干事	[illegible]
1952	11	1953	4	北京	第一机械工业部[illegible]	[illegible]	[illegible]
1953	4			〃	〃 [illegible]	[illegible]	[illegible]

这份履历可知，母亲在文山是边防区司令部秘书，在武定地委是组织部干事，初到一机部是工业教育司机要秘书。

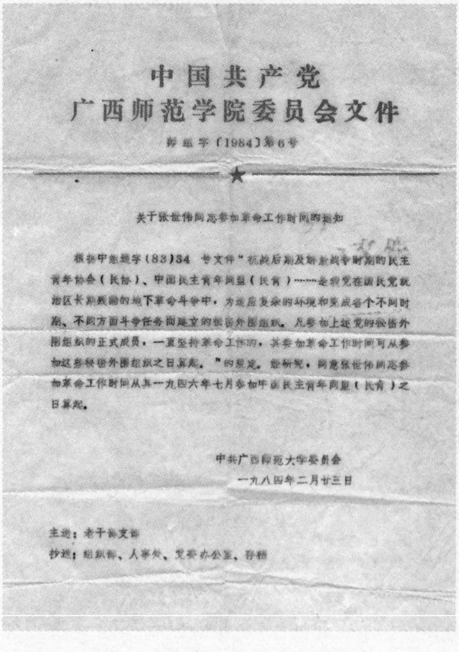

中国共产党
广西师范学院委员会文件

师组字〔1984〕第6号

关于张世伟同志参加革命工作时间的通知

根据中组组字(83)34号文件"抗战后期及解放战争时期的民主青年协会(民协)、中国民主青年同盟(民青)……是我党在国民党统治区长期艰苦的地下革命斗争中，为适应复杂的环境和完成各个不同时期、不同方面斗争任务而建立的秘密外围组织。凡参加上述党的秘密外围组织的正式成员，一直坚持革命工作的，其参加革命工作时间可从参加这些秘密外围组织之日算起。"的规定。经研究，同意张世伟同志参加革命工作时间从一九四六年七月参加中国民主青年同盟(民青)之日算起。

中共广西师范大学委员会
一九八四年二月廿三日

主送：老干部支部
抄送：组织部、人事处、党委办公室、存档

母亲参加革命的时间1984年被确定为“1946年7月”，这个日期她还在昆华女中读书，却参加了“民青”，才18岁，也算老革命了。

我们四兄妹都有在母亲温暖的手臂上成长的留影。这是出生不久的大哥三五在武定地委的院子里。

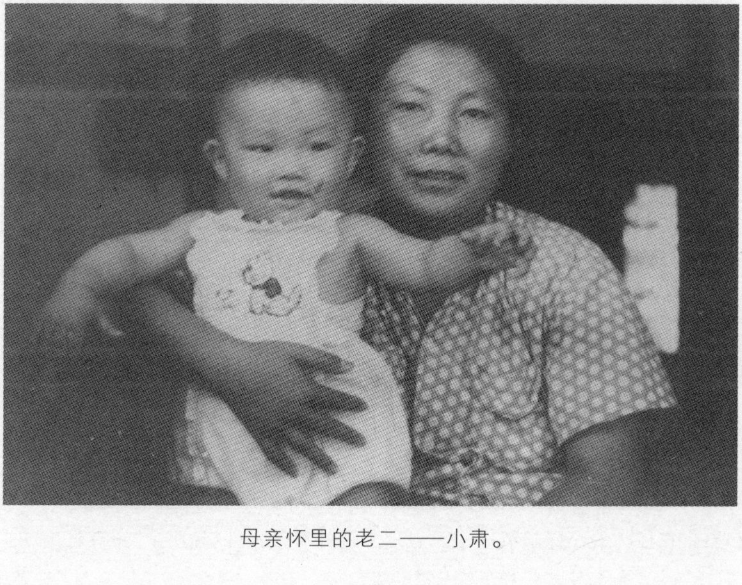

母亲怀里的老二——小肃。

北京南小街羊尾巴胡同家中才几个月的小山。

母亲和出生在桂林的小妹超英——因为是大跃进年代,所以起了个“超英赶美”的名字。

伍方叔叔这篇回忆录，早在2001年就寄给我们了，压在手上整整10年没能印出来，实在愧对他老人家。时至今日，想起这件事心里仍觉得沉甸甸的。

当时，我一直在整理父亲的所有遗稿，最初的打算也是准备把这篇文章作为附录收入父亲的书中。昆明的李一凡、贺世熙两位叔叔把老同志们的修改意见集中起来，整理成最后的定稿。其中，直接参与修改此稿的老同志有：贺世熙、李一凡、李衡、刘清、李沅、甘东、段涛。李、贺二位还对此稿的编排、装帧等细节都有详尽的嘱咐……由于我整理父亲的遗稿基本是在工作间隙中进行的，所以进度十分缓慢。母亲在世的时候，她也催促。2000年4月，伍方叔叔去世，此稿成了遗稿，2009年12月，我们的母亲也走了，她也没能见到这本书的出版。这些遗憾只好由之后的努力去弥补了。

杨江与罗盘区

○伍方[注]○

[注]原注为伍方叔叔的夫人段涛阿姨亲笔所写：

伍方同志，原名李朴生，云南省嵩明县人，就读云大附中，参加1945年"一二·一"至1947年间学生运动。1947年3月加入民主青年同盟，1948年5月加入中国共产党。在罗盘区从事反蒋武装斗争期间，曾任罗平县游击大队指导员、教导员、区委书记，县委委员。1949年8月任滇桂黔边区罗盘支队第21团政治处主任。1951年参加抗美援朝，任志愿军铁道兵二师政治部宣传科科长，1954年回国任铁道兵文化学校训练处长。1960年转业湖南株洲任铁道学院副院长。1964年任宝鸡商校校长。"文革"期间受冲击。1979年任中共宝鸡市委宣传部副部长、市人大常委委员。1990年离休。出于对杨江司令员的崇敬和对当年虽艰苦，但却十分幸福的历程的眷恋，1999年4月抱病撰写《杨江与罗盘区》。斯人不幸已经远去，这是他的绝笔。我们曾半世情缘，走笔至此，潸然泪下。

段涛

2000年9月11日。

伍方 1950年10月 摄于贵州兴义。

段涛阿姨(段元邦)1950年10月摄于贵州兴义。

序

杨江同志，广西融县（今融水苗族自治县）人，汉族，1911 年 11 月出生于一个贫农家庭。原名路伟良，参加革命后曾改名为卢伟良、陆子明、李家元、杨江等。杨江同志自幼好学，1932 年考入广西省立师范专科学校，在校长进步人士杨东莼、教师地下党员薛暮桥等的影响下从事革命活动，是该校“反法西斯同盟”的活动分子和学生领袖。1936 年 6 月在南宁加入中国共产党，走上了献身于无产阶级革命事业的光辉道路。

1936 年，党组织派他到桂林师范、全州中学等学校搞地下工作。1938 年调南昌新四军办事处工作，后又转移到四川、广西，又由广西转移到香港（华南）分局。

1947 年秋，杨江被派到广东从化、增城、四水一带开展武装斗争，在杨德华（杨萍）的领导下，争取了李济深所属的保警队 600 余人枪起义。随后又调到香港，参加香港（华南）分局举办的游击干部训练班学习，总结交流华南地区开展武装斗争和建党、建政、建立根据地的经验。

1947 年，我军从战略防御转入战略进攻的阶段，香港（华南）分局书记方方曾考虑建立以云南省罗平县为中心的滇桂黔三省边区革命根据地的战略措施。恰在此时，云南省建民中学校长进步人士刘宝煊和教导主任方仲伯（地下党员，原与南方局直接联系）两人于 1948 年 1 月到香港找到方方，要求派干部到云南领导武装斗争。经方方同意，决定成立云南工作小组，以杨江为组长，成员有罗培元（解放后任广州市政协主席）、杨明（解放后任广西省科委主任），来云南了解情况，研究在什么地方发动武装斗争，以及如何在三省边区建立根据地的问题。杨德华（杨萍）也参加研究。

1948 年 2 月，杨江和杨明两人先到达昆明，见到刘宝煊、方仲伯，并先后到昆明建水、石屏、元江等地调查，认为云南确有组织武装斗争的工作基础，即派罗培元回香港向方方汇报，并提出建议。经方方研究后，于 5 月派桂滇边工委郑敦来到昆明与省工委书记郑伯克协商，确定将滇越铁路以东、滇黔公路以南的滇东南地区划归桂滇边工委领导。云南境内朱家壁、何现龙、张子斋、祁山领导的云南人民讨蒋自救军第一纵队（“一支人民的军队”），与庄田、周楠领导的桂滇边武装合并，并协商决定派杨江到云南罗平地区工作。

这是杨江同志由香港到云南罗平工作的经过。我是1947年2月经省工委决定来罗平准备武装斗争的。1948年6月，杨江由昆明到罗平钟山乡根据地，向我传达省工委郑伯克的决定，罗平地区武装编为云南人民讨蒋自救军第2支队，杨江负责军事，我为政委。接着9月份桂滇边工委杨萍（杨德华）又经昆明省工委书记郑伯克的介绍来到罗平钟山乡，决定成立罗盘地委，属桂滇边工委领导。刘清为地委书记，杨江为副书记，任务是开展武装斗争，立足云南（指定为罗平、师宗、平彝3县）主要是向贵州境内及广西毗邻地区发展。至于地委成员，经杨萍、杨江和我共同研究，确定朱希敏、王纲正、张连琛、甘东、杨汝林等5人为地委委员。

罗盘区的反蒋武装斗争经历了3个阶段：一是云南省工委领导的，1947年10月和1948年2月罗平钟山乡两次拉起武装，迫使进入钟山乡的国民党军队撤退，1948年4月罗平武装公开起义，正式命名为讨蒋自救军第2支队，至9月成立罗盘地委时止。二是1948年9月成立罗盘地委时起至1949年7月，属桂滇边工委领导。实际上边工委尚在中越边境鞭长莫及，罗盘地委仍然与云南省工委保持着组织联系，在干部、物资、情报等各方面得到了省工委的支持。直到1949年1月1日中央军委公布成立中国人民解放军桂滇黔边纵，1月28日，边纵司令员庄田率司令部来到罗平，桂滇边工委前委（书记庄田）直接领导着罗盘地委，罗盘区讨蒋自救军2支队改编为边纵第3支队（罗盘支队）。三是1949年7月邱北阿猛会议上，根据上级指示撤销桂滇边工委与云南省工委，成立滇桂黔边区党委，所属武装统一改编为滇桂黔边纵。罗盘区武装改称为滇桂黔边纵第3支队（罗盘支队），直到1950年2月罗盘地委撤销和部队整编。

自1948年6月杨江同志来到罗平，到罗盘地委撤销，我与杨江同志相处不到两年，时间虽不算长，但这是革命斗争情况极为复杂、紧张的一段时期。我非常高兴能与杨江这样一位有经验、有水平、非常老练的同志合作共事，坚持与发展了罗盘区的武装斗争。

杨江同志是一个深为罗盘区广大军民所爱戴的领导干部。他思想水平高，经过长期的斗争锻炼，重视调查研究，考虑问题能从实际情况出发。如对待罗平统战对象张天禄的问题，他坚持又团结又斗争的原则；提出要发展党绝对领导的武装，要像钟山乡的武装那样，使罗盘区的武装斗争能按照党的路线方针向前发展。又如在1948年秋打退敌军第三次进攻之后，罗盘地委采取灵活的斗争策略，以有利于发展我们的武装斗争为原则，正确地解决对待国民党罗平县长赵发笔的问题，等等。

杨江同志长期带领部队行动，处处以身作则，吃苦在前，在关键时刻身先士卒，置个人生死于度外。如1949年4月在平彝黄泥河战斗中，两名机枪手阵亡，杨江亲自拿起机枪，向敌军扫射，掩护我军突围。杨江同志能和群众打成一片，善于做思想工作，对青年能循循善诱，耐心教育，干部战士都愿和他谈话交心，使许多人受到教益，并结成深厚的战斗友谊。

解放后，罗盘地委撤销，杨江由新的云南省委调到文山地区任地委书记兼边防区政委、司令员；1951年10月又调到武定任地委书记兼军分区政委。1952年10月和我同时调到北京，我到第二机械工业部工作，他到第一机械工业部任劳资司副司长、司长。1957年10月又调到广西桂林任广西师范学院党委书记。1991年5月因患脑血栓不幸逝世。

1952年至1957年我们都在北京工作，经常见面。1957年他调到桂林，我们仍不断通信问好。“文化大革命”期间，听说他遭到迫害，但他始终坚持了一个共产党员的党性原则，进行了抵制和斗争；1983年以后由于我们都参加编写党史和落实政策平反冤假错案的工作，多次在一起开会[①]。回顾我们在一起研究历史情况，学习十一届三中全会以来党中央制定的路线、方针、政策，总结历史经验教训，我们都深受鼓舞。杨江同志虽然离开了我们，但他的那种诚挚热情的革命形象，我们是不会忘记的。

这本回忆录《杨江与罗盘区》的作者伍方同志，是解放战争时期罗平县委委

---

① 小肃注：1988年12月20—24日，滇桂黔边纵党史会议在桂林召开。适逢父亲因中风在南宁住院，母亲则在云南留医，俩老均无法参加我的婚礼。24日婚礼之夜，刘清、王秉鋆、王纲正叔叔和赛正坤阿姨亲赴新房为我们祝福，并题词勉励，词曰：“幸福来自互助互学、互信互让。”老前辈们的情谊，至今难忘，谨记于此。

员，边纵21团政治处主任。解放后任陕西省宝鸡市委宣传部长。伍方是同杨江同志共同战斗过的战友。他写的这个回忆录，只限于杨江在边纵罗盘区武装斗争时期的事迹，虽然这只是他一生中短短的一段，但也是不平凡的一段。出版《杨江与罗盘区》是当时的战友们对他的怀念，对读者、对后人也有垂范意义。

刘清[①] 1999年10月

① 原注：刘清，解放前中共云南省工委委员，滇桂黔边区党委执行委员兼罗盘地委书记、支队政委。解放后云南省委组织部干部科(处)长，宜良地委书记；国务院二机部基建局副局长，一机部局长；外贸部中国机械进出口公司总经理，六机部副部长，1988年离休。

五十多年前，杨江同志受中共中央香港分局的派遣，跋山涉水，历尽艰险来到云南，经云南省工委派到罗平参加领导反蒋武装斗争。他和先到的云南省工委委员刘清携手并肩，和罗盘地委成员，广大干部群众共同努力，创建了罗盘区革命根据地，为罗盘地区，为滇桂黔边区的解放事业奉献出自己的聪明才智。他和广大干部群众、部队指战员亲密无间。1991 年 5 月 2 日，他 80 岁高龄时在广西桂林逝世。他生前的音容笑貌，将才风度和对同志们的亲切教诲，至今仍萦绕在同志们的脑际，不能忘怀。

一、香港分局派人来　神秘“医生”到钟山

1948 年 6 月 11 日，罗平钟山乡风和日丽，雨后的群山苍翠欲滴。中午，钟山乡地下党的负责人牵着一匹驮马，带来了一位游医一样的人，径直走进清水河小学校的院内。原来，那年 4 月间在云南省工委委员刘清领导下，罗平东南路人民举行了反蒋武装起义，配合朱家壁率领的主力打退了敌人的两次进攻。6 月，利用战斗间隙，在这里举办游击队和地方干部的训练班。来人中等身材，着一身黑色对襟粗布短服，举止沉稳，黝黑的脸膛上有几道深深的皱纹，目光敏锐而温和，操着一口浓重的广西口音。他与刘清见面后，刘清向大家介绍说：“这就是新来的杨医生。”不久，大家才逐渐知道他是中共中央香港分局派来的杨江同志。他来时，传达了云南省工委把罗平地区游击武装命名为“云南人民讨蒋自救军第二支队”，杨江负责军事指挥的决定。虽然已经知道他是新来的领导同志，但由于他平易近人，和蔼可亲，不几天同志们就给他取了“广杨”这个外号，直到后来他担任云南人民讨蒋自救军二支队司令员和罗盘区指挥部司令员之后，同志们仍然亲切地这样叫他。他在给同志们写信和写条子时，有时也署名“广杨”。

当天下午，杨江便请干训班学员张明金带路，到鲁邑村对面的营盘坡察看地形，询问长底河对岸贵州方向的情况。

杨江到罗平前，有着一段不寻常的经历。在解放战争由战略防御转入战略进攻的关键时刻，1948 年 1 月，云南有两位被云南国民党当局通缉的人，滇南建民中学教导主任方仲伯（延安抗大学习时入党，组织关系一直由中共中央南

方局直接领导)和建民中学校长刘宝煊,辗转到香港中共香港分局汇报,要求派人来云南领导搞武装斗争。

分局经过研究,决定组织一个由杨江为组长、罗培元为副组长、杨明为成员的三人云南工作小组到云南。

临行前的一个晚上,由杨德华同志(即杨萍,后为中共桂滇边工委委员,桂滇黔边纵政治部主任)带领他们三人到香港分局书记方方家里接受任务。方方同志指出:中国人民解放军由于战略进攻的胜利,国民党反动派一定会撤退到云南、贵州,作为最后挣扎的基地。因此,我们必须建立滇桂黔三省边区革命根据地,积极发展人民武装,迎接南下解放大军,打倒蒋介石,解放全中国。方方进一步指出:为什么要到罗平呢?因为罗平地处三省交界地区,反动势力比较薄弱,这对革命力量的发展是一个有利条件。我们在那里建立革命武装后,敌人一定要来压我们,我们可以充分利用罗平地处三省边界的好条件同敌人周旋。这里回旋余地很大,对我们非常有利,你们在罗平站住了脚,再向广西、贵州发展。

1948年2月,杨江和杨明先到了昆明。在昆明停留了一个月,先向方仲伯、刘宝煊了解滇南和全省及昆明革命力量发展情况,接着到昆明建民中学总校、建水建民中学分校,以及石屏、元江等地,经过两个月的深入调查,杨江同志对云南的革命形势,地下党的发展壮大,有了比较全面实际的认识,认为云南革命斗争形势已处于箭在弦上之势。此时,罗培元也由香港到了昆明,杨江对罗培元说:我来云南这两个月,从侧面了解到云南地下党力量很大,工作很有成绩,你是否回香港去向方方同志汇报,把我们的组织关系转到云南地下党来,以便与云南地下党结合,一齐搞武装斗争。罗培元完全同意这个意见,便立即乘飞机回香港向方方汇报,方方同志听后,很同意杨江同志的意见,当即派桂滇边工委常委郑敦(后为边纵副政委)来昆明,与云南省工委接上关系,把杨江的组织关系交给云南省工委,并传达了香港分局(后华南分局)的指示。郑敦对杨江说:"你到罗平去,我去蹲部队。"之后郑就随朱家壁领导的部队到越南河阳去了。杨江和云南省工委书记郑伯克见了面,郑马上介绍杨江到罗平钟山乡找省工委委员刘清协助开展工作。

杨江在罗平耳闻目睹了这里的工作情况后，深有感慨地对一些同志说："在来之前，由于对罗平的情况很不了解，准备来后扮成一个游医、货郎，走乡串村，联系群众，等站稳脚跟后再开展武装斗争。哪知来后一看，大大出乎我的意料。云南的形势这么好，滇东南和罗平已经轰轰烈烈地干起来了。罗平的党组织和群众基础很好；这里战略地位重要，我们可以在此放手大干一番，建立一块革命根据地。"后来云南、罗平的革命形势发展，充分证明杨江同志能从实际出发，实事求是地执行香港分局的指示。

杨江同志能做到这一点，是与他在长期的革命斗争中，刻苦学习马列主义、毛泽东思想分不开的。杨江同志 1911 年出生于广西融县（今融水苗族自治县）古鼎村一个贫农的家庭，原名路伟良，又名陆子明。自幼勤奋好学，最初就读于融县小学，毕业后到苗山冲当小学教员，1932 年考入广西省师范专科学校，该校的校长、教导主任是进步人士，教员中有中共地下党员、著名的经济学家薛暮桥等，是广西有名的三大进步学校之一。学生中有中共地下党的组织。杨江在这里受到革命思想的熏陶，积极投身革命，成为该校"反法西斯同盟"的活跃分子和学生领袖。1936 年 6 月，经郭英布同志介绍，在南宁秘密加入中国共产党，到 1947 年的十余年间，他在桂林师范、全州中学以教师、校长身份为掩护，团结广大教职工和学生轰轰烈烈地开展了抗日救亡运动和后来的反内战、反独裁的民主运动。1947 年国民党全面发动内战，在蒋管区到处制造白色恐怖，杨江奉广西地下党之命，转移到四川重庆乡建学院教。该院教导主任叶德光是老地下党员，校长是进步归国华侨，师生中建有党的秘密组织和外围组织。6 月，学校在参加"反饥饿、反内战、反迫害"运动中，叶德光和部分师生被捕，杨江领导全校师生罢课抗议，组织被捕的师生家属成立"救援师生委员会"，并通过社会关系，营救出全部被捕师生。后来，杨江的活动引起国民党特务注意，广西省工委书记钱兴通知他返回广西，再转移香港，由香港分局书记方方同志分配工作。1947 年秋，杨江被派到广东从化、增城、四水一带开展武装斗争。他在杨德华领导下，争取了李济深下属三个保警中队 600 人枪起义。随后，党组织又通知他返回香港，参加香港分局举办的游击干部训练班学习军事，总结交流华南地区一年来武装斗争以及建党、建政、建立农村革命根据地的经验。在这十余年的地下工作和武装斗争中，杨江刻苦学习马列主义、毛泽东思想，在武装斗争的实践中学习和掌握了毛主席人民战争和人民军队的理论，成为一位文武兼备的领导干部。

杨江同志带到罗平钟山乡的一马驮药品是他在昆明时，经地下组织介绍找到在昆华医院做地下工作的吴世华协助购买的。他带着这些药品，以农村医生的身份来罗平，没有走宜良或曲靖这两条大道，而是绕道从平彝县（今富源县）沿滇黔边界的小路，经黄泥河来到钟山乡，避开了沿途国民党统治下的县城、关卡军警的盘查，这也表现了他的机智和具有丰富的地下斗争经验。

杨江一到钟山乡，就向刘清同志传达了省工委郑伯克同志的指示：罗平反蒋起义武装可组成云南人民讨蒋自救军第二支队（朱家壁所率主力为第一纵队），由张天禄任司令员，杨江任副司令员，刘清任政治委员。对这件事，经党组织研究，决定不马上公布，原因是党的统战对象、板桥大队的大队长张天禄，已经接受国民党县长冯颐生的要求，要进城当"城防大队长"，张是怎么想的，需要搞清楚，这是一个严重问题，党组织认为这是国民党反动派的一个罪恶阴谋。当时人民武装打退了敌人对罗平的第二次进攻，朱家壁所部渡盘江南下以后，在盘江北岸还有陆良的杨守骂、杨体元反蒋武装和罗平人民的反蒋武装，这两支反蒋武装成了敌人的心腹之患，敌人必欲除之而后快。但敌人力量有限，不能同时向两地下手，因而采取先稳住罗平这一头，集中力量先消灭陆良那一头，转过头来再消灭罗平这一头的狡诈计划。但要稳住罗平这一头，国民党又感到没有力量，便利用张天禄对"和平"抱有幻想的弱点，拉张进城去为他们当城防大队长，借以稳住他们那摇摇欲坠的反动统治。这种一箭双雕的阴谋，既可以对我陆良、罗平两地人民武装各个击破，又可以分化我党在罗平的反蒋统一战线，所以党组织不赞成张天禄进城。但当时张天禄没有识破敌人的这一诡计。认为可以进城，等朱家壁回来再干。决心进城当"城防大队长"。

在此情况下，党组织为了弄清情况，了解张的想法，杨江同刘清商量后，由他带着宋光，专程由钟山乡清水河来到板桥张天禄家，代表党组织同张天禄会谈，向张讲明形势，揭穿敌人的阴谋，希望他不要上当。同时，向他转达了云南省工委关于罗平武装编为"云南人民讨蒋自救军二支队"的决定，希望他领着大家搞反蒋武装斗争。杨江还表示，在军事上愿意协助他工作。但张天禄主意已定，不听劝告。杨江返回钟山乡，与刘清研究后认为，张天禄还不能完全接受党的领导，不能宣布张为讨蒋自救军二支队司令员。后来，二支队正式成立时，宣布杨江任司令员。杨江当时表示，我们要坚决发动群众，在各地组织起党绝对领导的人民武装，像钟山乡（的部队）那样。这是杨江经过调查研究后提出由党组织作出的重要决策。

二、文武兼备、智勇双全的司令员

杨江同志到了钟山乡时，罗平刚经过第二次反“扫荡”，钟山乡组织了一个大队，由任学源同志带领，随朱家壁的主力部队已经渡盘江南下赴越南河阳。为总结经验，认清形势，统一思想，刘清同志集中了骨干力量，利用战斗间隙，在清水河开办军政干部的训练班。杨江同志的到来，使刘清同志喜出望外，从此两位领导同甘共苦，亲密无间，并肩战斗。杨江一到，就参加了训练干部的工作。

他在训练班上第一次上课，主要讲了三个方面的问题：一是训练干部就要使大家对当前的大好形势有个正确的认识；二是要放手发动群众起来大搞武装斗争；第三，武装斗争主要靠什么？要靠人民，主要靠党的领导。一切武装斗争必须由党来领导，只有党领导才能取得革命斗争的胜利；必须克服一切离开党的领导的错误倾向，一切工作必须按照党的政策去做，有党的政策才能有正确的道路和方向。

对于形势问题，杨江同志说：“当前主要是要使党内外对形势有个正确的认识。中国人民解放军已进入战略进攻，打倒蒋介石，解放全中国的光荣任务，已经向全国人民提出来了。认识这样一个伟大的形势，信心就会十分坚定。现在，罗平有的人说，朱家壁已经走了，武装斗争现在不能搞，要等到刘、邓过江了才能搞，这就是信心不足的表现。”在训练班以后的多次讲课中，杨江还给学员们讲了《毛泽东的十大军事原则》、《游击战争的性质、特点及指挥》、《军队政治工作》等课程，他语言生动，理论联系实际，深入浅出，深受大家欢迎。大家逐渐认识到新来的“广杨”是一位既懂军事，又谙熟政治，有丰富斗争经验的领导同志。

正值钟山乡干训班第一期结束，第二期刚开始的时候，不出党组织所料，敌人发动了对陆良反蒋武装的进攻，接着又对罗平发动第三次进攻。张天禄进城当城防大队长后，敌人认为罗平稳住了，于是集中兵力于7月下旬进攻陆良。杨体元、杨守笃率部队先后转移到钟山乡，敌26军四个营及一个保安团，接着尾追进攻罗平。这个事实给张天禄一个很大的教训，证明对张天禄说的罗平国民党县长冯颐生“只要你进城当城防大队长，我保证军队不来罗平”是彻头彻尾的谎言。在敌军即将到达罗平城前夕，张天禄及进城部队不得不仓促撤回板桥。

陆良的杨体元、杨守笃所部到钟山乡后，与刘清、杨江商议决定统一两县人民武装的行动：陆良部队北上罗平北路、雳益、宣威等地，以分散敌人力量；正面由板桥武装负责，钟山乡武装则向南与皇甫侠所率龙岗、八达人民武装会合并转到敌后，相机进攻罗平县城或师宗。商定之后，陆良部队即按计划北上。刘清、杨江通知板桥部队负责人来钟山乡商讨具体行动，但未见人来，以至未得商讨机会，而敌人则已向板桥开来。板桥武装一面上前迎敌，一面派人催促钟山乡部队增援。因时间紧迫，为照顾两乡人民武装的团结，只好临时改变作战计划，决定钟山乡部队增援板桥。于是，钟山乡连夜通知各村集中部队，同时把训练班的学员，包括由昆明下乡参加革命的学生也每人发了一支枪编入钟山乡部队，立即出发开赴板桥。

这时，杨江同志在队伍集合整队前，对这部分从来没有打过仗的学员专门作了战前动员。他说：大家一定要沉着，不要怕，打仗没有什么了不起，打上一两回就有经验了。听到对方的枪响了，不必惊慌，敌人打枪是骇人的，他并不都是瞄准了才放枪的。你们不要一听枪响，就认为敌人的子弹颗颗都朝着你的脑袋上飞来，没有那么一回事。大家听后情绪稳定，跟着队伍出发。

那是8月6日的下午，钟山乡部队四个中队由杨江、刘清亲自率领进到折都海子，但没有与板桥大队联系上。天慢慢黑下来，又下着滂沱大雨，中队只好转移到龙上天驻防。凌晨，在杨江指挥下与敌在龙上天，经过约6小时的战斗，毙伤敌军10余名，我伤亡4人，主动撤出战斗，集结于阿力本块高山地带。敌军进入钟山乡，在狗街、清水河一带烧了乡政府和民房几十间。

杨江鉴于钟山武装是刚集中起来的农民队伍，缺乏训练，缺乏实战经验，便利用战斗间隙带着钟山乡部队实地练习行军、宿营、放哨，讲解作战经验。每到一地，现场讲解如何利用地形地物，隐蔽自己，杀伤敌人。他讲："土堆、岩石、大树后面都是很好的掩蔽物，找好位置以后，不要正面对着敌人，要侧着身子，以减少杀伤面。……我们的子弹太少，一定要瞄准敌人才开枪，对正在向你跑来的敌人时，要瞄准他的脚，对背着你逃跑的敌人，要瞄准他的头。"他还告诉大家："夜行军经过村子时，一定要行动轻巧，注意不要弄出响声，不要使狗叫。有经验的敌人，他们可以根据狗叫时间的长短，来判断你这支队伍大约有多少人。"他讲的很多，很具体，甚至连夜行军走路要注意的细节都讲到了，使大家增长了许多军事知识。

他又安排腿部生疮行动不便的宋光、女同志杨烈和张世纬三人为一个小组，宋光为组长，把不宜参加部队行军作战才从昆明下来的几个学生及当地参军的十多名年幼学生组成小分队，到后方联系群众。杨江告诉他们，每到一地要与当地地下党组织联系，依靠和发动群众，组织民兵站岗放哨，探听敌情，动员群众空室清野，防御小股敌人窜犯袭扰。要求他们不能固定在一个村，要经常转移，有时要夜行军转移，白天蹲密林山头。

一天上午，他们来到一个村寨，准备做饭吃。进村一看，全村没有一个人，遍地鸡毛、血迹、残余饭菜一片狼藉，很明显是敌人刚来骚扰过。他们立即派出岗哨寻探。这时，从山上下来的一位农民告诉他们，有几十个敌军进村抢掠财物，大吃一顿后刚走，村里早有准备，群众都上山隐蔽去了。要他们迅速离开，并指引转移方向，使他们这支徒手的小分队，避免与敌遭遇。经过几天的行军转移，使大家受到了锻炼。

在南面，按原计划向敌后出击的皇甫侠大队在罗平、师宗交界的沙锅寨全歼敌军一个搜索连后，敌军不敢在罗平久留，被迫撤出钟山、板桥，接着又撤出罗平，我们取得第三次反围剿的胜利。

刘清、杨江为总结第三次反"围剿"的经验教训，统一干部的思想认识，决定在鲁邑村驻地张明良家集中全县主要干部30余人（包括平彝、师宗主要领导干部)进行整风学习。在会议期间,除学习了毛主席《目前形势和我们的任务》等文件外,围绕刘清同志起草的《敌军第三次进攻的总结》展开讨论,认识到这次斗争,从总体上看敌人是失败的,我们是胜利的,虽然在局部我们也有失利。

杨江在《怎样搞武装斗争》、《对民变武装如何领导》两次讲话中,他突出讲要坚定必胜的信心,放手发动群众,坚持武装斗争,建立起一支党能绝对领导的革命武装的问题。他说:这是我们的起家本领之一,正如毛主席讲过的"革命与革命战争从无到有,从小到大,从发生到发展,从无政权到夺取政权,由没有红军到创造红军,从没有苏区到创建苏区"。对民变武装的领导问题,他说:民变武装是由于蒋匪的"三征",征兵、征粮、征税及贪污榨取,使人民无法生活下去而举行反抗起义。而在共产党领导下举行的武装起义……一经组织,就要高举反对国民党、蒋介石的旗帜,才能鼓舞和团结人民,壮大人民军队。这支军队必须紧紧依靠人民,不能单纯靠枪杆子,要始终与人民保持鱼与水的关系。他强调对民变武装要敢于去领导,要派有斗争经验的干部主动去领导。要按人民军队的标准去改造他们。要坚持党指挥枪的原则,必须反对军阀主义作风,反对认为有枪杆子就能够打江山的单纯军事路线思想,反对流寇主义作风。

杨江说,人民武装在敌强我弱的情况下,必纳采取游击战争的机动灵活的战略战术。在战略上基本是进攻的,但不放弃必要的防御和退却。要承认敌强我弱的客观事实,不能和敌人硬拼,要保持和不断发展自己的力量,对付敌人的围剿和进攻,要择其弱点,集中优势兵力打击敌一路,跟着打第二路、第三路。这是中央苏区五次反"围剿"的经验;不能打敌一路时,可进入敌人侧后,打击敌人力量空虚、软弱之处,或在敌人撤退时打击之;当敌人力量过于强大时,可以分散活动或化整为零,但必须有健全的组织和坚强的领导。他强调"最根本的是建立农村革命根据地"。

关于建立和加强部队的思想政治工作。杨江说,要建立部队的民主制度和士兵组织。加强对干部战士的思想教育,提高他们的政治觉悟;团结全军成为一个人,做到思想一致、行动一致;严格执行"三大纪律,八项注意";在战争中学会战争,在斗争中大量培养、教育干部;由班开始建立士兵的各级组织;建立各种民主制度。

关于如何解决部队的供应来源问题，杨江说，没收国民党反动政府的财产，没收人民痛恨的恶霸的财产；建立根据地后开展一般的税收，但要比国民党反动政府（的税）少一半；到达一个地区以后与地主协商筹借军粮；开展募捐活动；开展贸易筹集军费，但必须是由党性很强的人秘密进行；必要时把反动军政头目的亲属控制起来，令其以钱粮来赎取；在敌人财产、粮食转移途中夺取之。

杨江同志从革命军队的建军原则、战略战术、部队思想政治工作、部队供应各方面作了全面的讲解。

这次整风学习，提高了大家的政治思想觉悟和政策水平，坚定了依靠党和人民力量，坚持武装斗争的信心，清除了有的干部单纯依赖上层统战人士搞武装斗争的右倾思想。认识到必须在深入发动群众的基础上，建立以党员和农村积极分子为骨干的党能绝对领导的主力部队。学习结束，党组织全面调整部署了干部力量，主要干部分配到罗平东、南、北三路各乡镇和平彝十八连山区、师宗等地，深入农村，发动群众，建立农会和各种群众组织，开展减租减息，开创了扩军备战的新局面。

经过全区各级党组织和人民群众的艰苦努力，武装力量不仅在罗平，而且在平彝、师宗以及贵州境内有了很大发展，建立了二支队主力、地方游击团队和广大民兵的三级武装体制，并置于党的绝对领导之下。

杨江同志后来说："我们在武装斗争中有步骤地建立了三级武装制，在群众中有民兵，民兵之上有地方部队，最上层是主力团，我们组建了廿一团、廿二团、师宗独立团，平彝游击团也组织起来了。为什么要搞三级制？因为群众要有武装，群众没有武装保卫不行，群众还要有民兵，妇女会、儿童团才好活动。大的反动势力来侵犯，地方部队可以把它干掉，再大的反动武装来，有主力团去应付，主力团还可以打出去。这样我们就比较自由了。建立三级武装以后，根据地就自由得多了。我们扩大了游击区。游击区能够逐步建立三级武装，游击区也慢慢变成根据地，根据地也就扩大了。"

鲁邑整风会议结束不久，桂滇边工委委员杨萍（杨德华）和云南省工委联系后，于9月份到达罗平，成立了中共罗盘地委，刘清为书记，杨江为副书记。作为地委副书记和支队司令员的杨江同志，为贯彻会议精神，全力投入建军、整军、备战工作。1948年底，罗盘地委决定成立二支队机动主力“小二支队”（团级），辖从钟山大队900余人中抽调600人组成的第一、二、三大队；罗平、平彝交界处的大小吉白、牛角板等地武装100余人组成的第六大队；板桥镇、金鸡、九龙、开平三个乡武装各一部组成的100余人的第八大队，加上直属队，近1000人。由杨江同志兼任支队长，刘清兼政委。从此，杨江同志就亲率这支部队转战罗平的东、北路、平彝十八连山区和滇黔两省交界的广大地区，在扫清恶霸和国民党地方反动武装中，培养、锻炼和发展了这支部队。给敌人以强有力的打击。

1949年1月13日，敌26军579团两个营进占解放不久的罗平县城，另两营在师宗策应。这是敌人对罗平的第四次进攻。罗盘地委调集讨蒋自救军二支队的部分武装（包括小二支队、皇甫侠大队整编成的独立支队、板桥、金鸡等大队）2000余人，将敌围困于县城内。为扩大战果，杨江率小二支队及九龙大队挺进罗平北路，首先打击块泽乡恶霸乡长申成勋，缴获步枪62支，手枪15支，子弹1000余发，打死狗腿子一人。接着，攻打桃园乡法本村坚决与我为敌的号称罗平“北路诸侯”的念君阶，缴获长短枪40余支，骡马4匹和其他物资，活捉并处决了念君阶，给罗平北路的反动势力以沉重打击。广大群众踊跃参军，部队得到扩大发展。随后回师九龙乡，加强围城的我军力量，防止敌军北上。1949年2月初，杨江又率小二支队进驻摩龙乡和富乐镇。

在罗平北路活动的一个多月中，在当地党组织和地方部队的配合下，摧毁了北路的反动势力，组建了600余人的北区主力大队，为北区的解放奠定了基础。接着，杨江率小二支队挺进平彝县南部，进入十八连山区，乘胜袭击者米大恶霸龙振江，毙敌3人，缴获骡马28匹，银元1000元和其他物资，龙闻风逃走。小二支队在十八连山区广泛发动群众，打击瓦解反动恶霸势力，摧毁保甲政权，解放了敬五乡、兴旺乡、平黄镇。部队在雨旺整训时，争取小腊甲大地主陈均保持中立，交出步枪9枝，卡宾枪2支，手枪1支。春节前回到罗平，又参加围攻罗平城敌军的战斗，从松毛山方向夜袭罗平城。久困之敌，被迫于2月14日夜突围逃往师宗。

打退敌人对罗平的第四次进攻后，为策应黔西南反蒋武装斗争，杨江再率小二支队，由板桥沿滇黔边界，进军兴义县西部，4 月 3 日进至滇黔交界的江底时，在钟山乡地下党工作的基础上，争取贵州兴仁专署保警大队第 4 中队 50 余人携轻机枪一挺，步、手枪 54 支起义。杨江对起义部队给予高度赞扬和鼓励。接着杨江率部进入贵州兴义，攻克佳克乡敌人军事据点，缴获手榴弹 100 多箱，再深入乌沙、革理一带，威震兴义反动派。4 月 12 日小二支队经枫唐乡红板桥进驻平彝边境的平黄镇，同时到达平黄镇的还有十八连山区主力团，与贵州保安团隔河对峙。

12 日下午 5 时到达平黄镇后，还未吃饭，杨江就带领三个大队的大队长上右侧的大山上，探察敌人是否在威舍寨子，并察看地形。13 日上午，贵州保安团佯装后撤。经侦察敌确已后撤，乃通知一部分部队可以休息洗衣，有的下河洗澡。敌人经增援补充后，下午 4 时突然向我袭击。枪响后，杨江跑步到三大队队部，命令大队长宋光紧急集合部队，跑步抢占五里坡制高点。宋光立刻命通讯员董文立跑步通知三个中队，紧急集合上了五里坡。杨江指挥一大队、二大队阻击，一大队战斗激烈，轻机枪发射管都打红了。下午五时，我东、南、北三方面的警戒阵地相继失守，东面之敌向镇区逼近，北面之敌一部向西包抄，形成包围圈，企图将我两支部队消灭于平黄镇，形势十分紧急。

杨江镇定自若，指挥小二支队出西门向西撤至罗戈村集结，指挥十八连山区主力团出南门向以更者转移。二支队三大队到达五里坡一高地时，与由北面向西包抄过来的敌人遭遇，展开殊死的战斗。此高地地势险要，若为我固守，则可以控制敌人包围圈的形成，掩护部队撤离；如果失守，全军就有覆没的危险。因此高地成为敌我双方拼死争夺的焦点，一场恶战在此展开。敌人以猛烈的炮火向我轰击，步兵发起一次次冲锋。杨江司令员指挥着二个机枪班向敌射击，自己用小卡宾枪向敌人射击。战斗异常激烈。当机枪射手中弹牺牲后，杨江急令副射手冲过去接替，副射手立即滚过去打响机枪，不到十分钟，副射手又中弹身亡。在这千钧一发之际，杨江置生死于度外，从指挥位置跳入机枪阵地，托起已停顿一时的机枪，向敌人猛烈扫射，打退敌人的多次冲锋，保住了阵地，制止敌包围圈的形成，掩护部队安全撤离。天黑，敌人停止追击。杨江集合部队，检查伤亡、掉队情况，并作了简短讲话。他表扬一大队阻击战打得坚决，保证了部队撤退，减少了伤亡。鼓励全体干部战士振作精神，总结这次战斗的经验教训。战后，大家异口同声赞扬杨江同志是一位足智多谋的指挥员，又是一位临危不惧、动作娴熟、英勇善战的机枪手。

1949年2月14日，被围困在罗平县城的敌军弃城逃跑后，罗平全境解放。师宗县城也相继解放，平彝南部广大农村解放，贵州方面斗争形势发展很快。杨江、刘清运筹帷幄，领导全区工作，担子更重了。在桂滇黔边纵队司令部的主持下（司令部于1949年1月下旬来到罗平），小二支队改编为桂滇黔边纵队第三支队（罗盘支队）21团，独立支队改编为22团，以后又新建了24团，但三支队司令员的杨江仍在21团组建初期，经常深入团里，指挥重要战斗。

1949年5月，桂滇黔边纵队司令部和边纵一（开广）、二（弥泸）、三（罗盘）支队及罗平党政机关、群众团体7000余人在罗平县城举行会师大会，声威大震。国民党当局抽调驻滇中央军26军滇东南守备城市、交通线的兵力三个多团及贵州、广西六个保安团向罗盘区大举进攻，号称"三省会剿"，这是敌人对罗平的第五次进攻。纵队部率一、二支队转移开广、弥泸区牵制敌人，三支队（罗盘支队）3000余人坚持内线作战。在杨江、刘清指挥下主动撤出县城和板桥镇，地专机关和县级各机关转移龙岗、八达两乡的深山密林山寨中分散活动，各区乡村寨实行空室清野。杨江亲自指挥21团在张口洞一线阻击杀伤敌人，挫其锐气；指挥22团利用洒背笼的险要地形设伏；布置全县各区、乡民兵到处袭扰敌人。

当时，我（伍方）任第三区（钟山、龙岗、八达三乡）区委书记，6月11日傍晚，我率区中队20余人撤离小鸡登到达黄泥河边的鲁布格山寨。不久，杨江率指挥部精干人员也到达这里。当时，他向在场的县委副书记李一凡和我们精辟地分析了敌我态势和我反"扫荡"的部署。他说："敌人这次号称三省会剿，但广西、贵州只摆出进攻的架势，实际上按兵不动，云南26军临时抽调来的三个团，兵力有限，后方空虚；敌人这次进攻与往次不同，沿途没有分兵固守关卡要点和交通线，这一是说明他怕分散兵力，被我各个歼灭；二是说明他没有长期驻剿的打算，准备打了就跑。敌人进入板桥扑空后，将分头进剿，兵力分散，给我造成各个歼敌的机会，我将利用东南路的险要地形和坚实的群众基础伏击杀伤敌人。现我边纵主力已跳出敌人的合击圈，威胁敌人后方城市、交通线；过去敌人对罗平的几次进攻都是吃了亏的。所以从各方面分析，敌人是不敢长期在此驻剿的。”他对我们区中队的任务和行动也明确指出：“你们的主要任务是掩护地、县机关的安全，掩护的最好方法不是退到后方，而是挺进龙岗乡的前沿和敌人打麻雀战，迷惑袭扰敌人，使其不敢深入我腹地。”大家听了他的讲话，思想豁然开朗，信心倍增。

第二天一早，我立即率区中队返回龙岗乡，第三天上午约10时左右到距洒背笼南十余里处，听到22团与敌激战的密集枪声，我们迅速向法甲海子奔去，看到敌军正以排、班为单位向洒背笼南丫口仰攻。我们以密林和峭石为掩护，向敌背后发起攻击，打几枪换一个地方。敌不知我虚实，被我迷惑牵制，有效地支援了22团正面的阻击作战。经一天激战，敌被大量杀伤，毙130余人，伤80余人，当晚撤回板桥，接着又撤出罗平、师宗。

对打退敌人第五次进攻，杨江向平彝县委和平彝游击团作了具体部署。1949年5月下旬，罗盘地委通知平彝县委：云南中央军(敌26军)配合贵州保安团，将对我罗盘区发动一次大规模“围剿”，其中包括平彝在内，你们要做好必要准备。杨江对主持平彝县委工作的肖青和苏晓柱作了具体的指示，其要点是：此次敌人围剿带有全局性，地委已作了布置，平彝属于小头，非中央军的主要目标，但也不能轻视。估计敌军对平彝的进攻，可能是借用中央军和保安团的力量，企图一举吃掉我平彝主力团，将龙镇江、安篙权、徐铭武乃至傅崇华几股地霸力量纠集一起，由他们几个恶霸占据十八连山区，恢复他们的反动统治。因此，敌人这次围剿同过去的进犯有所不同，你们要作充分准备。主力团不和中央军、保安团正面作战，在区内活动，使敌目标落空。估计中央军、保安团会进占老厂、雨旺，借此扩大政治影响，瓦解我军斗志，但敌人不可能长住。我对付的办法是动员群众坚壁清野，住进山洞，使敌人找不到人，找不到吃的，无计可施。地委已派杨雷同志到平彝工作，组成武工队，配合民兵，袭扰敌人，使其坐卧不安，迫其撤退。必要时利用统战人士出来组织两面政权。杨江着重指出，此次反围剿的关键在于，中央军、保安团不会长住，我主力团保持完好无损，敌军撤走，地霸起不来，使敌人以失败而告终。县委的任务是做好干部和军民的思想政治工作，讲明形势，分析利弊，使他们坚定信心，组织好坚壁清野，瓦解敌军的政治攻势，严密监控可疑分子，最后的胜利必将到来，消极悲观是没有根据的。

果然，敌中央军和保安团自6月5日开始，先后分批多路进入十八连山区，占据了余家老厂、雨旺，我方动员村民住进发冲槽子山洞，武工队频频出击袭扰敌军。历时二十多天，敌军奈何我不得，一无所获，撤出平彝；地霸也无力实现其复辟梦想，跟随保安团退回贵州，十八连山区又回到我方手里。正如杨江预言的那样，敌人的围剿以失败而告终。

杨江司令员在罗盘区一直战斗到大西南解放，罗盘区奉命撤销之后，这是他为革命彻底负责精神的体现。

1950年元旦，我进入贵州兴义的21团与先期进入兴义的兴义游击团、东进千里到广西百色迎接野战军二野四兵团入滇返回的22团2营，以及罗盘区中共兴安工委，在兴义城与二野四兵团14军会师。14军军长李成芳和杨江同志在会师大会上，作了热情洋溢的讲话。会师后，杨江和贵州兴仁地委书记李一非传达贵州、云南两省新省委、省军区的决定，将罗盘支队在贵州的部队21团、盘县游击团、兴义游击团、安龙游击团及其他在黔西南、黔西各地的游击武装和罗盘区在贵州工作的干部全部移交贵州省委和省军区。

3月，已宣布起义的原国民党272师师长余启佑、兴义县长蒋无识勾结恶霸何绍虞、刘范吾及兴仁地区各县地霸、土匪武装万余人叛乱，兴义县各乡镇叛匪杀害我征粮干部、战士。4月3日，兴义游击团和兴义县党政机关撤出兴义县城转移到罗平钟山乡，县城为叛匪所占。

这时，罗盘区已撤销，所属各县已分别划归云南、贵州和广西，杨江已接到调任云南文山边防区地委书记、边防区司令员兼政委的通知，正准备奔赴新的工作岗位。但他从强烈的革命责任感出发，听到兴义发生叛乱后，4月5日，急令在广西剿匪的罗盘区24团，由广西西林县马蚌星夜赶回钟山乡，并立即组织24团和兴义游击团打回兴义消灭叛匪，限期收复兴义县城。这件事表现了杨江同志大公无私的革命精神和坚强的党性。

4月8日，24团、兴义游击团在四兵团14军两个排的配合下，向兴义县城挺进。他们在扫清沿途和城郊的敌人后，9 日拂晓直奔叛匪司令刘范吾老巢，击溃叛匪 2000 多人，一举收复了下五屯；10 日凌晨，兴义游击团一连攻占县城制高点将台营。天亮后，三连指导员段涛（女，原名段元邦）、副连长程庆邦率全连，机炮连指导员王学书、副连长罗德芳率该一部前往将台营接防。叛匪为夺回将台营，命惯匪黄七部分三路向我阵地猛攻。三连和机炮连英勇奋战，以少胜多，坚守阵地 36 个小时，打退敌人的五次凶猛进攻；最后在 24 团一连的配合下，从侧面击溃匪军主力黄七部，收复了兴义县城。兴义游击团党委给一连、三连、机炮连全体指战员记了战功，给 32 名同志分别记了一、二、三等功。[1]

杨江同志接到战报后，异常高兴，以罗盘区指挥部的名义授予段涛战斗女英雄称号，并亲笔为指挥部书写了《战斗女英雄奖状》："你坚决执行党所交给你的任务，英勇地率领罗盘区人民的子弟兵，不屈不挠地战斗在祖国的田野上。你具有人民解放军英雄的优良品质，你是罗盘区第一个女干部，能坚决地在阵地上执行战斗纪律，罗盘区部队中一切女干部，将向你所走的方向，向你看齐！献给在兴义将台营坚守阵地、指挥作战的女英雄段元邦。"

三、坚持农村包围城市路线，发展和壮大罗盘区

杨江同志到罗平后，不论在训练班讲课，还是在各种会议的讲话中，或在与干部谈话时，都反复强调要坚决贯彻"建立农村革命根据地"的思想。

1948 年秋在鲁邑整风学习会议上，杨江同志为此作了题为《怎样搞武装斗争》、《对民变武装如何领导》、《关于农民运动》等报告。始终强调要发动群众组

---

① 1983 年我陪父亲去云南参加党史会议时，段涛阿姨曾给我讲过这个故事，特摘录一段于此：

"……连长张永吉负重伤昏死过去，我干脆自任连长指挥战斗。你想想，那是什么样的部队啊？有些纳西族的战士，讲话我们还不懂咧；有些光会摆弄火药枪，只打过山猪野鸡，还没真的往人身上放过枪呢——我也是这次战斗才开枪打过活人，虽然我记不得是不是打着人了，但是，打罢仗，我有三个晚上尽梦见一堆一堆的死人，打倒了又爬起来，打倒了又爬起来。天啰，那阵子我还没跟你伍方叔叔结婚咧……后来机枪手'小王八'又牺牲了，敌人眼看着就可以通过那片石头、灌木地带，直起身子向我们冲锋了。我一点念头也不得有，只觉得阵地丢不得。我抱起那挺沉沉的机枪，躲在一个石头背后，边喊边打，一直打到战斗结束。我似乎还命令过一个排长，绕到北面山包的背后，夺下那个对我们威胁最大的阵地——事后他们跟我讲，可我怎么也记不起来了，你瞧有意思不！"（杨小肃注）

织人民武装，开展武装斗争，建立农村革命根据地。

他在《怎样搞武装斗争》中讲："武装起义以后，要适当地准备回旋地区。暴动后，敌人一定要来进攻，不能固守一地、一城、一个山区，否则必定失败……事先要组织三个或三个以上的回旋地区，以便和敌人周旋，在回旋过程中锻炼发展自己队伍，要在每个回旋地区造成一个小胜利，以此来鼓舞部队和群众。对回旋地区各阶层的情况要作充分了解，该分化的分化，该团结的团结，该打击的打击，使一般地主中立起来，以便我们有充分的力量来对付正面的敌人。"他讲："应该扩大新的根据地，尤其在部队转移时注意扩大根据地。武装斗争必须不断地发动和扩大群众斗争，要有与群众共生死的思想来发动群众，到一个地区就要发动一个地区的群众，要有为群众利益奋斗到底的精神。反对军阀主义，反对流寇式的作风（不发动群众，不建立根据地），要选择山区与敌周旋。"

《对民变武装如何领导》讲话中，除对民变武装必须大胆地主动地去加以领导之外，他还讲道："以农村包围城市，这是毛主席的思想"，"先要做好各个村的工作，以包围、威胁敌人的乡镇；再进一步做好各乡镇的工作，以包围威胁县城，直至使敌人的县长也不得不变成两面派，表面上应付敌人，实际上为我服务。"他说："必须建立农村根据地，没有根据地就无法实现农村包围城市，也无法应付敌人。"如何建立农村根据地呢？杨江认为，关键是我们的部队要与人民建立起密不可分的鱼水关系："要对人民负责、与人民共生死同患难，我们的部队在敌人来进攻的时候也不能离开群众随便走开，否则会失去人民的信任。部队绝不能损害群众的利益。要发动改善人民生活的斗争，他们才会把我们看做是自己人。要不断地做好思想教育工作，广泛提高人民的觉悟，把他们组织起来，领导他们。教育锻炼人民的军事知识，如学会锄奸防奸，传递消息情报等等。"

经过鲁邑整风学习，统一了干部的思想认识，刘清、杨江立即组织在钟山乡搞减租减息试点，发动群众参军。派遣大批干部到罗平西北路，平彝十八连山区、师宗等地做广泛发动组织群众工作。

会议刚结束，杨江率领张明良、吴世渊同志秘密前往贵州兴义南部捧鲊、七舍，调查了解两地 1947 年发动反蒋武装暴动后的情况。

10 月，包谷收获的时节，杨江一个人从狗街子步行数十里到鲁布格中寨找着董文立同志(原钟山乡第一期干训班小鬼队学员)。当晚住在董文立家,和董文立的哥哥董文彩(时任第七保行政负责人、党的负责人)谈工作。第二天要董文彩派人给他带路去罗平南路找皇甫侠部队。董文彩和他的弟弟董文立带路。杨江身上有一支大拉八手枪,董文彩把他的十响手枪给董文立。第二天一早顺河而下,当晚住宿在半山上一户苗家。这家没有饭,是买包谷来烧吃的。第三天十点多钟到达一个有20多户人家的寨子,找到皇甫侠部队。他向皇甫侠了解情况,布置任务,午饭后仍沿着去的路回到董文立家,第四天一早他一人返回狗街。在两天的路上,他问董文立:"我们若遇到坏人,你怕不怕?"董答:"不怕。"杨江只笑了笑说:"到时你要听我指挥,叫你开枪你才开。"在路上,他不断了解情况,观察、熟悉地形。

敌人第三次进攻失败后,敌人又故伎重演,妄想分化罗平人民的反蒋统一战线,新来的县长又拉张天禄和皇甫侠去当"城防大队长"。罗盘地委从当时的形势考虑,将计就计,同意张、皇去当"大队长",利用两面政策去应付国民党新派来的县长赵发笔。由于赵发笔在城区竭力发展警察、特务势力,罗盘地委委员、城区地下党的负责人张连琛到鲁邑向刘清、杨江汇报这一情况。地委商议后决定,由张连琛就近组织城区及金鸡乡人民武装占领罗平城,但一时还来不及通知皇甫侠、段一芳统一部署力量。

12月29日,伪县长赵发笔要回兴义,皇甫侠派人从罗平城护送到钟山乡清河乡公所,又由乡长陈忠弼派2人护送到与贵州交界的江底。杨江、刘清得知这一消息后,杨江提出:"这是送上门的,要立即采取行动把赵发笔抓起来。"当即组织鲁邑附近的武装,赶到清水河对面的山头上埋伏,打算赵来到就下去抓他。等了很久,不见人影,派人到乡公所去问,说已送走了,可能已过江底到兴义境内了。抓赵发笔的计划未能实现。这件事说明,杨江同志能根据形势的突然变化,采取果断措施,同时也说明,当时我们党内在思想上和组织上的联系还有脱节现象,对一些重要行动事先不通气,以至失掉了这个机会。12月30日杨守笃率一纵三支队到达罗平附近的江边村,31日在城区地下武装配合下突袭罗平城,一举摧毁国民党罗平县党政机关。

罗盘区机动主力小二支队成立后,杨江兼任支队长,亲率这支部队两次横扫北路恶霸势力，成立了罗平人民解放委员会北区分会，任命甘东为主席，并建立了乡以下各级人民政权，将罗平北路大片地区由游击区发展为根据地。接着，又率小二支队进入平彝南部十八连山区，一举铲除恶霸龙振江、安篙权，解放了富源乡。当地百姓欢天喜地，扶老携幼，迎接“红军”的到来。部队进驻余家老厂，杨江首次见到在此工作的肖青、苏晓柱等同志，对他们十分亲切，问长问短。大家见他平易近人，对他没有顾虑，无话不谈。部队到达敬五乡雨旺村，群众一片欢腾，周围村寨村民汇集雨旺，杀猪宰羊，慰问“红军”。当晚召开军民联欢大会，宣传形势和我党政策。村民亲眼目睹这支与反动军队完全不同的队伍，增进了对人民军队的了解，加强了军民团结。

杨江同志在雨旺期间做的第一件事是迫使地霸李能五交出武器，将其扣压，灭了敌人威风，大长了人民的志气。第二件事是成立乡人民政府，任命肖青为首任乡长。第三件事是成立平彝县人民解放委员会，任命杨汝林为主任，成为在党领导下的县级人民政权。第四件事是成立十八连山区主力团，使平彝县有了第一支人民武装。上述措施在全罗盘区产生了重大影响。不久，小二支队又解放了与贵州一河之隔的平彝县平黄镇，威震贵州。经过一年多的与敌反复争夺，在平彝成功地开辟了一块与罗平连成一片的根据地，也成为罗盘区向贵州派出干部、开辟新区的另一条通道。

为了建立根据地，杨江同志十分重视培训干部。他说：“必须培养一大批既懂政策，又会指挥作战、又会做群众工作的干部，才能适应形势发展的需要。”他一到罗平就参加钟山乡训练班的培训工作，以后在乐岩、板桥和罗平县城开办了骨干训练班，乡镇主席训练班，军事干部训练班、妇女干部训练班和少数民族干部训练班。训练班的学员来自各方，主要是各地的党员干部、省工委给罗平派来的大批知识青年以及贵州各地和其他地方武装斗争的骨干，他们来罗盘区要求给予领导，并参加学习。

在这些训练班上，刘清、杨江是主要讲课人，他们给大家讲全国、云南、罗平革命发展形势与展望，党在农村的基本政策，怎样做群众工作，人民军队的性质、宗旨和任务、部队政治工作，怎样做群众工作。他俩人还组织编写了许多教材，其中有：《地方干部工作手册》（一、二册）、《军事干部手册》、《农村工作手册》、《农村政策》、《城市政策》等。这些手册不仅印发到罗盘区的广大干部手中，还流传到其他地区，成为那里的干部进行工作的指导。经过培训，干部懂得如何开展工作，如何掌握政策，使罗盘区根据地的各项工作迅速、正确地开展起来。

杨江同志在平彝十八连山区雨旺时，根据当地干部未经基本训练的情况，在雨旺小学开办了一期干部训练班，为期半月左右，由他和杨汝林授课，解答问题。他二人讲的课程是：一、全国、全省的形势，二、革命根据地的主要任务，三、军事斗争，四、党在农村的主要政策，五、党的建设。杨江在训练班上的讲话，有的学员现在还能回忆得起来，印象较深的要点是：全国形势大好，三大战役的胜利结束，注定了国民党已无回天之力，只有彻底灭亡的命运，全国解放有可能提前。省内已建立了七八块根据地，边纵已有十二个支队，数万人的武装。卢汉可能会动摇，有可能争取。中央军虽然还盘踞云南，但已处于孤立境地，云南全省解放已不是遥远的事。

在这个训练班上，他俩注意贯彻"建立农村革命根据地"的思想。他说，建设根据地的主要任务是实行农村包围城市，最后夺取城市的战略，具体任务是建立一支人民军队，保卫和扩大根据地，铲除反动武装，建立党领导下的县、区、乡三级人民政权，取代国民党的反动政权。

对于武装斗争，他认为最主要的是建立一支在党领导下的革命武装，不能依靠现有的非党武装，非党武装应根据不同情况，分别予以改造或取缔，使恶霸分子再不能为非作歹。在军事斗争上实行一整套游击战争的战略战术。

对于党在根据地的政策，他强调总的是实行新民主主义政策，在政权上实行"三三制"。经济政策保护民族工商业，其中包括保护守法地主的合法利益。逐步推行减租减息，税收政策上实行合理负担，民族问题上实行各民族一律平等，加强各民族的团结，在社会政策上保护妇女、儿童的权益等等。

在建党的问题上，他主张认真学习和执行"七大"党章，建立坚强有力的县、区、乡党的组织。党组织目前还不能公开。坚持党对武装的绝对领导。部队团设政委，营设教导员、连设指导员，支部建在连上（即中队）。杨江在雨旺训练班的讲话，深入浅出，结合实际，使在平彝工作的同志深受教益。

杨江同志还很重视对妇女干部的培养教育。小二支队成立时，在五个大队都配备了一名女教导员或副教导员：一大队教导员杨烈，二大队教导员张世纬，三大队副教导员沈希文，六大队副教导员李铎，八大队副教导员李风林。中队还有不少女指导员和文化教员。杨江同志对她们言传身教，教她们如何做部队政治思想工作，行军、作战的基本知识，甚至还教她们一些基本医疗和包扎的知识技能，使战士的小伤小病能及时得到治疗，行军住下，还可以为群众治病。

1949 年 2 月，杨江率部队到达平黄镇，与杨汝林商量从黄泥河学校抽选 10 个女学生去板桥第二期训练班学习。她们都是 17、18 岁的女青年，要找一位年龄比较大的女同志带队。杨汝林派胡秀珍同志去。当时胡家里有 80 岁的老母无人照顾，丈夫包雅昆在板桥罗盘指挥部医务处负责，地里的庄稼也即将收获。这件事杨江知道后，亲自找胡秀珍谈话，说"你家里的困难，组织上已安排好了，你安心带她们去吧，学习一个月就回当地工作"。这样，胡秀珍带着十名女青年到板桥乐岩地委干训班学习。学习回黄泥河后，在当地参加了组织农会、妇女会，发动群众参军参战的工作。

当云南的罗平、师宗、平彝三县全部或大部解放并逐步巩固之后，罗盘地委为贯彻桂滇黔边纵队司令部"向黔桂发展"的战略方针和"从部队选拔一批在斗争中成长的干部渡过盘江，向桂西、黔西南开辟工作，使罗盘中心根据地周围的三省交界地域连成一片"的指示，并贯彻"罗盘区主力团进军贵州，支援贵州境内的武装斗争"的指令，罗盘地委制定了《贵州工作问题提纲》，派出大批干部和部队进入黔西南和桂西开辟工作。对那些地区武装暴动后来罗平学习、请示、汇报的干部和接受训练的部队，领导同志都亲自热烈欢迎，从安排食宿到组织他们学习文件，对他们作报告，对一些骨干还进行个别谈话，在这些繁杂的工作中，杨江协助刘清做了大量工作。

盘县彝族进步人士龙腾霄、龙德霖兄弟，在滇军任职和在昆明期间，受到进步思想影响，与我党有过接触。回到盘县后，于 1948 年 9 月在盘县糯寨举行反蒋武装起义，组建起 8 个大队的武装力量。10 月，他们派李鸣武、彭安义到罗平钟山乡与罗盘地委联系，汇报组建武装、开展斗争情况，请求派干部去领导。11 月，地委派唐德锟去任党代表，并派王建民、雷应光到该部工作，成立黔西南人民讨蒋自救军第一支队。他们打退敌贵州保安一团和保警大队的进攻后，龙率部队撤入平彝。11月，龙腾霄带领部队骨干50余人到钟山乡，罗盘地委组织他们学习党的有关文件，然后随二支队主力活动，锻炼一段时间再返回盘县。

1949年2月，他们再派李鸣武、刘文林到罗平板桥向罗盘地委和边纵司令员庄田、副政委郑敦、参谋长黄景文汇报工作。边纵司令部决定将该部改为桂滇黔边区纵队黔西南游击支队（支队长龙腾霄），仍属罗盘地委领导。后来，他们将在盘县祭山树由罗波领导的武装扩编为一个大队，该支队发展到3000余人，转战盘县、平彝、宣威一带。7月，黔西南游击支队奉命到罗平板桥整训，杨江同志亲自主持整训工作。地委抽调17名干部到该部连队工作。1949年7月，中央决定桂滇工委与云南省工委撤销，成立滇桂黔边区党委，桂滇黔边纵与云南讨蒋自救军合编为滇桂黔边纵。9月整训结束，该支队改编为滇桂黔边纵三支队（罗盘支队）盘县游击团，团长龙德霖，政委王忠，龙腾霄调任罗盘区指挥部参谋长。

1948年夏天，邱北县的民主人士郭鸿业在郭家寨一带组织了一支反蒋武装。10月，他们在抗击国民党中央军的进攻后，由郭鸿业的弟弟郭纯带领部分武装28人，携轻机枪一挺，长短枪27支来钟山乡要求罗盘地委领导，杨江安排郭纯及由昆明下乡后，在邱北做地下工作的王灿、武建章及带来的武装人员，在鲁邑附近的妥者村学习了两个星期，主要是让他们懂得搞武装斗争必须有党的领导。学习结束，刘清、杨江介绍王、武二人参加中国共产党。并指示他们返回邱北、砚山一带发展游击区。后来，1949年1月，伍方奉命到邱北与朱家壁、李玉生领导的主力联系时，王、武二人给予大力协助。再后，庄田率边纵主力到邱北时，王、武二人与他们带领的武装力量参加了主力部队。

在发动和组织贵州兴义捧鲊、七舍武装暴动和武装力量上，1948年8月杨江到罗平后不久，就亲去兴义南部捧鲊、七舍调查了情况，这两个地方于1947年冬曾发动武装暴动失败。杨江了解情况回来后，先后派段一芳、张明良、苟明华、唐忠兴等到捧鲊、七舍组成胡义仕、罗德芳、金国才、李明光领导的捧鲊游击大队和以苟明华、郭朝志、宦定乾领导的七舍游击大队。1949年3月又派皇甫侠率自救军二支队独立支队进入兴义，支援这两地第二次暴动，与贵州保五团在偏坡、大窝凼激战，毙伤敌80余人，缴获甚多。1949年4月，杨江再率小二支队进入兴义佳克乡乌沙区，直接策应捧鲊、七舍暴动。

1949年9月，地委决定组建兴义游击团，于10月2日在富乐镇宣布成立，接着到罗平板桥组建并训练。其间，杨江向团营干部讲述了全国及滇桂黔边区的形势，组建兴义游击团的缘由及任务，以及如何训练，如何提高部队的政治、军事素质等问题，在杨江的主持下部队顺利组建完成，12月初，这支新组建的部队以罗平钟山乡为依托，派小分队袭击，消灭了国民党兴义县乃格江防大队，击毙江防司令兼发玉乡乡长郑代辊。

在兴义游击团准备进军兴义、捧鲊、七舍、仓更前夕，杨江同志赶到钟山乡妥者村，向全团连以上干部作了进军动员和部署。在这次讲话中，杨江从全国解放战争的形势，讲到兴义游击团进入贵州后的活动方向、路线，部队军事工作、政治工作、群众工作、对敌政策、物资供应以及缴获物资的处理等等。讲得详尽明了，对部队入黔后的作战、工作指明了方向，交代了具体办法，对部队帮助巨大。

兴义游击团进入贵州后，杨江又派24团到兴义支援，消灭当地赵大章等四个大恶霸，第二次解放捧鲊、七舍、仓更等地，在大部分区乡建立起人民政权。

贵州安龙县地下党员王秉鋆，1946年回安龙开展地下工作，1949年2月与罗盘地委接上组织关系，6月在龙厂地区组织暴动，组成500余人的武装，不久遭敌镇压，部分武装200余人在当地坚持斗争，其余兴义、巴结的武装和广西西隆的武装共80多人，由大队长韦万坤带到罗平板桥整训，后编入西林、西隆游击大队。韦万坤率武装回巴结，建立巴安人民政权，以后该部分编入兴义游击团。10月经安龙地下党的努力，争取了贵州保十七团（安龙预备兵团）团长刘中国、副团长岑立国及全团起义，改编为安龙游击团。

1949年3月，罗盘地委派杨高乐、刘光祥、王星让等到贵州兴仁、兴义、普安、盘县4县结合部的海子地区加强领导，组织第二次暴动，他们在板桥学习结束，进入贵州前一天，杨江同志专门请他们到指挥部就餐。吃饭时，杨江对深入贵州后如何开展工作作了重要指示。5月底王星让回板桥指挥部领武器，杨江对他说："指挥部坚决支持贵州的解放事业，支持兴仁建立海子游击队开展武装斗争。希望你们尽快组织起来，与敌战斗。”他亲自给王星让写介绍信到钟山乡找陈忠弼乡长，再到大折江找到刘国才江防队长，领得轻机枪一挺，步枪 17 支，子弹 1000 余发，回贵州后便组建起海子游击队。后来游击队发展到 300 人，建立了乡人民政权，海子地区成为在黔西南开展武装斗争的一个重要据点。

1949 年 3 月，贵州地下党组织郎岱暴动。罗盘区地下党员刘安民与李晓天、李茂才、宋崇书、喻忠诚、王永武、聂吉甫等组织岩脚、关岭等地武装参加，攻入朗岱县城。失利后，刘安民被捕牺牲。

郎岱暴动失败后，王永武、王言伦、杨汝进先后到罗平向地委汇报。5 月，地委派王永武回朗岱坚持斗争。并派 22 团副政委段一芳到黔西调查。

曾在修文组织反蒋武装暴动失败的领导人徐天恩于 4 月，马怀麟于 8 月也到罗平，要求地委领导，地委安排他们学习。6 月，地委第一次派段一芳与徐天恩到安顺公路沿线接上当地组织关系，在安顺大山开办干部训练班，组织力量开展斗争。8 月，地委派段一芳与马怀麟、徐天恩等到宣威宝山与郎岱暴动的组织者之一李晓天汇合，组成罗盘区入黔人民解放委员会，段一芳为党代表，进入黔西滇黔公路沿线一带发动群众，开展武装斗争。

与此同时，罗盘地委又派另一个入黔工作组，任命杨高乐为组长。并派彭安义到盘县老厂、保田一带组织群众。派何祖岳到晴隆的北四乡等地组织反蒋武装，派王敬之、何也平到兴仁，刘兴汉到贞丰发动群众反蒋。派廖必超到安龙接替王秉鋆工作。王转到广西西林、西隆开辟新区。在织金、普定、朗岱、纳雍、水城几县交界处的马厂一带，入黔人民解放委员组成以王永武、高克敏等领导的织普朗纳水游击队 300 余人和织普朗纳水人民解放委员会，在段一芳的领导下开展武装斗争，在野战军进入贵州后配合五兵团部队作战。

在水城、纳雍、赫章、威宁一带，以李茂才等同志领导的赫威水游击队(速安支队)400 多人，曾击败水城保警大队，歼灭六枝大恶霸牟超群的“反共救国军”，袭击威宁县城，配合五兵团部队解放了赫章。

在关岭、郎岱、兴仁、贞丰、紫云一带，由李晓天在 1948 年组成的三支游击武装，于 1949 年 9 月，公开打出反蒋旗号为盘北游击队第六、第七、第八支队，总负责人李晓天、邱崇杰，共 1000 余人。这三个支队四处阻击逃敌，缴获甚多并建立了部分区乡人民政权，保护了盘江铁索桥和公路交通，还配合五兵团解放镇宁、关岭等地。

在安顺地区，由徐天恩、程有伦等组织的安顺游击大队400余人和安顺人民解放委员会，在阻击残敌，控制交通要道上做了不少工作。1949年11月24日敌人撤出安顺。安顺游击大队派人进城发布告，宣传党的政策，安定民心。他们严格执行城市政策，部队驻扎城外，组织巡逻，维护治安。随后，段一芳、徐天恩等才带部分武装进城，开展工作，直到与五兵团会师。

到1949年秋天以后，在我野战大军向西南进军的大好形势下，罗盘区领导的黔西南、黔西，直到黔中腹地的广大农村和交通线上的武装斗争已是星火燎原，风起云涌。在黔西南地区，地委及时成立了中共兴安工委和盘普工委对该两地区进行统一领导。在贵州境内二十余个县建立了多块游击根据地和据点，使罗盘区的范围迅速在贵州发展扩大。

在广西境内，自8月原在贵州安龙的王秉鋆转移到兴义巴结与广西马场开展地下工作后，广西西隆古障地霸罗日辉迫于全国形势，曾到罗平，表示接受罗盘区领导(解放后又叛变)。地委派王秉鋆、刘兴汉、廖纳川、冷国盛、熊云汉等干部到西林、西隆地区，建立反蒋武装和人民政权。

1949年11月，罗盘区22团奉命进军广西百色迎接野战军人滇，12月5日进入西林县城，争取了西林县和平解放，到达百色与四野151师会师后，接着又奉命解放了田西县城，然后22团兵分两路，一路在广西与云南交界处的剥隘一带剿匪、筹粮，支援野战军进入滇南追歼残匪。另一路随野战军二野四兵团向云南进军，在贵州册享一线，修桥护路，筹集粮草，为十四军及兵团部经罗盘区进入昆明创造条件。

1949年11月，罗盘区24团由贵州进军西林、西隆，解放了猫街、古障、马蚌、八达州等地。地委决定成立林隆区工委，建立古马区人民政府。

1950年元旦又派21团进军兴义，与兴义游击团、22团二营一起与四兵团14军会师，以后在剿匪战斗中，再度派24团配合21团、兴义游击团及解放军主力一部收复被土匪占领的兴义县城。罗盘区几个主力团部先后进入贵州开辟新区，全国解放后，又参加了长达一年多的剿匪战斗。

1950年2月，罗盘区24团、22团2营、警卫大队和罗平第一区民兵大队，配合野战军151师两个团清剿广西西林林盖雄残匪后向西隆进发，击溃国民党总统府警卫总队和黔桂绥靖副司令残部及当地土霸杨登鹏部，乘胜进攻西隆县城，解放了西隆县。3月，西林、西隆两县人民政府成立。罗盘区部队在皇甫侠（支队副司令员兼22团团长）率领下，返回云南。

杨江同志关心重视统战工作。他到罗平后，继承罗平地下党在长期革命斗争中争取团结各阶层人士形成的反蒋统一战线的丰硕成果和成功经验，对同情和支持我党的一切可以团结的上层人士进一步进行团结争取，为创建罗盘区创造了重要条件。首先是团结最早参加武装斗争的党的统战对象张天禄、皇甫侠（后入党），使他们坚持反蒋武装斗争立场，成为罗盘区、支队一级的军政领导干部。

对有人有枪，各霸一方的罗平有名的“四路诸侯”，分别对待，打击和消灭坚决与人民为敌的，中立不愿与我对抗又不愿参加革命的，对愿意以人枪参加武装斗争的“东路诸侯”唐聚五，则争取参加了革命，成了革命干部。其他如民主人士周载之、卢秀山、钱登发，通过工作，使他们始终支持武装斗争，或捐献粮食、资金，或捐献武器，或认购革命公债，或将自己的住房借给我党政机关作办公用房。

罗盘地委和战斗报社1949年就住在板桥卢秀山家，杨江为司令员的罗盘区指挥部设在钱登发家，桂滇黔边纵司令部住在富商张学义家。武装斗争最早的根据地钟山乡的开明人士唐学信、刘显达、陈其身、任绍堂等捐献武器、粮食，支持反蒋武装斗争。

从东北战场上起义或被解放后回云南的滇军军官梁尔昌、杨德光、赵廷彬等同志，到罗平参加革命，杨江对他们真诚欢迎和信任，请梁尔昌在指挥部，用几天时间把国民党军队的《步兵操典》根据记忆写出来，作我军训练时参考。随后，杨江根据地委决定，把他三人分别派到24团、21团、兴义游击团担任团参谋长。后又争取到富乐镇旧军官、实权人物马伯群、曹云阶等参加革命。21团参谋长杨德光调任盘县游击团副团长后，委派马伯群担任21团参谋长职务。

反蒋统一战线的不断巩固加强，是罗盘区武装斗争不断取得胜利，根据地迅速发展扩大的一个重要因素。

杨江同志在罗盘区工作期间，协助地委书记、支队政委刘清同志领导罗盘区全面工作。

罗盘区现存的有关史料，记述了当时罗盘地委制订的许多重要文件，多数都是刘清和杨江亲自动手拟就和写成的。如《罗盘地委第二次扩大会议决议》(1949 年 9 月)、《罗盘地委常委检讨与决议》(1949 年 10 月)，这两个重要文件都是在刘清主持下杨江同志协助共同整理制定的。此外，还有地委《宣传工作方针》、《盘普工委工作纲要》、《进军贵州各主力团、游击团应准备事项》、《兴义游击团关于纪律的规定》、《军事干部工作手册》及在多次干部训练中有关军事工作的讲授教材(也有其他方面的)，都是杨江同志(或以他为主)根据他过去的丰富经验，结合罗盘地区的特点和实际情况拟定的。这些都是当时指导革命斗争的重要依据，也是留给后人的宝贵的精神财富。

四、谦虚谨慎 重视团结 关心同志 垂范全区

杨江同志到罗平后，很尊重罗平地下党的同志，尊重罗平人民过去长期斗争的历史。他说："罗平这个地方党组织早就在活动了，是有工作基础的，革命力量已扎根到农民中去了，条件很好。"他很快就熟悉了罗平的许多地方和外来干部，并与之融为一体。他为人谦和，平易近人，丝毫没有领导架子。这与有的外来干部随便指责、诬蔑云南地下党"成分不纯"，是"学生党"、"地富党"的唯我独荣、唯我独尊的思想形成鲜明对照。所以大家很乐意接近他，常和他探讨工作中的问题，向他请教理论上的难题。他受到同志们由衷的尊敬和爱戴。

他虚怀若谷，从不讲自己过去的斗争经历。同志们有时想问问他，他总是一笑置之："没有什么。"甚至连他的夫人张世纬对他过去的经历也知之甚少。

他与刘清二位领导人的团结、配合，堪称全区的楷模。他俩一个是地委书记、支队政委；一个是地委副书记、支队司令员。两人都有长期地下工作的经历，又都是正牌的大学生，文化素质、理论修养都很高，党性修养好。他们互相尊重，彼此支持，关心体谅，工作上各有分工，又密切配合。刘清负总责，书记兼组织部长，主要分管党政工作；杨江任副书记主管军事工作、宣传工作。两人配

合默契。由于两位领导关系和谐融洽，拧成一个拳头，给在下面工作的干部提供很好的条件，心情舒畅，这是当时在极端艰苦的环境下，战胜无数艰难险阻，顺利开创罗盘区工作新局面的一个重要因素，他们亲密无间的关系，也成为罗盘区干部学习的榜样。

杨江同志作风正派，不论是本地土生土长的干部，还是由昆明或其他外地来的干部，不论是工农干部还是知识分子干部，不论资历长或短，他不分彼此，一视同仁，搞"五湖四海"。对干部他主要看现实表现，充分信任，大胆使用，从不搞亲一部分、疏一部分，拉拉扯扯。由于刘、杨二位党性强、作风正，忠于党和人民的事业，革命队伍中形成了浓厚的政治风气，虽然当时斗争十分险恶，但大家心情愉快，出生入死，无人推辞，工作勤奋，情绪高涨。

他严于律己。打了胜仗，表扬参战部队；遇到挫折，主动承担责任，从不文过饰非，指责下面。沙锅寨战斗后，我与段一芳同志回钟山乡汇报，杨江高度赞扬三大队作战勇敢，有战斗力。他说："这一仗全歼敌人一个连，从此敌人再不敢以连为单位分散活动了，并迫使敌人迅速撤出板桥、钟山，打退敌人第三次进攻。"1950 年 3 月兴义游击团在 24 团及野战军一部配合下收复兴义县城，参战部队英勇顽强，他立即表彰有功部队、嘉奖有功人员。

1949 年 4 月在黄泥河战斗中，遭受贵州保安团袭击，他沉着指挥部队突围，在千钧一发的紧急关头，用机枪打退敌人的包围。事后他认真总结经验教训，深刻作自我批评。后来部队回到板桥休整，组织中队以上干部学习毛主席《古田会议决议》等文件，对照文件精神总结一个多月来部队在贵州、平彝活动、作战的经验教训。在学习中，刚由昆明下来不久的两个小青年对杨江司令员提了一些尖锐、片面的意见。杨江同志得知后，即赶到他们住地板桥小学校，征求他们有什么意见和看法，希望坦然给他提出。他俩针对部队住在黄泥河几天，既不前进，又不后退，特别对敌人的突袭缺乏防范，还把一些部队放到河里洗衣、洗澡的事实，说这是领导的"盲动主义"。又针对杨江同志亲自用卡宾枪、机枪向敌人射击的事实，提出司令员应把主要精力放在指挥部队阻击敌人进攻，掩护大部队撤退，而不必亲自用枪向敌人射击，这是犯了"单纯军事观点"的错误。杨江同志听了这些意见，不加解释，一一记录在笔记本上，然后说"谢谢你们给我提的意见”,就走了。事后这两个同志回忆起来,深感他们所提的意见是片面的、幼稚的,把刚从文件中学到的几个新名词就拿来给领导扣大帽子。他们认为杨江同志抱着“有则改之,无则加勉”的态度,鼓励年轻人大胆提意见,对这种片面意见不批评、不解释,更不抱什么成见,而是让下属在实践中去辨别是非。这种坦然大度的风格令人感动。

杨江同志对在战斗中表现惊惶失措的同志,也未过多苛求指责,而是帮他分析找原因,指出这是缺乏实战经验所致。使有关同志既接受了教训,又热情饱满地投入新的工作。

杨江同志对干部的关心,首先是对干部的政治思想教育,据杨烈同志回忆:杨江、刘清在钟山乡领导期间,不论是讲课作报告或闲谈中,都灌输给我们艰苦奋斗,不怕牺牲,全心全意为人民服务的思想,教育我们作一个共产党员,军队政工干部要吃苦在先,享受在后,冲锋在前,撤退在后。当时杨烈同志与一些由昆明下来的学生在一起,喜欢讲过去在学生运动中如何与反动派作斗争,如何勇敢等等。杨江同志很严肃却又很幽默地反问他们:“老兄,你有几个脑袋?你的脑袋掉过没有?”并教育他们要面对现实,丢掉“学生哥”的习气,要脚踏实地地学习武装斗争的知识和本领。要向贫苦农民、战士学习坚定朴实,吃苦耐劳,勇敢战斗的思想作风,要依靠他们发动群众,才能立于不败之地。杨烈同志说:“在杨江同志循循善诱的教育下,我们学会访贫问苦,做群众工作,刻苦学习游击战争的战略战术,武装斗争的知识技能。”

平时杨江同志看到别人的缺点,总是冷静分析,诚恳批评,从不意气用事。一次,在地委扩大会上,许多同志给一位性格比较急躁的同志提了些意见,这位同志感到很委屈,当场拔出手枪要自杀,被同志们制止了。会议结束时,杨江同志才冷静严肃地向这个同志指出:“批评和自我批评是我们永远要掌握的武器,被批评的同志应持‘有则改之,无则加勉’的态度,自杀的行为是十分错误的,是一种背叛革命的行为……”这位同志心悦诚服地接受了批评。

杨江同志对年龄小的同志更是关怀备至。1949 年 7 月由昆明下乡到罗盘区来参加革命的一批学生中,有几个年纪较小的同学,来后,安排在板桥第六期干训班学习,当时杨江同志亲自给学员讲了 11 节课。他的广西口音很重,许多话小同学们听不懂，就东张西望。下课后杨江主动找这几个小同志谈心，问他们："听得懂吗？"并耐心细致地给他们解释，慢慢地重新再给他们讲解，直到他们表示懂了，杨江才停止讲解并显得很高兴。

在干训班学习时，杨江同志与这些小同志同住在一个小学校里，杨江经常和他们见面，并和蔼可亲，笑容可掬地与他们谈心，教他们如何做群众工作，怎样接触群众，如何吃苦耐劳，还要他们好好向群众学习，做一个真正为人民服务的勤务员和好学生。这些小同志离家和离学校时间还很短，生活自理能力差，每日劳动后回到住地，杨江都会问他们："累不累？想不想家？想不想回昆明？"小同学们听得都笑笑回答："既然参加革命了，还想什么家，你不是经常教育我们说群众就是亲人，农村就是家吗？"夜晚，杨江还经常到他们当床用的课桌前查问："蚊子咬不咬？……还在想什么？……抓到几个虱子啦？"吃饭时，他到每桌看看，教育大家要爱惜粮食，问菜吃光没有，对表现好的当众表扬，对差一点的笑着说上几句就算了。这就使大家感到很温暖。如此平易近人的作风，使同志们对他没有丝毫惧怕，经常找他谈思想，学知识。

1949年9月，杨江跋山涉水来到十八连山区。平彝县委书记肖青用鸡毛信通知在边远山寨当工作队长的张健身同志来汇报工作。杨江见到小张时，拉着他的手说："小同志，你就是天祥中学到罗平在第六期干训班学习的那个年纪最小的小鬼吧！不错，现在不要别人管你，你倒当起队长来啦！今晚要看你们的演出。"晚饭后，工作队就组织了一场自编自演的晚会，节目有"快乐集团"、"破桌子"、"解放区呀好地方"、"豌豆秧"、"垦春泥"等节目。演出结束，杨江亲切地拉着小张说："小鬼，你们天祥中学来的大多数同学确实能跳会唱，能演会说，会组织发动群众……"第二天，杨江给工作队作了形势报告。他鼓励大家要好好总结，争取更大的胜利。

解放后，小张自1958年起当了十年左右的孤儿院院长，国家每月只给每个孤儿三元钱的生活费，小张想了许许多多办法，把每个孤儿照管得很好，做出了显著的成绩，他说："这都是杨老教导的结果。"

杨江同志还关心妇女同志的一些特殊困难。在鲁邑整风会议上，杨江同志讲妇女除受"三座大山"的压迫外，还要受夫权、族权、神权的重重压迫，翻身求解放的要求更加迫切。妇女在动员参军参战、支援前线中作用很大。要大家在做群众工作时,特别注意做好妇女工作。在闲谈中,他给女同志们讲过琼崖纵队女同志如何艰苦奋斗,英勇参战的事迹。

他在小二支队工作时,晚上考虑女同志生活不便,将她们集中到支队部统一住宿,睡在老乡家的大簸箕里。胡秀珍家住黄泥河镇上,黄泥河战斗时,部队迅速撤离,胡已身怀有孕,不能跟随部队撤离,就悄悄到贵州威舍婆家隐蔽。杨江唯恐被敌人发现,过不久,他派警卫员陈希陶、胡跃德二人秘密到她婆家,把她接到板桥。胡秀珍的爱人包雅崑在指挥部医务处工作,杨江把胡也安排到医务处工作。杨江同志这样无微不至的关心同志,包雅崑生前时常念叨着这件事。

1949 年 6 月,国民党中央军攻人板桥烧杀抢掠,王星让同志(兴仁海子游击大队长)一家四口来到板桥,住在胡维平家里,有时无米下锅。杨江知道后,给板桥镇临时人民政府副镇长刘道邦交代,请镇政府给予救济。镇政府按月发给粮食,解决了王一家人的吃饭问题。王星让至今念念不忘,常说:"杨江关心下级疾苦的好思想、好作风,是我第一次见到的好领导,我内心感激钦佩。"

卢健义同志是兴义市人,1948 年参加罗盘区部队后,任 24 团政治指导员。1949 年 6 月洒背笼战斗中负伤,敌人撤退后,把他送回板桥治疗。杨江同志得知后,到医院去看望他。当时卢还不认识杨江同志,只见来人热情亲切,拉着卢的手问长问短,又问:"你有什么要求?"卢说:"医生很认真负责,同志们很关心我,都来看我。我没什么要求,就是想伤快点好了归队。"当时杨江和他谈了很多,要求他全心全意为党、为人民作贡献。卢至今记忆犹新地说:"杨江在我心目中,是我最敬佩的领导之一。"后来卢调到兴义游击团任警卫连指导员。在兴义会师大会后,卢带 28 个同志到兴仁军政代表团作警卫、通讯工作,仍然穿着游击队的单薄服装,冬天没有被子,生活十分艰苦。没过几天,兼任兴仁军政代表团第一副团长的杨江同志来看望他们,一见面就拉着卢的手说:"同志们辛苦了!但苦的日子不会很长了。希望你们虚心向大军学习,服从命令,听领导的话,努力完成任务。"卢健义以后一直留在当地工作。他说,当时兴仁专区各县区乡的负责人,大多数是罗盘区培养出来的,为这个地区的剿匪、反霸、征粮、建政、土改作出了重大贡献，这是罗盘地委正确领导、培养的结果。

杨江同志既是领导，又做医生，在严酷的地下工作环境里，他以行医作掩护。到罗平后，在缺医少药的农村和部队，他为战士和群众看病，救死扶伤。在清水河干训班，由于卫生条件差，许多人都患疥疮，他给他们注射“九一四”或擦药，很快把大家的疥疮治好。在鲁邑做群众工作时，他药箱不离身，遇到有农民生病，他就给他们服药打针。他还培养小二支队的几个女教导员学医疗技术，使干部、战士、群众小伤小痛能及时得到治疗。一直到李铎、吴世华二位医务工作者从昆明来到部队，他才把医务工作交给她们承担。

1949 年 8 月在板桥开会期间，罗平县委书记、朱希敏同志在河中洗澡时溺水，由王忠、伍方二人救上来后，杨江闻讯提着药箱赶到，用听诊器反复听诊，打强心针，抬到板桥小学时，他一直守候在旁，直到最后才十分惋惜沉痛地向大家宣布：已经救不过来了。看来，杨江同志为了革命工作的需要，确实钻研过医学，中医、西医他都懂。解放以后，在调文山边防区前夕，他的夫人张世纬怀孕后反应强烈，呕吐不止，他开了个中药处方，说是“安胎药”，服后便好多了。他当年使用过的一副听诊器，一个注射用的针管，一直被他保存着。听诊器的胶皮管已老化开裂，针头也已锈迹斑斑，后来才由张世纬同志寄送到钟山乡革命历史文物陈列室陈列着，成了很有价值的革命文物。

1950 年初，我随 21 团进军贵州黔西南地区剿匪。不久，罗盘区在贵州境内的全体部队、干部移交贵州领导，从此，我们就和杨江同志分开了。听说，他调任文山边防区任地委书记兼边防区司令员、政委，党政军三副重担一肩挑，1951 年又调任武定地委书记兼军分区政委。在这两个地区的剿匪、反霸、减租退押、建立政权、恢复生产中作出了显著成绩。1952 年 11 月，党中央决定抽调大批优秀领导干部到国务院工作，杨江、刘清二位都先后调机械工业部任司长。1957 年杨江又调桂林任广西师范学院党委书记。在十年“文革”期间，作为大学党委书记的杨江，首当其冲，受到严重迫害和摧残。

杨江在长期的地下斗争中，立场坚定，机智英勇，在广西全州担任中学校长作掩护期间，为应付国民党“校长一律要参加国民党”的规定，他经组织同意，加入了国民党，这在地下斗争的情况下是工作需要，毛泽东主席也有“在国民党统治区域……在党员被国民党强迫入党时，即加入之”的指示，组织上也一清二楚。但造反派却揪住不放，对他大会小会批斗，长期不予“解放”，使他身心受到严重摧残，直到粉碎“四人帮”后才恢复名誉，安排做师大顾问。

1983年，杨江最后一次回云南曲靖参加罗盘区党史资料征集会议。经过十年动乱的折磨，这位坚强的老领导明显地苍老了，患有严重的心脏病。许多老战友，老部属久别重逢，大家心情都很激动。会议期间，许多未落实政策的罗盘区老同志闻讯赶到曲靖向刘、杨二位和其他领导同志申诉在“文革”中和历次政治运动中所受冤屈，刘、杨二位热情接待他们。会后，我们一齐回到罗平，一走进招待所，满院都是上访的老同志等着接见，黑压压一片，令人触目惊心！面对当年众多袍泽的如此遭遇，杨江的心情沉重极了。他怀着巨大的同情亲切接见、安慰同志们，流着眼泪宣传党的三中全会拨乱反正的方针政策。他不顾年老病重，一直谈到深夜。后来在与县上几套班子领导同志座谈时，他竟泣不成声，希望他们能设身处地体察革命战争年代环境的艰苦和情况的特殊，抓紧调查研究，早日给他们落实政策。

我们再陪同他到贵州兴义市，所见情景与罗平大同小异。特别是原21团的许多转业同志反映，现在有的人居然否定有个21团在兴义地区剿匪、战斗过的历史。而21团后来转业留在兴义地区的干部又很多，因此对他们的政策落实造成很大困难。杨江同志认为事关重大，他召集参加这次会议的原21团的团长李炳发、副团长朱辅廷，团政治处主任伍方，原兴义地区副专员、兴义县县委书记王纲正商量，决定由朱辅廷和伍方二人务必在这次黔西南党史资料征集会议上，赶写出一个21团团史的初稿来，由老团长李炳发在大会上作个报告，以正视听。报告后，引起了州、县领导的重视，使21团一些同志的冤假错案逐步得到解决。杨江同志回到桂林后，又写了大量的证明材料，帮助同志们落实政策。

在此之前的1981年，杨江得悉张明良、林海在兴义搞边纵、地下党的落实政策工作，就迅速写信给他俩表示关怀鼓励，并给张明良寄了一张他与庄田司令员的合影，大家看后非常高兴，又复制了几张留作纪念。在兴义开会期间，他专门向胡秀珍同志询问他的老警卫员陈希陶的情况，当得知陈已去世时，他十

王纲正叔叔

分惋惜,说:“老陈是参加过二万五千里长征的老红军,长征路过平彝黄泥河时负伤留下来的。罗盘区部队进入黄泥河就来找部队了。”解放后分别数十年了,杨江同志仍然关怀着当年并肩战斗过的战友和同志,大家也十分怀念他,过去罗盘区的许多老同志外出开会、旅游都要绕道桂林去看望他。王纲正、赛正坤夫妇,杨烈、张为栋夫妇先后到过桂林,杨江在南宁住医院,他们又跑到南宁医院去看他。刘清同志到桂林多次,还在桂林开过边纵党史会。杨江病重在南宁住院,他专程到南宁看望,十分关心杨江同志的健康。其他许多同志如吴世华和孩子们到桂林去,杨江夫妇热情接待,带她们一家畅游阳朔山水。林海同志去看他时,他和张世纬二位都已偏瘫,行动不便,但当得知林海远道而来,便热情接待,摄影留念。此外,还有宋光、张健身等许多同志都去看望过这位老首长。

1973年秋,陈荣坤同志调到广州军区桂林政治干部学校工作,在桂林9年多,与杨江同志有较多接触,深切感受杨江对战友、对部属的亲切关怀。当时,在政干校,除陈荣坤外,边纵的还有两位,杨江并不认识,但他闻讯后,跑到政干校看望他三人,还在家里设了一次宴请。对他们说:“你们年纪还轻,还能为党做许多工作,好好干……”几个同志都异常感动。以后几年中,陈荣坤经常去看望杨江,杨也不时到学校来看陈。杨江每次来都骑一辆自行车。那时他已60多岁,有心脏病,仍坚持骑车,陈劝他改乘公共汽车,他说:“骑自行车是个锻炼,每天骑一下,现在我的身体比过去强多了。”陈有时留他吃饭,他也很随和地答应:“今天就在你这里吃,做点青菜、豆腐就行了。”杨萍同志在桂林病中(癌症晚期)住院。一天他告诉陈:“杨萍同志可能不久于人世了,去看看他。”交谈中,杨萍同志由于“文革”受冲击，当时尚未完全落实政策，感到自己的有些问题可能永远没有澄清的机会了。杨江同志很乐观地安慰他“好好治病，养好身体再说，问题总是能搞清楚的”。1983 年，伍方、段涛去看望他时，杨萍已经病故，他带着伍、段二人又去看望杨萍同志的夫人。1977 年秋天，总政筹建西安政治学院，调陈荣坤到学院工作，陈当时对西安了解不多，认为西北地区寒冷、荒凉、贫穷，很不想去。杨江同志鼓励陈说，西安地方很好，是中国许多朝代的古都，是中华民族文化的发祥地，在西安可以更好地研究中国历史。并表示他以后要到西安去走走。但以后几年他虽然下决心启程，因临时身体欠佳，一直未能成行。

1953 年，我在朝鲜前线听到杨江、刘清调到北京工作，去信联系，他很快回信，以后经常书信来往，在信中我曾流露，怀念罗盘区工作时期的战斗情谊，希望回国后能再到他和刘清领导下工作。他回信仍像过去一样坦率地批评我："不要太重感情，现在不论在那里工作都是直接在党中央和中央军委的领导下，要克服狭隘的山头主义，要顾全大局，要谦虚谨慎。"

1954 年我奉调回国，到北京转关系时，去拜访他和刘清同志，他仍不忘此事，谆谆教导我要克服地域观念和山头主义思想。这年隆冬，他到沈阳出差，找到部队来看我和段涛，衣着十分朴素，抱着我俩刚满周岁的孩子不放手。后我由部队转业到湖南株洲工作，1963 年，我到广州开完会，转车专门去看望他，他亲自到火车站接我，衣着仍是那样简朴，骑一辆旧自行车，给我雇了一辆三轮车。他说："我们是私人朋友关系，我没有用公家的车来接你。"他身为大学党委书记，仍这样严于律己。他的这些言传身教，使我终生受益匪浅，在桂林几天，我俩各骑一辆自行车，畅游桂林山水。谈话间，他仍怀念着罗盘区的袍泽故旧和战斗生活。

1988 年在贵阳召开罗盘区在贵州境内党史大事记审稿会，他和夫人张世纬都患半身不遂，不能来开会了。会后，我和甘东、段涛代表到会的同志乘飞机到桂林看他俩，向他汇报会议情况。他行动困难，口语不清，但记忆力还好，详细地询问贵州几支游击武装和主要干部落实政策情况。

1985 年冬，我患了一种麻烦的慢性病，他十分挂念。得悉我购药困难，虽重病在身，仍想方设法写信找到广西驻上海办事处熟人，为我买药。用他颤抖的手，歪歪扭扭写信给我，鼓励我要像当年战斗那样和病魔作顽强斗争。

五、艰苦卓绝 无私奉献 一身正气 两袖清风

罗盘区的反蒋武装斗争，是在异常艰苦的情况下进行的。处在敌人的层层包围之中，没有任何外来的资助，恶霸土匪众多，三省边界地区，山高谷深，交通闭塞，生产落后，少数民族杂居，人民生活十分贫困，干革命一切全靠自力更生、艰苦奋斗。

罗平的地下党员、先进分子和由昆明、贵州以及全国许多地方到罗平参加革命的党员，民青成员，进步青年，不怕流血牺牲，不畏艰难险阻，为了打倒蒋介石，解放全中国的共同目标汇集到这里，开展游击战争，与群众同甘苦、共患难，没有任何报酬和固定生活待遇。穿的是家里穿来的那一套，大家不为名、不为利，无私奉献为革命。杨江同志由香港到罗平后，和群众同呼吸，共命运，与指战员同吃、同住、同战斗，打成一片，晚上一起睡地铺、滚草窝、穿草鞋，他的艰苦奋斗作风成为大家的表率。

沙锅寨战斗后，他认为三大队有战斗力，但需要加强党的领导。他与刘清商议后带着宋光到三大队来加强领导。当时部队活动在八达乡、龙岗乡的密林深山中，夜宿少数民族村寨。杨江和我们几个政工干部一起，有时睡在群众家的楼板上，有时就蜷缩在群众灶门口的柴草堆中。他要求我们和衣而卧，连鞋都不要脱，枪放在身边，以便随时应付突然事件。平时看他行动缓慢稳健，但起床、集合、行军却十分迅捷矫健，我们往往跟不上他。当时吃的多是白水煮的洋芋，或是烧包谷，没有油盐。我们即使吃到一次盐，也是群众把吊在火塘上的一小块盐巴在煮菜时放在菜汤里浸泡一下。

鲁邑整风学习期间，他白天讲课，找同志交谈，晚上就和大家睡在张明良家的楼板上。他只有一条棉毯，还要叫没有被子的同志和他一起盖。1948 年 8 月龙上天战斗后，部队化整为零活动，他带少量部队到大拖黑住下时，深夜就躺在老乡家的蚕豆秆上睡，没有被垫，身上就穿着白天穿的那件旧棉衣。

1949 年 4 月他率小二支队进入十八连山区摧毁恶霸势力，夜袭雨歹黑土匪李怀龙时，李闻风逃跑，只击毙、击伤匪徒各一人。当夜冒着倾盆大雨，伸手

不见五指，部队回撤枯亢纲村，途中路烂泥滑，有的泥塘有半人深，杨江不慎滑入泥塘中，挣扎不起来，待张明金赶来才将他拉起。他说："太疲倦了。"他既是领导，又和大家完全打成一片，同志们从他身上感到党的温暖，越是把他和刘清同志看做最可信赖、最受尊敬的领导。再苦再累，再危险大家也心甘情愿，一往直前。

杨江同志一身正气，两袖清风，他有五件东西时刻不离身。一个药箱，后来换成一支小卡宾枪，无论行军、吃饭开会时刻不离身，1950 年在兴义与二野 14 军会师，在大会上讲话时，仍挎在他的肩上。第二件是一本用蓝布包皮的大笔记本，装在口袋里，开会、谈话作记录，调查研究收集材料都往上面记。第三件是一支红杆大号派克笔，第四件是一块怀表。他曾对同志们深情地说："这支笔和表是战友的遗物，牺牲时留下来的。"他十分珍惜它们，一直保存着，直到送给钟山乡革命历史文物陈列室展出。第五件是一个木烟斗，这是他的唯一嗜好。这五件东西是他的全部"财产"，也是他工作、战斗的武器。

1949 年秋天，临近全国解放，杨江同志已经 38 岁，才和张世纬同志结婚。结婚当天，新娘风尘仆仆从师宗县回到板桥，还穿着一双草鞋。新郎还是他平时一直穿着的那套宽大粗布衣服。同志们听到这一消息，未免有些诧异，追问他俩是何时恋爱的？杨江幽默地说："地下活动嘛。"

杨江同志一直保持着这种艰苦朴素，清正廉洁的作风。解放后，进了城，地位变了，环境变了，他的这种作风一直没有变。1950 年，他调任文山边防区工作，除了穿上一身整齐、端庄的军服外，其他一切如故，保持着游击战争时期的作风，没有一点官架子，没有丝毫知识分子习气。在文山工作期间，他对下级仍然既严格要求，又和蔼可亲。一次，邱北县委书记调省委党校学习，文山地委决定由罗盘区调到邱北的女同志杨烈代理县委书记。杨江同志和地委副书记亲自找杨烈谈话，杨江先指出杨烈的某些缺点和不足，然后才语重心长地说："只要紧紧依靠剿匪部队，团结县委一班人，依靠干部群众，谦虚谨慎，你是能搞好工作的。"体现了杨江同志爱护干部，既大胆使用，又严格教育，一丝不苟的作风。

1951 年中共云南省委召开干部会议，杨江带领文山地区各县县委书记到昆明参加。其他地区带队的领导都穿着毛呢制服，不是青色的毛呢中山装就是黄色毛呢军装，杨江同志仍穿着那套黄布军装。后来到北京一机部工作，再后来到桂林广西师范学院任党委书记，仍一直穿着朴素的普通中山装。1983年回曲靖参加党史资料征集会议，仍然是这身打扮。1985年，得知杨江因病住院，杨烈夫妇专程到南宁医院看望，见杨江还是穿一件黄布军装，一条蓝布裤子，一双布鞋，酷似一个老农民。杨烈夫妇离南宁回云南时想乘飞机，却又未带证明。杨江就由医院带她俩到广西省委党史办公室帮助办理。事情谈好后，党史办的同志要找车送他回医院，他坚决不肯，说："我去乘公共汽车行啦！"边说边走出办公室。同志们追上去说："要下雨了。"他说："我有伞。"执意辞出。大家目送他的背影，身挎帆布包，手拿一把雨伞，匆匆向前迈进，既像一个退伍的老战士，又像一个朴实的老农民，这就是副省级离休干部，我们尊敬的老司令员杨江同志。

粉碎"四人帮"后，他落实了政策，这时他已是60多岁的老人，又重病在身，但他没有忘记工作。组织上给他安排了一个广西师范大学顾问的头衔。他不想清闲，经常到图书馆去参加抢救整理书刊资料，每日工作半天，按时上下班，一丝不苟。他说："图书馆里有许多宝贵的历史资料，有的已经霉变，有的虫蛀，要抢救。"

当前，有些领导干部忘记了自己是人民的勤务员，做官当老爷，处处要摆官架子，把乘小车作为显示自己身价的手段，争相购买进口豪华小轿车。有的以权谋私，为追求名利，不择手段，绞尽脑汁……这些人把党的好传统丢掉了，与杨江同志以及他那一代的革命先驱和创业者相比，差距何其之大！他们是何等的卑劣，何等的渺小！我们国家还处在社会主义初级阶段，经济建设虽取得很大成就，但国家还有困难，农村还有几千万人没有脱贫，城市还有大批下岗职工。在国际上以美国为首的帝国主义，四处推行霸权主义、强权政治，世界还很不安宁。人民需要杨江那样的全心全意为人民服务的公仆，时代呼唤无私奉献、振兴中华的精神。革命战争年代那种一不怕苦、二不怕死的精神还需继续发扬。这也是我写这篇怀念杨江同志文章的初衷。

1991年5月2日，杨江同志终因病情恶化，救治无效与世长辞，终年80岁。

他的一生是战斗的一生，光明磊落的一生。噩耗传来，他的战友、部属无不悲痛万分。他的英勇战斗、无私奉献、热爱人民、关心同志的精神以及他的丰功伟绩在罗盘区的群山中，树立了一块不朽的丰碑。

后记

杨江同志逝世时，我正在西安住院，过了很久才获悉这一噩耗。悲痛之余，想到写一篇文章纪念他。1993 年春天，我回到罗平板桥、贵州兴义，见到了许多老战友，有的一提起杨江就伸出大拇指："是个好领导！"还有的讲："现在这样的好领导少了。"这引起我的深思，决心把文章写出来，缅怀这位敬爱的老领导，弘扬革命战争年代他那种无私奉献的精神。

当年写出第一稿，题目是《怀念敬爱的杨江同志》，寄给昆明宋光同志征求意见，他又寄刘清同志。刘清来信对我鼓励。以后我因身体不好搁下了。1995 年，我再次回到云南，在昆明和许多老战友聚会，大家都畅谈当年在罗盘区艰苦而愉快的战斗生活，又深情地怀念起杨江同志。1997 年 5 月我对稿子作了修改，题目改为《耸立在罗平群山中的丰碑》，寄给李一凡同志，他来信提出详细的补充修改意见，并请在昆明的几位老同志传阅征求意见。

1998 年 7 月，我到昆明参加"7·15"运动 50 周年纪念活动，刘清、一凡约请几位老同志讨论陈荣坤写的《皇甫侠传》，第二天把我的修改稿也讨论了一次。大家提了许多很好的意见，鼓励我再充实材料，进一步修改。李沅同志在讨论中建议文章题目改为《杨江与罗盘区》，大家认为很好。会后，我计划到曲靖、罗平去作一次采访，收集资料。但我在昆明又病了。体力不支，未能如愿。刘清同志向罗盘区老同志提出，希望大家回忆杨江事迹，哪怕是点滴材料写出来寄给我。我回到宝鸡住了几个月医院。其间，收到刘清同志写来他重要的补充材料和意见的信，转来原 24 团七连连长李德义回忆杨江指挥黄泥河战斗英勇事迹的材料，使我树立重新写第三稿的信心。

此后，我先后收到昆明苏晓柱，丽江杨烈，曲靖林海、吴世华、张健身，西安陈荣坤，桂林张世纬，兴义董文立、王星让、张明金、胡秀珍、卢健义等同志寄来的材料。这些材料都从不同侧面，具体、生动地反映杨江同志的高尚品格和无私奉献的精神面貌，对我写作帮助很大。经过几个月的努力，1999 年 6 月中旬完成现在的第三稿。

从以上所述，说明写《杨江与罗盘区》是众多老同志的心愿。在此，我首先要感谢刘清老领导对我的鼓励和支持，感谢同志们给我提出修改的宝贵意见和提供资料。

稿子虽已写成，但由于我的思想水平、写作能力有限，未能充分反映杨江同志的丰功伟绩和精神风采。希望老领导、老战友对这个稿子能动手修改、补充，直到得以出书。

伍方

1999 年 6 月 19 日于宝鸡

[补注 1]：这篇书稿还附有父亲几位老战友的亲笔题词，以及刘清叔叔亲自写的、好让我们第二代认识和知道的每位题词叔叔的简介，全文如下：

这是贵阳王秉鋆等几位老同志写的题词。刘清

杨江同志是党的忠诚战士，优秀的军事指挥员。在解放战争期间，他担任罗盘支队的指挥员，以毛泽东的军事思想治军和指挥作战，为建立罗盘区根据地，壮大罗盘地区的武装力量，挫败国民党军队的进攻，摧毁地主恶霸的地方势力，作出了卓越的贡献。他平易近人，作风朴素，善于联系群众。我们作为他当时的部属，在他的言传身教的熏陶下，受益匪浅。现在他虽然离我们而去，但他的熠熠生辉的革命事迹，将永远铭刻在我们的记忆里。

王纲正　王秉鋆　唐德锟　段一芳　龙德霖　朱辅庭　何祖岳

1999 年 11 月 19 日

（刘清亲笔）注：

王纲正，解放前滇桂黔边区中共罗盘地委常委、副专员。解放后贵州省人民政府办公厅主任，省体委第一副主任，省人大民委主任。

王秉鋆，贵州省安龙县，布依族，解放前中共罗盘区兴安工委委员，永和——龙广暴动主要领

导人。解放后原贵州省副省长，全国人大常委。

唐德锟，解放前云南省罗平县钟山乡主要根据地创建人之一，罗盘区十八连山区主力团长，中共兴安工委副书记，罗盘区兴义游击团团长。解放后贵州黔西南州军分区独立团长，省人民政府参事。

段一芳，解放前罗盘区独立支队副政委，入黔人民委员会党代表，解放后贵阳国家建委安装工程公司副经理。

龙德霖，贵州省彝族，解放前罗盘区盘县游击团团长，解放后贵州省人民政府民委副主任，省人大常委副秘书长。

朱辅庭，解放前罗平北区主力团团长，罗盘区21团副团长，解放后贵州省二轻局轻工公司经理。

何祖岳，解放前中共罗盘区盘普工委委员，晴隆县负责人，解放后贵州省文史馆副馆长，贵州文史丛刊主编。

另几位“题词”签名的叔叔阿姨的情况如下：

高乐，解放前贵州兴(义)安(龙)工委副书记，离休时为十四冶金建设公司干部学校校长。

杨雷，解放前罗盘区24团政委，离休时为中国人民解放军昆明警备区政委。

陈良俊，解放前师宗县委书记兼县长，离休时为云南水利厅办公室主任。

苏晓柱，解放前平彝(今富源)县委书记，离休时为云南省委党校副教授。

贺世熙，解放前在罗平参加工作，离休时为云南省记者协会秘书长。

李一凡，解放前罗平县委副书记，离休时为云南会泽铅锌矿矿长。

[补注2]我们还保存着伍方叔叔的一份手稿和一封写给母亲及我们的信，手稿的标题是《怀念我敬爱的老领导——杨江》，写作日期是1992年5月1日。全文分为一、第一次见面；二、入党时对我的教诲；三、坚定的革命原则性；四、丰富的理论知识和斗争经验；五、卓越的指挥才能；六、对同志关怀备至，六章共约7000余字。内容比《杨江与罗盘区》简略，时间也早得多，可能就是最初的一稿。那封信里，伍方叔叔提到他1991年6月检查出病后到西安住院数月的事，信中还说：“如有可能修改后给广西和桂林党史资料或文史资料丛刊送稿，以便抛砖引玉，使更多的人怀念并撰写纪念他的文章。”记得当时我曾找过有关的人，均未采用。今特选择此稿中未写入后来的《杨江与罗盘区》的一段文字“入党时对我的教诲”于文末，以怀念伍方叔叔。

入党时对我的教诲

六月间(1948年)，刘清、杨江秘密来到板桥镇上。三大队教导员段一芳派我去向他俩报告工作。9点多钟我由大队部驻地龙岗乡洒贝龙赶到板桥，径直到预先约定的盛其德同志家小楼上见到他俩。谈完工作后，我向刘清同志提出入党的请求。1947 年 3 月我在昆明学校参加学生运动期间，参加了民主青年同盟，自此以后，一直向往着有朝一日能加入中国共产党。那时。同学们是用一种神秘而崇敬的目光来看待共产党员的。到罗平参加武装斗争后，这种要求更加迫切，但顾虑自己不够条件。后来鼓足勇气向段一芳同志提出，老段没有明确表态。这次向刘、杨二位提出，他们没有感到什么意外，也没有过多询问我的家庭情况和在昆明参加学运情况，却比较详细地问我学过《整风文献》没有?问我读了其中的《新民主主义论》、《中国革命和中国共产党》这些文章没有？杨江同志主要问我："党纲、党章也学过了吧?"接着，他给我讲解了党员的义务，着重讲了个人利益要服从党的利益，要严守党的机密；在战斗中、在刑场上要英勇斗争，直至献出自己的生命；终生要为共产主义事业奋斗到底。末了，他俩表示："我们研究了，同意你入党。入党手续回去由老段办理。"这是我终生难忘的第一次党课。接着，给我写了一个纸团回去交老段。

告别他俩正要下楼时，他们又关切地问我带枪没有？我拔出插在腰间的短二十响。杨江问："打过没有?"我说还没有。他把枪接过去，退出弹匣看了子弹，告诉我："你一个人上路，要把子弹顶上膛，这样遇到敌人打你的埋伏时，才能迅速还击。"离开盛其德同志家，这时我才忍不住流下激动的眼泪。我早上已走了约卅里山路，这时也想不起肚子饿，迈开大步，爬上陡峭的大坡，踏着怪石嶙峋的山路回到洒贝龙，将信交给老段，他微笑着问："谈过了?"这时我才恍然意识到，今天老段叫我去，可能是预先有安排的。

后来，他给我学习了党章，一天晚上，在村旁的森林里，为我举行了入党宣誓。……

以我的眼光，乌江铁桥上的合影，是父亲他们罗盘区根据地群体形象的真实记录，铁桥、峡谷、亲情。摄于 1952 年 10 月(国庆之后)的某天，父亲与刘清携家带口沿滇黔公路经贵阳进京，铁桥上是他们最后分手的地方。前排左二是母亲。

查资料，此桥位于贵州关岭、晴隆两县交界处的北盘江上，明清时曾多次再次架设铁索桥，附近应有历代留下的摩崖石刻。抗战时的 1940 年铁索桥被日机炸毁，后在铁索桥下游数百米处建了这座钢梁桥通汽车。右三母亲、右七甘庭芳、右八刘清。

合影中一直没出现的父亲(大概他在给人照相),到是留下了这样一张单人照。照片背面父亲写有:在乌江桥上,1952年10月。

背景应是黄果树瀑布,而照片上的人,我们仍不能辨认,大约是父母的贵州战友吧。滇黔路上,他们一直在与战友辞行。

左起杨雷、宋光

左起杨雷、甘庭芳、张世经、张俊、宋光、母亲、钟汝昌、李铎、父亲，摄于 1952 年 10 月昆明省委组织部院内。

这个火车站造型像法式建筑，不知是哪个车站？背面也没有注明，约摄于 1952 年。

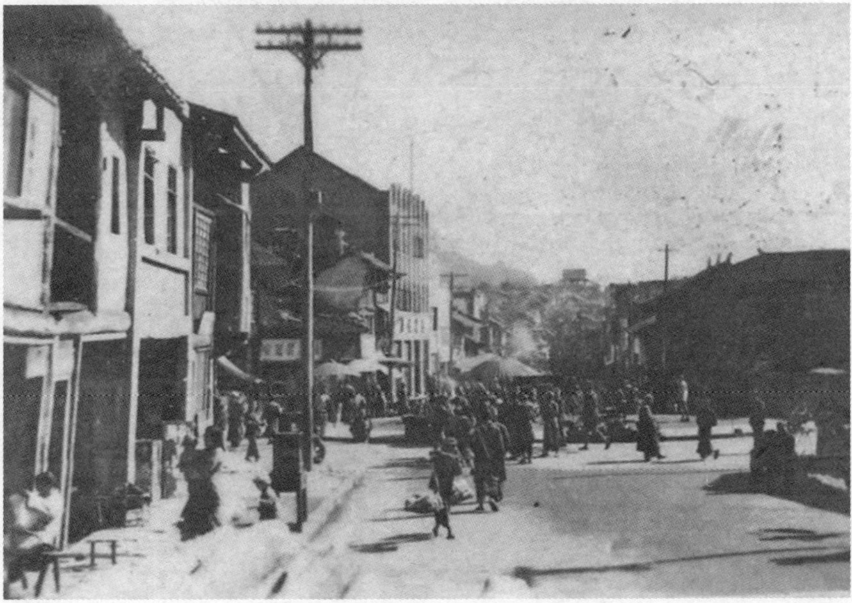

背书：安顺街上，1952，10。

背书:富民街上。

背书:贵州晴隆铁索桥。

这应该是父母在文山搞土改时拍摄的，那身衣服显然是为了和当地民族打成一片特地准备的，1951 年摄。

这是 1983 年 5 月父亲在罗平钟山乡狗街。

照片背面对应着每个人写有名字:(后排左起)王纲正、唐德昆、大姨妈、周大妈、老陶、(前排左起)段元宝(段涛)、缨也子、高乐、何定祥、老何、伍方,摄于贵州兴义。

杨雷(左)宋光(右)在昆明省委组织部院内与父亲合影,1952年10月。

拍这张照片时，父亲大约三十七八岁，任云南文山地委书记、边防区司令员。左为父亲警卫员吴能宽(1950 年摄于文山)。

这张照片是母亲较早的一张，约摄于 1951 年文山。